Practical of Production Management

생산관리실무

김용철 저

도서출판 서훈

생산관리실무

초판 인쇄 2017년 3월 7일
초판 발행 2017년 3월 17일
저자 김용철
발행인 고우용
발행처 도서출판 서훈
출판등록 제 1997-000139 호
등록일 1997년 11월 25일
주소 서울특별시 마포구 동교로 49-1(망원동)
전화 02) 324-6577
팩스 02) 324-6177
홈페이지 www.choolpansa.com
값 23,000원
ISBN 978-89-6249-090-9 93320

머리글

이 책은 저자가 그동안 산업현장의 경험과 대학에서 강의 경험을 기초로 생산관리를 처음 접하는 학생들과 실무자에게 제조업의 생산경영 접근방법에 대하여 이론적 배경과 생산관리 실무를 접목한 한 권의 책을 만들려고 노력하였다. 시대의 변화에 따라 이론 중심보다는 경영 현장에 접목이 가능한 생산현장에서 일어나는 실무를 이론과 접목하고자 하였다. 대학에서 이론적 학문도 필요하겠지만, 시대의 흐름에 따라 경영 현장에서 펼쳐지는 현실을 학생들에게 전달하고자 하였다. 또한, 일본식 한자 표기 용어는 우리글로 표현하고자 하였다.

그동안 생산관리의 학문적 성격도 이론 중심에서 실용 학문으로 변화되는 추세에서 생산관리 이론과 생산관리 실무를 융합한 교재를 만들려고 노력하였다. 학문적 이론을 바탕으로 생산관리 실무에 접근하려는 생각을 기반으로 집필하고자 하였지만, 학문적 이론과 생산관리 실무를 균형 있게 조화하지는 못하였다. 따라서 독자들께서 이론적 배경의 원리를 바탕으로 응용력을 발휘하면 생산운영 실무에서 창의력 있고 독창적 운영방법을 창출할 수 있다고 생각한다. 이러한 기반으로 이 책에서는 먹이를 찾는 방법과 잡는 방법을 제시하고자 하였으며, 먹이를 잡아서 입에 넣어주는 암기식 방법을 벗어나고자 노력하였다.

또한, 이 책을 중심으로 생산관리를 배우면서 생산관리 책임자가 되기 위한 기본 지식과 상식을 배양하고 꿈을 현실로 창조하는 제품생산 운영자가 될 수 있는 기반을 구축할 수 있도록 이론과 실무와 경영현장의 사례를 함께 분석하고 아이디어를 창출할 수 있도록 노력하였다. 그동안 저자는 대학에서 연구와 경영 현장에서의 실무 경험을 최대한 반영하고자 하였다. 하지만 급변하는 생산 현장의 변화를 이 한 권의 책으로 따라잡기는 부족함을 느낀다.

이 책을 구성하기 위하여 제조업의 생산관리 구조를 생산기획 부문, 공정관리 부문, 생산기술 부문, 외주관리 부문으로 대분류하여 구성하였으며, 생산관리 조직 구성은 라인조직을 중심으로 구성하였다. 본 교재의 조직구성 및 생산 흐름은 교재의 구성을 위한 조직으로서 생산관리 조직은 기업에 따라 생산 형태에 따라 다를 수 있으며, 생산절차 역시 제품에 따라 생산 방법에 따라 그 절차가 다르므로 꼭 본 교재의 절차와 구성을 따를 필요는 없다.

이 책은 4 Part, 14장으로 구성하였으며, [Part Ⅰ 생산기획]은 제1장 '생산 환경예 으로 생산 환경 분석 기법과 기업의 일반 환경 및 내부 환경 분석을 다루었고 제2 '제품기획'은 상품기획 방법과 창의적 아이디어 발상 방법을 소개하였다. 제3장 '수 예측'은 통계적 수요예측 기법을 중심으로 편성하였으며, 제4장 '총괄 생산계획'은 괄 생산 계획 전략 및 총괄 생산 계획 기법을 소개하였다. [Part Ⅱ 공정관리]는 제5 '주 일정계획'으로 라인공정의 일정계획, 단속공정의 일정 계획, 프로젝트 일정 계획 로 분류하여 소개하였다. 제6장 '작업환경'은 인간과 작업환경 그리고 감성공학과 생 현장의 안전관리 방법을 다루었으며, 제7장 '입지와 규모'는 입지 결정의 분석적 모 과 해외 입지 결정 방법 그리고 생산 규모 결정 방법을 소개하였다. 제8장 '공정배 는 공정선정 방법과 설비 배치방법 그리고 공장 자동화 방법을 소개하였다. 제9장 ' 로젝트 진척관리'는 프로젝트 구축과 프로젝트 절차를 중심으로 구성하였다. [Part 생산기술] 제10장 '인간공학'은 인간공학적 설계, 인간공학의 문제 그리고 인간공학 선 방법과 작업자의 장해를 설명하였다. 제11장 '작업연구'는 작업연구 절차와 공정 석 방법, 동작연구와 작업 측정 방법을 설명하였으며, 제12장 '전사적 품질경영'은 품 경영을 이해하고 전사적 품질경영(TQM) 시행전략과 통계적 품질경영 그리고 검사 방 과 품질경영인증 제도를 소개하였다.

[Part Ⅳ 물류관리], 제13장 '자재관리'는 재고관리와 창고관리로 구분하여 소개하 으며, 제14장 '구매 및 아웃소싱과 공급사슬관리'는 구매 관리 방법과 아웃소싱 기 그리고 공급사슬관리를 다루었다.

그동안 저자의 연구 자료와 실무경험을 바탕으로 이 책을 만들었으나 책을 집필하 서 일부는 간략하게 내용을 집필하여 구체적인 내용을 볼 수 없는 부분이 있으며, 이 적 배경 또한 부족한 부분이 많이 있다고 생각한다. 이러한 부분은 향후 독자 여러분 충언을 귀담아듣고 받아들여 개정 본은 여러분의 의견을 충분히 반영하여 더 좋은 이 되도록 노력할 것을 약속드립니다.

이 책이 완성되기까지 도와주신 KBS 신창섭 부장님, 김진영 박사님, 항상 옆에서 도 주신 우태우 박사님 그리고 모든 것을 물심양면 지원해 주신 세명대학교 경영학부 모 분께 감사드립니다. 또한, 처음부터 끝까지 함께한 도서출판 서훈 고우용 대표님과 서 가족들에게 감사드립니다.

2017년 2월

저자 드림

목차

Part Ⅰ 생산기획

제9장 프로젝트 진척관리 · 259

Part Ⅲ 생산기술

제10장 인간공학 · 287

[교재구성을 위한 조직도]

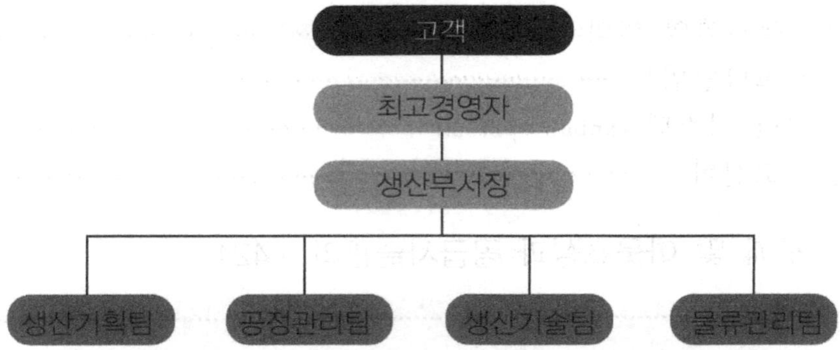

본 교재를 구성하기 위하여 생산관리 조직구성은 그림과 같이 하였다.
생산관리 조직구성은 기업 및 업무에 따라 다르다.

[교재구성]

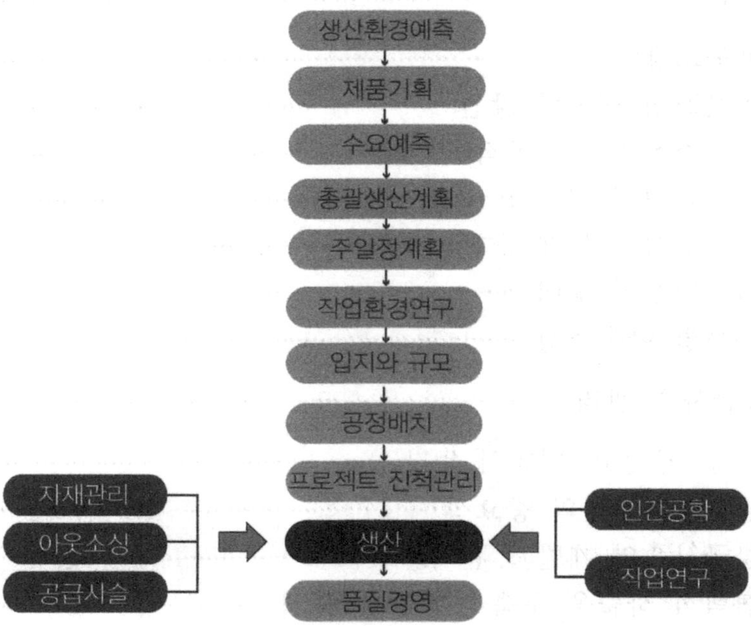

Part I 생산기획

제1장 생산 환경예측
제2장 제품기획
제3장 수요예측
제4장 총괄생산계획

제1장

생산 환경예측

학습목표

1. 생산관리 목표는 무엇인가?
2. 산업진단 항목은 어떤 것이 있는가?
3. 마이클 포터의 5가지 힘의 원천은 무엇인가?
4. SWOT 전략은 어떤 것이 있는가?
5. BCG 매트릭스기법이란 무엇인가?

제1절 생산 환경 분석 기법

1. 생산관리 목표

기업이 지속적인 성장과 경쟁우위를 유지하기 위해서는 기본적으로 소비자가 원하는 좋은 품질의 제품이나 서비스를 적정한 가격으로 신속하게 공급할 수 있는 능력이 있어야 한다. 제품이나 서비스가 다소 부실하더라도 가격할인, 적극적인 광고 및 홍보, 외상판매 등을 통해 일시적으로 매출을 증가시킬 수는 있다. 하지만 지속적인 성장을 유도하기 위해서는 소비자가 원하는 좋은 품질의 제품과 서비스를 신속히 개발하고 생산할 수 있는 역량을 갖추어야 한다.

생산운영관리(production & operation)란 투입물(input)을 원하는 산출물(output)로 변환시키는 기능을 수행하는 일련의 과정이라고 할 수 있다. 제조업에서 물리적인 제품을 생산하는 과정을 본다면, 투입물은 원재료, 인력, 자본, 기계, 설비 등이 될 것이고, 이러한 투입물은 특유의 공정처리 과정을 거쳐 산출물인 완성 제품으로 바뀌게 된다. 한편 서비스업의 경우에는 투입물과 공정처리 과정 그리고 산출물의 제공과정에서 제조업과는 다소 차별화된 과정을 거치게 된다. 따라서 제조업에서는 제품의 생산 및 공급을 책임지고 있는 생산관리자가 있고, 서비스업에는 서비스의 생산 및 전달을 책임지는 운영책임자가 존재한다.

생산운영관리는 유형의 제품과 무형의 서비스를 생산하는 과정을 효과적이고 효율적으로 관리하는 것을 의미한다. 기업 조직 내에서 제품과 서비스의 생산은 생산기능 부문에서 담당하고 있다. 따라서 생산운영관리란 앞서 살펴본 인적자원관리, 재무관리 등과 같은 기업의 기능부문 중 하나인 생산 및 운영 기능을 다루는 경영학의 한 분야이다. 그리고 생산운영 관리는 마케팅관리 영역과 함께 기업의 가치사슬(value chain) 상 가장 기본적인 역할을 수행하는 일차적 활동(primary activity)에 속한다. 이처럼 생산관리의 목표는 다음과 같이 품질, 납기, 원가, 유연성으로 분류한다.

1) 품질

품질(quality)은 적합품질(conformance) 신뢰품질(reliability) 성능품질(performance) 감성 품질(amenity)의 단계로 진화하고 있다. 적합품질은 생산 공정에서 제품규격에 맞게 균일한 품질을 생산할 수 있는 능력을 말하며, 신뢰품질은 기능을 제대로 수행하는 내구성 있는 제품을 만드는 능력을, 성능품질은 경쟁사보다 기능이 다양하고 좋은 성능의 제품을 만들어 내는 능력을 말하며, 감성 품질은 위의 세 가지 영역을 초월하는 품질로 느낌에서 차이가 날 수 있게 할 뿐만 아니라 소비자의 개별적 욕구에 대응한 제품을 만들어 내는 능력이다.

그런데 여기서 주목할 점은 이들 네 가지 품질이 상호 배타적인 것이 아니고 단계적으로 누적되는 개념으로 이해해야 한다는 것이다. 다시 말하면 적합품질이 어느 정도 확립되지 않으면 신뢰품질을 기대할 수 없으며, 신뢰품질이 경쟁력을 발휘하지 못하면 성능품질은 실현될 수 없다. 이 세 가지 단계가 숙달되지 않은 기업은 감성 품질을 경쟁 무기로 활용할 수 없다.

단계별로 관리상의 중점적인 문제가 서로 다르게 마련인데 예를 들면 적합품질에서는 공장현장에서의 기술적 문제 해결, 신뢰품질에서는 기술적 성숙, 성능품질에서는 고객의 요구, 그리고 감성 품질에서는 예술적 감성으로 고객의 욕구를 만족하게 할 수 있는 유연성 제고가 중요 경영과제로 대두한다고 할 수 있다. 따라서 기업마다 품질 관리의 이슈는 그 기업이 어느 수준의 품질 단계에 놓여 있는지에 따라 달라지며 품질관리 프로그램의 내용 또한 달라지게 마련이다.

2) 납기

시간에 의한 전략관리는 지난 수년간 전 세계적으로 경영자들의 비상한 관심이 되어왔다. 시간 관련 변수가 유연성과 서비스를 높이는 가장 중요한 요인으로 인식되고 있기 때문이다. 원가 우위와 품질 향상이라는 종래의 경쟁 개념으로부터 고객의 욕구를 개별적으로 만족하게 할 수 있는 차별적 경쟁개념을 추구하는 오늘날에는 좋은 제품을 적시에 납품하는 것은 물론이고 경쟁자보다 빠르게 납품할 수 있는 능력을 갖추어야 한다.

납기(delivery)능력도는 적시 납기능력이 우선하고 이러한 기반 위에 경쟁자보다 우선하는 빠른 납기능력을 실현할 수 있다. 그리고 생산현장에서의 시간 관련 관리변수는 제품설계변경속도, 신제품개발속도, 설비교체시간, 생산소요시간, 자재조달시간, 완제품 납기소요시간 등이 되고 있다. 따라서 생산뿐만 아니라 모든 관리과정에서 시간을 줄일 수 있도록 조직의 효율을 높이는 것으로 발전해야 한다. 경쟁 시장에서의 유연성과 서비스를 토대로 다양한 제품생산과 고객화에 부응한 차별화 전략 효과를 높여 경쟁우위를 확립해 나아가야 하므로 시간 관련 변수는 기업의 부가가치사슬이 형성되는 모든 영역에서 확인할 수 있다. 기업의 부가가치 창출 활동은 결국 시간 축 위에서 일어나는 것이므로 이것을 따라 시간 요소를 관찰하면 쉽게 인식할 수 있을 것이다.

3) 원가

경쟁 무기로서의 원가(cost)는 우리나라 기업에 있어서 특별한 전략적 의미를 지닌다. 우리의 대외경쟁력은 일관되게 저원가 중심 전략에 의존했고 다른 국가에 대한 상대적 경쟁력을 누릴 수 있던 것도 이 원가상의 경쟁력에 의한 것이었다.

생산전략연구회의 조사에 의하면 우리나라 기업의 제조원가는 총매출액에서 차지하는 비중이 다른 나라에 비해 매우 높다. 한국은 84.7%, 일본 75.4%, 호주 61.6%, 멕시코 64.8%로 되어 있어 이들 국가 중 원가비중이 가장 높다. 제조원가가 높아서 이익과 판매와 관리비가 적으며 판매와 관리비를 제외하면 이익은 더욱 낮은 편이다.

우리나라 제조 기업에서 원가관리의 문제점은 산업의 경쟁력 약화 이유를 노무 원가의 인상만으로 보는 것은 원가관리 능력이 부족하다는 것을 의미한다. 원가를 구성하는 요인이 매우 다양한 데도 오직 노무원가 하나만을 원가 상승의 주범으로 생각하는 것은 잘못이다. 노무 원가가 영향을 주지 않는 생산방식을 대안으로 채택하거나 노동 이외의 경영자원을 어떻게 활용하여 부가가치를 극대화할 것인지를 찾아내는 일이야말로 우리 경영자들이 당면한 시급한 과제이다.

원가 구성에서 문제가 되는 것은 노무 원가만이 아니라 재료원가도 보아야 한다. 재료원가가 상대적으로 높은 이유는 중요한 원자재나 부품 등이 모두 일본, 미국 등에서 수입되고 기술적으로 이들 국가에 의존하기 때문이다. 따라서 그 값이나 조달 기간이 공급자에 의하여 예속되는 상태를 벗어날 수 없게 되어 있다. 국내 조립업체들이 국내 공급업자로부터 부품을 공급받는 경우 중소공급업체의 생산 공정이 아직도 노동집약적이기 때문에 노무 원가 인상이 부품생산 원가에 전가되고 한편으로는 부적합률이 높아 조립공정에서의 원가상승요인이 되고 있다.

원가문제는 품질 납기 유연성과 같은 경쟁변수들과 보완적 관점에서 다루어져야지 가격경쟁에서 비가격 경쟁으로 전환한다고 해서 원가문제를 품질이나 신제품개발 디자인 변경과 같은 유연성으로 대신한다는 것은 잘못이다. 원가는 기업의 조직능력과 밀접한 관계가 있어서 조직의 유형이나 관리방식을 효율화하고 개혁하는 방법을 모색하는 근본적인 대책을 통해서만 해결된다는 점이다.

4) 유연성

생산시스템의 유연성(flexibility)은 다섯 가지로 구분할 수 있다. 즉 생산량, 제품믹스, 디자인변경, 신제품도입, 제품라인 유연성이다. 생산량의 유연성이란 소품종 대량생산으로 생산하다가 다품종 소량생산으로 필요할 때마다 생산량을 추가적인 원가부담 없이 바꿀 수 있는 능력을 말한다. 제품믹스는 구색을 갖출 수 있는 능력을 말하는데 예로서 옷 색깔과 디자인이 좋아서 사려고 할 때 맞는 치수 없는 경우 이것이 바로 제품믹스의 유연성이 없는 경우이다. 디자인을 경쟁자보다 자유자재로 바꿀 수 있는 능력과 신제품을 신속하게 도입할 수 있는 유연성은 차별화 경쟁이 치열한 오늘날 가장 중요한 경쟁 무기로 보아야 한다.

2. 생산 환경의 인식변화

생산 환경은 더 좋은 제품을 만드는 것과 더 좋게 만드는 것으로 변화하고 있다. 이유는 몇 가지 광범위한 시장 변화 때문이다. 이와 같은 변화에 영향을 미치는 주요 요인은 다음과 같다(oxfordeconomics.com, 2016).

1) 경기 변동

선진국의 불황과 신흥국 경제의 급성장이다.

2) 기술 변화

빅 데이터(big date), 인터넷(internet), 모바일(mobile) 및 소셜 컴퓨팅(social computing), 클라우드(claude) 등에 의한 촉진이다.

3) 인력난

선진국은 기능 격차를 느끼고 신흥국은 충분한 관리 능력이 부족함에 있다.

4) 공급업체와 파트너 복잡성

생산기업은 분산된 소싱(sourcing), 엔지니어링, 품질, 순응도, 위험 등의 수준이 다양한 여러 파트너를 관리해야 한다.

5) 치열해진 글로벌 경쟁

기업은 새로운 해외 경쟁업체로 부터 국내 시장을 방어하는 동시에 장기 성장을 위한 신 시장을 개척해야 한다.

6) 규제 강화

세계가 점차 상호 연결되면서 환경에 관한 관심이 커지고 ISO 같은 표준준수를 강조한다.

7) 고객 행동 변화

세분화된 고객 요구에 수동적 대응보다는 고객 행동 변화를 주도적으로 이끌어야 한다.

기업의 경영환경(business environment)은 기업을 둘러싼 여러 환경요인과 상호작용을 하며, 경영환경은 기업의 생존과도 매우 밀접한 관계가 있다. 경영환경은 지속해서 빠른 속도로 변화하여 나가므로 경영활동에서 이러한 변화를 예측하고 대처할 통찰력과 판단력을 갖춘 기업만이 미래의 기업으로 나갈 수 있다는 인식의 변화로 기업의 경영환경에 대한 인식의 변화가 중요시되며 기업들은 환경변화 예측에 초점을 맞추고 있다.

기업은 소비자의 욕구를 따라잡고 앞서나가 소비자가 상상하지 못한 제품과 서비스를 개발하지 못하면 시장에서 퇴출당할 것이다. 이는 환경변화의 물결을 읽고 새로운 기업으로 재탄생한 기업만이 지속적인 경쟁우위를 확보하게 된다.

제2절 생산의 일반 환경 분석

1. 외부환경 진단

경영자는 경영전략에 영향을 미치는 요인을 분석하고 진단하는 것이 경영자의 임무 중 하나이다.

외부환경을 분석하고 진단함으로써 기업의 기회 요인을 발견하고, 이러한 전략을 통하여 위협요인을 사전에 분석함으로써 위험을 제거할 수 있다.

기업의 외부환경 분석은 기업의 경영 의사결정 및 경영성과에 미치는 외부요인을 분류하고 외부환경 분석을 통하여 경영에 미치는 현재와 미래의 기회 요인과 위협요인을 찾아내어 경영전략 수립의 기본 자료로 활용한다.

일반적으로 외부환경의 분류는 산업 환경으로 고객, 제품, 자원, 경쟁자, 기술력 등이 있으며, 거시적 환경으로는 정치, 경제, 사회, 문화, 환경 등이 있다.

[그림 1-1] 외부환경 요인

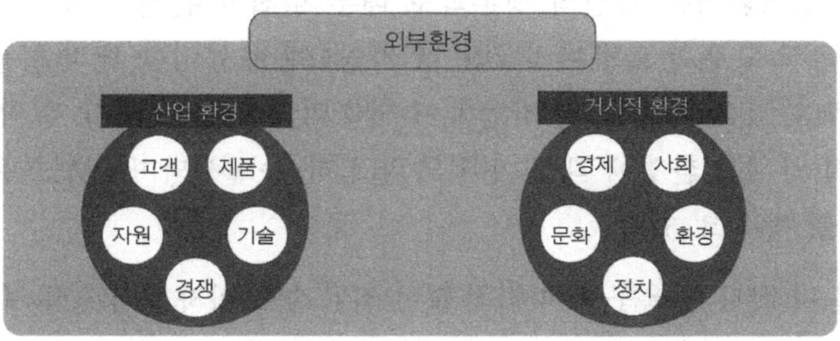

2. 산업 환경진단

1) 고객진단

기업은 본질적으로 고객 중심을 통하여 고객을 만족하게 해야 기업이 성장하여 나갈 수 있다. 고객 중심 경영이란 고객이 본질적으로 추구하는 기본적 욕구를 이해하고 만족하게 해야 하는 것을 바탕으로 고객 만족도를 조사하여 목표고객을 선정하고 이에 맞추어 제품이나 메시지를 차별화하려는 정신을 말한다. 고객만족(customer satisfaction)을 추구한다는 것은 고객이 최대의 만족감을 느낄 수 있도록 함으로써 기업은 최대의 장기적 이익을 얻고, 사회적으로는 재화의 최적 분배를 통한 고객의 복리증진효과를 추구한다는 것을 의미한다. 마지막으로 고객의 장기적 복리증진이란 마케팅활동이 단지 고객의 일시적인 만족에 그치지 않고 그들이 풍요롭고 안전한 생활을 오랫동안 누릴 수 있도록 사회적·생태적·윤리적 문제까지 광범위하게 고려하여 수행되어야 한다는 것을 말한다.

2) 제품진단

제품개발(product development)은 현재의 고객들에게 새로운 제품을 제공하는 일이 가능한지에 대해 고려하는 것이다. 여기서 새로운 제품이란 현재의 제품에 새로운 기능을 추가하거나, 포장을 바꾸거나, 새로운 상표를 부착하거나, 또는 사용하는 것은 같지만, 용도를 다르게 한 것 등을 말한다. 이와 같은 신제품으로 현재의 시장에서 새로운 시장기회를 발견하기 위해서는 현 제품과 자사 상표에 대한 현 고객의 선호도 및 신뢰성, 현 제품 용도의 한계, 고객이 요구하는 제품의 품질 및 가격에 대한 선호도 및 잠재고객의 욕구충족 등에 대한 분석이 이루어져야 한다.

3) 자원진단

전략가는 자원과 기술변화를 예측한다. 경영자는 원재료의 가격과 조달에 대하여 장기 추세를 검토하게 된다. 또한, 환율변동과 자금조달에 대한 미래의 추세를 분석하여야 한다.

인적 자원으로 기술 수준의 향상과 수도권으로 생활권 집중으로 숙련된 기술자의 확보가 어렵게 되며 이러한 환경에 따라 근무조건의 향상과 노동비용의 증가를 예측하여야 한다.

4) 경쟁자의 진단

경쟁 환경을 분석하는 데 있어서 시장구조의 변화를 예측하여야 한다. 시장

환경은 매우 빠른 속도로 변화하여가며 경쟁자 역시 빠른 속도로 시장에 진입하였다 사라진다. 따라서 경쟁사의 동향을 자세히 분석하고 대체상품의 개발을 연구하여 새로운 시장 진출을 추진하여야 한다. 또한, 경쟁 환경에서 경쟁사의 성공요소를 분석하여 새로운 자사의 경쟁 우위를 창출하여야 한다. 경쟁우위의 제품이라 할지라도 신규모방업체가 새로이 시장에 진입한다는 것을 명심하여야 한다. 따라서 기업의 핵심 역량과 차별화된 마케팅 전략으로 소비자의 구매력을 유도한다.

5) 기술 동향의 진단

기업의 새로운 기술 개발로 새로운 시장을 창출하였다 하여도 새로운 도전자 기술, 도전기업, 모방 기업이 위협을 가하게 된다. 따라서 한 제품이 영원한 기업의 효자상품이 될 수 없다.

새로운 제품의 개발은 연구개발, 신제품 개발팀에서 한두 사람의 아이디어로 개발될 수도 있지만, 일반적으로 경영자의 뛰어난 미래 예측능력과 추진력 그리고 지원과 함께 전사원의 혁신 능력을 배양하여 혼연일체가 되어야 새로운 세계에 도전할 수 있다.

새로운 제품을 개발하기 위하여 제조 공정의 변화도 요구된다. 기술은 앞서가지만, 제조공정의 기술 능력이 후퇴한다면 새로운 제품은 생산할 수 없다. 따라서 새로운 제품을 창조하기 위하여 공정의 혁신, 자재의 혁신, 제품의 혁신, 사람의 혁신이 동반되어야 한다.

〈표 1-1〉 산업 환경진단 주요항목

고객	제품	자원	경쟁	기술
시장구조	제품의 위치	인적자원	시장구조의 변화	신기술개발
소비자 태도	품질수준	공급자환경	경쟁사 동향	신기술 혁신
판매방법	가격 수준	원자재 동향	성공 요인의 동향	공정의 혁신
촉진방법	수명주기	기술자원	신규업체의 동향	제품의 혁신
시장규모	신제품 개발	자금능력	유통경로 동향	자재의 혁신

출처 : 복득규 외(2013), 삼성경제연구소, 제882호

3. 산업구조 진단

1) 산업구조 분석 목적

현재의 산업 환경 동향의 역동성을 분석하고 자사의 제품 라이프사이클(life cycle)을 분석하여 산업에서의 핵심 성공 요인을 찾아내는 데 목적이 있다. 또한, 성공 요인을 분석하여 경쟁우위의 제품을 개발하고 경쟁에서 핵심역량을 강화하는 방법과 미래 사업 전략을 찾아내는 데 목적이 있다.

[그림 1-2] 사업구조분석 틀

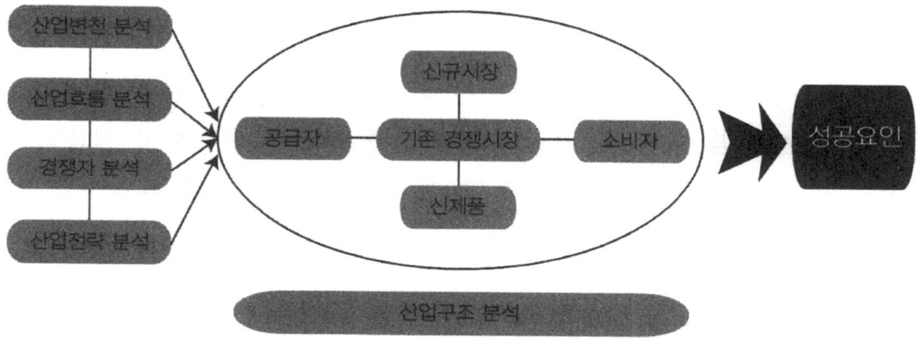

2) 자사의 제품수명 주기분석

제품 수명주기는 R.버넌, F.허시, L.T.웰스 등이 주장하였으며, 제품수명주기설은 제품의 수명주기를 개발단계, 성숙단계, 표준화 단계로 구분하고 있다. 개발단계에서는 시장이 불확실하고 소비자들의 기호를 알 수 없으므로, 자연히 생산이 소규모가 되나 많은 노동력의 사용으로 독점적인 생산을 한다. 이때는 가격의 고저는 별문제가 되지 않으며, 개발상품의 판매촉진을 위하여 정보수집에 관심을 집중하게 된다. 이 개발단계의 소규모적인 생산 공정이 성공하여 시장에서 수요가 증대되면, 개발상품은 성숙단계로 들어가게 된다. 이 단계에 이르러서는 상품이 국내시장을 지배하게 되고, 해외로부터 주문에 의한 수출도 시작된다. 성숙단계를 지나 대규모 소비단계에 들어서면 상품이 표준화된다. 상품이 표준화되면 외국에서도 그 상품의 개발이 가능해지는데, 외국은 그 개발에 필요한 기술개발비의 절약과 낮은 노동비용에 의한 가격수준의 차에 의하여 비교우위를 점하게 된다.

만일 운송비를 포함한 거래의 부대비용이 가격 차이보다 크면 상품을 처음으로 개발한 선진국은 자국 시장에서는 생산을 할 수 있으나, 수출은 더 이상 이루어질 수 없다. 그러나 이들 거래의 부대비용을 포괄하고서도 후진국의 가격이 낮다면 선진국은 국내시장마저도 잠식당하게 되어, 과거와 같은 방법으로는 더 이상 생산을 계속할 수 없게 된다. 이러한 상품의 개발에서 타국으로의 이전까지를 제품수명주기라고 하며, 이로써 무역을 설명하는 것이 제품수명주기설이다. 면직공업이 영국에서 미국으로, 다시 일본으로, 그 후 한국을 포함한 개발도상국으로 이전하여 오는 과정들을 설명하는 데 적합하다. 이를 도입기, 성장기, 성숙기, 쇠퇴기의 4단계로 구분하는 주장도 있다.

제품수명주기는 시간의 흐름에 따라 제품의 수명주기는 변하여 간다. 이와 같이 변하는 제품 수명 주기에 따라 적절한 정책을 수립하여 제품의 수명주기에 따른 이익 증대정책을 추진하여야 한다. 따라서 다음의 표에서와 같이 단계별 전략을 요약하였다.

〈표 1-2〉 제품수명 주기에 따른 경영정책

구분	도입기	성장기	성숙기	쇠퇴기
전략목표	• 신규시장 침투 • 인지도 상승전략	• 가치 확립 전략	• 수익 극대화전략	• 구조조정 • 경영혁신 전략
매출전략	• 매출 확산 전략	• 매출 최고점 지속 유지 전략	• 시장에서 우위 전략	• 비용절감 전략
원가전략	• 원가 상승 (다운전략)	• 원가감소 (다운전략)	• 평균원가 유지	• 원가감소 (축소전략)
경쟁자전략	• 소수경쟁자 대응전략	• 경쟁자 증가에 따른 대응 전략	• 다량의 경쟁자 참여에 따른 전략	• 철수전략 및 대응전략
제품전략	• 품질향상전략	• 품질차별화 전략	• 고품질 및 표준화전략	• 낮은 품질 철수전략
마케팅전략	• 다양한 광고	• 차별화 광고	• 시장세분화 광고	• 광고비용 축소

3) 산업 동향분석

산업 동향을 분석하는 목적은 과거와 현재의 산업 동향 분석 자료를 바탕으로 미래의 동향을 예측하여 이를 바탕으로 전략을 수립하기 위함이다.

산업 동향을 분석하는 활동은 구체적으로 기업 외부의 환경정보를 검토하고 평가하는 것뿐만 아니라 그 결과를 기업 내 핵심 의사 결정권자들에게 배포하는 것까지 포함한다. 이러한 분석활동은 절차상 상당히 큰 비용과 시간이 필요하므로 기업은 자사의 현재와 미래에 중대한 영향을 미칠 수 있는 요소들만 추려내어 평가하여야 한다. 산업 동향은 거시적 환경 동향, 고객 동향, 경쟁회사 동향 등이 있다.

산업 동향을 분석하는 절차는 자사의 현재 산업의 일반적인 동향을 파악하여 경쟁우위를 확립하기 위한 전략적 시사점을 찾아내기 위함이다. 또한, 각각의 산업별 특성을 분석하여 반영한다. 산업 동향분석은 구체적으로 분석하며 수치상으로 표현하는 것이 전략수립에 유리하다.

〈표 1-3〉 산업 동향 분석 사례

구분	분석내용
원자재동향	국내·외 원자재 수급동향, 원자재 시장의 변동현황
시장동향	제품의 시장 규모(국내·외), 시장 변동현황, 원가경쟁 구조
기술 동향	현재의 기술 수준, 기술개발 속도, 미래의 기술전망
경쟁동향	경쟁자의 동향, 경쟁의 강도(진입장벽, 경쟁업체의 수)
미래의 전망	제품의 미래전망, 향후 발전 동향
성공 요인	경쟁요인(품질, 가격, 서비스, 신제품 개발)

4) 추세분석

추세(trend)는 장기적인 경향을 말한다. 자료상에서 계속된 수요가 발생하는 것을 의미한다. 시간 축에 따른 평균의 수요가 구조적으로 증가하거나 감소하는 것을 나타낸다. 이것을 그림으로 나타내면 다음과 같다. [그림 1-3]의 (A)는 시간의 경과에 따라 수요량이 감소하는 상태를 나타낸 것이고 (B)는 수요량이 증가하는 추세를 보이고 있다. (C)는 수요량이 S자 곡선을 보이면서 증가하는 형태이다(김계수, 2003).

[그림 1-3] 일반적인 추세변동

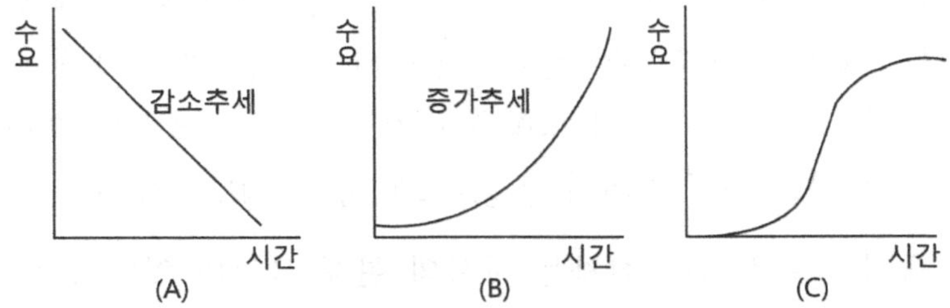

추세변동은 국민총생산, 인구변동, 수출·입 변동, 기타 경영 및 경제지표와 같이 시간의 흐름에 따라 증가 또는 감소하는 추세를 말한다. 이러한 추세변동을 분석하는 것은 기업의 매출액 또는 성장성 그리고 시장점유율 등을 비교 분석하여 미래를 예측함으로써 기업전략의 토대로 삼기 위함이다. 일반적으로 추세분석은 3~5년을 분석하여 과거의 자료를 토대로 미래를 예측한다.

5) 시장점유율 분석

시장점유율 분석은 사업의 성패 요소가 될 수 있다. 특히 초기의 제품은 객관적인 여러 상황 변수에 따라 시장에서의 위치가 달라질 수 있다. 이러한 시장점유율 분석은 기존 시장의 과거와 현재의 자료를 통하여 시장의 규모를 분석하며 분석에는 유사품, 대체품 등과 같이 기존의 제품시장에 변화를 줄 수 있는 제품의 동향도 함께 분석한다.

시장점유율은 시장의 특성 및 구조를 분석하여 시장구조를 사전에 파악하여 미래의 불확실성을 예방하고자 한다. 이러한 분석 대상은 유통구조, 유통경로, 동종업계 영업방식, 지역별 시장점유율, 제품 이미지, 경영상태, 생산능력 등도 함께 분석하는 것이 유리하다.

[그림 1-4] 시장에서의 위치 정립

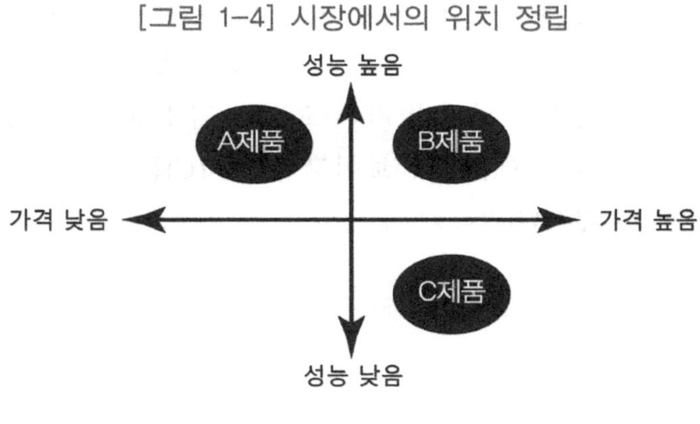

이와 함께 경쟁의 위치를 분석함으로써 경쟁 동향도 함께 파악한다. 경쟁자 분석으로 경쟁자의 경쟁 형태

는 어떠한가? 또한, 경쟁자의 목표와 위치는 어디에 있는가? 경쟁자의 강점과 약점은 무엇인가? 등을 비교분석한다.

[그림 1-5] 시장기회 분석과 시장세분화

	현 제품	신제품
현시장	시장침투	제품개발
신시장	시장개발	다 각 화

4. 마이클 포터의 5가지 힘(five forces analysis)

산업구조분석을 처음으로 경영전략에 도입한 사람은 마이클 포터(Michael E. Porter)로서 장기적으로 특정 산업의 수익성 및 매력도는 산업의 구조적 특성에 의하여 영향을 받으며, 이는 신규 진입자의 위협, 공급자의 협상력, 구매자의 협상력, 대체재의 위협, 산업 내 기존경쟁자 간 경쟁 강도의 5가지 힘(five forces)에 의하여 결정된다고 하였다. 이와 같은 분석은 산업의 수익성에 영향을 주는 산업 구조, 환경, 트렌드(trend)를 분석하기 위한 방법이다.

1) 신규 진입자 위협

진입장벽이 없는 산업 또는 기술은 가격 경쟁력이 약화되어 경쟁력이 없고 이윤창출도 정상적 이윤 이외 부가 이윤을 창출할 수가 없다. 또한, 준 경쟁적 산업은 함몰비용(sunk cost)의 존재에 따라 결정된다. 함몰비용이 있는 산업에서는 기업들이 쉽게 진입할 수도 탈퇴하기도 어렵다. 이처럼 진입장벽은 그 산업에서의 경쟁기업의 진입을 약화시키고 그 산업에서의 높은 수익률을 유지할 수 있게 한다.

이러한 진입장벽을 피하기 위해 신규 진입자는 새로운 기술, 새로운 경영능력, 새로운 브랜드(brand)를 가지고 효과적으로 진입에 성공하기도 한다. 이러한 신규진입을 막기 위한 신규 진입장벽 결정요인으로는 규모의 경제, 제품 차별성, 브랜드(brand), 교체비용, 소요자본, 유통채널 접근, 원가 우위, 학습곡선, 투입원재료, 저 원가 제품 디자인, 정부정책, 예상되는 보복 등이 있다.

〈표 1-4〉 신규 진입자 위협 예측분석

분석요소	분석 사항	현재 위협	미래 위협
규모의 경제	규모의 경제가 존재하면 높은 장벽임	상	중
제품 차별성	제품에 차별화가 없거나 모방이 쉬우면 진입장벽이 낮음	하	하
소요자본	초기 투자비용이 많을수록 진입장벽 높음	중	상
교체비용	투자시설을 이전 또는 교체 할 때 들어가는 비용	중	상
유통경로 접근	유통망 접근이 용이할 때 진입장벽 낮음	중	상
원가우위	규모의 생산 이후 안정적 원가유지 지속성	중	상
정부정책	정부의 인허가 제한 폭	중	상
예상되는 보복	자금압력으로 예상보복	중	중
경쟁강도 종합	신규 진입자의 경쟁강도 종합	중	상

2) 기존경쟁자의 위협

일반적으로 경우 산업에서 경쟁의 양상과 산업 전체의 수익률을 결정하는 가장 중요한 요인은 그 산업 내에서 이미 경쟁하고 있는 시장 참여자(기존 경쟁자) 간의 경쟁 관계이다. 이러한 경쟁 양상은 가격경쟁, 광고/홍보 전쟁, 제품 출시 등으로 나타나며, 이들 기존기업 간 경쟁 강도 결정요인은 산업 성장, 고정비, 과잉생산능력/설비, 제품 차별성, 브랜드(brand), 집중과 균형, 정보의 복잡성, 경쟁자의 다양성, 이해관계자, 철수장벽 등의 요인들에 의해 영향을 받는다.

〈표 1-5〉 기존경쟁자의 위협 예측분석

분석요소	분석 사항	현재 위협	미래 위협
산업 성장율	시장규모 및 시장성장성	상	중
고정비용	고정비(설비 등) 투지비용의 크기	상	하

과잉설비	과잉설비/유휴설비 보유여부	상	상
제품 차별성	모방의 용이성	중	상
브랜드	브랜드 이미지	상	상
정보의 복잡성	정보수집의 복잡성과 난해성	중	상
다양한 경쟁자	경쟁자의 수	상	상
철수장벽	철수 시 철수장벽의 크기(쉽거나 어려움)	중	중
경쟁강도 종합	기존기업간의 경쟁강도 종합	상	상

3) 대체재와의 경쟁

기업의 제품판매 수익률은 소비자가 그 제품이나 서비스에 대해 기꺼이 지급하려는 가격에 따라 결정되므로 대체재(substitute)의 출시에 따라 크게 달라진다. 대체재가 많으면 많을수록 기업이 자신의 제품이나 서비스에 높은 가격을 받을 가능성이 줄어든다.

대체재의 존재가 그 산업의 가격 결정에 영향을 미치는 정도는 크게 두 가지 문제로 나눈다.

① 소비자들이 쉽게 대체재로 옮겨갈 수 있는가의 문제로, 소비자들이 어떤 특정 브랜드(brand)에 높은 충성도를 갖고 있을 때는 다른 대체재가 나타나도 쉽게 옮겨가지 않는다.

② 대체가 가진 유용성의 문제이다. 소비자들은 대체재가 나타나면 기존의 제품과 비교하여 품질과 가격을 비교한 제품의 유용성을 고려하여 구매를 결정하게 된다.

4) 구매자의 교섭력

구매자의 교섭력을 결정하는 요소는 구매자들의 가격 민감성과 공급자에 대한 구매자들의 상대적인 교섭능력이다.

(1) 구매자의 가격 민감성

제품차별화가 심할수록 구매자는 가격에 대해 민감하지 않다.

① 총비용 중 원자재 비용의 비중

② 구매자의 이윤율 수준

③ 제품품질의 중요성

(2) 구매기업과 공급기업 간의 교섭력

① 공급자에 대한 구매자의 상대적인 크기

② 공급자에 대한 구매자의 정보 능력

③ 구매자가 공급처를 바꾸는데 들어가는 전환비용의 크기

④ 구매자의 수직적 통합능력

〈표 1-6〉 구매자의 교섭력 위협 예측분석

분석요소	분석 사항	현재 위협	미래 위협
구매비중	우리제품을 구매하는 비중	하	하
제품 차별화	가격, 품질 등 구매자의 차별성	하	중
후방통합력(구매자)	구매자가 우리 회사를 통합할 능력 및 가능성	하	중
구매자가 가진 정보	구매자가 제품에 대한 정보 접근 및 정보공유	중	상
구매자의 가격 민감도	구매자에 따른 가격 민감도/제품에 따른 가격민감도	하	중
경쟁강도 종합	구매자의 교섭력의 경쟁강도 종합	하	중

5) 공급자의 교섭력

공급자들의 교섭능력이 강할수록 구매자에 대한 자신들의 이윤 폭을 넓힐 수 있다. 제품의 차별화가 덜 되고 일상재화가 될수록 공급자의 구매자에 대한 상대적인 교섭력은 떨어진다.

일상재를 공급하는 기업들이 자신의 교섭력을 높이기 위해 종종 카르텔(cartel)을 형성한다. OPEC은 산유국의 카르텔(cartel)이고, 노동조합은 노동자들이 단체 교섭력을 높이기 위한 형태이다(마이클 포터, 경쟁전략(Competitive Strategy, 1980)).

〈표 1-7〉 공급자 교섭력 위협 예측분석

분석요소	분석 사항	현재 위협	미래 위협
공급물량 비중	공급자의 수, 공급량과 시장수요와 공급량	하	하
원재료의 차별화	원재료의 기술차별화 가능성	하	중
대체원료 여부	대체원료 가능성 및 미래 대체원료 출현여부	하	중
공급재료의 중요도	우리 제품에 차지하는 비중/공급제품의 차별성	중	상
공급자의 전방통합력	공급자가 우리 회사의 위치를 통합할 능력	하	중
경쟁강도 종합	공급자 교섭력의 경쟁강도 종합	하	하

제3절 내부 환경 분석

1. 내부 경영분석 기법

1) 내부 경영자원 분석

내부 환경 분석은 기업이 보유하고 있는 현재의 자원 및 능력을 분석하여 미래의 비전을 제시하고 실현방안을 수립하기 위함이다. 내부 환경 분석기법으로 BCG Matrix를 이용하여 자사의 각 분야의 강점과 약점을 파악할 수 있으며 과거와 현재를 비교함으로써 미래의 동향을 분석할 수 있다.

또한, 경쟁 기업의 동향을 분석하여 자사와 비교분석이 가능하며 미래의 전략을 예측할 수 있다. 이와 같은 분석 기법으로 마이클 포터(Michael E. Poter, 1980)는 기업이 산업 내에서 직면하게 될 경쟁위협을 분석하였다.

[그림 1-6] SWOT분석과 경영전략

환 경

		기회(O)	위협(T)
조직자원	강점(S)	SO 전략 (Maxi – Maxi)	ST 전략 (Maxi – Mini)
	약점(W)	WO 전략 (Mini – Maxi)	WT 전략 (Mini – Mini)

본원적 경쟁전략모형(generic competitive strategies model)은 경영수준에서 다양한 틀 구조(framework)를 제공한다. 이 모형은 제조, 유통, 서비스, 기술경영 등 모든 분야에서 사용할 수 있기 때문에 '본원적(generic)'이라고 한다. 본원적 경쟁전략은 차별

화전략(differentiation strategy), 원가주도전략(cost leadership strategy), 집중화전략(focus strategy) 등이 있다(박영배 외, 2004).

그림에서 수직축은 전략적 표적 차원으로 경쟁하려는 제품 또는 서비스와 관련된 시장의 크기를 말한다. 즉, 특정 세분 시장에서 또는 전체시장으로 나뉠 수 있다. 수평축은 제품과 서비스에 대한 저 원가 또는 차별화로 인식되는 경쟁우위 원천을 의미한다.

[그림 1-7] 본원적 경쟁전략 모형

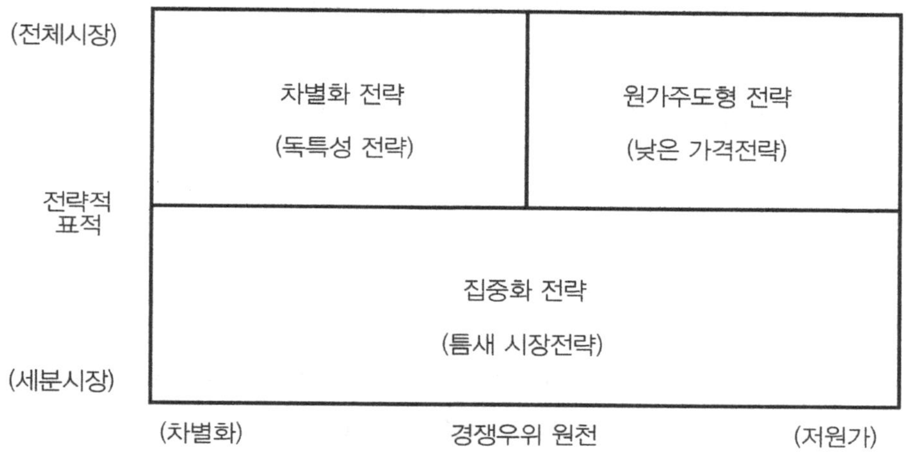

(1) 차별화전략(differentiation strategy)

차별화전략은 고객이 독특성을 인식할 수 있도록 산업 내에서 경쟁할 수 있도록 하는 전략을 말한다. 이 전략은 자동차 산업에서 지배적이다. 예를 들어, 혁신적인 디자인(BMW), 고품질(도요타), 브랜드이미지(메르세데스 벤츠), 고객서비스(렉서스), 넓은 영업망(포드, GM) 등이다. 차별화의 장기적인 효과성은 경쟁자가 쉽게 모방하지 못하게 하는 데 있다. 경쟁자가 쉽게 모방하면 더 이상 차별화전략은 의미가 없게 된다.

(2) 원가주도전략(cost leadership strategy)

원가주도전략은 경쟁기업보다 낮은 가격으로 제품과 서비스를 제공하는 것을 의미한다. 이 전략은 지속적으로 효율성(단위당 원가절감)에 관심을 둔다. 예를 들면, 규모의 경제를 통한 시설과 장비 이용률을 증대시키고 간접자본투자를 줄이고, 노동집약적인 개인 서비스와 판매 인력을 감축하는 것이 해당한다. 최근 오프라인(off-line)상의 기존 서점들이 인터넷상에서 서점을 운영하여 낮은 가격으로 서적을 판매하는 것은 원가주도전략의 한 예라고 할 수 있다.

(3) 집중화전략(focus strategy)

집중화전략은 특수한 틈새시장(niche market)이나 특정 지역에서 경쟁하는 것을 말한다. 틈새(niche)는 전문화된 고객집단(10대, 의사, 연예인) 또는 경쟁자가 간과하거나 무시하는 시장을 말한다. 이 전략이 성공하려면 독특한 이미지나 낮은 원가의 두 가지 특성을 모두 갖춘 제품이 되어야 한다. 10대들에게 독특한 캐릭터 상품을 판매하는 전략은 좋은 예라고 할 수 있다.

2. 총괄 경영자원 분석

1) BCG 매트릭스(matrix) 기법

BCG 매트릭스는 사업단위별로 시장전략을 결정하기 위하여 사업부별로 장점을 서로 비교하여 줄 수 있게 하여준다. BCG 매트릭스는 이전에 확립된 경영이론인 경험곡선이론과 제품수명주기 이론을 통합시켰다. BCG 매트릭스는 경험곡선의 영향으로 인하여 생산량이 증가할 때 단위당 비용이 감소한다는 사실을 밝혔다. 또한, 기업의 총체적 수익성을 극대화하기 위한 가장 확실한 방법은 SBU 포트폴리오의 시장점유율을 극대화하는 것으로 제품수명주기에서 제시하였던 포트폴리오 매트릭스의 독립변수인 시장점유율 확대와 같은 맥락에 있다.

BCG 매트릭스는 다른 제품과 사업부를 비교하기 위하여 시장 매력도와 경쟁포지션으로 표기한다. 시장 매력도는 산업 성장률로 측정되며 경쟁포지션은 산업 내의 가장 큰 경쟁사의 시장점유율에 대한 자사의 시장점유율에 의해 측정된다. BCG 성장 매트릭스는 다음과 같다.

(1) 별(높은 성장률, 높은 시장점유율)

별의 높은 성장률은 대규모 자금투자가 필요하다. 그러나 이와 같은 투자를 낮추기 위하여 시장 점유율 포지션을 높인다. 그러므로 별은 가까운 장래에 높은 이윤을 창출하고 잠재적으로 강력한 현금흐름을 가능하게 할 것이다. 따라서 별은 궁극적으로 현금젖소(cash cow)가 될 것이다.

(2) 물음표(고성장율, 낮은 시장점유율)

높은 성장률을 갖는 물음표(question Marks)는 많은 현금투자가 필요하다. 이는 낮은 시장점유율이며 비경쟁적 구조를 말한다. 제품이 성숙단계에 접어들면 물음표는 시장점유율을 확대할 수 없다면 개(dog)가 될 것이며, 반대로 시장점유율이 확대되면 별(star)의 위치로 올라가 자금젖소가 된다. 따라서 유망한 물음표에는 시장 확대를 위하여 현금투자를 그러하지 않은 물음표에는 추가적 투자를 억제할 것을 제안한다.

(3) 현금젖소(낮은 성장률, 높은 시장점유율)

현금젖소(cash cow)는 높은 현금흐름을 창출한다. 성숙시장에 있는 제품은 낮은 현금투자를 요구하여 현금흐름의 원천이 된다. BCG 매트릭스는 현금젖소가 현재의 위치를 유지하기 위하여 투자 전략에 의하여 현금을 회수하여 별이나 물음표에 투자한다.

(4) 개(저 성장, 낮은 시장점유율)

개(dog)의 낮은 시장점유율은 열등한 위치로 인하여 비경쟁적인 비용구조로 되어있다. 따라서 수익성이 낮은 시장점유율을 유지하는데 많은 투자를 요구하게 된다. 따라서 개의 위치에서는 틈새시장이나 세분 시장에 집중하거나 적극적으로 현금을 회수하거나 퇴출 또는 서서히 중단시킨다.

이와 같은 BCG 매트릭스와 SWOT 분석을 통하여 기업의 총괄전략을 수립하기 위한 전략은 그림과 같다.

[그림 1-8] BCG 성장매트릭스

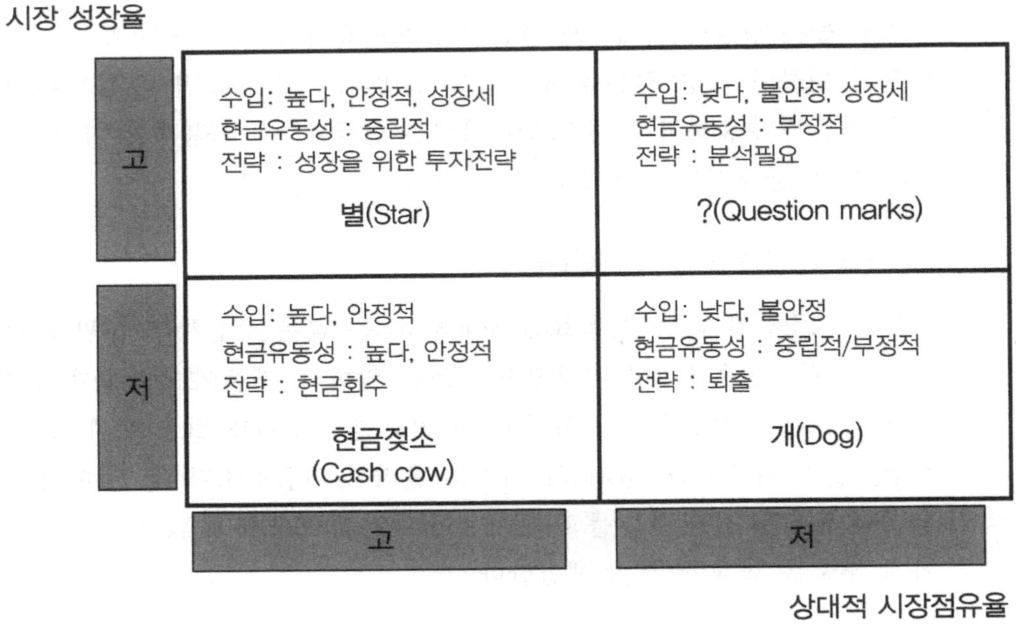

2) 포트폴리오(portfolio) 전략

(1) 안정전략

같은 제품 또는 서비스를 같은 고객에게 제공하여 시장점유율을 유지하여 나간다.

(2) 성장전략

조직의 활동수준인 종업원, 매출액을 증가하여 성정 전략을 추진한다. 또한, 사업을 집중화, 수직적 통합, 다각화 전략을 추진한다.

(3) 축소전략

경영활동 규모와 다양성 감소전략을 수립한다. 긴급-우회, 양도, 청산 등의 절차를 밟을 수 있다.

3. 내부 능력분석

1) 핵심능력분석

기업 내부의 핵심요소를 분석하여 기업의 강점과 약점을 찾아내어 경영전략에 반영한다. 내부능력을 조사하는 방법으로는 전담팀을 구축하거나 중역의 의견조사를 통하여 구체적으로 수치화하여 작성한다. 내부능력분석은 영업, 재무, 마케팅, 기획, 기술, 연구개발, 생산, 정보화, 인사조직, 기업문화, 세계화 등이 있다.

2) 자재 부문 측정지표

외주 및 구매부서의 성과측정 지표는 필요한 시기, 필요한 장소, 적정한 품질의 자재를 공급하고 있는가에 대한 측정지표이다. 외주의 경우 품질, 납기 역시 중요하며 이를 위하여 모기업의 기술 수준에 도달할 수 있도록 기술지도, 경영지도가 필요하다.

〈표 1-8〉 외주, 구매 성과측정지표

항목	산출방법	비고
납기 준수율	납기준수건수 / 납기도래건수 × 100	
불량률	불량건수 / 총 검사건수 × 100	
외주 불량률	불량건수 / 검사건수 × 100	
로트 합격률	불합격 로트건수 / 검사 로트 수 × 100	
반품률	반품 로트 수 / 입고 로트 수 × 100	

5) 생산관리부문 측정지표

생산성(productivity)이란 기업이 경영활동을 하기 위하여 투자되는 여러 가지 생산요소가 얼마나 효율적으로 활용되었는가를 측정하는 개념이다. 기업의 경영활동의 결과인 생산량이나 매출액은 생산요소인 노동, 자본, 경영관리활동 등이 어떻게 결합하여 투입되었느냐에 따라 달라지므로, 생산요소별 생산성의 개념도 중요하다. 그러므로 생산성 측정도 생산요소별로 하고 있다. 즉, 생산량(매출액 또는 생산액)을 특정 생산요소투입량으로 나누어 구한다. 노동생산성은 생산량을 노동투입량으로 나누고, 자본 생산성은 생산량을 자본투입량으로 나누어 측정한다.

그러나 최근에는 기업경영의 성과를 부가가치기준으로 측정하는 것이 일반화되어가고 있다. 그 이유는 국내·외 경제 환경의 변화로 경쟁이 치열해지면서 외형, 즉 판매 위주의 경영보다는 원가절감에 의한 경영합리화로 내실 있게 하는 경영에 의해서만이 치열한 국내·외의 경제 환경에서 기업이 생존할 수 있기 때문이다.

〈표 1-9〉 생산관련 측정지표

항목	산출방법	비고
설비투자효율	당기 생산수량 / 유형고정자산 기말장부가 × 1000	
공정이상발생	실제 공정에서 발생된 이상 건수	
생산목표 달성율	생산실적 / 생산계획 × 100	
자동화율	자동화 요소 작업 수 / 현 요소 작업 수 × 100	
부하율	부하시간 / 캘린더 시간 × 100	
양품율	(총생산량 – 공정불량 + 재가공량) /총 생산량 × 100	

6) 보전관리부문 지표

설비보전(TPM : total productive maintenance)업무는 특정부서의 고유 업무라는 인식에서 벗어나 전 종업원이 설비의 보전 업무에 참가해 설비고장, 불량, 재해율을 떨어뜨려 기업의 체질을 변화시키자는 기업의 혁신운동으로 1969년 도요타의 자회사인 닛폰 덴소(일본전장)에서 처음 시작됐다.

과거 설비보전 업무를 하지 않던 생산부문에서도 설비보전 활동을 벌이는 자주 보전 활동, 설비의 불합리나 만성적인 손실을 방지하는 개별개선 활동, 설비가 고장 나기 전에 진단 기술 등을 이용해 사전에 이를 방지하는 계획보전활동, 품질보전 활동이 있다. 또 설비를 다루지 않는 사무 간접부문으로 TPM을 확대하는 사무 간접부문 TPM과 설비 초기관리 활동, 안전·환경보전 활동, TPM 교육훈련 활동 등도 이 운동의 한 부분이다.

〈표 1-10〉 설비보전 측정지표

항목	산출방법	비고
고장 도수율	고장정지 횟수의 합계 / 부하시간합계 × 100	
고장 강도율	고장정지시간 합 / 부하시간합계 × 100	
MTBF	가동시간의 합계 / 정지횟수	평균고장간격시간
MTTR	정지시간의 합계 / 정지횟수	평균수리복구시간
설비가동성	MTBF / (MTBF + MTTR)	
예방 보전 달성율	예방보전실시건수 / 예방보전계획건수 × 100	

MTBF : Mean Time between Failure
MTTR : Mean Time to Repair

학습목표 요약

1. 생산관리 목표는 무엇인가?

1) 품질

품질(quality)은 적합품질(conformance), 신뢰품질(reliability), 성능품질(performance), 감성 품질(amenity)의 단계로 진화하고 있다.

2) 납기

납기(delivery)능력 또는 적시 납기능력이 우선하고 이러한 기반 위에 경쟁자보다 우선하는 빠른 납기능력을 실현할 수 있다. 그리고 생산현장에서의 시간 관련 관리변수는 제품설계변경속도, 신제품개발속도, 설비교체시간, 생산소요시간, 자재조달시간, 완제품 납기소요시간 등이 되고 있다.

3) 원가

원가는 기업의 조직능력과 밀접한 관계가 있어서 조직의 유형이나 관리방식을 효율화하고 개혁하는 방법을 모색하는 근본적인 대책을 통해서만 해결된다는 점이다.

4) 유연성

생산시스템의 유연성(flexibility)은 생산량, 제품믹스, 디자인변경, 신제품도입, 제품라인 유연성이다.

2. 산업진단 항목은 어떤 것이 있는가?

일반적으로 외부환경의 분류는 산업 환경으로 고객, 제품, 자원, 경쟁자, 기술력 등이 있으며, 거시적 환경으로는 정치, 경제, 사회, 문화, 환경 등이 있다.

3. 마이클 포터의 5가지 힘의 원천은 무엇인가?

신규 진입자의 위협, 공급자의 협상력, 구매자의 협상력, 대체재의 위협, 산업 내 기존경쟁자 간 경쟁 강도의 5가지의 힘(five Forces)에 의하여 결정된다고 하였다. 이와 같은 분석은 산업의 수익성에 영향을 주는 산업 구조, 환경, 트렌드(trend)를 분석하기 위한 방법이다.

4. SWOT 전략은 어떤 것이 있는가?

환 경

조직자원	기회(O)	위협(T)
강점(S)	**SO 전략** **(Maxi – Maxi)**	**ST 전략** **(Maxi – Mini)**
약점(W)	**WO 전략** **(Mini – Maxi)**	**WT 전략** **(Mini – Mini)**

5. BCG 매트릭스 기법이란 무엇인가?

BCG 매트릭스는 상이한 제품과 사업부를 비교하기 위하여 시장 매력도와 경쟁 포지션으로 표기한다. 시장 매력도는 산업 성장률로 측정되며 경쟁포지션은 산업 내의 가장 큰 경쟁사의 시장점유율에 대한 자사의 시장점유율에 의해 측정된다.

제2장

제품기획

학습목표

1. 제품기획 예측 기법은 어떤 것이 있는가?
2. 상품기획에 필요한 자세는 어떤 것이 있는가?
3. 상품기획 7가지 도구는 무엇인가?
4. 아이디어 선택방법은 어떤 것이 있는가?

제1절 상품기획 예측기법

1. 탐구적 기법

1) 델파이법(delphi method)

델파이법(delphi method)은 전문가 집단으로부터 합의된 의견을 찾아내는 과정이다. 이 방법은 통계적 모형의 개발을 위한 과거 자료가 없을 때 유용하다. 델파이법은 제품 수요의 장기예측이라든지 신제품의 예측이나 기술예측 등에 매우 유용하다.

전문가 집단에게 설문을 보내고 의견을 수집한다. 참가자가 누구인지 서로 알지 못하는 것이 바람직하다. 전문가들은 응답을 보내고 그 논거를 제시한다. 다시 참가자들에게 응답들의 통계적 요약과 논거를 정리하여 되돌려 보낸다. 이런 과정을 두세 번 정도 반복하면 어느 정도 수렴된 의견이 얻어진다.

전문가들에게 설문지를 통하여 과학적 발전뿐만 아니라 삶의 질, 정부의 규제, 경쟁자 행동 등과 같은 환경적 요인과 사회적 힘의 변화에 대해 상술하라고 요구할 수도 있다. 그 결과는 기업의 연구개발 방향을 제시할 수 있다.

그러나 델파이법은 아래와 같은 단점도 있다.

첫째, 예측에 걸리는 시간이 상당히 길다. 따라서 그 기간에 전문가 집단의 일관성이 변할 수 있다. 그러므로 결과에 혼선이 생기거나, 예측 기간을 더 길어지게 하는 원인이 된다.

둘째, 전문가들의 익명성을 유지하기 때문에 책임을 부여할 때보다 응답에 의미가 적을 수 있다.

셋째, 델파이법이 높은 수준의 정확성을 보인다는 증거가 없다.

넷째, 잘못 설계된 설문서는 모호하거나 잘못된 결론을 도출할 수 있다.

그러므로 델파이법을 이용하기 전에는 위와 같은 단점들을 신중히 고려하고,

연구자가 그 분야에 상당한 지식을 갖추고 있어야 한다.

2) 격차분석법(gap analysis)

(1) 격차분석의 의의

격차분석법은 시장 격차, 계획격차(planning gap) 등의 개념으로 경영의 다양한 영역에서 널리 이용되고 있는 기법이다. 경영에서 격차개념이 기술적 기회를 인식시켜 줄 수는 있지만, 여기에서 관심사항은 수요를 충족시키고 미래 방향을 모색하기 위한 기술 그 자체에서 격차이다. 예측의 한 기법으로서 기술격차 개념의 활용은 Jantsch에 의해 처음으로 이루어졌으나 아직은 이에 대한 체계적 이론이나 방법론이 알려져 있지는 않다.

기술예측 방법의 대부분은 예측에서 시계열을 활용하는 외삽법의 개념을 이용하고 있으나 격차분석법은 내삽법(interpolative method)의 개념이 이용된다. 여기서 내삽법은 발견되지 않았거나 활용하고 있지 못한 중간 단계가 있는지를 알아보기 위해 일련의 제품이나 공정을 성능의 순서에 따라 조사해보는 방법이다. 이때 발견된 단계가 특정 수요를 충족시킬 수 있는 신제품이나 새로운 성능이 될 수 있다.

[그림 2-1] 격차분석

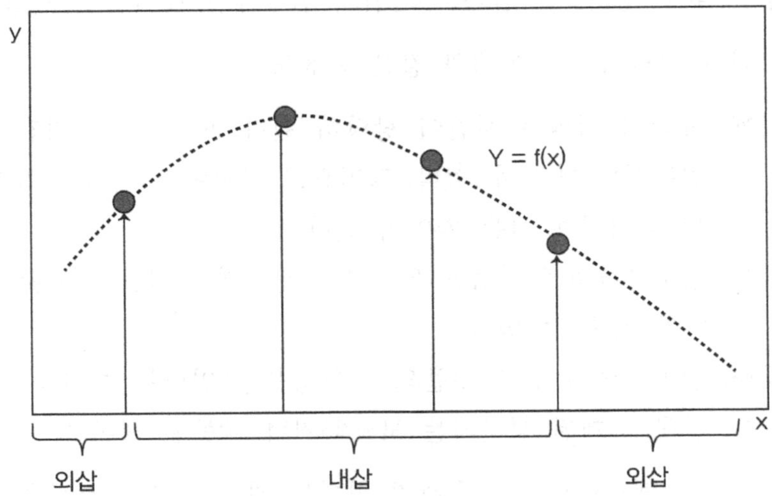

(2) 예측방법 및 응용

격차분석법을 이용한 예측은 Mendeleev의 주기율표를 이용한 천연원소의 분류법에 따라 가장 잘 설명될 수 있다. 그 이전의 과학자들은 원소들을 물리적, 화학적 속성에 따라 순서대로 나열한 후 이를 각 원소 질량에 연관시킴으로써 원소를 분류하려 하였으나 실패하였다. 그러나 Mendeleev는 원소 간의 격차가 표시되는 각 원소의 행렬관계를 구축함으로서 성공하였다. 이러한 행렬표에서 이미 알려진 원소는 표에 논리적으로 적절하게 나열되었으며 계속 이어지지 않은 부분 즉, 격차가 있는 부분은 적절한 원자 질량과 속성을 갖는 가상적 원소에 의해 채워질 수 있었다. 다시 말하면, 행렬표 상의 격차를 이용하여 특정 속성을 갖는 새로운 원소를 예측할 수 있었다. 따라서 Mendeleev는 아직 이를 발견되지 않은 원소의 존재를 지적할 수 있었으며 격차를 나타내는 원소 간에 내삽시킴으로써 이들 원소의 물리적, 화학적 속성을 예측할 수 있었다. 이를 통해 갈륨(Ga)과 게르마늄(Ge) 그리고 희귀 원소 예측을 가능하게 하였다. 또한, Mendeleev의 점증적인 주기성의 원리에 의해 방사성 원소가 발견되기도 하였다.

시계열에 의한 선형시스템과 Mendeleev의 이차원적 행렬표에 의해 격차를 인식하는 것과 다른 격차 인식방법이 있다. 이 방법은 삼각형의 세 꼭짓점 사이의 한 부분에서 내삽시키는 것으로 이 점이 하나의 항목이 된다. 삼각형의 각 면은 세 개의 가능한 선형 내삽을 나타내며 삼각형 내의 한 점은 이들 세 면의 경우를 대표하게 되는 것이다. 선형이나 행렬표에 의한 격차분석과는 달리 이 3차원적 시스템에서는 구성하고 있는 제품의 속성보다는 제품을 구성하는 성분에 대한 확률적 분석에 근간을 둔다. 이 방법은 흥미 있는 속성을 갖거나 예측할 수 없는 신물질이나 합성물을 탐색하는 데 활용될 수 있다.

제품 및 공정은 일정한 속성에 따라 어떤 방법에 따르건 측정이 가능하며 또 이를 연속적인 순서대로 나열할 수 있다. 만약 선형적이든 행렬표에 의하든 체계적이고 정연한 배열로 제품이나 공정의 속성이 재배열될 필요가 있다. 이러한 배열과정에서 어떤 격차가 인식된다면 중간 단계의 존재를 예측할 수 있는 기반이 마련된다. 물론 배열이 그 속성에 있어 논리적으로 연속적인 나열로 이루어져 있다면 내삽법의 이용이 불가능하여 이 방법을 사용할 수 없다.

그 속성과 모수가 잘 알려져 있으나 수리적 연속성에 따라 조사되지 않은 제품 및 공정 관련 기술에서는 격차가 인식될 가능성이 크다. 우선 다음과 같은 특성들이 조사될 수 있다. 즉, 기계적, 전기적, 물리 화학적 특성 또는 임계 속도나 발생 시기 등에 기초한 기계의 운전과 관련된 기술적 특성들을 조사할 수 있다(엔진, 전기설비, 자동화 공정 등).

응용 예로서 피보나치 수열(fibonacci numbers)을 들 수 있다. 이 숫자는 처음의 두 개 수자를 제외하고는 각 항목이 앞의 두 숫자의 합에 의하여 결정된다. 따라서 처음의 두 개 숫자가 1이라고 한다면 피보나치(fibonacci) 배열은 다음과 같다.

1 1 2 3 5 8 13 21 34 55 89 . . .

이러한 유기물질의 구조나 생명과정에서부터 고전적 심미학의 이론에 이르기까지 다양하게 발견되고 있다. 이러한 수의 배열을 통해서 기술적 특성을 비교해 볼 수 있으며, 이의 분석을 통해 기술적 격차를 인식할 수 있다. 천문학에서 태양까지의 거리 순서로 혹성을 배열하고자 많이 시도하였는데 그 예의 하나가 기하학적 배열인 보데(bode)법이다. 이 배열은 18세기에 개발되었는데 천왕성이라는 혹성을 예측된 거리에 위치시키는 데는 [4+0, 4+3, 4+6, 4+12, 4+24, …]가 적절함이 밝혀졌다. 이러한 발견은 기타 미발견된 혹성의 탐험을 촉발시키게 되었다. 즉, 세레스(ceres) 혹성의 위치와 다른 소혹성 띠를 발견하게 되었다. 그러나 9번째 혹성인 해왕성의 경우에는 보데(bode)법이 적용되지 않고 피보나치 수열(fibonacci numbers)이 더 바람직함이 밝혀졌다. 따라서 다른 혹성이 발견은 이 피보나치 수열(fibonacci numbers) 배열에 의해 이루어지게 되었다.

(http://www.stepi.re.kr/researchpub/abstract/ABAA,1995-029-013.HTM).

3) 유추법(analogy)

연구원에게 각자 담당하고 있는 미래 기술변동을 예측하도록 하고 이러한 변동 예측치를 합해서 전체의 예측으로 간주하는 예측방법이다.

사례 보다 많은 작업을 빨리 처리한다.

교통수단의 진화로서 교통수단은 더 빠른 교통수단을 고안하는 데에 목표를 두고 미래 교통수단에 대한 기술예측으로서 과거 교통수단 방법에서 미래를 유추할 수 있다.

교통수단의 초기에는 걷다 - 자동차 개발/기차 개발 - 지하철 개발 - 비행기 개발 - ?

또한, 기존의 교통수단을 더 빨리 이용할 수 있는 방법으로 지하철 환승 시스템, 전자식 교통카드, 무인티켓 발급, 엘리베이터 개발, 에스컬레이터 개발 등이 있다.

4) 모니터링법(monitoring)

모니터링법은 기술 환경과 관련된 자료를 수집하여 기술을 예측하는 방법으로 현장조사 방법이 있다.

사례 해외 미래예측 관련 연구기관 현황

기관명	담당업무	홈페이지
NISTEP	- 과학기술 동향조사 (매월 동향지 발간, 영문 동향지는 3개월에 한 번) - 기술예측조사 설계 및 수행 (예측조사 수행 시 약 50여 명의 인원 참가)	http://www.nistep.go.jp
NIC	- 광범위한 네트워크를 바탕으로 지구촌 미래 트랜드 파악을 위한 해외 각종 정보 수집 및 분석을 수행하고 중·장기 국가발전 전략 연구	http://www.dni.gov
World Future Society	- 사회 및 기술발전이 미래 사회를 어떻게 변화시키는가에 관심 있는 사람들이 모여서 조직한 비영리 사회과학 교육기관	http://www.wfs.org
IPTS	- 사회경제적이며 과학기술적인 문제에 대한 EU 차원의 정책 결정을 지원 - EU 차원의 미래예측조사는 대부분 수행	http://www.jrc.es
OECD	- 미래 관련 국제적 차원의 연구 수행 예) 바이오경제 2030, 건설·교통 인프라 2030, 우주여행 2030, 화폐의 미래 등 다수	http://www.oecd.org
UNIDO	- NES, CEE 국가들에 대한 기술예측 교육훈련 제공	http://www.unido.org
SRIC-BI	- SRI에서 분사한 조직으로 주로 기술적 관점의 미래예측 실시 - SCAN, EXPLOROR 등 제공	http://sric-bi.com

[출처] 황지호·손석호(2010), '미국의 기술예측 동향 및 기법 분석을 통한 미래 기술예측 선진 모델 도출', 한국과학기술기획평가원.

5) 브레인스토밍(brainstorming)

브레인스토밍은 작은 집단이 주제를 선정하고 주제에 대한 서로 아이디어를 내는 토론기법으로 문제 해결 아이디어를 찾는 방법이다. 이 방법은 집단의 효과를 살리고 아이디어의 연쇄반응을 내자고 하는 것이다.

브레인스토밍은 일반회의와는 다르게 반드시 지켜야 할 4가지 규칙이 있고, 이 규칙은 반드시 지켜져야 한다.

첫째, 좋고 나쁘다는 비판은 절대 엄금한다.

참가자의 아이디어를 그대로 받아들인다. 비판의 원인은 자기중심으로 생각하기 때문에 다른 사람의 아이디어에 흠을 잡는다.

둘째, 자유분방한 분위기를 보장한다.

기발한 아이디어나 의외성이 있는 아이디어를 자유분방하게 발표하며, 강제로 발언하게 하거나 윽박지르거나 직위로 압력을 주어서는 안 된다.

셋째, 질보다는 양으로 많은 아이디어를 발표하게 한다.

넷째, 다른 사람의 여러 아이디어에서 좋은 점을 결합시켜 나의 아이디어로 만든다.

위 4가지 규칙을 준수하고 한 가지 문제를 놓고 아이디어를 내는 것으로 기존의 회의는 상대방의 의견을 비판하는 사람이 많아 논쟁하는 경우가 대부분이지만, 브레인스토밍에서는 있을 수 없다. 만약 비판하는 사람이 나오면 진행자가 억제한다.

2. 규범적 기법

1) 퓨처스 휠(futures wheel)

퓨처스 휠은 기술 경향과 특정 사건이 가져오는 2, 3차 영향과 그 결과를 밝히는 방법으로 미래학 커리큘럼 개발 관련 워크숍을 통해 널리 알려졌다. 퓨처스 휠은 종이와 연필만 있으면 그릴 수 있는 단순한 기술이고, 몇 명의 아이디어가 풍부한 사람이 모이면 만들 수 있는 것이지만, 미래를 예측(미래지도 생성)할 수 있는 막강한 힘을 가진 도구이다.

퓨처스 휠은 가장 쉽게 미래에 대한 사람들의 생각을 이끌어낼 수 있는 방식이다. 퓨처스 휠은 기업의 미래 기획팀이나 세계 정책입안자가 앞으로 다가올 잠재 문제점을 파악하고 새로운 가능성, 시장, 상품, 서비스를 활용하기 위한 전략을 짜는 데 이용하고 있다.

퓨처스 휠은 미래 관련 질문과 생각을 조리 있게 정리하는 기술로서, 아이디어를 짜는 토론과정을 구조화한 것이라고 보면 된다. 사회 트렌드나 미래에 일어날 잠재성 있는 사건을 종이 가운데 써넣고 중앙에서부터 바퀴모양으로 점차 생각을 확장해 나간다.

일차적 영향이나 결과물로 첫 번째 고리를 만들고, 2차 영향과 결과물은 두 번째 고리를 만들어간다. 이런 식으로 계속해서 영향과 결과를 고리의 형태로 겹겹이 생성시켜나가다 보면 사회 트렌드나 사건에 대한 유용하고 구체적인 실행결과가 나타나게 된다. 현 사회 트렌드나 미래 잠재적 상황이 앞으로 미칠 영향은 무엇일지 고려할 때, 미래사회 트렌드나 사건에 대한 생각을 정리할 때, 대안 시나리오 안에서 예측해야 할 때, 영향 간 복잡하게 얽힌 연관 관계를 알아보려 할 때, 다른 미래 관련 연구를 분석해 볼 때, 멀티 콘셉트를 만들어 낼 때, 미래를 염두에 둔 전망을 내놓을 때 그룹 아이디어 회의 시 보조도구로 사용할 수 있다.

퓨처스 휠의 장점으로 어떤 목적을 가진 그룹이라도 미래에 대한 다양한 아이디어를 수집하는데 쉽게 쓸 수 있으며 긍정적 피드백 순환과 부정적 피드백 순환을 알아내는 데 도움을 줄 수 있다. 수평적이고 위계질서적이며 단순한 사고를 네트워크 중심의 유기적이고 복잡한 사고로 발전시켜 준다. 1차, 2차, 3차 차례로 나가는 고리가 생각의 뒤섞임을 막아 준다. 결과물이란 한순간에 모두 일어나는 것이 아니라 많은 시간에 걸쳐서 여러 요인과 상호작용을 하는 과정에서 이루어지는 것이라는 것을 보여줘서 복잡하고 시스템적인 사고로 발전하도록 돕는다. 지도형태의 그림으로 나타나 결과물 간에 상호작용(관계)을 한 눈에 확인할 수 있다. 결과적으로 어떤 사물이나 사건, 사람에 대해 미래를 예측해 보는 능력을 향상한다.

퓨처스 휠의 단점으로는 사람의 '판단 집합체' 그 이상은 아니다. 그러므로 성급한 판단을 경계해야 한다. 퓨처스 휠의 결과물은 앞으로 이어질 토론과 사고, 구조적 연구와 미래를 증명하기 위해 사용될 기술의 추가적 적용을 위한 기본 준비 작업이나 과정 중의 일부분으로 여겨야 한다. 즉, 미래에 대해 생각할 때 쓰일 자료, 아이디어를 만들어내는 데 쓰이는 창조적 도구로 만족해야 한다 (http://basementjaxx.tistory.com/m/post/151#, 2015).

[그림 2-2] 퓨처스 휠

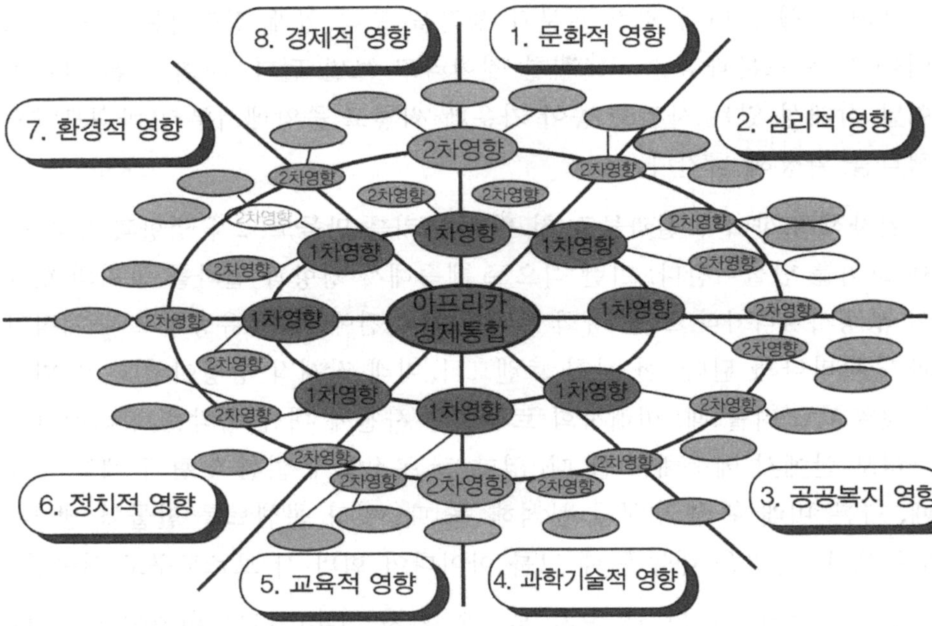

2) 관련 수목법(relevance tree)

일정한 목적이나 사명을 달성하기 위해, 여러 기술적 현상을 논리적 관계에 따라 분석하여 계통적 관계를 나무 모양으로 그려 나가는 것으로서 여러 가지 의사결정에 사용되는데, 기술예측의 한 방법이기도 하다. 먼저 달성해야 할 목적이나 사명을 설정하여 출발하며, 다음에 이 목적을 달성하기 위해 생각할 수 있는 대체적 분자를 찾아내는 방법이다.

[그림 2-3] 관련 수목법

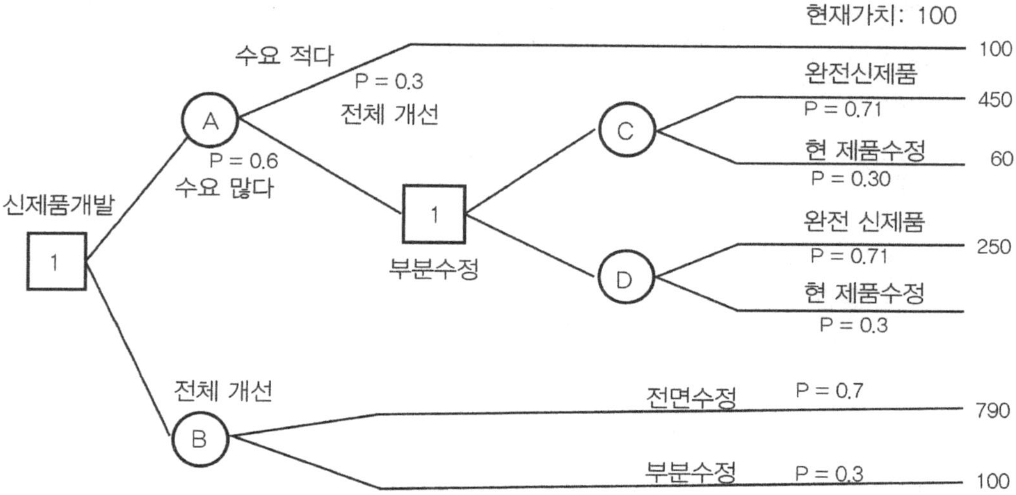

3) 형태학적 분석법

형태학적 분석법을 이용한 기술예측방법으로 여러 가지 종류의 분류방법을 모양 또는 형태에 따라 일목요연하게 분류하여 비슷한 유형끼리 분류하여 분석하는 방법이다.

형태학적 분석법은 인과적 모형화나 시뮬레이션을 할 수 없는 문제를 해결하는 데 도움이 된다. 신차를 개발할 때 우선 차를 구성하는 요소(속성)를 확인하고, 각 요소를 보여주는 형태를 가능한 한 다양하게 선정한다. 이 과정은 전문가 이외에 상상력도 요구된다. 이에 대한 매트릭스(matrix)를 작성한 뒤에 브레인스토밍 등의 기법으로 개개의 요소를 선정하여 연결하여 차량을 개발하도록 한다. 이 방법은 우선 다양한 구성요소로 이루어진 시스템을 하위 구성요소로 분류하고 하위 구성요소를 문제 해결에 큰 영향을 주는 핵심적인 것과 그렇지 않은 것으로 분류한다. 이에서 핵심적인 구성요소 간의 관계에 의해서 시스템의 구성요소를 결정하도록 한다(http://m.blog.daum.net/p5rk96/206#, 2015).

〈표 2-1〉 폐 광산을 피서지로 개발하는 방안에 대한 아이디어 창출〈형태학적 분석법〉

폐광산 변수 / 피서지변수	동굴	기차레일	공터	높은 지대
숙박				
먹거리				
물놀이 공간				
놀이 공간				
화장실				
휴식 공간				
샤워실				

4) 시나리오(scenario) 기법

시나리오법은 불확실한 상황에서 예측하는 기법으로 기업이 당면한 이슈 도출과 이슈별로 의사결정에 영향을 미치는 요소 추출, 각 요소에 영향을 미치는 변화요인 선정, 시나리오 여러 개의 조합, 각각의 대응전략 수립, 시나리오의 전개과정 모니터링 등 총 6단계로 전개된다.

시나리오란 미래에 일어날 수 있는 여러 가지 상황을 연극의 대본처럼 스토리(story) 형식으로 전달하여 미래의 다양한 모습을 쉽게 이해할 수 있도록 도와주는 예측기법으로 시나리오는 복잡한 요인이 얽힌 어떤 이슈와 관련된 미래의 모습을 이해당사자, 변화요인, 우리의 잠재력 등이 서로 어떻게 영향을 미치는지를 쉽게 이해할 수 있도록 도와주는 효과적인 전략적 도구로 활용되고 있다 (임현 · 한종민 · 정민진, 2009).

(1) 탐색적 시나리오와 규범적 시나리오

탐색적 기법은 현재로부터 출발하여 미래에 기술은 어떻게 변할 것인가?, 미래의 제품은 무엇인가? 라는 질문에 해답을 구하는 것으로 불확실성을 재료로 다양한 미래의 모습을 탐색하는 것이다.

규범적 접근은 미래의 예측기술에서 출발하여 어떻게 도달할 것이냐는 질문에 대한 해를 풀어나가는 것으로 미래의 특정 사건을 가정한 다음 발생시킬 가능성을 역으로 시나리오로 작성하는 방법이다.

(2) 단일 시나리오와 복수 시나리오

단일 시나리오는 하나의 미래 기술을 제시하고 미래의 기술을 예측하여 나가는 것으로 일반적인 시나리오 분석에서는 활용되고 있지는 않다.

복수 시나리오는 미래의 기술변화를 예측하는데 여러 가지 불확실한 기회를 제시하는 것이다.

(3) 최소 접근법(minimal approach)

두 개의 불확실성 축을 이용하여 4가지 시나리오를 작성하는 방식이다.

[그림 2-4] 최소 접근 시나리오법

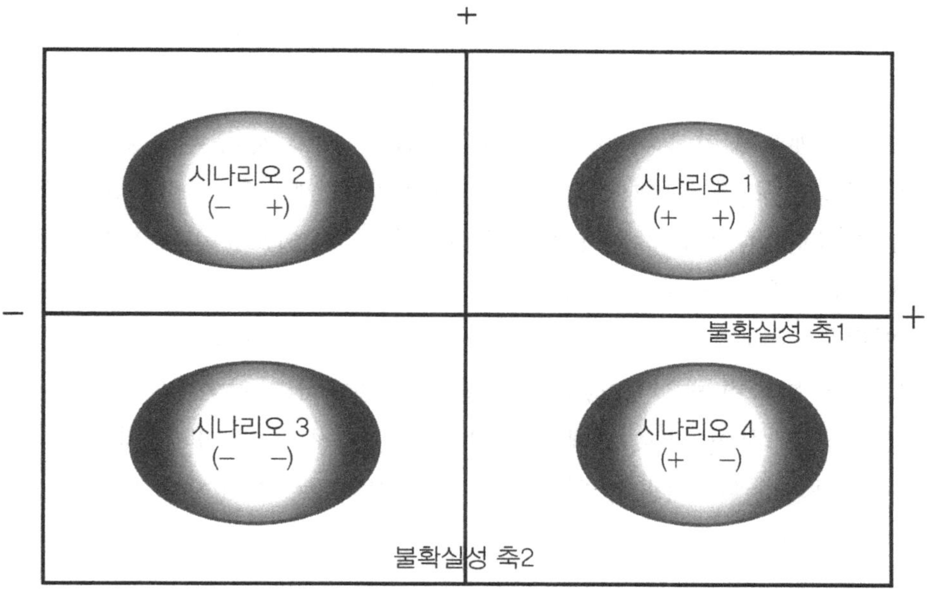

제2절 세분 툴(Seven Tool) 제품개발

1. 팔리는 제품의 공식

노리야키(2005)는 상품 판매량에 관한 공식을 다음과 같이 제시하였다. 먼저 상품 판매량의 차이는 무엇인가? 이다. 상품개발은 대개 ① 콘셉트(concept)의 결정 ② 연구개발 ③ 사업화의 3단계를 밟아서 진행된다. 근본적으로 매출은 다음의 두 가지에 영향을 받는다.

공식 1 : 매출 = 상품력 × 판매력

여기서, 상품력은 상품 자체가 지닌 장점, 즉 고객이 '사고 싶다'는 충동을 불러일으키는 매력을 총칭하며, 판매력은 상품을 실제 사게 만드는 힘으로 여기에는 영업활동, 광고, 선전, 과거의 브랜드 이미지, 판매원의 서비스나 대응 등도 포함된다. 입소문은 가장 기본적인 고객의 행동이며 입소문을 만드는 것은 상품력이지만 결과적으로는 광고, 선전과 유사한 효과를 얻는다. 다음으로 상품력은 상품에 매력을 더하는 요소로서 가치(value)에 가깝다. 상품력은 품질, 가격, 감동으로 집약될 수 있으며 품질은 당연히 상품의 기본 요건이며 여기서 뛰어난 성능, 사용의 편리성, 고장이 적고 오래 사용할 수 있을 것, 상품 간에 차이가 없이 균일할 것 등이 포함된다. 최근의 히트 상품은 다음의 두 가지 특징을 지니고 있다.

1) 창조성

깜짝 놀랄 만한 독창성이 있을 것, 놀라움이라는 요소를 지닐 것, 감동을 주는 상품은 우선 시장에 유사 상품이 없고 신선하며 활력이 있다.

2) 잠재된 욕구에 대한 적합성

고객의 잠재된 욕구를 발굴하여 이를 충족시키는 것이야말로 고객이 수긍하고 이 정도라면 나도 써보고 싶다고 생각하게 하는 요건이 된다.

공식2 : 감동 = 창조성 × 잠재된 욕구에 대한 적합성

2. 상품 기획에 필요한 자세

1) 기획 시스템 구축

잘 팔리는 상품을 기획하려면 기획담당자는 폭넓은 지식과 탐구심, 유연한 사고력, 동기부여 그리고 뛰어난 커뮤니케이션 능력과 적극성 등이 필요하다.

2) 자세한 탐구력

25시간을 관찰하고 기획하는 철저한 탐구력이 필요하다. 출근길에서도 음악을 들으면서도 동료와 대화를 통해서도 소재의 힌트를 찾는 것이다.

3) 조사와 분석의 전문가

조사는 고객의 욕구를 파악하고 검증하는 좋은 도구이다. 자신이 선택한 신상품에 대한 분석을 통하여 검증하기 위한 것으로 과학적 조사 방법을 연구할 필요가 있다.

4) 상품기획은 누구나 가능

아이디어의 발상은 누구나 할 수 있다. 특정 분야의 전문가가 아니라도 할 수 있다. 단지, 신중하게 검토하고 분석하여 시도하면 쉽게 아이디어를 찾을 수 있다.

5) 최선의 방법을 선택

많은 아이디어가 창출되면 어느 아이디어를 선택할 것인가? 아이디어를 좁혀가는 것이다.

6) 기술과 연계

지금까지 조사하고 분석한 것을 토대로 개발한 아이디어를 기술자(engineer) 개발전문가와 협의하여 결론을 찾는 것이다.

3. 제품기획 7가지 도구

노리아키는 상품을 기획하고 혁신적인 개념을 찾아내거나 창조하기 위한 실천적 방법론이 문제가 된다고 하였다. 이러한 기회 기법의 이상적인 모습으로 ① 감동 상품의 기획을 첫 번째 목표로 삼을 것. ② 고객 욕구의 발견, 검증, 발상의 도약, 최적화 등을 위해 정성적·정량적 기법이 잘 섞여 있는 것이 이상적이다. ③ 과학적이고 실증적이면서도 컴퓨터로 쉽게 다룰 수 있을 것. ④ 전체가 하나의 긴밀한 흐름을 구성하고 있으며, 논리적으로도 이해할 수 있을 것이다. 그가 주장하는 상품기획의 7가지 도구의 기법은 다음과 같다.

[그림 2-5] 상품기획의 7가지 도구

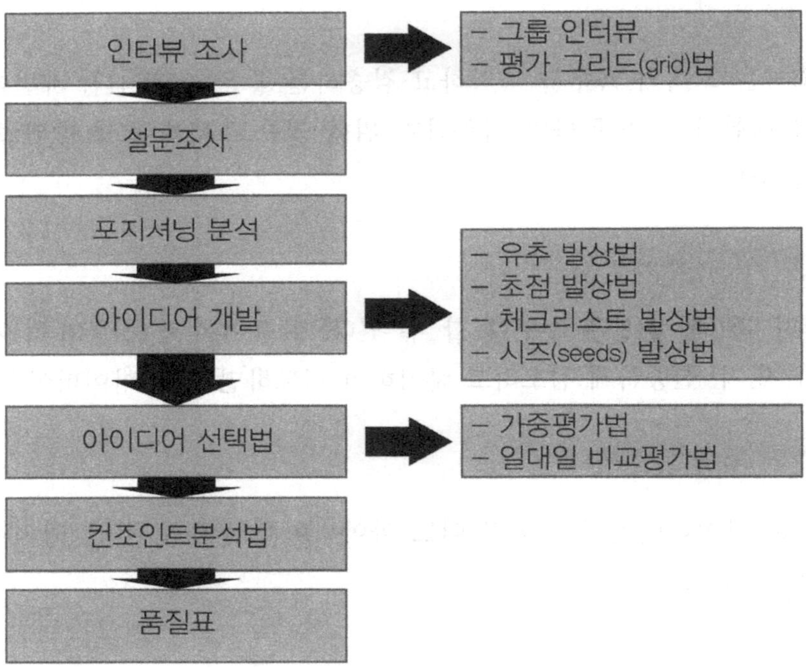

제3절 단계적 기획방법

1. 인터뷰(interview) 조사

인터뷰를 통한 시장조사의 단점으로는 대체로 응답자의 마음 심층에 파고 들어갈 수 없고 얻어진 정보가 파생적이 되기 쉬우며 때로는 고객은 자신의 욕구를 인식하지 못할 수도 있고 표현하지 못할 수도 있다. 때에 따라 많은 시간과 인원이 필요하고 조사자의 능력과 기술이 문제가 된다.

[그림 2-6] 입욕제의 인터뷰 사례

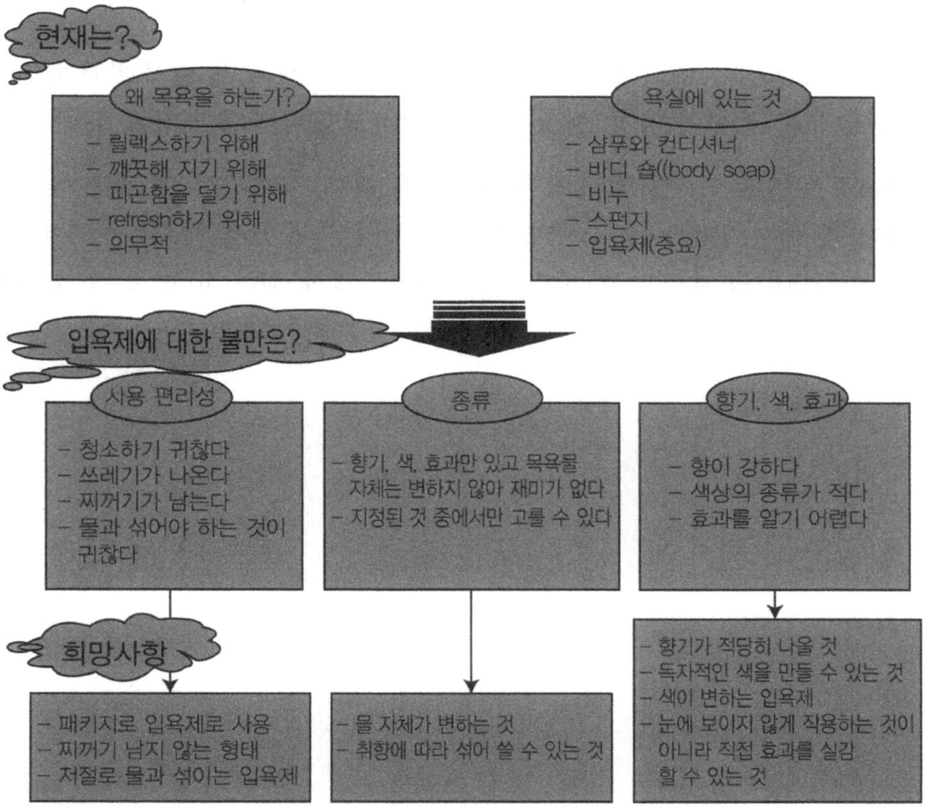

[출처 : 칸다 노리아키(2005). 세븐틀]

이러한 인터뷰 조사방법으로 그룹 인터뷰, 평가 인터뷰의 두 가지 방법을 선택할 수 있다고 하였다.

그룹 인터뷰는 이용자를 몇 사람 모아서 자유로운 의견을 교환하도록 하고 그 중에서 신상품의 힌트를 얻는 기법이다.

평가 그리드법은 그룹 인터뷰에 보다 자유분방하고 독특한 의견은 나오기 어렵지만 각 개인이 일정한 평가 대상을 일정한 방식으로 평가하도록 하므로 시간과 장소의 제약이 적고 누구라도 인터뷰를 할 수 있다.

또한, 인터뷰를 통하여 아이디어를 얻는 방법으로서 대인면접법이 있는데 대인면접은 훈련된 면접원들에 의해 가정, 직장, 거리, 쇼핑몰 같은 특정 장소 등에서 수행되며, 방문조사는 표본추출과 면접을 정확히 했을 경우 조사 결과를 모집단으로 일반화시킬 수 있으므로 모집단에 대한 표본의 대표성이 요구되는 대부분의 여론 조사, 마케팅 조사에 유용하다.

그리고 심층면접은 면접원은 직접 캐묻지 않아야 하며, 중립적인 태도를 유지하고, 응답자가 잘 이야기할 수 있도록 격려하고 응답자에게 공감을 표시해야 한다.

집단토론 방법은 7~8명 정도의 참석자들이 모여 사회자의 안내에 따라 정해진 주제에 관해 이야기하는 조사 방법인데, 사회자는 참석자들의 이야기를 통해 정보나 아이디어를 수집하고 해결하고자 하는 문제에 대한 답을 얻게 된다.

[그림 2-7] 평가 그리드법의 결과

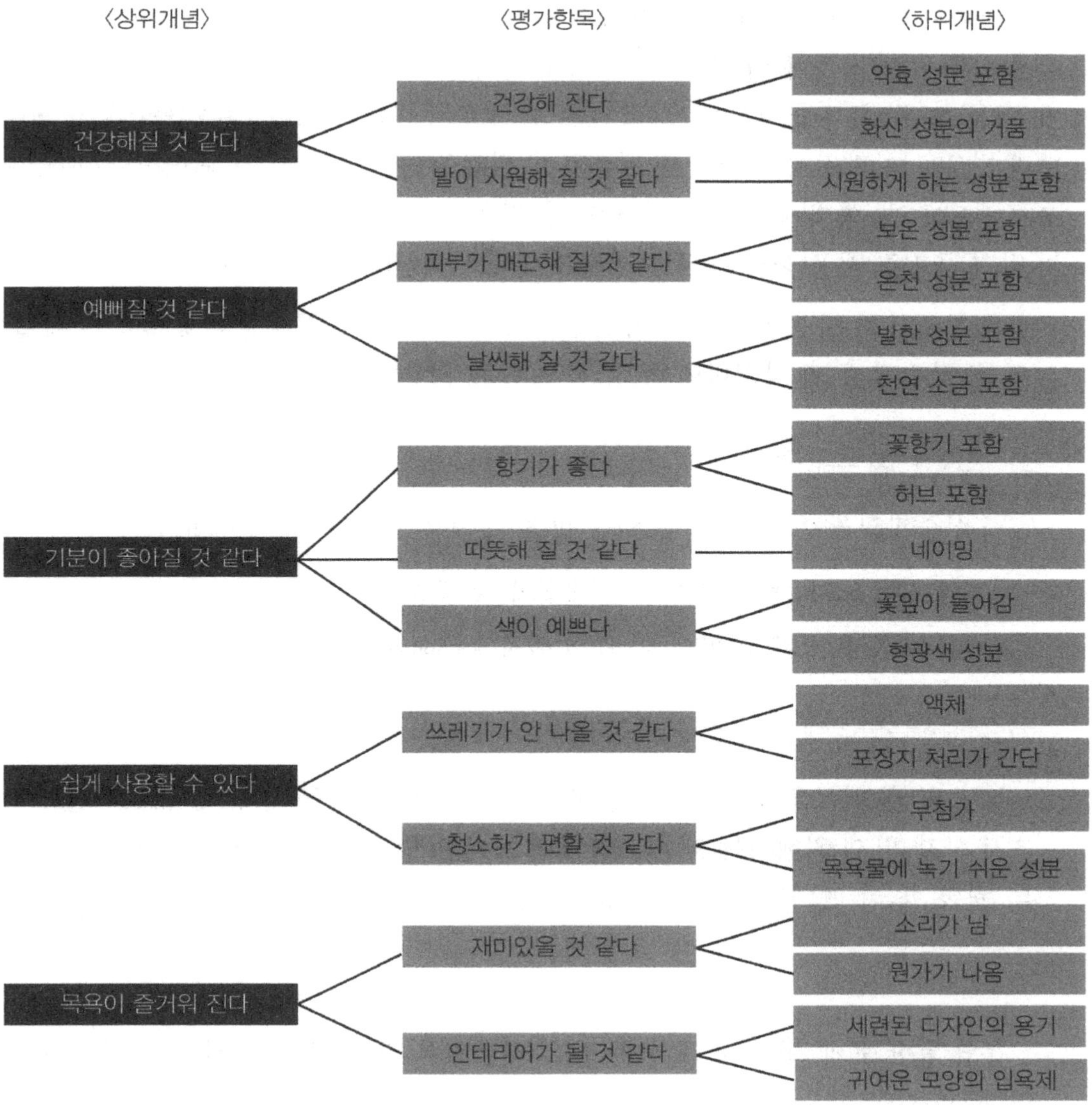

[출처 : 칸다 노리아키(2005). 세븐툴]

2. 설문(inquiry survey)조사

통계조사에서 설문조사는 간접조사의 일종으로 직접 대상을 관찰하지 않고 관찰하고자 하는 사항에 대해 미리 정보나 지식을 가지고 있는 전문가에 대해 알고자 하는 것을 자문함으로써 그 목적을 달성하는 방법이다. 설문조사의 구체적인 방법으로는 자기식 조사표를 배포하여 의견을 구하는 방법이 취해진다. 최근에는 조사대상이 그 영역에 대하여 당연히 전문적 지식을 가지고 있다는 전제하에 자기식 조사표를 사용하는 조사를 설문조사라고 하는 경우가 많다.

설문조사는 사전에 충분한 가설을 설정하여야 하며, 통계분석에 필요한 가설 검증을 염두에 두고 작성하여야 한다. 설문조사는 다음의 4가지 포인트를 강조한다.

1) 명확한 목적과 가설

상품기획을 위한 조사는 다음과 같은 목적을 가지고 실시한다.

① 인터뷰 조사 등에서 끌어낸 가설을 검증한다.

② 고객의 평가 데이터를 모아 위치(positioning)에 연결한다.

2) 적절한 조사 방법과 조사 대상자

누구를 대상으로 언제, 어떤 방법으로 조사할 것인가? 검증적이고 정량적인 조사가 되기 위해서는 매우 계획적으로 실시할 필요가 있다. 설문조사 방식으로는 전화, 우편, 면접, 인터넷 등이 있다.

3) 적절한 설문지

응답자가 보기 쉽고 이해하기 쉽고 대답하기 쉬운 설문지를 작성할 필요가 있다. 다음과 같은 사항에 유의해야 한다.

① 너무 길거나 짧지 않을 것 : 응답 시간이 10분 정도(A4용지 4장 이내)

② 전체상 명쾌할 것 : 조사의 의미나 의도를 알 수 없으면 대답하다 지쳐서 하기 싫어지고 만다.

③ 사전에 키워드(key word)를 선정해 둘 것 : 단 10분 걸리는 설문이라도 3일 정도는 검토한 후 실시해야 한다.

④ 자유 응답식보다는 선택방식을 사용할 것

⑤ 분석을 알면 설문 작성이 전혀 달라진다.

⑥ 상품 평가를 포함 시킨다.

⑦ 세심한 점검필요

- 간단한 질문으로 시작하고 어려운 질문은 후반에 배치했는가?
- 비슷한 내용을 묻는 질문이 너무 많지 않은가?
- 단계평가는 홀수로 되어 있으며 좌우대칭으로 되어 있는가?
- 한 가지 질문에서 두 가지 내용을 묻고 있지 않은가?
- 의미가 분명하지 않은 단어는 없는가?
- 복수응답을 허용하고 있지는 않은가?
- 응답을 유도하고 있지 않은가?
- 종합평가 항목을 몇 개나 넣었는가?

4) 적절한 분석

[그림 2-8] 수량화 Ⅲ류를 이용한 관련성 map

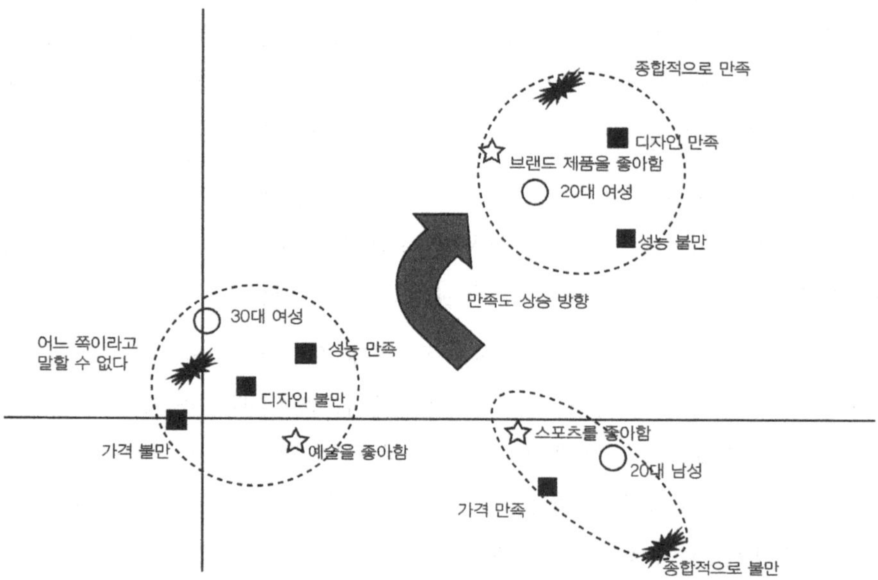

[출처 : 칸다 노리아키(2005), 세븐툴]

[그림 2-9] 스네이크 플롯(snake plot)의 사례

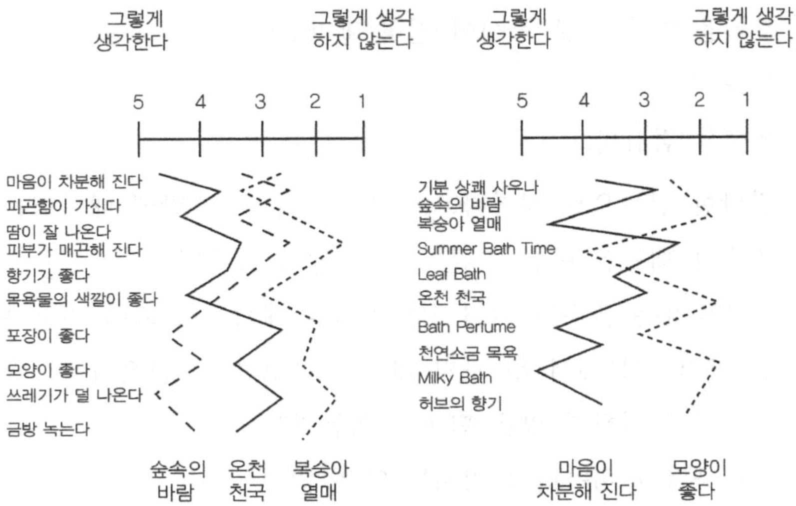

[출처 : 칸다 노리아키(2005). 세븐툴]

3. 포지셔닝(positioning) 분석

포지셔닝은 중심적인 핵을 이루는 요인을 파악해야 하며, 포지셔닝 전략은 제품의 속성 및 특별한 응용, 경쟁 관계, 소비자의 행태 혹은 제품분류의 특징으로 분리된 여러 가지 방법 속에서 표현되고 실행된다. 이들 각각은 모두가 소비자의 마음속에서 이미지를 강화하거나, 개발한다는 궁극적인 목적이 있다.

이들 방법은 크게 나누어 소비자 포지셔닝, 경쟁적 포지셔닝, 재포지셔닝 등으로 볼 수 있다. 이들은 어느 방법이나 소비자 마음속에 비교 대상 제품과 상대적 위치 관계 설정이라는 관점이 반드시 포함되어 있다.

이러한 포지셔닝 분석 방법으로 소비자 분석단계는 제품군에서 소비자들이 얻고자 하는 것이 무엇인지, 그리고 기존제품들에 대해서는 어떤 불만을 가지고 있는지 등 소비자 요구와 기존 제품에 대한 불만족 원인을 파악하는 과정이다. 2단계는 경쟁자 확인으로서 개발하고자 하는 제품의 경쟁 상대를 파악하는 과정으로서 이때 주의할 것은 표적 시장을 어떻게 설정하느냐에 따라 경쟁자가 달라질 수 있다. 3단계는 경쟁제품의 포지션 분석으로 경쟁 제품이 소비자들에게 어떻게 인식되고 평가받는지 파악하는 작업이다. 4단계는 자사 제품의 포지션 개발로 경쟁

제품에 비하여 소비자의 욕구를 더 잘 충족시킬 수 있는 적합한 자사 제품의 포지션을 결정한다. 5단계는 포지셔닝의 확인 및 재 포지셔닝으로 제품이 목표한 위치에 포지셔닝 되었는지를 확인한다.

[그림 2-10] 지각도와 이상적인 벡터-인자 I과 인자 II

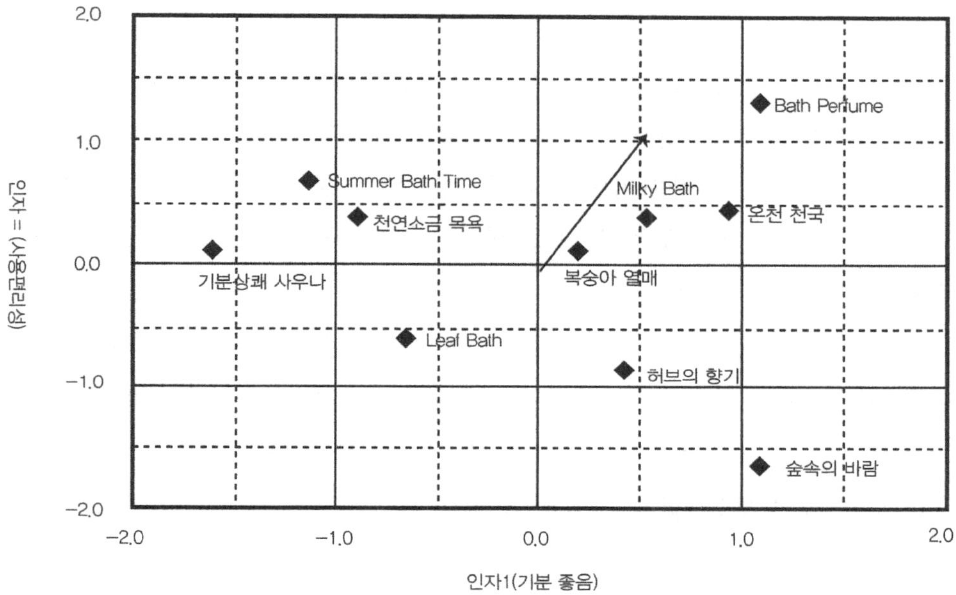

[출처 : 칸다 노리아키(2005). 세븐틀]

제4절 창의적 아이디어 발상기법

1. 아이디어 발상 환경

아이디어 발상법이란 포지셔닝(positioning) 분석에서 얻은 최적의 방향에 따라 창조적인 발상을 하는 것으로 상품력을 비약적으로 높일 수 있는 중요한 단계이다. 일반적으로 개인의 아이디어나 감에 의존하는 상품기획에서는 이 단계만 중시되는 경향이 있어 다른 단계와 심한 불균형을 이룬다. 아이디어 발상을 도와주는 기본요건은 다음과 같다.

① 풍토 : 이단이나 실패를 허용하는 자유로운 조직 풍토를 배양한다.

② 환경 : 어울리는 직장 환경을 만든다. 쾌적함과 자극이 양립되도록 도모한다. 너무 조용해도 너무 시끄러워도 안 된다.

③ 정보 : 정보를 쉽게 수집하고 분석할 수 있는 환경을 정비한다.

④ 팀(team) : 세 사람이 모이면 없던 지혜도 생기는 법이다. 서로 다른 사람으로 팀을 짤 것. 성별, 문과/이과 출신, 나이가 균형을 이루도록 하면 서로 다른 발상이 나올 수 있다.

⑤ 동기부여 : 보수, 인사평가 등에 반영시킨다.

⑥ 안테나(antenna) : 호기심을 가지고 뭐든지 흡수해버릴 것과 같이 감성을 갈고 닦는다.

⑦ 집중 : 잡음을 피하고 편안하게 하면서 집중한다.

⑧ 그리기 : 연상(image) 끊임없이 그리고, 손으로 쓰는 것은 두뇌를 자극한다.

⑨ 관찰 : 무엇을 하고 있는지? 왜 그런지, 문제는 어디에 있는지? 실제로 현장에서 관찰하면 매우 유용한 힌트(Hint)를 얻을 것이다.

⑩ 발상법 : 힌트(hint)를 단기간에 대량으로 효과적으로 만들어내는 기법이다.

상품 기획의 7가지 도구의 발상법에서는 여러 발상법 중에서 다음의 3분류 4기법을 추천한다.

① 혁신형 발상법 : 아날로지 발상법, 초점 발상법, 깜짝 놀랄 만한 독특한 아이디어를 얻기 위한 발상법이다.

② 개량형 발상법 : 체크리스트 발상법, 기존 상품의 개량품을 만들고 싶을 때 새로운 시점이나 방향을 만드는 데 편리한 체크리스트이다.

③ 응용형 발상법 : 시즈(seeds)발상법, 자사에서 보유하고 있는 강력한 기술, 소재, 부품 등의 새로운 응용을 탐색하기 위한 발상법이다.

2. 아이디어 발상 방법

1) 아날로지(analogy : 유추) 발상법

상식을 뒤엎는 획기적인 아이디어를 얻고자 할 때 사용하면 좋다. 구체적으로는 그림과 같이 상식에서 시작하여 이를 부정함으로써 발생하는 문제점을 해결하거나 활용한다. 다음의 6단계를 통해 전혀 다른 것으로 바꿔볼 수 있다.

① 상식 : 고정된 부문, 당연한 부문, 뜻밖에 알아채지 못한 것도 많으므로 의식적으로 당연한 것을 찾는다.

② 역(逆)설정 : 그 상식을 거꾸로 뒤집는다(부정한다).

③ 문제점 : 상식을 뒤집으면 대개 문제가 발생하는데 그 문제를 기술한다.

④ 키워드 : 무리해서라도 문제점을 해결하기 위한 키워드를 찾는다.

⑤ 아날로지(유추) : 상품화를 촉진하기 위해 유사한 것을 생각해 본다. 이 세상에 있는 시스템, 생물, 상품 가운데 이 경우에 사용할 수 있는 것은 없는지? 이와 가까운 것은 없는지 찾는다.

⑥ 상품 : 아날로지를 응용·변형·종합하여 키워드의 콘셉트를 실현한다.

건강식품 〈예〉	① 상식	② 역 설정	③ 문제점	④ 키워드	⑤ 아날로지	⑥ 상품
선술집	술이 있다	술이 없다	술을 마실 수 없다	가게 밖에서 산 물건을 가지고 안으로 갖고 들어온다.	선술집	주류상점과 합쳐진, 음식물을 갖고 들어올 수 있는 선술집

패밀리 레스토랑	주차장이 있다	주차장이 없다	차로 올 수 없다	사람들이 모이기 쉬운 곳에 만든다.	편의점	쇼핑이 가능한 편의점 패밀리 레스토랑
건강식품	드링크	반고체	이미지가 약하다	우아한 모양	슈크림	두 가지 맛을 즐길 수 있는 이중구조로 된 젤리
건강식품	여러 가지 성분이 들어 있다.	들어 있는 성분이 적다	무엇으로 범위를 좁힐까?	건강하게	초콜릿	과라나 엑기스 함유
				즐겁게	주스	비타민C 함유

[출처 : 카나 노리아키(2005), 세븐툴.]

2) 초점 발상법

특정 사물에 초점을 두고 그 요소를 열거한다. 각 요소를 상품에 강제적으로 연결 지어 본다. 연상 게임과 같은 발상법인데 뜻밖에 짧은 시간 내에 유용한 아이디어를 얻을 수 있다. 초점의 대상은 가능하면 자신이 좋아하는 대상이나 규모가 큰 것 또는 복잡한 것이 좋다.

〈표 2-3〉 아이스크림으로부터 여성용 카메라의 아이디어 도출

〈요소〉	〈중간 아이디어〉	〈상품 아이디어〉
토핑	카메라를 장식하는 것	카메라의 겉 부분을 교체할 수 있게
맛이 다양함	색상이 다양함	그날의 복장에 어울리는 패션 카메라
콘이 있음	지원하는 툴	초소형 삼각대 내장
우유	액체가 들어있음	액정화면으로 촬영한 사진을 확인할 수 있는 간이 디지털 카메라 내장

[출처 : 칸다 노리아키(2005), 세븐툴.]

3) 스캠퍼(scamper) 법

스캠퍼 기법은 미리 문제 해결의 착안점을 정해 놓고 그에 따라 다각적인 사고를 통하여 아이디어를 창출하는 방법으로 아이디어 촉진 질문법이다. 이 기법은 기존의 제품을 개선하거나 신제품을 만들어 낼 때 유용하다.

시점이나 방향을 바꾸고 싶을 때 도움이 되는 힌트 모음으로 브레인스토밍

(brainstorming) 도구로 써도 좋다. 그림은 아홉 가지 대항목 안의 소항목으로 만들어지는 체크리스트를 힌트로 아이디어를 짜내는데 특별히 순서는 없고 무작위로 활용한다. 범용 리스트이기 때문에 마음대로 고쳐 쓸 수 있고 다른 목적에 도움이 된다. 자사 혹은 자신만의 전용 리스트를 개발하면 가장 좋다.

〈표 2-4〉 스캠퍼(scamper)법

1	다른 것으로의 전용은? (put it other use?)
2	다른 것으로의 응용은? (Adapt?) 그 밖에 이것도 비슷한 것은 없는지? 과거에는 비슷한 것이 없었는지? 뭔가 흉내 낼 수 없는지?
3	변경한다면? (modify?) 편하게 만든다면? 사용법을 바꾼다면? 의미, 색상, 움직임, 소리, 냄새. 양식, 디자인 등을 바꿀 수 있는지?
4	확대한다면? (magnify?) 더 강하게, 더 높게, 더 길게, 더 두껍게, 더 고급으로 한다면? 고기능으로 한다면?
5	축소한다면? (minify?) 뭔가 줄일 수는 없는지? 더 작게, 농축, 미니추어화, 더 낮게, 더 짧게, 더 가볍게 한다면? 기능을 몇 가지로 줄인다면? 분할시킬 수는 없는지?
6	다른 것으로 대신하여 사용한다면? (substitute?) 다른 소재, 다른 동력, 다른 장소는?
7	재배열(arrange), 다시 한다면? (rearrange) 요소를 바꾼다면? 다른 패턴으로는? 다른 레이아웃은? 다른 순서로는?
8	거꾸로 한다면? (reverse?) 사진의 positive와 negative를 바꾼다면? 거꾸로 하면 어떤지? 실패 사례를 교훈으로 한다면? 앞뒤 방향을 바꾼다면? 위아래를 뒤집는다면? 반대 역할은?
9	종합한다면? (combine?) 브랜드(blend), 합금, 세트 상품의 구성, 앙상블은 어떤지? 아이디어를 조합한다면? 캐릭터를 추가한다면?

[출처 : 칸다 노리아키(2005), 세븐툴.]

4) 시즈(seeds)발상법

사내에서 배양된 기술이나 어떻게 응용하면 좋을지 모르는 특허, 용도를 충분히 개발하지 못한 소재 등을 응용한 상품을 개발하기 위한 기법이다. 기술, 특허, 소재, 부품, 시스템, 구조 등 응용하고 싶은 종자(seed)를 여기서 총칭하여 부른다.

〈표 2-6〉 시즈 발상법(음성 인식기술 예)

시즈(seeds)에 의한 이점	이점의 변환	문제점	키워드	아날로지(analogy, 유추)	아이디어
목소리로 입력 가능하다	〈거꾸로 하면?〉 음성으로 출력한다.	입력하면 그대로 출력되는 것만으로는 재미없다	대화를 한다.	대화를 한다.	대화를 한다.
누구 목소리인지 인식할 수 있다	〈확대하면?〉 여러 사람의 목소리를 동시에 인식할 수 있다.	음성인지 소음인지 인식할 수 없다	듣고 싶은 목소리만 선택한다.	멀티 채널형 TV	멀티 채널형 TV 회의시스템
인식 스피드가 빠르다	〈결합하면?〉 ATM과 결합한다.	안정성(security)은 괜찮은가?	음성을 인식한다.	잘 아는 친구	음성 인식 장치 부착 ATM

[출처 : 칸다 노리아키(2005), 세븐툴]

3. 아이디어 선택

여러 아이디어 중에서 가장 좋은 것을 골라내기 어려우면 이 기법을 사용한다.

1) 가중 평가법

고객에게 간단한 설문을 실시하고 복수의 평가 항목에 미리 설정해둔 가중치를 적용해 합계 점수가 높은 아이디어를 채택한다.

〈표 2-7〉 가중 평가법

	기분 좋을 것 같다	미용, 건강에 효과가 있을 것 같다	사용하기 편리할 것 같다	재미있을 것 같다	종합	평가
가중치	0.27	0.45	0.72	1	–	–
① 오블라트(oblaat)처럼 봉지가 녹는 입욕제	3.6	2.6	4.8	4.1	10.06	◉
② 자동으로 나와 녹는 입욕제	3.4	3.0	4.6	4.5	10.42	◉
③ 자기가 만드는 오리지널 입욕제	3.7	4.1	3.2	3.7	9.22	○
④ 도중에 색깔이나 효과가 바뀌는 입욕제	4.1	4.0	3.5	4.4	10.24	◉
⑤ 욕조 세정 효과가 있는 입욕제	2.2	3.0	4.2	3.2	8.39	△
⑥ 향기만 나는 투명한 입욕제	3.6	3.3	3.2	3.2	8.32	△
⑦ 캐릭터가 나오는 입욕제	3.6	2.8	3.2	4.7	9.60	○

⑧ 소리 나는 입욕제	3.8	3.5	3.0	4.4	9.54	○
⑨ 잠이 오게 하는 입욕제	3.9	3.3	3.1	2.8	7.96	×
⑩ 정량 이상은 나오지 않는 계량 입욕제	2.8	3.1	4.2	2.7	8.16	△
⑪ 감기를 낫게 하는 입욕제	2.6	4.5	3.0	3.1	8.25	△

[출처 : 칸다 노리아키(2005), 세븐툴]

2) 일대일 비교평가법(AHP)

2개 항목씩 중요도를 비교하는 것을 반복하여 가중치를 결정하고 아이디어 평가도 마찬가지로 2개씩 일대 비교한다.

〈표 2-8〉 일대일 비교법

	가중치/득점			가중치/득점	
실현 가능성	0.585		수요	0.373	
비용	0.353		프로모션	0.448	
개발 기간	0.062		화제성	0.179	
봉지가 녹는다	0.057		봉지가 녹는다	0.035	
자동적으로 나온다	0.310	◉	자동적으로 나온다	0.313	◉
자신이 만든 오리지널	0.029		자신이 만든 오리지널	0.040	
색이나 효과가 변한다	0.266	○	색이나 효과가 변한다	0.284	○
캐릭터가 나온다	0.299	○	캐릭터가 나온다	0.288	○
소리가 난다	0.040		소리가 난다	0.040	
오오후지 연구개발부장, 이마노 제조부장 두 사람의 응답			오카모토 마케팅 부장, 나카자와 영업부장 두 사람의 응답		

[출처 : 칸다 노리아키(2005), 세븐툴.]

4. 컨조인트 분석(conjoint analysis)

컨조인트 분석은 제품과 서비스 속성들을 통해 소비자들의 의사결정을 제시해 주는 방법이다. 소비자들의 행동과 관련된 정보를 입력함으로써 예측변수의 조합을 통해 소비자의 행동과 관련된 행동을 예상할 수 있다.

5. 품질표

노리아키는 아무리 강력한 감동 상품의 콘셉트를 찾아냈어도 실제로 상품화되지 않으면 의미가 없다고 하였다. 상품력이 높은 상품을 만들려면 콘셉트 자체의 완성도나 매력도는 물론 품질 향상이나 환경 대응 등에도 부족함이 있어서는 안 된다. 품질 표는 이를 위해 요구되는 품질 항목을 정리하고 기술 특성을 변환하는 역할을 하고 있다. 품질 표의 작성절차는 다음과 같다.

① 컨조인트 분석으로 얻은 최적의 요소에
- 조사, 발상 등의 단계에서 얻은 고정적인 요소(꼭 실현해야 할 성능, 기능, 내구성, 가격 등)
- 사회적 요청(환경에 대한 배려, 안전성 등 고객으로부터 요구가 없어도 실현해야 할 사항)

② ①의 상품 콘셉트를 계통적으로 정리한 "기대 항목 전개표"를 만든다.

③ 이를 기술적으로 실현하기 위한 특성, 설계 시에 명확히 해야 할 특성을 모아 계통적으로 정리한 "기술특성전개표"를 만든다.

④ ②,③을 매트릭스화 한다.

⑤ 크로스 된 부분에 대응 관계의 강약을 ◎(강한 대응), ○(대응 있음), △(대응이 예상됨)로 기재한다.

〈표 2-9〉 품질표

기대항목전개표 1차	기대항목전개표 2차 \ 기술특성전개표	취급성				배합성분				외장형태				구입성			화제성			
		녹는시간	녹는온도	배합용이성	포장재질	유효성분량	색소배합비율	방향제배합량	첨가제배합량	패키지모양	패키지중량	포장모양	포장크기	보존기간	판매가격	유통충실도	릴렉스정도	안전도	주목도	건강관심도
마음이 차분해 진다	잠이 잘 온다							○	◎								◎			
	목욕물의 색이 예쁘다						◎										○		◎	
재미있다	시간 간격을 두고 다른 입욕제가 나온다	◎			◎					○									◎	
	거품소리가 난다								◎									○	◎	
	캐릭터가 나온다				◎							○	○						◎	
피곤함이 가신다	몸이 따뜻해 진다		○			◎														○
	오랫동안 목욕할 수 있다						○	○									◎			
	땀이 잘 나온다					◎			○											◎
쓰고 싶어 진다	중간에 색이나 효과가 바뀐다	◎				◎	◎	○	○					○			○			○
	피부가 매끈해 진다					○			◎											
사용하기 쉽다	포장까지 물에 녹는다	◎	◎		◎									○					○	
	저절로 물과 섞인다	○	○						◎	○	○									
	포장이 잘 되어 있다									◎		◎	○						◎	
안심하고 쓸 수 있다	마셔도 안전하다				◎	○								◎				◎		
	쓰레기나 찌꺼기가 안 나온다				◎					○	○									
	장기간 보존할 수 있다				◎							○		◎	◎			◎		
경제적이다	부담 없이 구입할 수 있다											○			◎	◎				
	어디서나 살 수 있다								◎							◎				

학습목표 요약

1. 제품기획 예측 기법은 어떤 것이 있는가?

1) 탐구적 기법의 분류

<table>
<tr><th colspan="2">예측기법</th><th>개념 및 방법</th><th>응 용</th></tr>
<tr><td colspan="2">델파이법
(delphi)</td><td>· 새로운 아이디어 창출을 위해 구성원들 간의 상호 의견 교환
· Rand사에 의해 개발</td><td>· 국가 차원의 기술 예측 활동에 이용</td></tr>
<tr><td colspan="2">격차분석법
(gap analysis)</td><td>· 기술격차를 이용
· 내삽법</td><td>· Audi의 5실린더 엔진</td></tr>
<tr><td colspan="2">유추법
(analogy)</td><td>· 전문가 패널을 구성한 후 설문조사를 반복적으로 실시하여 의견수렴
· 시계열 자료가 없을 경우나 광범위한 기술 분야에 대한 예측기법
· 연관수목법이나 교차영향분석과 함께 이용될 수 있음</td><td>· 가정용 난방에 이용되는 태양전지의 사례
· 복합소재</td></tr>
<tr><td colspan="2">모니터링
(monitoring)</td><td>· 기술 환경관련 자료를 수집 분석함으로써 기술예측을 수행</td><td>· 광범위하게 응용</td></tr>
<tr><td colspan="2">성장곡선
(growth curves)</td><td>· 기술의 진보가 일정 시점을 지나면서 한계수준에 이르는 과정을 S곡선 형태로 단순화하여 과거 시계열 자료를 이용 파라미터를 추정하여 예측</td><td>· 대부분의 기술에 적용 가능</td></tr>
<tr><td colspan="2">추세선
(extrapolations)</td><td>· 시계열 통계를 이용하여 추세선을 추정하여 예측하는 기법</td><td>· 비행기 속도
· IC 직접도 예측</td></tr>
<tr><td colspan="2">브레인스토밍
(brainstorming)</td><td>· 특정한 문제 해결을 위해 창조적인 아이디어를 동시에 모색하는 방법</td><td>· 기술 및 기업 경영분야에 이용</td></tr>
<tr><td rowspan="3">회귀분석</td><td>상관관계
(correlation analysis)</td><td>· 이론적으로 인관관계가 설명되지는 않으나 변수간의 상관관계를 분석함으로써 예측</td><td>· 전투기와 상용기의 속도</td></tr>
<tr><td>인과관계
(causalmodel)</td><td>· 기술혁신 결정요인으로 하나의 시스템을 설정하고 예측을 함</td><td></td></tr>
<tr><td>기술통계량</td><td>· 기술성능에 일종의 일련의 모수를 종합하여 복합적인 계량 지표를 산출</td><td></td></tr>
</table>

[출처 : 정석윤 외(2003), 수정 인용함]

2) 규범적 기법의 분류

예측기법	개념 및 방법	응 용
futures wheel	· 정형화된 브레인스토밍의 한 종류 · 전개방법이 연관수목법과 유사하며 형태는 도식화되어 바퀴모양과 같다.	· 요인분석 · 기술분석 · 설계분석 등
관련 수목법 (relevance tree)	· 기술목적으로 순차적으로 나열하고 목적달성이 가능한 수단을 찾아 세부 기술 과제를 확정하여, 임무와 목표가 전체 기술계획에 부합하도록 하고 이를 정량적으로 평가	· 전략적 연구개발 · 프로그램 평가에 이용
형태학적 기법 (morphology)	· 기술적 변수와 여러 대안으로 조성된 행렬표를 작성하여 기술적으로 가능한 조합을 도출	· 기술 시스템 · 제품 및 공정의 도출 · 범위가 비교적 큼
임무흐름도 (mission-flow diagram)	· 임무 수행에 있어서 여러 대안을 도식화하여 상호비교	· 군사목적을 위해 최초로 활용
FAR (field anomaly relaxation)	· 미래의 상황에 대하여 사회학 관점에서 발생 가능한 요소들의 양립성을 제거하여 시나리오 작성 · 계량화보다는 시나리오 도출이 목적	· 다양한 분야에서 미래예측을 위한 시나리오 작성에 적용 가능

[출처 : 정석윤 외(2003), 수정 인용함]

2. 상품기획에 필요한 자세는 어떤 것이 있는가?

- 기획 시스템 구축 : 잘 팔리는 상품을 기획하려면 기획담당자는 폭넓은 지식과 탐구심, 유연한 사고력, 동기부여 그리고 뛰어난 커뮤니케이션 능력과 적극성 등이 필요하다.
- 자세한 탐구력 : 25시간을 관찰하고 기획하는 철저한 탐구력이 필요하다. 출근길에서도 음악을 들으면서도 동료와 대화를 통해서도 소재의 힌트를 찾는 것이다.
- 조사와 분석의 전문가 : 조사는 고객의 욕구를 파악하고 검증하는 좋은 도구이다. 자신이 선택한 신상품에 대한 분석을 통하여 검증하기 위한 것으로 과학적 조사 방법을 연구할 필요가 있다.
- 상품기획은 누구나 가능 : 아이디어의 발상은 누구나 할 수 있다. 특정분야의 전문가가 아니라도 할 수 있다. 단지, 신중하게 검토하고 분석하여 시도하면

쉽게 아이디어를 찾을 수 있다.

- 최선의 방법을 선택 : 많은 아이디어가 창출되면 어느 아이디어를 선택할 것인가? 아이디어를 좁혀가는 것이다.
- 기술과 연계 : 지금까지 조사하고 분석한 것을 토대로 개발한 아이디어를 엔지니어나 개발전문가와 협의하여 결론을 찾는 것이다.

3. 상품기획 7가지 도구는 무엇인가?

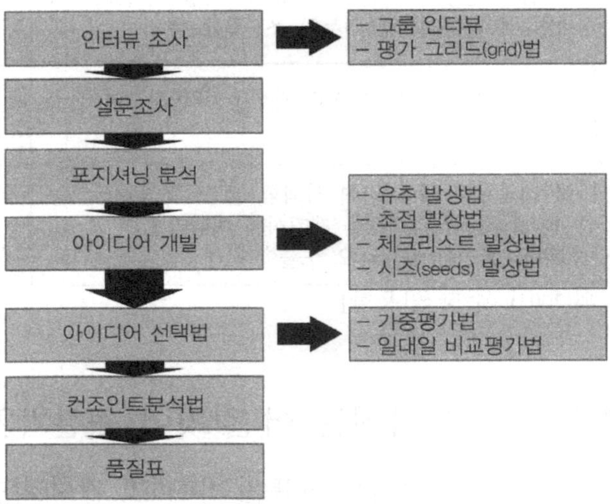

4. 아이디어 선택방법은 어떤 것이 있는가?

1) 가중 평가법

고객에게 간단한 설문을 실시하고 복수의 평가 항목에 미리 설정해둔 가중치를 적용해 합계 점수가 높은 아이디어를 채택한다.

2) 일대일 비교평가법(AHP)

2개 항목씩 중요도를 비교하는 것을 반복하여 가중치를 결정하고 아이디어 평가도 마찬가지로 2개씩 일대 비교한다.

제3장

수요예측

학습목표

1. 수요예측방법은 어떤 것이 있는가?
2. 수요변화요인으로는 무엇이 있는가?
3. 지수평활법이란 무엇인가?
4. 회귀분석이란 무엇인가?
5. 주관적 예측방법으로 어떤 것이 있는가?

제1절 수요예측 이해

1. 수요예측의 중요성

생산계획의 시작은 수요예측에서 시작한다. 수요예측(demand forecasting)은 미래의 가치창조에 대한 예측이자 계획이다. 무엇을 언제 얼마나 생산하여 서비스할 것인지를 미리 조사하는 활동이다. 제품의 수요는 여러 가지 요인에 의해 수시로 변하게 마련이며, 기업은 변화하는 수요에 대응할 수밖에 없다. 그 대응으로서 생산계획을 세우는 데 수요예측은 이러한 기능의 첫 단계이다.

생산계획은 기간별 기준에 따라 장기계획, 중기계획, 단기계획으로 구분할 수 있다. 따라서 수요예측은 기간에 따라 장기, 중기, 단기 또는 분기별, 월별, 주별, 일별로 이루어진다.

수요예측의 특성 중에는 예측 값과 실제 값 사이에 차이가 나게 마련이다. 더구나 환경변화가 심하여 차이가 심하다면 이는 수요예측이 그만큼 더 중요하다는 방증 되는 것이다. 수요예측의 정확도를 높이기 위해서는 수요변화에 영향을 주는 중요 요인들을 찾아내어 대비하고 또한 더욱 정확한 예측 기법을 개발하고 있다.

2. 변화량의 성격과 예측의 전제

실제 수요량을 보면 이 수요량이 완전히 우발적으로 변하는 것이 아니라 어느 정도 전기(前期) 수요량에 의존한다는 것을 쉽게 알 수 있다. 예를 들어 한 의류상품의 지난달 매출이 일억 원이라고 가정하자. 그러면 이달의 매출액은 일반적으로 일억 원 근처가 될 것으로 추측한다. 별안간 50만 원으로 떨어진다든지 50억 원으로 올라갈 것이라고는 상상하지 않는다. 그러므로 미래 수요량의 예측에는 이미 알려진 현재의 수요량이 가장 중요한 참고자료가 되므로 현재의 수요량에 기준을 두고 이 기준치로부터 명시된 장래 기간에 예측되는 수요량의 변화를 찾아내는 것이 수요예측의 원리이다.

현 수요량이 X_t 이고 X_{t+1}은 다음 시기의 수요량이며, 두 기간 동안의 수요변화량이 ΔX_t이라면 다음과 같은 함수관계가 이루어진다.

$$X_{t+1} = f(X_t, \Delta X_t)$$

이 함수관계는 매 기간의 수요예측에 적용되므로X_{t+1}은 X_t뿐만 아니라 그 이전 기간 동안 수요량과도 함수관계를 가지고 있음을 암시하고 있다. 다음 기의 수요량 예측은 전기 수요량을 이미 알고 있다는 전제하에서 시작되므로 수요예측은 결국 수요량 변화 ΔX_t 를 분석하는 데 있다. 과거의 ΔX_t 들을 분석해 볼 때 일반적으로 규칙적 변동 양상이 전개되고 있으며, 또 그러한 현상을 전제로 수요예측을 실시한다(김용철 외, 2006).

3. 수요예측 방법

수요예측 방법은 여러 가지 기준으로 분류할 수 있으나 통계적 방법과 질적인 방법으로 구분하는 것이 일반적이다. 통계적 방법은 다시 시계열 분석방법과 인과형 모델로 나눌 수 있다. 질적인 방법은 정성적 방법이라고도 하며 조사자의 주관적 판단에 의존하는 방법으로서 전문가의 의견을 듣거나 조사자에 따라 판매원 추정법, 경영자 추정법, 시장조사법, 델파이법으로 나눌 수 있다. 이를 정리하면 다음과 같다.

(1) 시계열 분석방법

단순평균법, 이동평균법, 지수평활법, 계절지수법, 시계열 회귀분석법, 박스젠킨스법

(2) 인과형 모델

단순회귀분석법, 다중회귀분석법, 계량경제학 모델, 선도지표 방법

(3) 정성적 방법

판매원 추정법, 경영자 추정법, 시장조사법, 델파이법

이동평균법은 평균 계산을 위해 포함하는 기간에 따라 다시 여러 가지로 나눌 수 있고, 지수평활법도 평활계수 값에 따라 달라진다. 계절지수법은 시계열 자료에 내포된 추세변동, 순환변동, 계절변동 등의 변동요인을 분해하여 계절지수를 추정하여 예측하는 기법이다. 이들은 비교적 단기예측에 많이 쓰인다. 박스 젠킨스법과 X-11법 및 계량경제학 모델은 전문 패키지가 있어야 가능하며 장기예측도 가능한데, 여기에서는 설명하지 않는다.

회귀분석 모델은 인과형 분석기법으로서 원인변수를 잘 선택하면 그 설명력이 높은 기법이다. 손으로 계산할 수 있으나 엑셀 패키지(excel package)나 간단한 통계 패키지로 쉽게 계산할 수 있다. 선도지표 방법은 전문경제기관에서 발표하는 경기지수 등을 이용하는 것이다. 이들은 주로 단기예측에 활용되는 기법이다.

정성적 방법은 전문가의 의견을 종합하는 방법이다. 판매원은 영업 일선의 경험자이고 경영자는 그 분야의 전문가이므로 소비자의 의견이라든지 업계의 동향을 가장 잘 알고 있으므로 비교적 정확하게 예측할 수 있다.

4. 수요변화 요인

1) 인구통계학적 변화

인구통계학(demographic)적 변화는 수요변화에 가장 큰 영향을 미친다. 나이, 성별, 가족 수, 소득, 직업, 교육, 종교, 지역 인구, 도시화 등에 따른 인구 변화는 수요에 영향을 원인변수이다. 계속적인 인구 증가와 생활 수준의 향상은 시장 확대와 상품 수요의 증가를 획기적으로 높이고 있다. 더구나 라이프스타일(life style)의 변화는 상품 수요의 성격을 변화시키고 있다. <표 3-1>은 수요에 영향을 미치는 요인들을 외부적 요인과 내부적 요인으로 구분한 표이다.

사람의 평균수명 증가는 은퇴생활 및 노후대책에 관련된 사업의 번창을 가져오고, 여성 사회참여의 대폭적 증가는 주방기기와 음식료 외식업 가정용품의 수요에 영향을 미치고 있다. 자녀에 대한 부모의 관심은 아동용품의 산업을 고급화시키며 수요증가를 가져오게 한다. 새로운 세대의 등장과 변화는 신제품 개발을 촉진하기도 하며 때로는 제품의 수명주기를 단축하기도 한다.

〈표 3-1〉 수요에 영향을 주는 요인

외부적 요인	내부적 요인
인구통계학적 영향	제품이나 서비스의 이미지
상품의 수명주기 변화	가격과 판촉광고
산업 기술의 발전	포장 디자인
경제환경의 변화, 경기변동	판매원의 수와 노력
경쟁자의 행동과 전략	판매지역의 확장과 축소
보완재와 대체재의 이용 가능성	유통채널
정부의 조치	주문처리 방침

2) 상품수명주기에 따른 변화

어떠한 제품이든 그 수명주기에 따라 도입기로부터 시작해서 쇠퇴기에 이르게 된다. 이러한 일련의 싸이클(cycle)은 그 단계마다 수요량의 변화가 서로 다른 양상을 보여주고 있다. 성장기에는 수요증가를 나타내고 성숙기의 단계에서는 증가율이 둔화되고 쇠퇴기에는 수요가 감소한다. 경영자에게 중요한 것은 그 제품이 수명주기 상 어느 단계에 위치하며, 어떠한 대체품이 등장할 것인지를 예측하는 일이다.

3) 산업기술 발전

산업기술의 발전은 상품의 성능과 질을 향상시켜 수요를 증대시키지만 반대로 새로운 상품이나 새로운 산업을 등장시켜 기존 상품의 싸이클(cycle)을 변화시키고 있다. 컬러텔레비전의 등장은 흑백텔레비전의 퇴출 시켰고 개인용 컴퓨터의 성능향상은 소프트웨어 산업을 급속하게 성장시켰다. 컴퓨터 통신의 발전은 인터넷과 전자상거래의 비중을 크게 높이고 있다. 정보산업의 기술발전은 물류산업에도 영향을 미쳐 예를 들어 택배산업의 발전과 축하 화분배달산업, 선물배달산업을 등장시켰다.

4) 경제 환경변화

수요는 국내외 경기 변동에 큰 영향을 받는다. 경기가 좋다는 것은 소비자의 실질 구매력이 높은 것이고 경기가 나쁘다는 것은 구매력이 낮아 수요가 하락

하는 것이다. 불경기와 호경기가 반복적인 변화를 경기변동(business cycle)이라고 하며 수년 또는 수십 년의 장·단기 주기를 두고 일어난다. 이와 같은 경기 변동에 대한 정보는 기업이 생산시설에 대한 투자 결정을 내려야 할 때 중요한 역할을 하게 된다.

5) 주기적 변화 요인

위의 요인들은 장기적인 것으로 일 년 이상 수년 동안에 걸쳐 변화하는 데 반하여 일 년 이내의 단기적 수요변동을 보여 주기적으로 반복하는 것도 있다. 예를 들어 음료수, 의류 등의 수요는 계절 차이에 따라 변화를 일으킨다. 은행, 음식점, 백화점, 지하철 등의 변화 양상은 매일 매일 반복하며 변화한다. 이러한 주기적 수요변동을 계절적 변화(seasonal variation)라고 한다.

그러나 이외에도 많은 요인이 수요변동에 불규칙한 영향을 미치고 있다. 우발적으로 일어나는 요인들을 불규칙 변화(irregular variation)라고 부른다. 그러므로 수요를 예측할 때에는 이러한 불규칙 요인에 대해서도 대비하는 것이 바람직하다 (김용철 외, 2006).

제2절 시계열분석

1. 시계열 자료의 성격

같은 성격의 통계자료를 시간이 경과한 순서대로 정렬한 것을 시계열(time series) 자료라 한다. 우리는 수많은 시계열 자료 속에 둘러싸여 있다. 예를 들면 주가지수라든지, 연도별 인구수 또는 기업의 판매 실적표와 같은 예를 들 수 있다. 통계청에서 제공하는 자료, 각 금융기관에서 제공하는 자료, 인터넷을 통하여 얻어지는 자료는 거의 모두 시계열 자료이다.

이러한 자료는 관측된 결과를 변형 없이 그대로 표시한 것과 평균이나 비율과 같이 관측된 결과를 변형하여 표시한 것이 있다. 그러나 시계열 자료는 같은 방법에 따라 조사되고 또한 시간상으로 같은 간격으로 나열되어야 한다.

시계열 자료는 확률적으로 발생한 것이다. 이 확률과정은 시간의 변화에 따라 일정하게 변화하는 안정적 확률과정과 시간의 변화에 따라 불규칙적으로 변화하는 불안정적 확률과정이 있다. 확률과정이 안정적일 때 발생되는 시계열은 일정한 수준 즉 평균을 중심으로 등락을 거듭하지만, 확률과정이 불안정적일 때에는 시간이 흐를수록 평행선상에서 벗어나 발산한다. 안정적 확률과정에서 파생되는 시계열을 안정적 시계열 또는 정상 시계열이라 하고 불안정적 확률과정에서 파생되는 시계열을 불안정 시계열 또는 비정상 시계열이라 한다.

장기적인 시계열 자료의 구조를 보면 그 속에는 큰 추세변동과 순환변동, 계절변동, 불규칙 변동 등으로 구성되어 있다.

2. 시계열 분석의 전제

시계열 자료를 이용하여 그 속에 있는 의미를 찾아낸다든지 미랫값을 예측해 내는 통계 분석을 시계열 분석(time series analysis)이라 한다. 시계열 분석은 시계열 자료가 가진 변화 패턴이나 인과관계를 해석하고 그 결과를 바탕으로 미래의 현상을 예측하는 제반 분석을 말한다. 따라서 시계열분석의 궁극적인 목적은 예측이며 응용분야도 다양하여 경제학과 경영학 등 여러 학문 분야에서 중요하게 사용되고 있다.

시계열 모형은 시계열 분석을 위해 구축되는 모형으로써 일종의 예측모형이다. 시계열 모형은 과거자료에 존재하는 변동이나 변동의 조합이 미래에도 동일한 형태를 보일 것이라는 점을 기본 가정으로 한다. 즉, 과거 시계열이 갖는 확률과정이 미래에도 동일한 확률과정으로 실현될 것으로 본다.

3. 단순평균법

단순평균법(simple average method)은 자료의 대표 값이다. 시계열 자료를 단순히 평균한 값이다. 평균의 성격은 기간에 따라 변화한 양상을 제거한 값이다. 일일 평균값은 하루 내에 반복되는 시간 변동을 제거하고, 년 평균값은 월별 계절변동을 제거한 것이다. 예를 들어 야구선수의 평균 타율, 증권시장의 평균 수익률, 성적의 평량평균값 등이 그것이다.

평균을 계산하는 방법도 그 목적에 따라 산술평균, 가중평균, 기하평균, 조화평균 등 여러 가지가 있다. 여기에서는 산술평균을 중심으로 설명한다.

다음의 <표 3-2>는 년 도별 분기별 판매실적인데 이 시계열은 매년 증가 추세를 보여주고 있다. 5년간의 분기별 판매실적을 평균하면 7,505백만 원이다. 이를 다음 분기의 예측치로 사용하기에는 한계가 있다. 그럼에도 불구하고 이 평균값은 유용한 정보를 제공해 주고 있다.

〈표 3-2〉 분기별 판매실적 단위 : 백 만원

년도/분기	1/4	2/4	3/4	4/4	합계
2017	5,551	6,996	8,212	7,425	28,184
2018	5,780	7,659	5,843	7,639	29,621
2019	5,891	7,700	8,655	7,692	29,938
2020	5,925	7,754	8,920	7,846	30,445
2021	6,318	7,987	9,238	8,372	31,915

4. 단순 이동평균법

단순 이동평균법(simple moving average method)이란 최근 n개의 시계열 자료로부터 단순평균을 구하고, 이 값을 미래 시계열의 예측치로 사용하는 방법이다. 기간이 지남에 따라 평균계산에 포함되는 대상이 바뀌기 때문에 이동평균법이라고 부른다.

단순 이동평균치는 n기간의 시계열 자료를 더하고 이를 다시 n으로 나눈 수치로서 다음 식으로 계산된다.

$$M_t = \frac{Z_t + Z_{t-1} + \text{......} + Z_{t-n+1}}{n}$$

단, Z_1, Z_2, ..., Z_t은 시계열 관측치

식 (1)의 M_t는 미래인 $(t+1)$기의 예측 값 F_{t+1}으로 사용된다. 6개월 월별 판매량이 <표 3-3>과 같다고 가정하고 2018년 7월의 예측 값을 계산하려고 한다. 이동평균 기간은 3개월($n=3$)로 한다. 즉, 7월을 위한 3기 이동평균 값을 계산하면 다음과 같다.

〈표 3-3〉 6개월 판매량

년·월(t)	2018. 1	2	3	4	5	6	7
판매량(At)	15	16	19	20	15	18	?

$$M_{2018.7} = \frac{18+15+20}{3} = 17.7$$

따라서 $M_{2018.7} = 17.7$을 2018년 7월의 판매 예측치로 간주한다.

이번에는 이동평균기간을 길게 정하여 계산해 보자. $n=5$로 할 경우 $M_{2018.7}$은 다음과 같이 계산된다.

$$M_{2018.7} = \frac{18+15+20+19+16}{5} = 17.6$$

즉, 최근 5개월의 판매량 평균은 17.6이므로 이를 2018년 7월의 수요량으로 간주한다.

월별 판매량 자료를 확대시켜 조사해 보자. <표 3-4>에 3기간 이동평균에 의한 예측과 5기간 이동평균에 의한 예측 값을 계산하여 제시하였다.

〈표 3-4〉 월별자료와 이동평균법에 의한 수요예측

년 월	판매량	3기간 이동평균	3기간 이동평균예측	5기간 이동평균	5기간 이동평균예측
2018. 1	15	—	—	—	—
2	16	—	—	—	—
3	19	16.7	—	—	—
4	20	18.3	16.7	—	—
5	15	18.0	18.3	17.0	—
6	18	17.7	18.0	17.6	17.0
7	15	16.0	17.7	17.4	17.6
8	20	17.7	16.0	17.6	17.4
9	21	18.7	17.7	17.8	17.6
10	18	19.7	18.7	16.4	17.8
11	14	17.7	19.7	17.6	16.4
12	16	16.0	17.7	17.8	17.6
2019. 1	20	16.7	16.0	17.8	17.8
2	19	18.3	16.7	17.4	17.8
3	21	20.0	18.3	18.0	17.4
4	16	18.7	20.0	18.4	18.0
5	20	19.0	18.7	19.2	18.4
6	17	17.7	19.0	18.6	19.2
7	14	17.0	17.7	17.6	18.6
8	18	16.3	17.0	17.0	17.6
9	20	17.3	16.3	17.8	17.0
10			17.3		17.8

<표 3-4>에 제시된 예측결과를 가지고 산점도(scatter diagram)를 그리면 [그림 3-1]과 같다.

이동평균은 일정 기간의 자료를 평균함으로써 불규칙 변동, 계절 변동, 순환변동 등을 제거시켜 자료의 흐름을 평활하는 데 목적이 있다. 그러므로 이동평균기간 n이 길어질수록 평활의 효과는 더욱 뚜렷해지지만, 최근의 추세를 잘 반영할 수 없다는 한계가 있다. 반면에 이동평균 기간이 짧아지면 최근의 추세는 잘 반영하지만, 변동의 폭이 크다는 단점이 있다. [그림 3-1]에서 볼 수 있듯이 5 기간 이동평균이 3 기간 이동평균보다 평활의 효과가 커서 곡선이 더욱 평탄함을 알 수

있다(김용철 외, 2006).

[그림 3-1] 3기간 이동평균과 5기간 이동평균의 비교

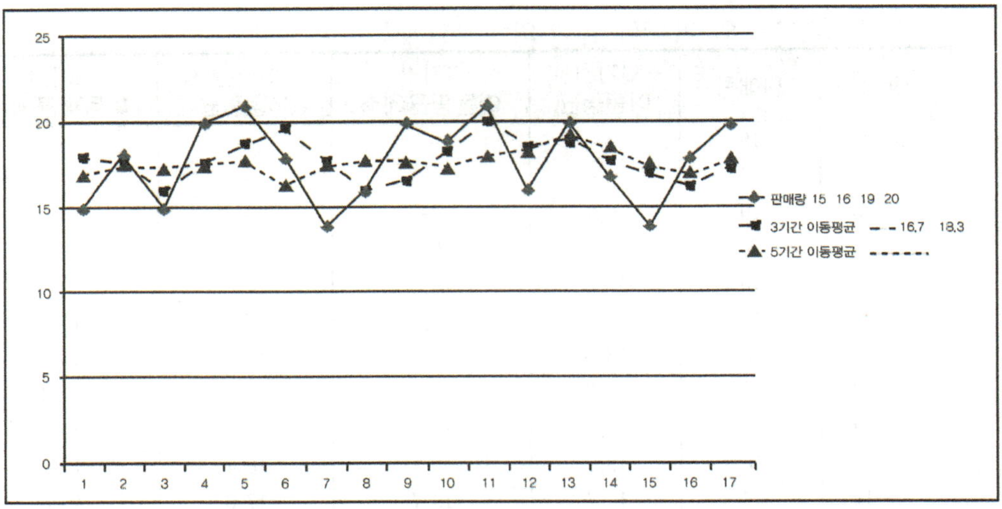

5. 지수평활법

1) 단순 지수평활법

지수평활법(exponential smoothing method)은 평균을 계산할 때 최근 수요에 더 많은 가중치를 부과하는 기법이다. 이동평균법의 원리를 생각해 보면 계산에 포함된 각 기간은 동등한 가중치를 갖고 있다. 3기 이동평균이라면 각 기의 가중치가 1/3씩 반영된 것이다. 그러나 지수평활법은 최근 수요에 대한 가중치를 평활상수로써 조정하는 원리이다. 이 방법은 계산이 쉽고 간단하여 비용이 적게 들고, 엑셀 패키지 등으로 쉽게 접할 수 있다.

지수평활법은 세 개의 자료만을 요구한다. 지난 기의 평균, 이번 기의 수요, 평활상수(α)이다. α값이 크면 최근의 수요를 더 반영하고 예측결과는 평균의 변화에 민감하게 된다. α가 작을수록 과거의 수요에 높은 가중치를 주고 그 결과는 더 안정적이다. 실제로는 여러 개의 α값을 시도해 보고 그중에서 최선의 예측치를 생성하는 α를 선택하게 된다.

지수평활법을 이용한 수요의 평균과 예측치는 다음과 같다.

$$평균:\ A_t = \alpha D_t + (1-\alpha)A_{t-1}$$

$$예측:\ F_{t+1} = A_t$$

위 식에서 a는 0과 1사이의 평활상수이다.

지수평활법은 수요의 초기 추정치를 필요로 한다. 이를 구하기 위해서는 과거 자료가 있다면 몇 기의 평균을 계산하여 추정치로 이용할 수 있고, 또는 임의로 초깃값을 부여한다. 예측을 계속하여 시간이 흘러갈수록 초기 추정치의 영향은 감소되기 때문이다. 이는 t기의 평균에 대한 다음 예측치를 살펴보면 알 수 있다.

$$A_t = \alpha D_t + (1-\alpha)A_{t-1}$$

식을 풀어쓰면 다음과 같다.

$$A_t = \alpha D_t + (1-\alpha)\left[\alpha D_{t-1} + (1-\alpha)A_{t-2}\right]$$
$$= \alpha D_t + (1-\alpha)\left[\alpha D_{t-1} + (1-\alpha)^2 A_{t-2}\right]$$

A_t의 일반적 형태를 얻을 때까지 계속하면 다음과 같다.

$$A_t = \alpha D_t + \alpha(1-\alpha)D_{t-1} + \alpha(1-\alpha)^2 D_{t-2} + \alpha(1-\alpha)^3 D_{t-3} + \cdots$$

여기서 평활상수 a값은 0보다 크거나 같고 1보다 작거나 같으므로,

$$a + a(1-a) + a(1-a)2 + a(1-a)3 + \ldots\ldots a(1-a)n = 1$$

이며 과거로 올라갈수록 가중치가 작아지고 현재에 가까울수록 차기 예측치에 보다 큰 영향을 준다는 사실을 알 수 있다. 이러한 특징 때문에 평활한다는 뜻은 평균값을 산출한다는 뜻과 동일하게 쓰인다. 다음 <표 3-5>는 a가 0.1일 때와 0.9일 때의 영향력을 비교한 표이다.

〈표 3-5〉 $\alpha = 0.1$, $\alpha = 0.9$ 일 때의 영향력 비교

계수	a	$\alpha(1-a)$	$\alpha(1-a)2$	$\alpha(1-a)3$	$\alpha(1-a)4$
$\alpha = 0.1$	0.1	0.09	0.081	0.0729	0.06561
$\alpha = 0.2$	0.9	0.09	0.009	0.0009	0.00009

a가 0.1 정도로 낮게 주어질 때 최근 3기간은 예측치에 2.71%(0.1 + 0.09 + 0.081 =

0.271)밖에 반영하지 못하지만, a가 0.9 정도로 높게 주어지면 예측치에 99.9% (0.9 + 0.09 + 0.009 = 0.999)를 반영하는 것을 보여주고 있다.

(예제)

(주)한국은 지수평활법을 이용하여 수요 예측을 하고 있다. 2월 첫째 주의 예측치가 500단위였는데 실제 수요는 450단위였다. 2월 둘째 주의 수요를 예측하는 문제를 풀어보자. 단, $a = 0.1$이라고 가정한다.

이는 다음과 같이 풀이된다.

$$F_t = F_{t-1} + a(D_{t-1} - F_{t-1})$$

$$= 500 + 0.1(450 - 500) = 495(\text{단위})$$

(주)한국의 둘째 주의 실제 수요가 505단위이었다고 가정하고 셋째 주의 수요를 예측하는 문제를 풀어보자. 그리고 2월 셋째 주부터 3월 셋째 주까지의 실제 수요가 각각 516, 488, 467, 554, 510단위라고 가정하고 수요를 예측해 보자. 위의 방법으로 계산한 결과를 <표 3-6>에 제시하여 예측하였다.

〈표 3-6〉 (주) 한국기업의 주별 조정된 수요예측

		실제수요 Dt-1	예측치 Ft-1	예측오차 Dt-1 - Ft-1	수정 α (Dt-1 - Ft-1)	조정된 예측치 Ft-1 + α (Dt-1 - Ft-1)
2월	1 주	450	500	−50	−5	495
	2 주	505	495	10	1	496
	3 주	516	496	20	2	498
	4 주	488	498	−10	−1	497
3월	1 주	467	497	−30	−3	494
	2 주	554	494	60	6	500
	3 주	510	500	10	1	501

2) 평활 상수의 산정

평활 상수(smoothing parameter)는 시계열 자료에 숨어 있는 확률적이고도 설명할 수 없는 요인이 배제되어 진정한 변동 상황이 예측에 반영되어야 할 것이다. a가 1의 값을 가지면 예측치는 단순히 전기의 실제 수요를 예측치로 간주하는 것이다.

그리고 a가 0의 값을 가지면 예측치는 단순히 전기의 예측치와 같게 된다.

그러므로 수요 추세가 안정적(stable)이면 a의 값을 적게 부여하여 과거의 예측치를 많이 고려하는 것이 좋을 것이다. 그러나 일반적으로 수요 추세는 확률적이고 임의적이므로 예측을 평활하게 하기 위하여 a의 값을 보통 0.05에서 0.30의 범위 내에서 정하는 것이 바람직하다. 물론 좋은 값은 개별 기업의 수요 추세에 적합한 것이 되어야 한다.

지수평활법이 일종의 가중 이동평균법임을 생각한다면 이동평균 기간에 의해 다음과 같이 추정하는 방법도 있다.

$$a = \frac{2}{n+1}$$

예를 들어 7년 이동평균의 경우에는 $a = 2/(7+1) = 0.25$가 된다.

6. 계절지수 모델

1) 계절지수

시계열 자료의 각 변동 요소를 분해하여 반복적인 계절적 편차와 추세치를 반영하여 예측치를 계산하는 방법을 계절지수(seasonal index : SI)법이라 한다. 계절지수란 주기적, 계절적 변동을 반영하는 비율이다.

많은 종류의 제품이나 서비스에는 계절적 수요가 있다. 예를 들어 우체국에서 처리하는 우편물의 량은 년 말에 크게 증가한다. 자동차, 의복, 건축자재 등의 수요는 계절적 영향을 받는다. 이러한 현상을 반영하는 계절지수를 구할 수 있다면 수요의 추세에다 이를 반영하여 예측할 수 있을 것이다. 계절지수의 모델에서 예측치 Y는 다음과 같다.

$$Y = T \times C \times S \times R$$

T: 장기추세
C: 순환변동
S: 계절변동
R: 불규칙변동

2) 추세변동(T)

추세변동(secular trend)은 국민총생산, 인구변동, 수출입변동, 기타 경영 및 경제 지표와 같이 시계열 자체가 장기적으로 시간의 흐름에 따라 증가 또는 감소하는 추세를 말한다. 추세변동을 경향변동이라고도 하며 [그림 3-2]에서 보는 바와 같이 시계열의 장기적인 변동을 나타낸다.

[그림 3-2] 추세변동

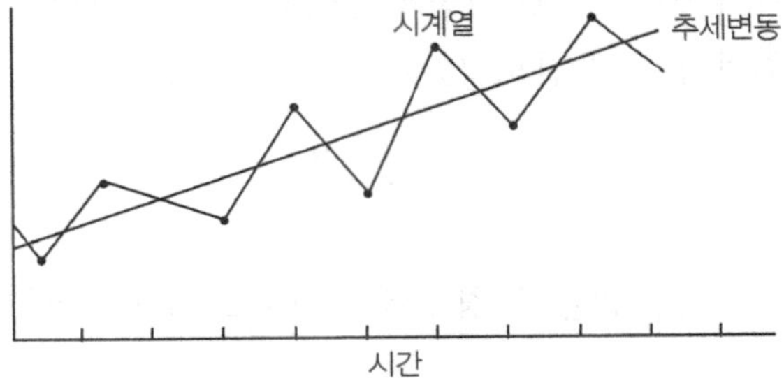

3) 순환변동(C)

순환변동(cyclical variation)은 주기변동이라고도 하며 경기 동향, 실업률, 재고수준, 이자율과 같이 일정한 주기를 가지고 일정 기간에 걸쳐 상하 반복적으로 변동하는 것을 말한다. 순환변동의 일반적인 형태는 [그림 3-3]과 같으며 경기변동은 순환변동의 대표적인 예이다. 순환의 주기는 비교적 단기인 경우 2~3년이 되고, 중·장기적인 경우 5~10년이 된다.

[그림 3-3] 순환변동

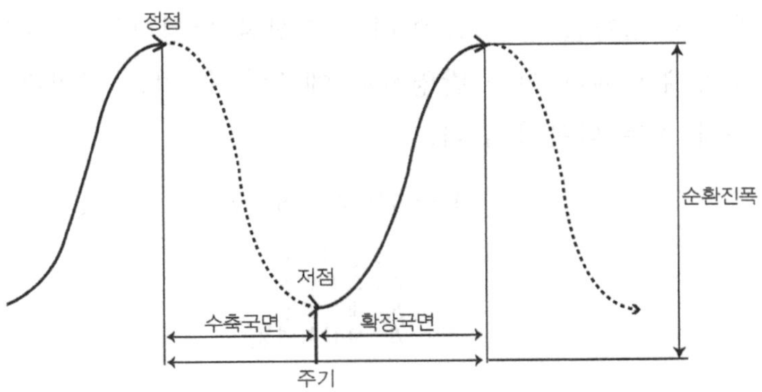

4) 계절변동(seasonal variation S)

계절변동(seasonal variation)은 일정 기간 예를 들면 연별, 분기별, 월별, 주별, 일별 등을 간격으로 하여 규칙적으로 발생하는 변동을 말한다. [그림 3-4]는 계절변동을 보이는 예이다.

[그림 3-4] 계절변동

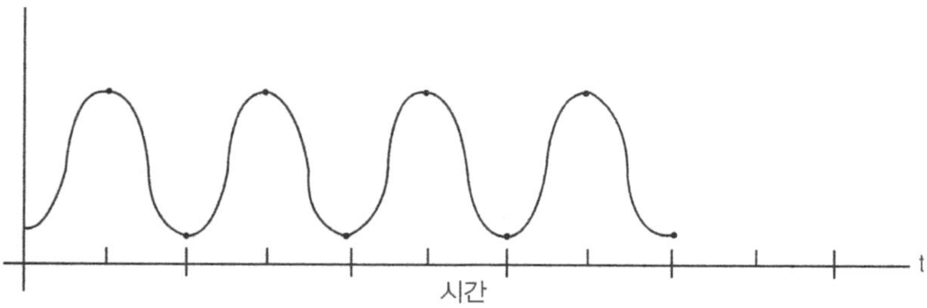

계절변동을 보이는 예는 전력소비량과 백화점의 매상고 그리고 고속도로 통행 차량을 들 수 있다. 전력소비량은 1년을 주기로 여름철이 가장 높고, 백화점의 매상고는 12월과 추석 및 설 때에 높은 매상을 보이면서 반복한다. 고속도로 통행 차량은 1주일을 주기로 주말에 높은 통행량을 보이면서 주별로 반복된다. 계절변동은 그 변화양상이 순환변동보다 좀 더 규칙적인 경향이 있으며 주로 단기적인 변동을 나타낸다.

5) 불규칙 변동

불규칙 변동(irregular variation)이란 예측하기 힘든 의외의 모양으로 나타나는 변동을 말한다. 이러한 불규칙 변동은 주로 분쟁, 홍수, 지진, 이상기후 등 예측할 수 없는 원인 때문에 나타난다. 시계열의 변동 중에서 추세변동, 계절변동, 순환변동을 뺀 나머지 변동 부분이다. 따라서 불규칙 변동을 잔여변동이라고도 한다.

대부분의 시계열 자료는 지금까지 설명한 4가지 변동들의 혼합 형태로 이루어져 있으므로, 시계열 분석을 통한 좋은 예측방법은 각 자료가 지니고 있는 변동의 형태를 정확히 분해해서 찾아내고 이들 변동을 잘 조합시킴으로써 가능하다(김용철 외, 2006).

제3절 회귀분석과 주관적 예측분석

회귀분석이란 두 연속형(서열, 등간, 비율척도 등) 변수에 대해 독립변수와 종속변수 사이의 선형식을 구하고 그 식을 이용하여 독립변수가 주어졌을 때 종속변수를 예측하는 분석방법이다. 1개의 종속변수와 1개의 독립변수 사이의 관계를 분석할 경우를 단순회귀분석(simple regression analysis), 1개의 종속변수와 여러 개의 독립변수 사이의 관계를 규명하고자 할 경우를 다중회귀분석(multiple regression analysis)이라고 한다. 예를 들면 광고액의 증가가 매출액에 영향을 미친다면 광고액은 독립변수이고 매출액은 종속변수라고 한다.

회귀분석(regression analysis)은 변수 중 하나를 종속변수로 나머지를 독립변수로 하여 이들 변수가 서로 인과관계가 있을 때 독립변수가 변화함에 따라 종속변수가 어떻게 변화하는가를 규명하는 통계기법이다.

회귀분석은 둘 또는 그 이상의 변수 사이의 관계 특히 변수 사이의 인과관계를 분석하는 통계의 한 분야이다. 회귀분석은 특정 변수값의 변화와 다른 변수값의 변화가 가지는 수학적 선형의 함수식을 파악함으로써 상호관계를 추론하게 되는데 추정된 함수식을 회귀식이라고 한다. 이러한 회귀분석은 인과관계가 아닌 단순한 변수 사이의 관계의 밀접도만을 조사하는 상관분석과 차이가 있다.

회귀분석은 본질적으로 인과관계가 있는 두 변수 즉 독립변수와 종속 변수 사이의 함수식을 분석대상으로 삼게 되는데, 학문연구에 있어서 다음 두 가지 측면에서 큰 역할을 담당하고 있다.

(1) 실증분석을 통해 가설의 타당성 여부를 검토하는 데 유용한 도구가 된다.
(2) 회귀식이 타당 시 되는 상황일 경우 독립변수의 값을 기초로 종속변수의 값을 추정 또는 예측할 수 있다.

1. 단순회귀분석

아래의 자료는 기업의 영업사원 수와 매출액에 관한 자료를 표본조사 하였다.

생산계획부서는 영업사원 수가 매출액에 영향을 미치는가를 판단하고 적정한 영업사원 수를 결정하기로 하였다. 여기서 독립변수 1개(영업사원 수)와 종속변수 1개(매출액)로 엑셀을 이용하여 단순회귀분석을 하였다.

〈표 3-7〉 영업사원 수와 매출액 자료

기 간	영업사원 수	매출액(억 원)
1	105	71
2	108	85
3	120	94
4	119	92
5	120	95

표와 같은 데이터를 엑셀 창에 입력한다.

[그림 3-5] 자료의 입력

	A	B
1	×1(영업사원 수)	Y(매출액)
2	105	71
3	108	85
4	120	94
5	119	92
6	120	95

엑셀 창에 자료를 입력 후 다음과 같은 절차에 따라 진행한다.

도구(T)
데이터분석(D)…
회귀분

[그림 3-6] 회귀분석 도구 선택

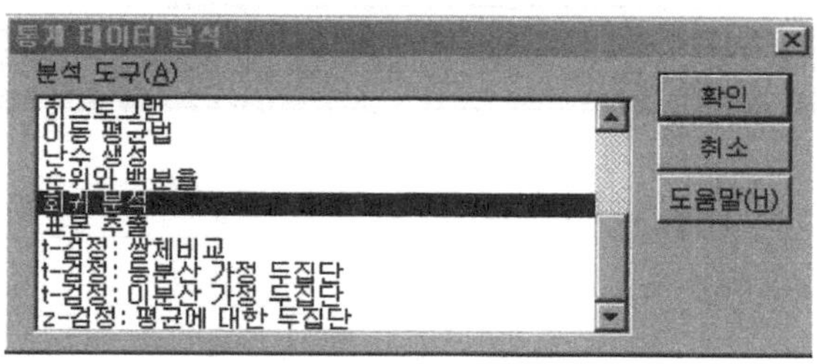

회귀분석 도구를 선택하면 다음과 같은 화면이 나타난다. 여기서 Y축 입력범위

(Y)에는 종속변수인 매출액에 범위를 지정하면(셀 B1:B6) $B$1:$B$6의 범위를 정할 수 있다. X축 입력범위(X)에는 독립변수인 영업사원 수의 자료범위인 $A$1:$A$6을 입력한다.

다음은 이름표(L)를 지정한다. 이것은 첫 번째 행이 수치가 아닌 문자x1(영업사원 수) y1(매출액)로 인식하라는 것이다. 출력옵션에서는 ◉새로운 워크시트(P)를 선택하고 새로운 워크시트의 이름을 입력한다.

[그림 3-7] 회귀분석 대화상자 입력

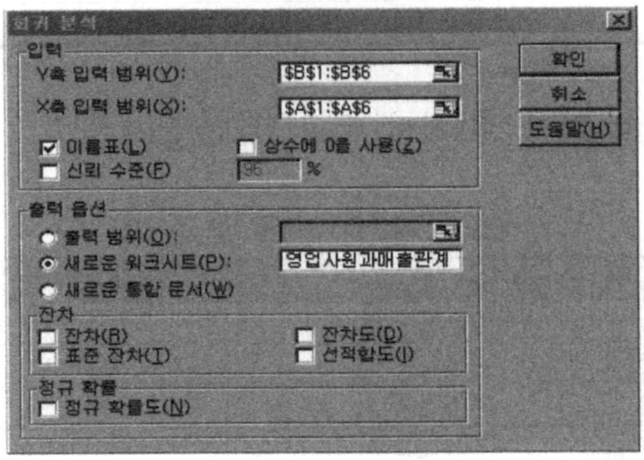

그리고 확인을 클릭하면 결과를 얻을 수 있다.

[그림 3-8] 단순회귀분석 결과

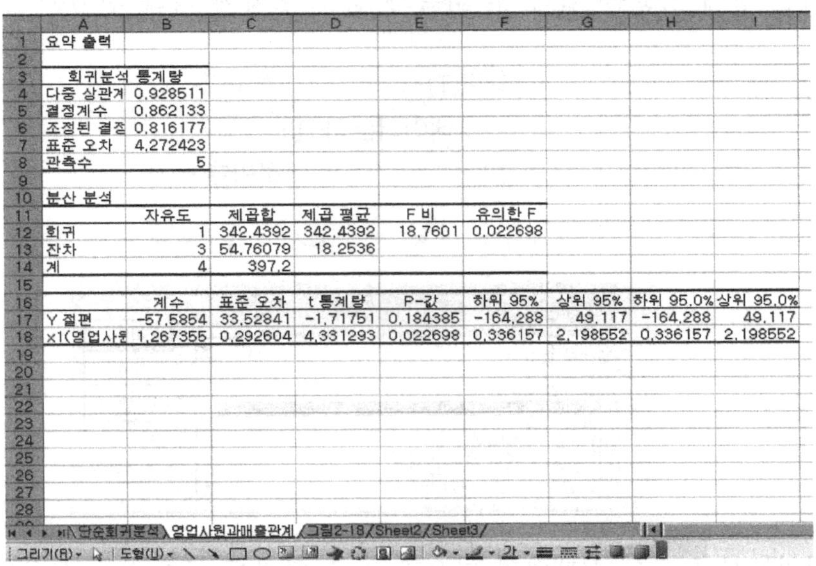

	A	B	C	D	E	F	G	H	I
1	요약 출력								
2									
3	회귀분석 통계량								
4	다중 상관계	0.928511							
5	결정계수	0.862133							
6	조정된 결정	0.816177							
7	표준 오차	4.272423							
8	관측수	5							
9									
10	분산 분석								
11		자유도	제곱합	제곱 평균	F 비	유의한 F			
12	회귀	1	342.4392	342.4392	18.7601	0.022698			
13	잔차	3	54.76079	18.2536					
14	계	4	397.2						
15									
16		계수	표준 오차	t 통계량	P-값	하위 95%	상위 95%	하위 95.0%	상위 95.0%
17	Y 절편	-57.5854	33.52841	-1.71751	0.184385	-164.288	49.117	-164.288	49.117
18	x1(영업사원	1.267355	0.292604	4.331293	0.022698	0.336157	2.198552	0.336157	2.198552

결과 해석으로 본 회귀식의 설명력은 86%(결정계수 : 0.862133)임을 알 수 있다. 추정회귀식은 유의하다($p = 0.002 < a = 0.05$). 또한 회귀직선을 $\hat{y} = \hat{\beta_0} + \hat{\beta}x$라 하면 ($y = -57.58 + 1.27Xi$)을 이용하여 영업사원과 매출액의 선형관계를 나타낼 수 있다. 즉, 영업사원 수가 한 단위 증가하면 매출액은 1.27만큼 증가하는 것을 알 수 있다. 따라서 영업사원의 수를 125명으로 증가할 경우 $Y = -57.58 + 1.27(125) = 101.6$(억원)의 매출을 예상할 수 있다.

이와 같은 결과를 차트를 이용하여 분석하면 다음과 같다. 먼저 자료 창에서 차트 마법사를 클릭한다.

[그림 3-9] 차트의 마법사 실행

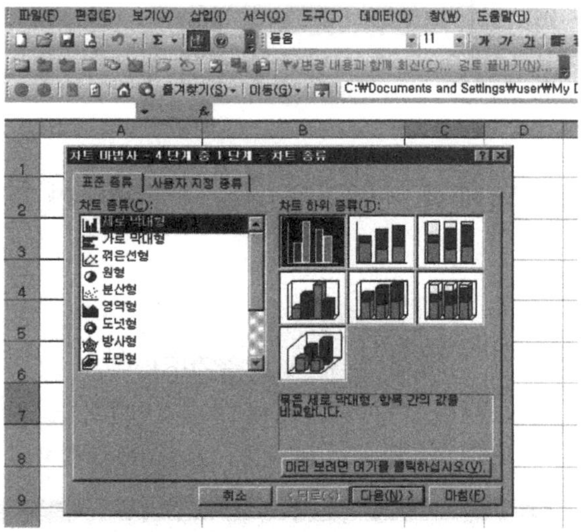

위 그림에서 차트의 종류를 선택하고 다음을 클릭하여 다음과 같이 지정한다.

[그림 3-10] 차트의 마법사 실행

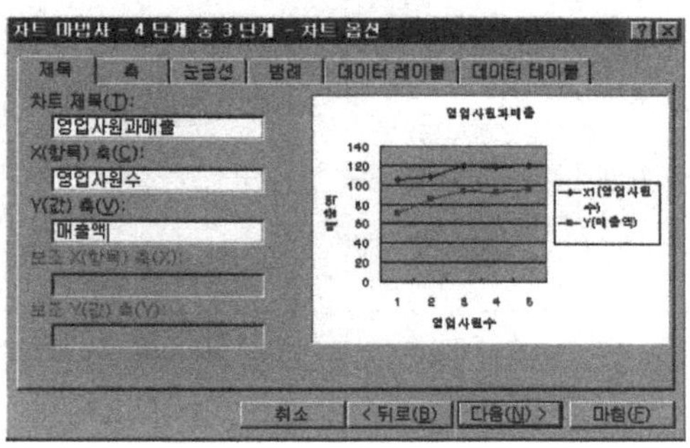

그림과 같이 차트의 제목과 X축과 Y축을 입력하고 다음 단추를 클릭하여 차트 마법사 4단계인 차트위치를 설정하고 마침을 클릭하면 다음과 같은 결과를 얻을 수 있다.

[그림 3-11] 차트실행 결과

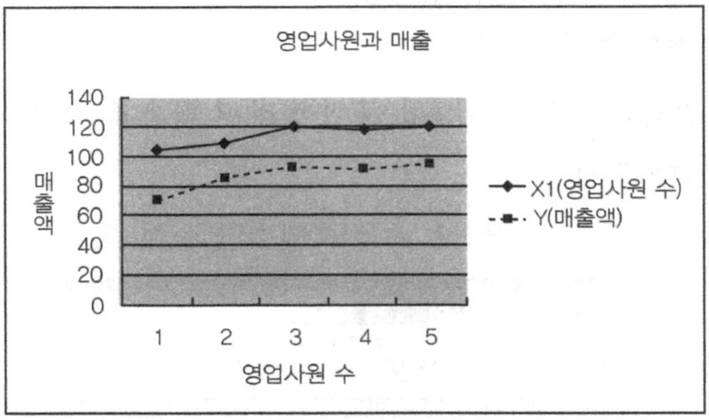

다음은 생성된 차트 내에 추세선을 나타내기 위하여 다음과 같은 순서로 진행한다.

차트(C)
추세선 추가(R)…

[그림 3-12] 추세선 추가 설정화면

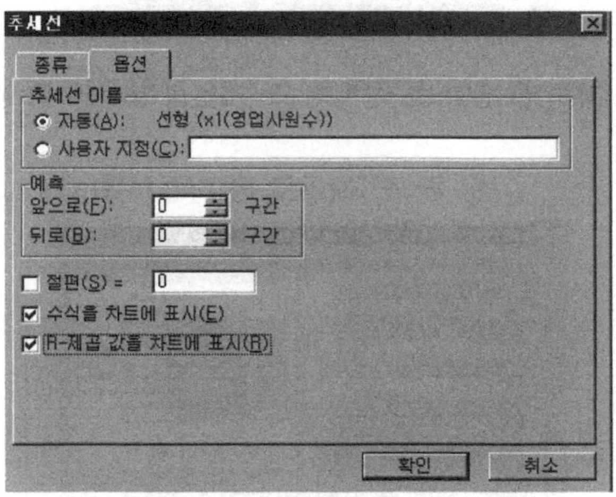

여기서 ☑ 수식을 차트에 표시(E) 클릭하고 ☑ R-제곱 값을 차트에 표시(R)를 선택한 다음 확인을 클릭하면 다음과 같은 결과를 얻을 수 있다.

[그림 3-13] 추세선 추가 결과

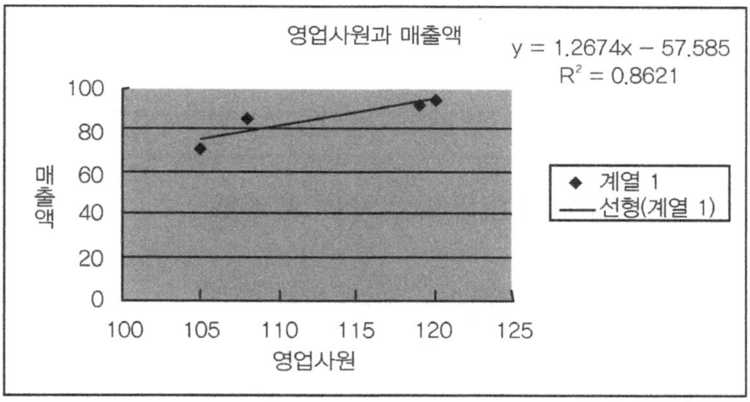

2. 다중회귀분석

다중회귀분석(multiple regression)은 독립변수가 두 개 이상이고 종속변수가 하나인 경우를 의미한다. 앞의 단순회귀분석 모형에 광고비를 추가하여 매출액과의 관계를 다음의 표로 나타내었다. 다음의 표를 엑셀을 이용하여 다중회귀분석의 해를 구하여보자.

〈표 3-8〉 영업사원 및 광고비와 매출과의 관계

기간	영업사원수	광고비	매출액
1	105	2	71
2	108	3	85
3	120	6	94
4	119	2	92
5	120	1	95

엑셀 창에 다음의 그림과 같이 자료를 입력한다.

[그림 3-14] 데이터 입력 화면

	A	B	C
1	영업사원 수(×1)	광고비(×2)	매출액(Y)
2	105	2	71
3	108	3	85
4	120	6	94
5	119	2	92
6	120	1	95

중회귀분석을 위하여 다음과 같은 순서로 진행한다.

도구(T)
데이터분석(D)…
회귀분석

회귀분석대화창이 나타나면 다음과 같이 입력한다.

Y축 입력범위 : $C$1:$C$6

X축 입력범위 : $A$1:$B$6

☑ 이름표 : 클릭

새로운 워크시트(P)를 지정하면 다음과 같은 회귀분석 창을 얻을 수 있다.

[그림 3-15] 회귀분석 창

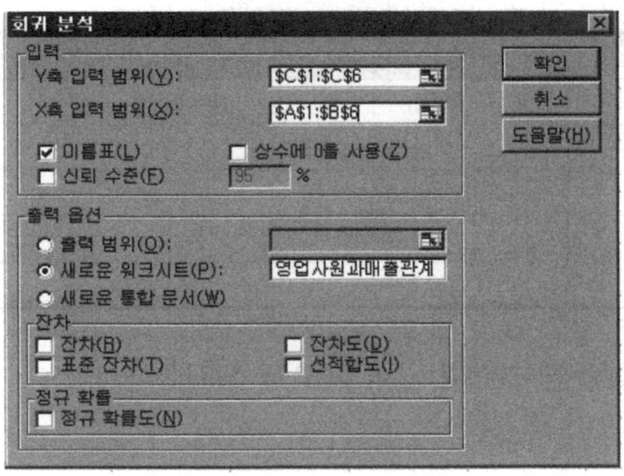

위와 같이 회귀분석 대화상자를 입력하고 확인을 클릭하면 다음과 같은 결과를 얻을 수 있다.

[그림 3-16] 다중회귀분석 결과

요약 출력

회귀분석 통계량	
다중 상관계수	0,929494
결정계수	0,863959
조정된 결정계수	0,727918
표준 오차	5,197864
관측수	5

분산 분석

	자유도	제곱합	제곱 평균	F 비	유의한 F
회귀	2	343,1644	171,5822	6,350713	0,136041
잔차	2	54,03557	27,01779		
계	4	397,2			

	계수	표준 오차	t 통계량	P-값	하위 95%	상위 95%	하위 95,0%	상위 95,0%
Y 절편	-56,959	40,96968	-1,39027	0,298955	-233,237	119,3193	-233,237	119,3193
영업사원수(X1)	1,256367	0,362247	3,468256	0,074022	-0,30226	2,814991	-0,30226	2,814991
광고비(X2)	0,225256	1,37489	0,163836	0,88492	-5,69042	6,140931	-5,69042	6,140931

결과분석으로 추정회귀식의 설명력은 0.86이고, 매출액 영향을 주는 변수는 영업사원 수가 유의한 영향을 주는 것으로 나타났다($p = 0.002 < a = 0.05$). 여기서 구한 영업사원에 대한 회귀계수 1.26은 광고비가 상수로 고정되어 있다면 영업사원이 한 명씩 증가하면 매출액은 1.26만큼 증가할 것을 예측할 수 있다.

3. 주관적 예측방법

1) 주관적 예측방법 필요성

시계열 분석이나 인과형 모델을 이용한 예측은 과거의 수많은 자료가 있다는 것을 전제로 한다. 그러나 때로는 새로운 제품의 도입이라든지 혹은 기술변화의 예측 등과 같이 과거의 자료가 없는 경우가 많다. 이런 때에는 정성적 방법에 의존하여 주관적으로 예측할 수밖에 없다.

경영자의 판단과 경험 그리고 판매원이나 근로자, 전문가의 의견이 통계적 예측기법보다 훌륭할 때가 많으므로 이들의 정성적 정보를 잘 활용하여 좋은 예측치를 만든다.

2) 판매원 추정법

판매원은 고객에 가장 가까운 사람들이다. 그러므로 판매원 추정법은 가장 신뢰할 수 있는 방법의 하나이다. 이 방법의 장점은 다음과 같다.

첫째, 판매원들은 가까운 미래에 고객이 어떤 제품이나 서비스를 구입할 것인지를 잘 알고 있다.

둘째, 시장이 넓은 지역이라면 예측은 지역별로 나누어 실시해야 할 것이다. 이 정보는 재고관리, 유통 그리고 판매관리 등에 상당히 유용하다.

셋째, 예측치는 필요한 정보의 수준으로 쉽게 합쳐질 수 있다. 한 지역의 매출은 각 구역 매출의 합으로 얻어지고 각 지역의 매출을 더해 전국 매출을 계산할 수 있다.

이런 방법에도 몇 가지 단점을 가지고 있다.

첫째, 판매원들의 개인적 편견이 예측에 포함될 수 있다.

둘째, 판매원들이 고객의 '수요'와 '필요'를 구별하지 못할 수도 있다.

셋째, 만약 기업이 개개인의 판매를 성과 측정치로 쓴다면 판매원들은 자신들의 판매실적이 뛰어나 보이도록 예측을 낮게 할 수 있다. 이때 만약 경영자가 주의를 기울이지 않는다면 판매예측이 '자기만족 식의 예언'이 되고 말 것이다.

3) 경영자 판단법

새로운 제품이나 서비스를 도입한 경우 전문가인 경영자의 주관적 판단이 가장 좋은 예측이 될 수 있다. 경영자가 가지고 있는 비슷한 제품이나 서비스로부터 경험에 근거하여 예측하는 방법이다. 경영자 판단법은 새로운 판매촉진이나 예기치 못한 국제적 사건과 같은 특별한 환경을 고려하여 기존의 판매예측을 변경하는 데 이용되기도 한다.

이 방법에도 단점을 지니고 있다. 이 접근법의 위험요소는 때에 따라서 통제할 수 없다는 점이다. 만약 경영자가 변화에 대한 집약된 동의 없이 예측을 바꾸어 버린다면 결과적으로 예측치가 유용하지 않을 수 있다.

예를 들면 일선의 판매원들보다 낙관적인 견해를 가진 판매관리자가 생산을 늘리기 위해 예측치를 상향 조절할 수도 있다. 시장예측을 받은 생산관리자는 그에 근거하여 제품의 생산계획을 작성한다. 더구나 판매담당자는 고객이 요구할 때마다 항상 충분한 제품 재고가 없다고 불평한다면 생산 담당자는 예측치보다 더 많은 생산을 할 것이다. 결국, 판매가 예측치보다 낮게 나타나는 때에는 문제가 발생하고 적체된 재고에 대하여 서로 비난하게 된다. 경영자 판단법의 효과적 이용의 열쇠는 경영자들이 개별적으로 예측치를 변경하는 것이 아니라 서로 의견을 일치시키는 것이다.

4) 시장조사법

고객의 관심도와 수요를 직접 조사하여 측정하는 한 방법이 시장조사법이다. 시장조사는 시장에 대한 가설을 만들고 검증하는 체계적인 접근법이다. 자료는 면접이나 관찰 설문 등을 통하여 수집한다. 시장조사를 설계하고 시행하는 데는 다음과 같은 단계적 활동이 필요하다.

첫째, 필요한 인구통계학적 정보들을 얻을 수 있는 설문지를 설계한다.

둘째, 어떤 방법을 이용하여 설문할 것인가를 결정해야 한다. 전화 설문, 우편 설문, 개인적 면접설문 등의 대안이 가능하다.

셋째, 설문을 위한 대표적 표본을 계획할 필요가 있다. 이 표본은 모집단 시장 지역 내에서 무작위로 추출할 수 있어야 한다.

넷째, 정보를 수집한 다음 분석하여야 한다. 분석에서는 응답을 해석하고 그 정확도를 결정하며, 설문에 포함되지 않은 경제적, 경쟁적 요소의 허용치를 만드는 등 상당한 판단을 해야 한다. 더욱이 우편설문은 응답률이 매우 낮으므로 응답자들이 모집단을 대표하는지 염두에 두어야 한다.

비록 시장조사 방법이 많은 장점이 있다 하더라도 몇 가지 단점이 있다.

첫째, 조사결과에 많은 조건과 장애가 있다. 하나의 예를 들면 조사결과가 '우리의 조사에 의하면 새로운 휴대전화는 젊은 층으로부터 좋은 반응을 얻었다. 그러나 외국 경쟁사의 제품이 나타났을 때 그들의 반응은 확인할 수 없었다.' 등과 같을 수 있다.

둘째, 자료수집과 통계분석에 걸리는 비용과 시간이다. 시장조사가 좋은 결과를 보여줄 수 있다고 하더라도 조사 프로그램이 잘 개발되어 있지 않다면 효과적 결과를 기대할 수 없다.

셋째, 조사 결과가 혁신적이지 못하고 모방적이기 쉽다. 왜냐하면, 통계분석의 기법 범위 내에서 실시해야 하고 또 고객의 반응도 언제나 변화하기 때문이다.

학습목표 요약

1. 수요예측방법은 어떤 것이 있는가?

- 시계열 분석방법 : 단순평균법, 이동평균법, 지수평활법, 계절지수법, 시계열 회귀분석법, 박스 젠킨스법
- 인과형 모델 : 단순회귀분석법, 다중회귀분석법, 계량경제학 모델, 선도지표 방법
- 정성적 방법 : 판매원 추정법, 경영자 추정법, 시장조사법, 델파이법

2. 수요변화요인은 무엇인가?

1) 인구통계학적 변화
2) 상품수명주기에 따른 변화
3) 산업기술 발전
4) 경제 환경변화
5) 주기적 변화 요인

3. 지수평활법이란 무엇인가?

지수평활법(exponential smoothing method)은 평균을 계산할 때 최근 수요에 더 많은 가중치를 부과하는 기법이다. 지수평활법은 최근 수요에 대한 가중치를 평활상수로써 조정하는 원리이다. 지수평활법은 세 개의 자료만을 요구한다. 지난 기의 평균, 이번 기의 수요, 평활상수(a)이다. a값이 크면 최근의 수요를 더 반영하고 예측결과는 평균의 변화에 민감하게 된다. a가 작을수록 과거의 수요에 높은 가중치를 주고 그 결과는 더 안정적이다.

4. 회귀분석이란 무엇인가?

회귀분석이란 두 연속형(서열, 등간, 비율척도 등) 변수에 대해 독립변수와 종속변수 사이의 선형식을 구하고 그 식을 이용하여 독립변수가 주어졌을 때 종속변수를 예측하는 분석방법이다. 1개의 종속변수와 1개의 독립변수 사이의 관계를 분석할 경우를 단순회귀분석(simple regression analysis), 1개의 종속변수와 여러 개의 독립변수 사이의 관계를 규명하회귀분석(regression analysis)은 변수들 중 하나를 종속변수로 나머지를 독립변수로 하여 이들 변수들이 서로 인과관계를 가질 때 독립변수가 변화함에 따라 종속변수가 어떻게 변화하는가를 규명하는 통계기법이다. 고자 할 경우를 다중회귀분석(multiple regression analysis)이라고 한다.

5. 주관적 예측방법으로 어떤 것이 있는가?

1) 판매원 추정법

2) 경영자 판단법

3) 시장조사법

제4장

총괄 생산계획

학습목표

1. 총괄생산계획을 기간별로 구분하면 어떤 것이 있는가?
2. 총괄생산계획의 전략으로 어떤 것이 있는가?
3. 총괄생산계획 수립 기법 중 도표기법은 무엇인가?
4. 총괄생산계획 수립 기법 중 휴리틱스법은 무엇인가?

제1절 총괄 생산계획

1. 총괄 생산계획의 의의

1) 기간별 분류

제품/서비스에 대한 수요예측을 충족시키기 위한 생산활동의 수준과 자원의 사용에 대한 계획을 세우는 것으로 장기계획, 사업계획, 연간계획, 총괄 생산계획, 일정계획, 자원계획 등으로 계획 기간별로 분류한다.

2) 총괄생산 계획의 의의

총괄계획이란 기업의 향후 1년간에 걸친 수요와 관련하여 기업에서 생산하는 모든 제품의 생산계획을 수립하는 것이다.

일반적으로 기업은 한 가지 제품만을 생산하는 것이 아니라 여러 품목을 생산하며 이들 품목은 생산능력의 소요량이 모두 다르다. 따라서 전체 생산품목에 대한 능력을 공통의 측정 단위로 환산하여 총괄적인 생산능력 소요량을 파악하여야 한다. 이러한 의미에서 생산계획을 총괄 생산계획 또는 총괄계획이라 한다 (김용철 외, 2014).

〈표 4-1〉 생산계획의 기간별 분류

구분	장기 생산계획	중기 생산계획	단기 생산계획
기간	1년 이상	6개월 내외	1-2개월
목표	조직 유지 및 발전	생산자원 확보 및 배분	생산자원활용
입력	- 조직목표 - 장기 수요예측 - 재무계획 - 경쟁전략	- 장기생산계획 - 중기수요예측 - 생산능력 - 원가 데이터	- 중기생산계획 - 납기관리 - 여유능력 현황
출력	- 시설투자결정 - 제품개발 - 공정기술혁신 - 입지결정	- 생산수량 - 고용, 해고(종업원 수) - 재고수준 - 잔업, 하청	- 생산일정 - 작업순위 - 작업할당 - 기계할당

3) 생산용량 결정

생산용량은 한 생산단위가 처리할 수 있는 최대부하로 생산용량의 목적은 장기 수요와 장기 공급 능력을 일치시키는 것이 목적이다.

이는 생산용량이 언제 얼마나 필요한가를 결정하는 것으로 미래 수요를 충족하는 능력으로써 투자의 주요구성요소이며 경쟁력이다.

이와 같은 생산용량은 설계할 때 결정된 최대 생산용량을 설계용량이라고 하며 설계용량에서 정비, 유휴시간 등 공제용량을 뺀 용량을 유효용량이라고 하며 실제 산출된 용량을 실제 산출률이라고 한다.

$$효율 = \frac{실제산출류}{유효용량}$$

$$이용률 = \frac{실제산출률}{설계용량}$$

2. 총괄 생산계획의 특성

총괄계획의 특성은 다음과 같이 요약할 수 있다(김용철 외, 2014).

① 총괄계획은 생산율, 재고수준, 고용수준, 잔업 및 하청 등과 같은 관리가 가능한 변수들을 통제하여 생산량과 생산 시기를 일정 기간 동안 계획하고 조정하는 과정이다.

② 총괄계획은 장기의 설비계획에 의한 물리적인 생산능력에 제약을 받으며, 아울러 단기 생산계획인 일정계획을 제약한다. 즉, 상위계획이 하위계획에 제약을 주는 대신 하위계획이 상위계획을 수정·보완하는 피드백(feed back)관계를 가진다.

③ 총괄계획은 기업의 예산, 인력, 마케팅과 같은 다른 기능 분야와 밀접히 관련되어 있다. 특히 예산은 총생산량, 고용수준, 재고수준, 구매수준 등으로 수립되므로 이들과 관련된 총괄계획이 최초 예산수립의 기초가 된다. 인력 기능도 총괄계획에 의해 크게 영향을 받는데, 이는 총괄계획이 고용과 해고, 잔업 및 하청 등에 관한 의사결정 기능을 포함하고 있기 때문이다. 마케팅

기능도 향후 제품의 공급량과 관련하여 총괄계획과 밀접한 관계가 있다. 그러므로 총괄계획은 생산기능이 주로 책임지는 활동이지만 기업 내 모든 부문의 협조와 조정이 필요하다.

[그림 4-1] 총괄 생산계획과 하위 생산계획과의 관계

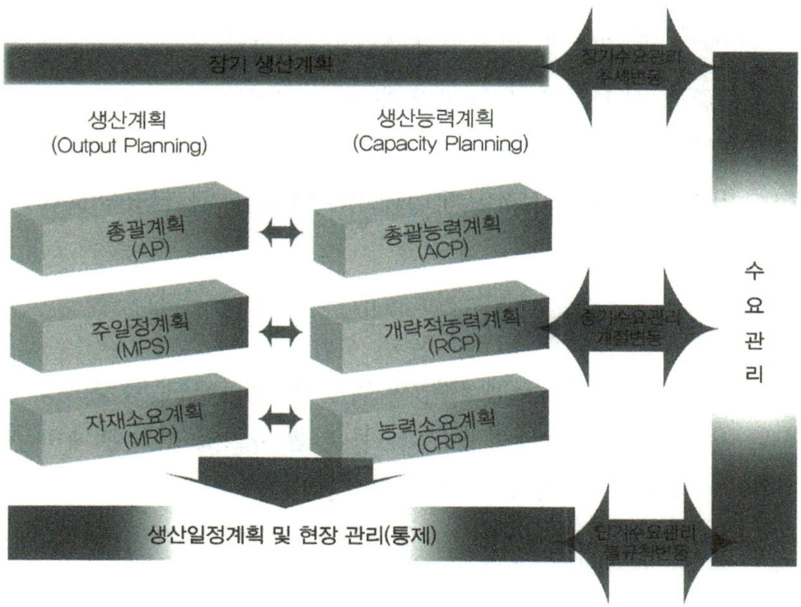

3. 총괄 생산계획의 전략

1) 수요추적전략(chase strategy)

수요추적전략은 수요량에 맞추어 생산량을 변동시키는 전략으로 수요변동에 따라 생산수준을 증가시키려면 채용이나 과도한 잔업, 또는 하청 등으로 대처하여야 하고, 반대로 생산수준을 감소시키려면 해고나 생산라인의 가동중지 등으로 대처하여야 한다.

① 채용 및 해고에 의한 생산 수량 조절

② 풍부한 대기노동력이 있는 경우에 사용 가능

③ 재고의 최소화, 고용불안, 생산성 및 품질저하

2) 생산 평활화

수요변동이 있어도 생산수준을 일정하게 유지하는 전략으로 생산수준이 안정되면 고용수준과 제품의 재고수준, 그리고 자재수급 등을 일정하게 유지시킬 수 있기 때문이다. 기업은 수요변동에도 불구하고 전반적인 생산수준은 안정적으로 유지하려고 하는 경향이 있다. 생산 평활 또는 생산 평준화란 전반적인 생산수준의 급격한 변동을 피하고자 하는 전략이다.

생산수준이 불안정할 경우 채용과 해고, 잔업과 가동중지 등을 반복하게 되는데, 이러한 변동은 많은 비용을 발생하게 된다. 따라서 대부분 기업들은 전반적으로 생산수준을 일정하게 유지하고자 하는데, 이를 생산 평활화(production smoothing) 또는 생산평준화라 한다.

① 재고를 이용하는 방법

성수기의 초과 수요에 대처하기 위해 비수기에도 정상으로 가동하여 생산제품을 재고로 보관하는 방법이다. 물론 서비스업이나 부패하는 제품, 유행에 민감한 제품은 이 방법을 사용할 수 없다.

② 수요를 조절하는 방법

비수기에는 가격 할인과 다양한 서비스 제공과 같은 판촉활동을 통해 수요를 진작시키고 성수기에는 추후납품정책 등으로 수요를 평준화하는 것이다. 그러나 이러한 두 가지 평준화 방법에는 판촉비용이나 추후납품비용이 발생한다. 따라서 총괄계획을 수립할 때 생산수준의 변동으로 인한 비용과 생산수준의 평활화로 인한 비용과의 관계를 고려하여 최적의 방법을 선택하여야 한다.

3) 고용 안정전략(level work force strategy)

고용 안정전략은 고비용 저효율의 고용창출 보다는 고용 안정을 위한 노력이 필요한데 이를 위해서는 기업의 효율적이고 정확한 인력운영, 직원의 마음을 얻고 협력과 안정을 통하여 생산성 향상을 추구하는 전략이다.

① 재고 및 조업도 조절로 수요변동 흡수

② 종업원 사기 및 충성도 향상, 숙련공 확보에 유용

[그림 4-2] 생산 평활화 전략과 수요 추적전략

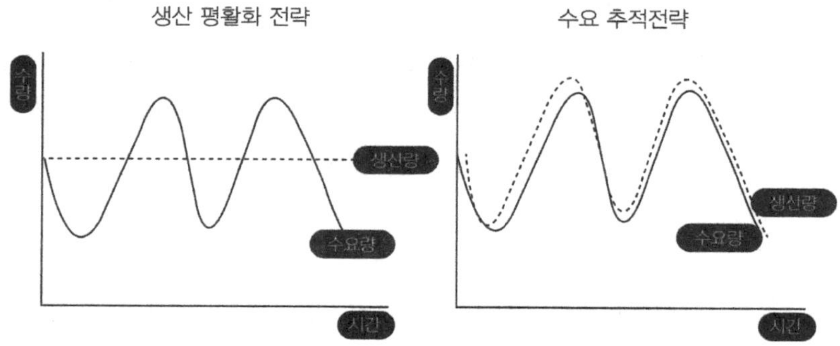

4) 총괄계획 능력조절 수단과 비용관계

(1) 고용비용과 해고비용

고용비용(hiring cost)은 종업원의 모집비용, 교육·훈련비용 등 고용과 관련된 제반 비용으로 구성되며, 해고비용(layoff cost)은 종업원을 해고함으로써 발생되는 퇴직수당과 종업원 사기 문제 등 해고와 관련된 제반 비용으로 구성된다.

(2) 잔업비용과 단축 시간 비용

잔업비용(overtime cost)은 일반적으로 평일 정규 작업시간인 하루 8시간 근무를 초과하여 작업할 때 발생되는 비용으로 정규임금 이상으로 지급된다. 미국의 경우 잔업비용을 보통 정상근무의 150%~200%가량이 지급되고 있어 경영자들은 잔업근무의 이용을 꺼리고 작업자들도 주당 20% 이상의 잔업근무를 싫어한다.

그리고 단축 시간 비용(undertime cost)은 예상했던 작업인력을 완전히 사용하지 않거나 정규 작업시간을 감소시킴으로써 발생하는 비용이다. 따라서 단축 시간 비용은 잔업비용과 반대되는 개념으로 유휴 시간 비용(idle-time cost)이라고도 한다.

(3) 재고 유지비용

재고 유지비용(inventory holding or carrying cost)은 재고를 일정 수준으로 유지하

고 보관함으로써 발생하는 비용이다. 재고 유지비용에는 이자비용, 창고 사용료, 보험료, 재고 감소비용(도난, 변질 등), 세금 등이 포함된다.

이 중에서 이자비용은 재고자산에 투하된 자본에 대한 기회비용으로 재고 유지비용의 대부분을 차지한다. 그리고 재고 유지비용의 수준은 보유하고 있는 재고량과 보유기간에 의해 결정된다.

(4) 재고 부족비용

재고 부족비용(inventory shortage cost)은 재고가 없는데 수요가 발생하여 판매기회를 놓치거나 고객을 상실하게 되어 발생하는 일종의 기회비용이다. 재고부족비용은 재고 부족으로 수요를 잃어버릴 경우 품절 비용(stockout cost)의 형태로 발생되고, 또한 수요를 추후에 충족시킬 경우 추후 납품비용(backlogging cost)의 형태로 발생한다.

품절 비용에는 수요를 잃어버림으로써 발생되는 손실뿐만 아니라 신용상실과 같은 미래의 손실까지도 포함된다. 그리고 추후 납품비용은 생산 독촉비용, 가격할인 등 납품지연으로 인한 모든 비용이 포함된다. 따라서 재고부족비용은 객관적인 비용 산출이 어려워 많은 부분을 주관적인 평가로 비용을 추정하고 있어 재고비용 중 산출이 가장 어려운 부분이다.

(5) 하청비용

하청비용(subcontracting cost)은 자체 생산능력이 부족하거나 부적합하여 완제품 또는 부품의 일부를 다른 회사에서 생산함으로써 발생하는 비용이다. 하청비용은 자체 생산비용보다 클 수도 있고 작을 수도 있으며, 하청물량에 따라 비용 크기가 결정된다(김용철 외, 2014).

4. 총괄계획 능력 조절 수단

총괄계획의 목적은 변동하는 수요에 효과적으로 대응하면서 저렴한 생산비용으로 생산활동을 계획하는 데 있다. 사실 수요변동은 통제 불가능한 변수로 이에 대한 공급량을 정확히 계획한다는 것은 어려운 일이다. 하지만 내부에서 통제 가능한 고용수준, 생산수준, 재고수준 등을 이용할 경우 수요변동에 대한 공급량을 조절할 수 있다. 따라서 수요변동에 대처하기 위한 총괄계획의 전략을 크게 다음과 같이 3가지로 나누어 볼 수 있다(김용철 외, 2014).

1) 고용수준 조정전략

수요변동에 따라 종업원을 채용 또는 해고함으로써 고용수준을 변동시킨다.

2) 생산수준 조정전략

고용수준을 일정하게 유지하고, 수요변동을 잔업과 하청 등 생산수준의 변화로 흡수한다.

3) 재고수준 조정전략

고용수준과 생산수준을 일정하게 유지하고, 수요변동을 재고와 추후납품 등 재고수준의 변화로 흡수한다.

〈표 4-2〉 총괄계획의 기본전략

전략대안	방 법	비 용	고 려 사 항
고용수준 변동	- 수요↑- 부족인원 고용 - 수요↓- 잉여인원 해고	- 훈련 및 교육비 - 해고비용	- 양질의 기능공 채용곤란 - 사기저하로 능률 저하
생산률 조성	- 수요↑- 조업시간 증가 - 수요↓- 조업시간 감소 - 생산능력 부족 - 하청 - 설비확장	- 잔업수당 - 조업단축, 유휴비용 - 하청비용 - 설비투자비용	- 보전시간 감소 - 보전시간 증가 - 하청회사의 품질 및 일정 관리 - 수요 감소 시 유휴 설비 cost 발생
재고수준 적응	- 수요↑- 재고유지 - 납기지연	- 재고유지비 - 납기지연 손실비	- 서비스업에서는 서비스 요원이나 시설 증가 -기회손실 증가

고용수준 조정을 수요에 따라 조정하는 경우에는 재고를 보유한다든지 또는 총괄계획을 위한 다른 어떤 전략 대안을 이용할 필요가 없다. 왜냐하면 노동력이 모든 수요변동을 흡수하기 때문이다. 그러나 고용수준의 조정에는 신규채용에 따른 모집비용이나 각종 교육훈련에 따른 비용들이 많이 발생하고 해고에 따른 퇴직금과 노사문제, 종업원의 사기저하 등의 문제점이 있다.

생산수준을 조정하는 경우 수요가 증가할 때에는 잔업이나 하청을 실시하고 아울러 장기적인 전망이 밝을 때는 시설투자를 한다. 반대로 수요가 감소할 때는 휴가 및 조업시간 단축 등으로 생산수준을 조정한다.

재고수준을 조정할 경우 수요증가를 대비하여 재고를 확보하면 되나, 여기에는 재고유지비용이 발생한다는 점을 고려해야 한다. 그렇다고 해서 과소하게 재고수준을 유지하면 수요 증가 시에 품절비용의 발생이나 납기지연으로 신용상실의 위험이 있다.

이상에서 총괄계획의 기본전략으로 고용수준 조정전략, 생산수준 조정전략, 재고수준 조정전략 등 3가지를 고려할 수 있다. 기업에서는 수요변동에 대처하기 위해 3가지 전략 중에서 한 가지 전략만을 쓰면 이를 순수전략이라 한다. 그러나 기업은 한 가지 전략만 선택하는 것이 아니라 실제로는 여러 전략을 혼합하여 선택한다. 이를 혼합전략이라 부른다. 기업은 사용 가능한 여러 전략 가운데서 관련 비용을 최소화하는 전략을 혼합하여 선택한다.

제2절 총괄 생산계획 기법

1. 도표기법(graphical & charting techniques)

도표기법(도시법)은 그래프나 차트를 이용하는 기법으로 전문지식이 없어도 사용할 수 있는 총괄계획 기법이다. 이 기법은 먼저 총괄계획의 여러 가지 대안을 개발한 다음 이들의 총비용을 계산·비교하여 최선의 대안을 선택하는 것으로 시행착오적 방법 또는 최소비용대안 발견법이라고도 한다.

도표기법은 먼저 수요를 예측하고, 예측된 수요량을 토대로 누적 생산소요량을 추정한다. 그다음 생산량과 재고 수준을 고려하여 수요에 적응해 나갈 생산계획을 모색한다. 여기서 총비용의 최소화가 계획전략의 평가 기준이 되며, 이 기법은 생산품목 수가 적거나 제조공정이 복잡하지 않은 생산형태에서 주로 이용된다(김용철 외, 2014).

사례 다음과 같은 자료를 가지고 도표기법으로 총괄생산계획을 수립한다.

〈표 4-3〉 월별 수요예측과 작업일수

월	수요예측	작업일수	생산소요량	누적생산소요량	누적작업일수
1	650	22	600	600	22
2	620	20	620	1,220	42
3	550	21	550	1,770	63
4	480	20	480	2,250	83
5	600	22	600	2,850	105
6	600	20	650	3,500	125
합계	3,500	125	3,500		

[그림 4-3] 예제의 수요변동곡선

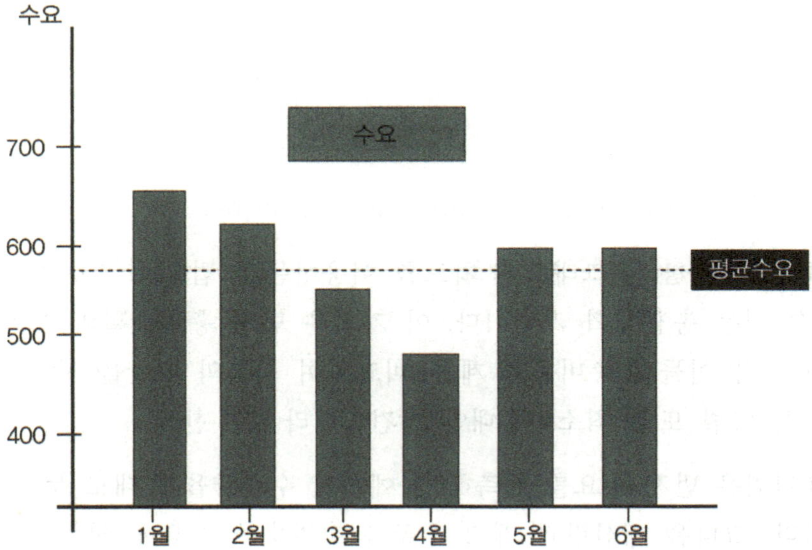

1월의 생산소요량은 수요 예측치 650단위에서 기초재고 50단위를 뺀 600단위가 되고, 6월의 생산소요량은 수요 예측치 600단위에서 기말재고 50단위를 더한 650단위가 된다. 나머지 달의 생산소요량은 수요 예측치 600단위에서 기말재고 50단위를 더한 650단위가 된다. 나머지 달의 생산소요량은 수요 예측치와 같다. 이와 같은 향후 6개월간의 수요에 대처하기 위해 이 회사는 총괄계획을 수립하는데, 회사 정책상 잔업은 하지 않으며 1월 초 현재 7명의 종업원이 하루 8시간 작업을 하고 있다.

이제 이 회사에서는 총괄계획을 세우는데 있어 수요에 생산량을 맞추면서 비용을 최소화하는 목표를 가지고, 다음의 전략대안에서 최선의 것을 선택하려 한다.

① 전략 1 : 고용수준을 변동시켜 매월 생산소요량만큼 생산한다.

② 전략 2 : 고용수준을 일정하게 하고, 수요변동을 재고와 미 납품으로 처리한다.

③ 전략 3 : 고용수준을 4월 최저 생산단위에 맞추고 추가 소요량은 하청을 준다.

그리고 각 대안을 평가하는데 필요한 관련 비용 및 기타 자료는 다음과 같다.

〈표 4-4〉 기본정보

구분	내역	비고
기초 및 기말재고	50대	
재고유지비용	50원/월	
추후 납품비용	50원/월	
외주 비용	10원	자체 생산 비용을 뺀 차액
고용비용	15,000원/1인	교육훈련비 포함
해고비용	30,000원/1인	
정규임금	1,000원/시간	
단위당 생산소요시간	2시간/(M/H)	
작업시간	8시간/일	

1) 전략 1의 총괄계획 비용

전략 1에서는 매월 생산 소요량에 해당하는 고용수준을 계산하여 채용과 해고 등의 인원을 파악해야 한다. 매월 필요한 고용수준은 다음과 같이 계산된다.

$$\text{월간 고용수준} = (\text{월간 소요 작업시간}) \div (\text{종업원 1인당 월간 작업시간})$$
$$= (\text{월간 생산소요량}) \times (\text{월간 작업일수} \times 8\text{시간})$$

예를 들어 1월의 고용수준은 다음과 같다.

$$\text{1월 고용수준} = (600 \times 2) \div (22 \times 8) \fallingdotseq 7(\text{명})$$

전략 1의 총비용은 채용비용, 해고비용, 정규임금으로 구성되며, 전체적인 계산결과는 <표 4-5>와 같다.

〈표 4-5〉 전략 1의 총괄계획 비용

항 목 \ 월	1	2	3	4	5	6	합계
① 생산소요량	600	620	550	480	600	650	3,500
② 작업소요시간	1,200	1,240	1,100	960	1,200	1,300	7,000
③ 1인당 작업가능시간 (월간 작업일수×8)	176	160	168	160	176	160	1,000
④ 필요 작업자 수(②÷③)	7	8	7	6	7	9	
⑤ 채용인원수	0	1	0	0	1	2	5
⑥ 해고인원수	0	0	1	1	0	0	3
⑦ 채용비용(⑤×15,000원)	0	15,000	0	0	15,000	30,000	60,000
⑧ 해고비용(⑥×30,000원)	0	0	30,000	30,000	0	0	60,000
⑨ 정규임금 (②×1,000원) : 천원	1,200	1,200	1,100	1,000	1,200	1,300	7,000
⑩ 총비용 (⑦+⑧+⑨) : 천원	1,200	1,215	1,160	1,030	1,215	1,330	7,120

2) 전략 2의 총괄계획 비용

전략 2는 고용수준을 1일당 평균 생산소요량에 해당하는 수준으로 일정하게 유지하고 수요변동을 재고와 추후납품으로 대처한다. 따라서 일정한 고용수준은 다음과 같이 계산된다.

$$\text{일정한 고용수준} = (\text{총 작업소요시간}) \div (\text{1인당 총 작업시간}) = 7{,}000 \div 1{,}000(\text{명})$$

〈표 4-6〉 전략 2의 총괄 계획비용

항 목 \ 월	1	2	3	4	5	6	합계
① 생산소요량	600	620	550	480	600	650	3,500
② 고용수준	7	7	7	7	7	7	42
③ 1인당 작업가능시간 (월간 작업일수×8)	176	160	168	160	176	160	1,000
④ 월간 총 작업 시간(②×③)	1,232	1,120	1,176	1,120	1,232	1,120	7,000
⑤ 월간 생산량(④÷2시간)	616	560	588	560	616	560	
⑥ 재고량	16	0	0	74	90	0	
⑦ 추후 납품량	0	44	6	0	0	0	
⑧ 재고유지비(⑥×50원)	800	0	0	3,700	4,500	0	9,000
⑨ 추후납품비용(⑦×50원)	0	2,200	300	0	0	0	2,500
⑩ 정규임금(④×1,000원):천원	1,232	1,120	1,176	1,120	1,232	1,120	7,000
⑪ 총비용(⑧+⑨+⑩):천원	1,232.8	1,122.2	1,176.3	1,123.0	1,236.5	1,120.0	7,011.5

3) 전략 3의 총괄계획 비용

전략 3은 고용수준을 4월의 최저 생산소요량 500단위에 맞추어 일정하게 유지하고 추가 소요량은 외주를 준다. 따라서 필요한 고용수준은 다음과 같이 계산된다.

$$\begin{aligned}\text{최저 고용수준} &= (\text{4월의 작업소요시간}) \div (\text{4월의 작업가능시간}) \\ &= (\text{4월의 생산소요량} \times 2) \div (\text{월간 작업일수} \times 8) \\ &= 960 \div 160 = 6(\text{명})\end{aligned}$$

〈표 4-7〉 전략 3의 총괄계획 비용

항 목 \ 월	1	2	3	4	5	6	합계
① 생산소요량	600	620	550	480	600	650	3,500
② 고용수준	6	6	6	6	6	6	36
③ 1인당 작업가능시간 (월간 작업일수×8)	176	160	168	160	176	160	1,000
④ 월간 총 작업 시간(②×③)	1,056	960	1,008	960	1,056	960	6,000
⑤ 월간 생산량(④÷2)	528	480	504	480	528	480	3,000
⑥ 외주량(①-⑤)	72	140	46	0	72	170	500
⑦ 외주비용(⑥×100)	7,200	14,000	4,600	0	7,200	17,000	50,000
⑧ 정규임금(④×1000): 천원	1,056	960	1,008	960	1,056	960	6,000
⑨ 재고비용	30,000	60	0	0	0	0	30,060
⑪ 총비용(⑦+⑧+⑨): 천원	1,093.2	974.0	1,012.6	960.0	1,063.2	977.0	6,080.0

지금까지 설명한 3가지 전략의 총비용을 요약해서 비교하면 <표 4-8>과 같다. 이 표에서 보면 전략 3의 총비용이 가장 작은 것으로 계산되었다.

〈표 4-8〉 3가지 전략의 총비용 비교

비용항목	전략 1	전략 2	전략 3
정규임금	7,000,000	7,000,000	6,000,000
외주비용	0	0	50,000
고용비용	60,000	0	30,000
해고비용	60,000	0	30,000
재고유지비용	0	9,000	0
추후납품비용	0	2,500	0
합 계	7,120,000	7,011,500	6,080,000

[그림 4-4] 총괄생산계획 누적그래프

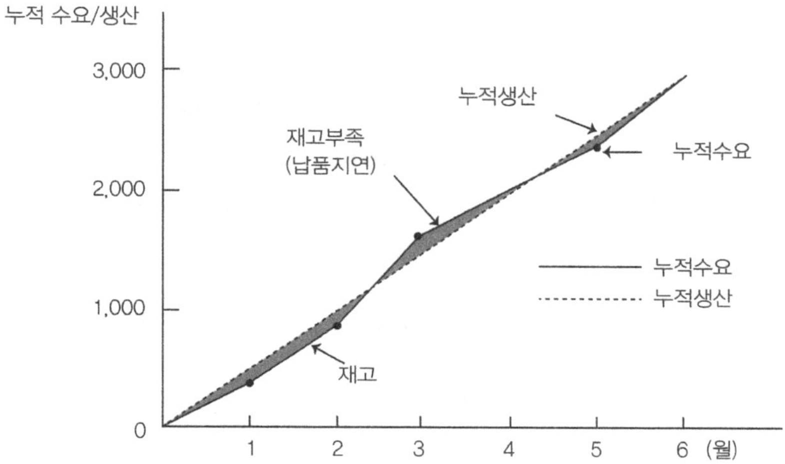

2. 휴리스틱 기법

휴리스틱(heuristic) 기법이란 탐색적 또는 발견적 기법이라고 볼 수 있는데 모든 해결과정을 수학적 풀이에만 의존하지 않고 인간의 경험을 바탕으로 하는 직관력과 판단력을 함께 활용할 수 있도록 하는 방법이다. 따라서 수리적 모형은 총괄계획의 최적 해를 구하는 기법인 데 비해, 휴리스틱 기법은 최적 해에 가까운 해를 쉽게 구하는 편의적인 기법이다.

총괄 계획문제를 위한 휴리스틱 기법에는 경영계수법, 탐색결정규칙, 매개변수 생산계획법, 생산전환 탐색법 등이 있으나 여기서는 경영계수법과 탐색결정규칙만 설명한다(김용철 외, 2014).

1) 경영계수법

경영계수법(management coefficient method)은 1963년 보우만(Bowman)에 의하여 제안된 대표적인 휴리스틱 기법으로서, 총괄계획에 관해 경영자들이 과거에 내린 의사결정을 분석하여 생산율과 작업자 수를 결정하고 규칙의 계수를 추정하는 기법이다. 보우만은 그의 연구에서 경영자들이 그들의 경험과 직관에 의하여 생산계획을 아주 잘 수립한다는 사실을 밝혀내고 인간의 경험과 직관이 모형의 계수를 결정하는데 반드시 이용되어야 한다고 주장하였다. 그리고 경영자들이 때로 너무 많이 생산한다든지 또는 너무 적게 생산한다든지 하는 것은 그들의 결정에 일관성이 없기 때문이라고 지적하고 일관성 없는 행동을 제거하는데 초점을 맞추고자 하였다.

따라서 보우만은 연구에 참여했던 어떤 페인트 회사의 경영자들이 수행한 생산결정에 대해 다중회귀분석을 실시해 보았고, 이를 통하여 모형의 계수들을 산출하였다. 그 결과 이들 계수들은 LDR(linear decision rule)에서 수학적으로 도출된 것과 유사하였다. 아울러 실제 과거 실적의 총비용과의 비교에서도 경영계수법이 LDR보다 우월하였다.

보우만은 다음과 같은 결정규칙을 하나의 예로써 제시하였다.

$$P_t = \sum_{t}^{t+T-1} a_i d_i + x(P_{t-1} - d_t) + y(I_N - I_{t-1})$$

단, P_t : t기의 생산수준
d_t : t기의 수요 예측량
I_N : 목표재고수준
I_{t-1} : $(t-1)$기의 기말재고
a_i : 수요예측의 가중치$(a_t > a_{t-1} > a_{t-2} > \cdots\cdots\cdots > a_{t+T-1})$
$x . y$: 경영계수$(0 \le x \le 1, 0 \le y \le 1)$
T: 전체 계획기간 동안 단위기간의 수

위 식과 같은 결정규칙에서 x, y 및 a_i들은 과거 자료에 대한 회귀분석에 의해 추정된다.

이상과 같은 경영계수법은 식과 같이 결정규칙의 경영계수들을 회귀분석으로 추정하기 위해서는 결정규칙이 구체적인 식으로 나타나야 한다. 그런데 경영자들이 이러한 구체적인 형태의 결정규칙에 관한 수식을 가지고 있는 것이 아니므로 LDR에서와 같은 수학적 분석으로 구할 수 있고, 또한 단순히 직관으로 결정규칙을 정할 수도 있으며 두 방법을 적당히 결합하여 사용할 수도 있다. 물론 결정규칙의 형태는 회귀분석에 이용 가능한 실제 자료의 내용에 따라 제약을 받게 된다.

2) 탐색 결정규칙

탐색 결정규칙(search decision rule)은 1968년 터버트(Taubert)에 의해 개발된 휴리스틱 기법으로 수학적 최적 해를 보장하지 않지만 현실 상황을 더 많이 반영할 수 있는 기법이다.

탐색 결정규칙은 먼저 주어진 총괄 계획문제에 대해 하나의 가능해(즉, 생산수준과 고용수준의 값)를 구한 다음, 이로부터 총비용함수의 값을 구하고 차츰 총비용을 감소시키는 방향으로 개선 해를 탐색한다. 탐색절차는 더 이상 총비용함수의 값을 감소시킬 수 없을 때 중단되며, 이때의 개선 해는 최적해가 아니더라도 최적 해에 가까운 값이 된다.

탐색 결정규칙은 개선 해를 체계적으로 탐색하지만 최적해가 찾아진다는 보장은 없다. 그렇지만 컴퓨터 이용을 전제로 하고 있는 이 기법은 비용함수에 있어 수학적 형태의 제약이 없으므로 현실에 가까운 모형을 만들 수 있고 상황변화에 따라 모형의 변경과 적용이 쉽다.

〈표 4-9〉 기업현장에서의 이용현황

구분	내역
– 이용현황	경험위주, 도표기법활용
– 계량형 모형	이용율이 저조하다.
· 수리적	모형의 이해가 어렵다.
· 모형의 가정	비현실적이고 제한적이다.

학습목표 요약

1. 총괄 생산계획을 기간별로 구분하면 어떤 것이 있는가?

구분	장기 생산계획	중기 생산계획	단기 생산계획
기간	1년 이상	6개월 내외	1-2개월
목표	조직 유지 및 발전	생산자원 확보 및 배분	생산자원활용
입력	- 조직목표 - 장기 수요예측 - 재무계획 - 경쟁전략	- 장기생산계획 - 중기수요예측 - 생산능력 - 원가 데이터	- 중기생산계획 - 납기관리 - 여유능력 현황
출력	- 시설투자결정 - 제품개발 - 공정기술혁신 - 입지결정	- 생산수량 - 고용, 해고(종업원 수) - 재고수준 - 잔업, 하청	- 생산일정 - 작업순위 - 작업할당 - 기계할당

2. 총괄 생산계획의 전략으로 어떤 것이 있는가?

1) 수요추적전략(chase strategy)

수요추적전략은 수요량에 맞추어 생산량을 변동시키는 전략으로 수요변동에 따라 생산수준을 증가시키려면 채용이나 과도한 잔업, 또는 하청 등으로 대처하여야 하고, 반대로 생산수준을 감소시키려면 해고나 생산라인의 가동중지 등으로 대처하여야 한다.

2) 생산 평활화

수요변동이 있어도 생산수준을 일정하게 유지하는 전략으로 생산수준이 안정되면 고용수준과 제품의 재고수준, 그리고 자재수급 등을 일정하게 유지

3) 고용 안정전략(level work force strategy)

고용 안정전략은 고비용 저효율의 고용창출 보다는 고용 안정을 위한 노력이 필요한데 이를 위해서는 기업의 효율적이고 정확한 인력운영, 직원의 마음을 얻고 협력과 안정을 통하여 생산성 향상을 추구하는 전략이다.

3. 총괄생산계획 수립 기법 중 도표기법은 무엇인가?

도표기법(도시법)은 그래프나 차트를 이용하는 기법으로 전문지식이 없어도 사용할 수 있는 총괄계획 기법이다. 이 기법은 먼저 총괄계획의 여러 가지 대안을 개발한 다음 이들의 총비용을 계산·비교하여 최선의 대안을 선택하는 것으로 시행착오적 방법 또는 최소비용대안 발견법이라고도 한다.

도표기법은 먼저 수요를 예측하고, 예측된 수요량을 토대로 누적 생산소요량을 추정한다. 그 다음 생산량과 재고 수준을 고려하여 수요에 적응해 나갈 생산계획을 모색한다. 여기서 총비용의 최소화가 계획전략의 평가기준이 되며, 이 기법은 생산품목수가 적거나 제조공정이 별로 복잡하지 않은 생산형태에서 주로 이용된다.

4. 총괄생산계획 수립 기법 중 휴리틱스법은 무엇인가?

휴리스틱(heuristic) 기법이란 탐색적 또는 발견적 기법이라고 볼 수 있는데 모든 해결과정을 수학적 풀이에만 의존하지 않고 인간의 경험을 바탕으로 하는 직관력과 판단력을 함께 활용할 수 있도록 하는 방법이다. 따라서 수리적 모형은 총괄계획의 최적 해를 구하는 기법인데 비해, 휴리스틱 기법은 최적해 에 가까운 해를 쉽게 구하는 편의적인 기법이다.

Part Ⅱ

공정관리

제5장 주 일정계획
제6장 작업환경
제7장 입지와 규모
제8장 공정배치
제9장 프로젝트 진척관리

제5장

주 일정계획

학습목표

1. 주 일정계획이란 무엇을 의미하는가?
2. 재고소진 법이란 무엇인가?
3. 단속공정의 일정계획 수립방법으로 어떤 것이 있는가?
4. 작업우선순위 결정방법으로 어떤 것이 있는가?
5. 프로젝트 일정계획이란 무엇을 의미하는가?

제1절 라인공정의 일정계획(line process scheduling)

1. 주 일정계획 의의

주 일정계획(master production schedule, MPS)은 총괄생산계획을 세분화하여 생산일정을 구체화하는 과정으로 품목별 생산계획 일정을 수립하는 과정이다. 총괄생산계획에 의해 정해진 일정계획, 공수계획, 자재 소요계획(MRP : material requirement planning), 능력 소요계획(CRP : capacity requirement planning)이 주요 투입요소가 되어 생산수준, 고용수준, 재고수준 등의 능력균형을 결정하여 이를 할당하는 계획이다.

즉, 각각의 제품을 생산하는 데 필요한 여러 가지 작업이 시간의 흐름에 따라 구체적으로 어떤 순서와 어떤 생산능력을 얼마만큼 요구하는지를 파악하여 이를 지원하는 단기 생산능력계획이다. 따라서 일정계획에서는 작업명령, 설비, 인력을 각 작업장에 할당하며, 작업의 우선순위(job priority)를 세워서 어떤 작업을 언제 착수하고 완료할 것인가 하는 생산일정을 결정한다. 일정계획은 생산시스템의 유형이 어떤 방식의 생산형태를 가지고 있는가에 따라 라인공정의 일정계획, 단속공정의 일정계획, 프로젝트 공정의 일정계획으로 분류한다(김용철 외, 2014).

2. 라인공정 일정계획의 의의

라인공정의 일정계획(line process scheduling)은 라인공정에서의 일정계획을 수립하는 절차이다. 라인공정에서 공정균형이 해결되면 한 라인에 다수 제품을 생산하는 경우에만 일정계획의 문제점이 발생하고, 한 라인에서 단일 제품을 생산하는 경우에는 공정설계 단계에서 이미 자재의 흐름이 결정되므로 일정계획의 문제점이 적게 발생한다.

라인공정은 표준화된 작업이 정해진 작업순서에 따라 한 작업장에서 다음 작업장으로 직선적으로 일관되게 흘러가며 제품을 생산한다. 따라서 개별 작업은 서로 밀접하게 연결되어 있으며, 개별 작업은 다음 작업을 지연시키지 않도록 전체적으로 공정균형(line balancing)이 잘 잡혀 있어야 한다(김용철 외, 2014).

3. 재고소진 법

라인공정의 일정계획 수립 방법 중 재고소진 기간 법이 사용된다. 이 기법은 현재의 재고수준과 미래의 수요를 동시에 고려하여 어떤 제품의 수요가 현재의 재고보다 많을 경우 그렇지 않은 제품보다 먼저 생산하게 된다. 즉, 현재의 재고가 소진되는 기간이 짧은 제품일수록 우선순위로 생산한다. 각 제품의 재고소진 기간은 다음과 같다.

$$\text{소진기간}(R) = \frac{\text{단위기간재고수준}}{\text{단위기간수요량}}$$

재고소진 기간 법을 이용하여 제품의 생산순서를 결정하는 과정은 다음과 같다. 먼저 각 제품에 대한 소진 기간 R을 계산한 다음 소진 기간 R이 가장 짧은 제품을 제일 먼저 경제적 로트 크기만큼 생산한다. 다음 단계는 첫 번째 로트의 생산이 완료되는 시점에서 각 제품에 대해 소진 기간을 재계산하고, 다시 소진 기간이 가장 짧은 제품을 경제적 로트 크기만큼 생산한다. 이와 같은 과정을 계획 대상 기간 동안 반복함으로써 일정계획을 수립한다.

사례 재고소진 기간 법 작성사례

생산라인에서는 A, B, C, D 등 4종류의 제품을 생산하고 있다. 각 제품의 로트 크기, 예상 수요량, 재고량 등은 다음의 표와 같다.

〈표 5-1〉 제품별 수요 자료와 공급자료

제품	수요자료		공급자료	
	재고(개)	평균수요(주)	롯트 크기(개)	생산기간(주)
A	80	30	100	1.5
B	180	60	200	2.0
C	120	50	150	1.0
D	200	100	300	0.5

첫째, 재고량과 평균수요에 대한 자료를 이용하여 각 제품의 재고소진 기간을 계산하면 다음과 같다.

제품 A의 재고소진 기간 : 80/30 = 2.6

제품 B의 재고소진 기간 : 180/60 = 3.0

제품 C의 재고소진 기간 : 120/50 = 2.2

제품 D의 재고소진 기간 : 200/100 = 2.0

품목 D의 재고소진 기간이 제일 짧으므로, 먼저 이 품목의 1회분 생산량(로트 크기) 300개 생산한다. D 품목의 생산 소요기간은 0.5주이므로, 0.5주 후에 각 제품의 재고변동을 계산하고 이를 기초로 다시 소진 기간을 계산한다.

〈표 5-2〉 0.5주 후의 재고량과 재고소진 기간

품 목	0.5주 후의 재고량	재고소진 기간
A	80-30(0.5) = 65	65/30 = 2.2
B	180-60(0.5) = 150	150/60 = 2.5
C	120-50(0.5) = 95	95/50 = 1.9
D	200-100(0.5)+300 = 450	450/100 = 4.5

표에서 다음으로 생산할 품목은 제품 C가 되며, 이 제품의 생산 수량은 150개이고 생산기간은 1.0주이다. 따라서 1.0주 후에 각 제품의 재고변동을 계산하고 소진 기간을 계산한다.

〈표 5-3〉 1.0주 후의 재고량과 재고소진 기간

품 목	1.0주 후의 재고량	재고소진 기간
A	65-30(1.0) = 35	35/30 = 1.2
B	150-60(1.0) = 90	90/60 = 1.5
C	95-50(1.0)+150 = 195	195/50 = 3.9
D	450-100(1.0) = 350	350/100 = 3.5

표에서는 제품 A가 다음으로 생산될 제품으로 선택되어 1.5주 후의 재고량과 재고소진 기간을 계산한다.

〈표 5-4〉 1.5주 후의 재고량과 재고소진 기간

품 목	1.5주 후의 재고량	재고소진 기간
A	35-30(1.5)+100 = 90	90/30 = 3.0
B	90-60(1.5) = 0	0/60 = 0
C	195-50(1.5) = 125	125/50 = 2.5
D	350-100(1.5) = 200	200/100 = 2.0

표에서 다시 제품 B가 다음으로 생산될 제품으로 선택된다. 이러한 계산과정으로 일정계획을 세우면 D→C→A→B의 순서가 된다. 이들 품목의 생산량과 생산소요시간을 도표로 그린다.

[그림 5-1] 라인공정에서 순위를 결정한 일정계획

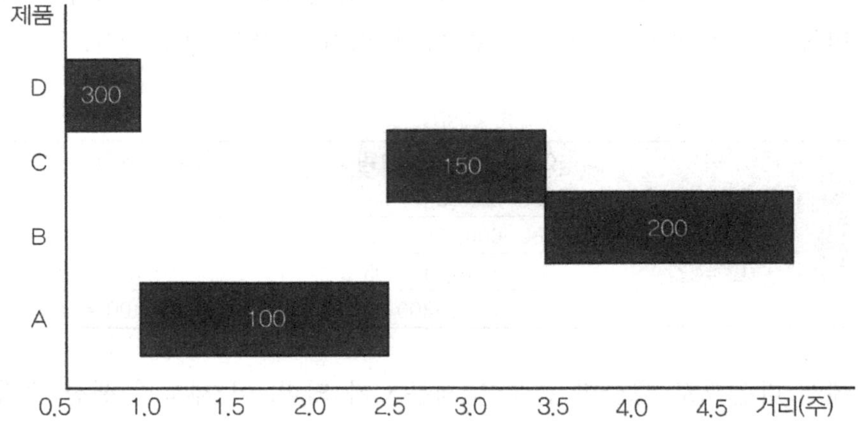

제2절 단속공정의 일정계획
(intermittent process or job shop scheduling)

1. 단속공정 일정계획의 의의

단속공정의 일정계획(intermittent process or job shop scheduling)은 다양한 주문품이 각기 독특한 작업장으로서 공정흐름을 갖게 되므로 극히 유동적인 작업경로에 따른 공정시간의 관리가 중요하고 또 공정 중에 있는 재공품의 재고에 따른 비용관리가 주요 관심사가 된다.

단속공정 또는 개별 주문공정은 보통 고객의 주문에 따라 다양한 제품을 소규모로 생산하며, 각 제품마다 투입자원, 공정의 형태 및 순서, 납기 등이 달라 일정계획이 매우 복잡하다(김용철 외, 2014).

2. 부하할당법

부하할당(loading)에서는 일정계획의 대상기간 동안 어느 작업장에 얼마만큼의 작업량을 할당할 것인가를 결정한다. 즉, 부하할당에서는 상세한 작업순서는 결정하지 않고 단지 어느 작업을 어느 작업장에서 처리하여야 할 것인가를 결정한다.

부하할당에 관한 기법 중 전진 및 후진 부하할당, 간트 부하도에 의한 부하할당법이 있다.

1) 전진 부하할당법

전진 부하할당(forward loading)은 현재 일로부터 시작하여 미래의 시간으로 각 주문의 처리시간을 각 작업장으로 할당하는 방법이고, 후진 부하할당(backward loading)은 미래의 주문 납기일을 기준으로 하여 거꾸로 현재일로 각 주문의 처리시간을 각 작업장에 할당하는 방법이다.

사례 각각 1대의 기계로 구성된 3개의 작업장을 가진 아주 간단한 공장에서

<표 5-5>와 같이 제품 A, B, C가 생산된다고 한다. 제품 A, B, C의 공정순서는 각각 다르며, 작업장으로의 이동과 대기시간은 무시한다고 가정한다.

〈표 5-5〉 3개 작업장에서 제품 A, B, C의 공정과정

제품	공정과정 : 작업장(작업시간)	납기일
A	1(8)→2(8)→3(8)	3일 후
B	3(6)→1(5)→2(5)	3일 후
C	2(5)→3(5)→1(8)	3일 후

우선 전진 부하할당법으로 각 제품별 작업시간표를 만들면 [그림 5-2]와 같고, 후진 부하할당법으로 각 제품별 작업시간표를 만들면 [그림 5-3]과 같다. 즉, 전진 부하할당법은 0시간에서부터 시작하여 각 제품이 작업장을 거치는 순서대로 처리시간을 누적시킨 반면 후진 부하할당법은 납기일부터 시작하여 처리시간을 누적시켰다.

[그림 5-2] 3개 작업장 A, B, C 생산의 전진 부하할당법의 작업시간표

[그림 5-3] 3개 작업장 A, B, C 생산의 후진 부하할당법의 작업시간표

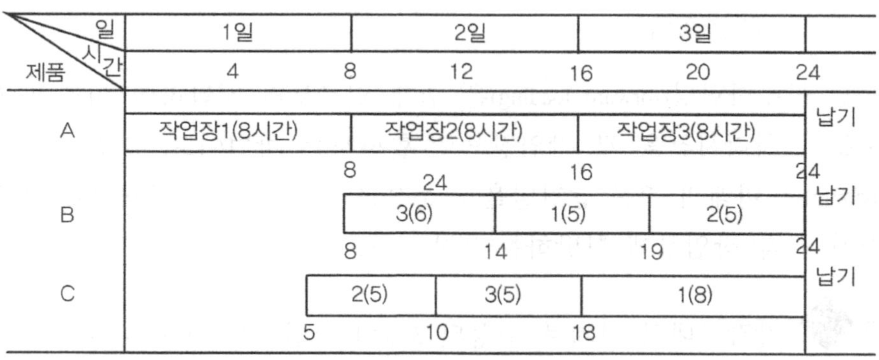

그림은 하루 작업시간을 8시간으로 가정하였고 작업은 날짜를 달리하는 분할작업으로 허용하였다. [그림 5-2]에서 제품 A는 3개의 작업장에서 하루 8시간씩 3일간의 작업으로 끝나나, 제품 B의 경우는 첫째 날 작업장 3에서 6시간을 작업하고 바로 작업장 1로 옮겨 5시간 작업 중 2시간을 작업하고 나머지 3시간은 둘째 날 작업하는 분할작업이 일어난다. 그림에서 볼 수 있듯이 전진 부하할당법의 작업시간표는 각 생산품의 대략적인 완료일을 판단할 수 있고 후진 부하할당법의 작업시간표는 최대한 작업의 시작 지연시기를 판단할 수 있게 한다.

다음은 이를 작업시간표를 이용하여 작업장별로 부하를 할당한다. [그림 5-4]는 [그림 5-2]의 전진 부하할당법의 작업시간표를 이용하여 작업장별로 부하를 할당한 것이다. 즉, 제품 A의 경우는 첫째 날에 작업장 1에서 8시간, 둘째 날에 작업장 2에서 8시간, 셋째 날에 작업장 3에서 8시간을 할당한다. 제품 B는 첫째 날에 작업장 3에서 6시간, 작업장 1에서 2시간, 둘째 날에 작업장 1에서 3시간, 작업장 2에서 5시간을 할당한다. 그리고 제품 C에 대해서도 같은 논리로 부하를 할당한다.

[그림 5-4] 작업장별 전진 부하할당

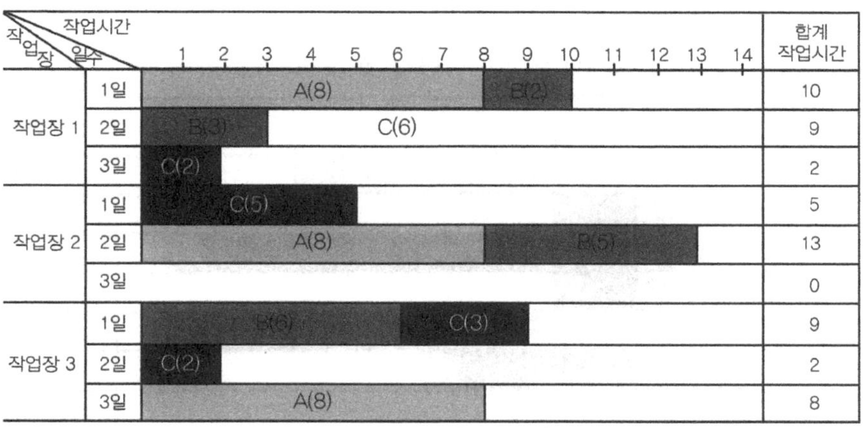

이와 같이 전진부하할당을 하면 그림과 같은데, 각 작업장마다 부하가 불균형적이고 더욱이 작업장의 일별 생산능력(하루 8시간 작업시간)을 초과하는 경우가 모두 4일 존재한다. 이 경우 만약 잔업이 불가능하다면 부하할당을 재조정하여야 하는데, 재조정의 경우 납기일을 지키려면 각 제품의 생산 시작시간을 지연

시킬 수밖에 없다. 따라서 각 제품의 최대 지연 생산시간을 조사하면 제품 A는 0시간, 제품 B는 8시간, 제품 C는 6시간으로, 제품 B가 가장 많은 지연시간을 갖고 있다. 그러므로 제품 B의 생산시간을 하루(8시간) 늦추면 작업장 1의 첫째 날과 둘째 날, 작업장 3의 첫째 날의 부하가, 그리고 작업장 2의 둘째 날 부하가 감소된다. 그 결과 [그림 5-5]와 같이 부하할당이 다시 이루어지는데, 이 때 3개의 작업장 모두 생산능력을 초과하지 않고 부하할당도 균일하게 된다.

[그림 5-5] 전진 부하할당의 재조정

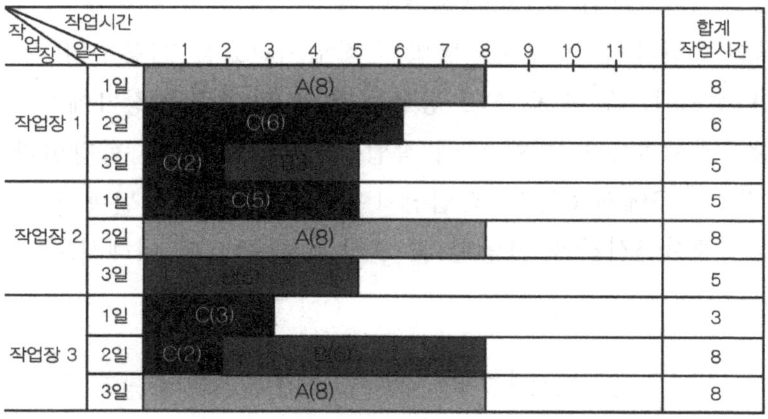

[그림 5-6] 작업장별 후진 부하할당

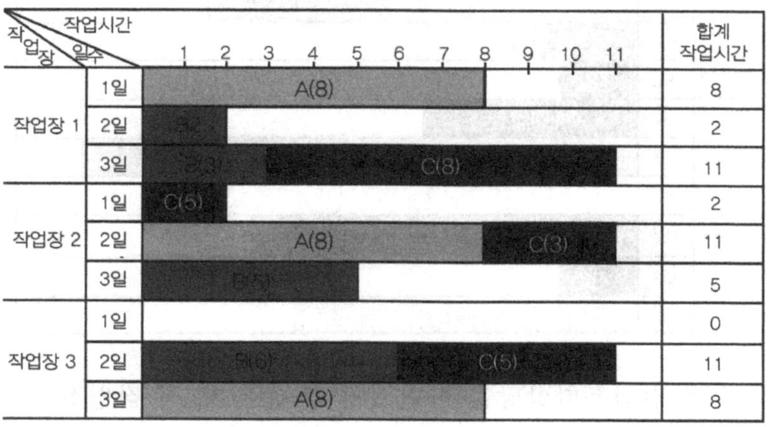

2) 후진부하 할당법

[그림 5-3]의 후진 부하할당법의 작업시간표를 이용하여 작업장별로 부하를 할당하면 [그림 5-6]과 같다. 그림에서 볼 수 있듯이 전진 부하할당법의 결과와 같이 생산이 불균형적이고 생산능력(하루 8시간 작업)을 초과하는 경우(11시간 작업)가 작업장별로 하루씩 존재한다. 따라서 이를 조정하기 위해 생산시작시간을 제품 B의 경우 3시간을 앞당기고, 제품 C의 경우는 5시간을 앞당겨 생산하기로 하자. 그 결과 [그림 5-7]과 같이 작업장별로 생산능력을 초과하는 작업일도 없고 부하할당도 균일해졌음을 볼 수 있다.

[그림 5-7] 후진 부하할당의 재조정

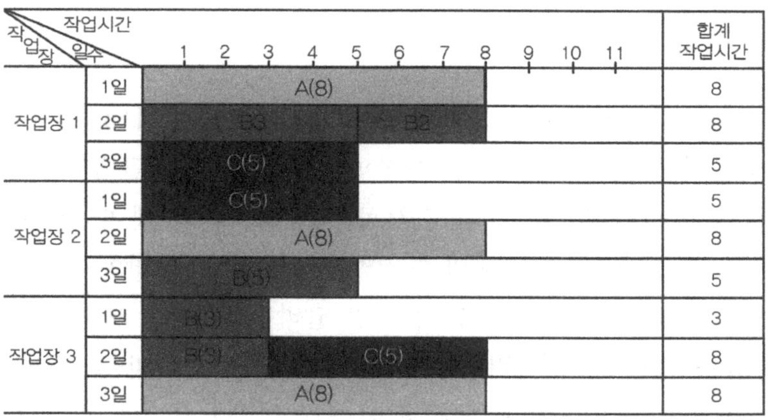

지금까지 살펴본 바와 같이 전진 부하할당법과 후진 부하할당법을 사용하여 생산의 시작시간을 조정함으로써 작업장별·일별 부하량을 균일하게 하고 납기 지연을 예방할 수 있어 고객 서비스를 높일 수 있다.

3) 간트 부하도

간트 도표(gantt chart)는 오래 전부터 일정계획기법으로 널리 사용된 도표로 미국의 간트(Henrt L. Gantt)에 의해 창안되어 부하할당에도 매우 유용하게 사용되고 있다. 부하할당에 사용되는 간트 도표를 간트 부하도(gantt load chart)라 한다.

간트 도표는 일반적으로 가로는 시간 축을 세로는 작업의 주체나 계획된 자원을 나타내어 각 작업주체의 시간별 업무계획이나 자원의 이용계획을 나타내준다. 간트 도표의 작성에는 일반적으로 [그림 5-8]에서와 같은 부호들이 사용된다.

[그림 5-8] 간트 도표에 사용되는 부호

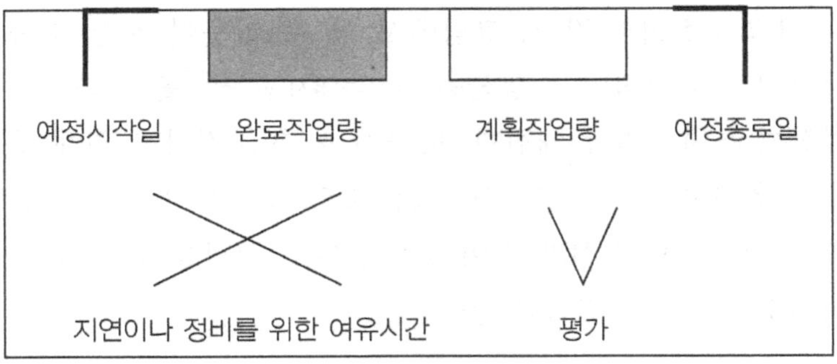

3. 작업우선 순위 결정

작업순서 결정(sequencing)은 부하할당에서 배정 받은 작업을 각 작업장의 사정에 따라 처리순서를 결정하는 것이다. 작업의 처리순서는 단속공정의 효율성을 결정짓는 중요한 의사결정으로 어떤 순서로 작업을 하느냐에 따라 작업장의 효율성이 결정된다. 작업순서 결정 문제의 복잡성은 작업의 수, 거쳐야 할 작업장의 수, 각 작업이 작업장을 거치는 형태 등에 따라 달라진다. 예를 들어 어느 한 작업장에서 5개의 작업을 배정 받아 처리하고자 할 경우, 처리순서의 모든 방법은 5!=120가지가 된다. 더욱이 작업장이 M개이고 이들 작업장에서 N개의 작업을 처리할 경우에는 (N!) (M!)가지의 처리순서가 존재한다.

이처럼 많은 작업순서의 대안들 가운데 가장 효율적인 대안을 선택하기 위해서는 작업순서를 결정하는 적절한 규칙이 필요하다. 이러한 규칙들은 그 동안 많은 연구가 이루어져 여러 가지 상황에서 적용될 수 있는 많은 규칙들을 탄생시켰다(김용철 외, 2014).

1) 우선순위 규칙과 평가 기준

우선순위 규칙(priority rule) 혹은 배정규칙(dispatching rule)이란 작업순서를 결정하는 규칙으로 작업의 도착순서, 처리시간, 납기 등 여러 가지 기준에 따라 다양하다. 일반적으로 가장 많이 사용되고 간단한 우선순위 규칙에는 다음과 같은 것이 있다.

① 선착순 규칙(first come first served : FCFS) : 작업장에 먼저 도착한 작업부터 처리

② 최단 처리시간 규칙(shortest processing time : SPT) : 처리시간이 제일 짧은 작업부터 처리

③ 최소 납기일 규칙(earliest due date : EDD) : 납기가 가장 빠른 작업부터 처리

④ 최소 여유시간 규칙(slack time remaining : STR) : 잔여 납기일에서 잔여작업 일수를 공제한 부분을 여유시간(slack time)이라고 부르는데, 이것이 가장 작은 작업을 우선적으로 처리한다.

⑤ 잔여 작업당 최소 여유시간 규칙(slack time remaining per operation: STR/OP) : 여유시간을 남아 있는 작업 수로 나누어서 제일 작은 값을 가진 작업을 우선적으로 처리한다.

⑥ 긴급율 규칙(critical ratio : CR) : 현재 시점에서 납기까지 남아 있는 시간을 잔여 작업시간으로 나눈 비율을 의미하며, 이 비율이 가장 작은 작업을 먼저 처리한다. CR이 1보다 크다는 것은 납기 안에 완성할 수 있다는 것이며, 반대로 작으면 납기 안에 완성할 수 없다는 것을 의미한다.

위와 같은 우선순위 규칙을 사용하여 작업순위가 결정되면, 작업순위에 따른 일정계획이 어느 정도 목표를 달성하는지를 평가하여야 한다. 이러한 평가에도 일정한 기준이 필요한데, 일반적으로 가장 많이 사용되는 작업순서의 평가기준은 다음과 같다.

① 총 완료 시간 : 모든 작업(또는 최종작업)이 완료되는 시간을 말하며 짧을수록 좋다.

② 평균 완료시간 : 짧을수록 좋다.

평균 완료시간 = (흐름시간의 합)÷(전체 작업 수)

③ 평균 지연시간 : 적을수록 좋다.

평균 지연시간 = (지연일수의 합)÷(전체 작업 수)

④ 유휴시간 : 일정계획이 잘못되어 쉬게 되는 시간으로 의도하지 않은 낭비

시간을 의미한다. 기계나 작업장, 작업자의 유휴시간은 짧을수록 좋다.

⑤ 작업장 내 평균 작업 수 : 평균 작업수가 적을수록 좋다.
작업장 내 평균 작업 수 = (흐름시간의 합계)÷(처리시간의 합계)

2) 단일 작업장 내에서의 작업순서

하나의 작업장에서 여러 개의 작업을 처리하는 경우, 앞서 제시한 우선순위 규칙에 따라 작업순서를 결정하고, 아울러 이들 작업순서를 평가 기준에 의해 평가하여 가장 우수한 우선순위 규칙을 찾아보자.

예를 들어 <표 5-6>은 어느 작업장에 대기 중인 5개 작업의 도착순서, 처리시간, 납기일을 나타내고 있다. 표에서 이들 5개 작업의 총 처리시간은 15일로 어떠한 작업순서로 작업을 해도 총 완료 시간은 동일하다. 또한 하나의 작업장에서 모든 작업이 처리되므로 작업장의 유휴시간도 없다. 따라서 총 완료 시간과 유휴시간으로 작업순서를 평가하는 것은 의미가 없다. 즉, 하나의 작업장에 여러 작업을 처리하는 경우 작업순서는 평균 완료시간, 작업장 내 평균 작업 수, 평균 지연시간에 의해 평가된다.

〈표 5-6〉 작업별 처리시간과 납기예정일

작업	도착순서	처리시간	납기예정일
A	1	6	8
B	2	3	7
C	3	1	2
D	4	3	3
E	5	2	5
계		15	

우선 <표 5-6>의 자료를 이용하여 여러 가지 우선순위 규칙으로 작업 순서를 결정해보자. 즉, 선착순규칙에 의한 작업순서는 A→B→C→D→E 순이며, 최단처리시간규칙에 의한 작업순서는 C→E→D→B→A 순이고, 최소납기일 규칙에 의한 작업순서는 C→D→E→B→A 순이다. 한편 각 작업의 여유시간과 긴급율을 계산하면 <표 5-7>과 같다.

〈표 5-7〉 작업별 여유시간과 긴급율 계산

작업	처리시간	납기예정일	여유시간	긴급률
A	6	8	8-6=2	8/6=1.3
B	3	7	7-3=4	7/3=2.3
C	1	2	2-1=1	2/1=2
D	3	3	3-3=0	3/3=1
E	2	5	5-2=3	5/2=2.5

따라서 <표 5-7>에서 긴급율 규칙에 의한 작업순서는 D→A→C→B→E 순이고, 최소 여유시간 규칙에 의한 작업순서는 D→C→A→E→B 순이다. 그리고 잔여 작업 당 최소 여유시간 규칙에 의한 작업순서는 최소 여유시간규칙에 의한 작업순서와 같다. 왜냐하면 단일 작업장에서는 앞으로 수행되어야 할 잔여 작업 수가 모두 1개이므로 잔여 작업 당 여유시간이 최소 여유시간과 같기 때문이다.

먼저 선착순규칙에 의해 결정된 작업순서를 평가하면 <표 5-8>과 같다.

〈표 5-8〉 선착순 규칙에 의한 작업순서 평가

작업순서	처리시간	흐름시간	납기예정일	납기지연
A	6	6	8	0
B	3	9	7	2
C	1	10	2	8
D	3	13	3	10
E	2	15	5	10
계	15	53		30

평균 완료시간=53시간/5건=10.6(일)
작업장 내 평균 작업 수=53시간/15시간=3.53건
평균 납기지연시간=30일/5건=6(일)

흐름시간(flow time)이란 각 작업의 완료시간, 즉 각 작업이 완료될 때까지 작업장 내에서 보낸 총시간을 의미한다. 예를 들어 첫 번째 작업 A는 작업대기시간이 없으므로 처리시간 6일이 바로 흐름시간이 되고, 두 번째 작업 B는 A가 처리되는 6일 동안을 기다리고 그 자신이 처리되는데 다시 3일이 소요되므로 흐름시간은 9일(6일+3일)이 된다. 마찬가지로 C, D, E의 흐름시간도 이러한 논리로 계산된다. 그리고 표에서 납기지연시간은 (흐름시간)−(납기예정일)으로 각 작업이 완료되는 시간이 흐름시간과 동일하다. 이상과 같은 계산과정으로 최단 처리 시간규칙, 최소 납기일규칙, 최소 여유시간 규칙, 긴급율 규칙에 의한 작업순서를 쉽게 평가할 수 있다.

긴급율 규칙에 의한 작업순서 D→A→C→B→E를 평가해 보면 <표 5-9>와 같다.

〈표 5-9〉 긴급율 규칙에 의한 작업순서 평가

작업순서	처리시간	흐름시간	납기예정일	납기지연
D	3	3	3	0
A	6	9	8	1
C	1	10	2	8
B	3	13	7	6
E	2	15	5	10
계	15	50		25

평균 완료시간=50시간/5건=10(일)
작업장 내 평균 작업 수=50시간/15시간=3.3건
평균 납기지연시간=25일/5건=5.0(일)

따라서 이러한 5가지 우선순위 규칙에 의한 작업순서를 평가하면 <표 5-10>과 같다. 표에서 최단 처리시간규칙이 평균 완료시간과 작업장 내 평균 작업수의 평가기준에서 가장 우수하게 나타났다.

〈표 5-10〉 5가지 우선순위에 의한 작업 순서평가

		평균 완료시간(일)	작업장내 평균 작업수	평균 납기 지연시간(일)
선착순 규칙	A→B→C→D→E	10.6	3.53	6.0
최단 처리시간 규칙	C→E→D→B→A	6.8	2.26	2.4
최소 납기일 규칙	C→D→E→B→A	7.0	2.33	2.2
최소 여유시간 규칙	D→C→A→E→B	8.8	2.9	3.8
긴급률 규칙	D→A→C→B→E	10.0	3.3	5.0

최단 처리시간규칙은 처리시간이 짧은 순서대로 작업을 하기 때문에 전체적인 대기시간을 최소화시킨다. 이는 곧 총 흐름 시간을 최소화시켜 평균 완료시간과 작업장 내 평균 작업수를 최소화시키기 때문이다.

그리고 표에서 평균 납기지연시간을 평가기준으로 하면 최소납기일 규칙이 가장 좋은 결과를 보이고 있지만 이는 항상 그런 것이 아니고 각 작업의 처리시간과 납기와 관련된 자료에 따라 달라진다. 또한 선착순규칙은 모든 평가기준에서 최하위를 기록하지만 고객에 대한 공정성의 면에서는 가장 좋은 규칙이기 때문에 서비스 시스템에서 널리 이용되고 있다.

제3절 프로젝트 일정계획(project scheduling)

1. 프로젝트 의의

프로젝트란 비 반복적이며 1회적인 성격을 갖는 사업으로 사업완성에 필요한 세부작업내용이 명확히 한정된 단속공정의 특수한 형태라 할 수 있다. 즉, 프로젝트는 고속도로, 댐, 항만, 빌딩, 아파트 등과 같은 사업뿐만 아니라 연구개발, 장비 구매작업 등도 이에 속한다. 프로젝트는 전체 공정의 진척을 시간의 흐름에 따라 효과적으로 계획하고 통제하기 위해 네트워크 모델에 의한 분석을 실시하는데 이를 위해 개발된 기법이 PERT/CPM이다.

기업이든 정부이든 여러 가지 업무 중에서 비교적 그 규모가 크고 복잡하며 장기간의 수행기간이 소요되고 그 자체로서 유일한 사업을 프로젝트(project)라 부른다. 이러한 사업은 보통 그 달성목표가 유일하며 뚜렷하게 명시되어 있고 시작과 종결이 분명히 정해져 있는 특징을 지닌 개별사업이다.

사업관리의 제일 중요한 과제는 그 사업을 구성하고 있는 각 작업들 간의 선후 수행관계를 통제하는 것이다. 각 작업의 성격상 어떤 작업은 다른 작업의 선행 작업으로써 그 작업이 종결되지 아니하면 소위 후행 작업의 시작이 불가능한 경우가 있다.

간단한 예로서 집을 질 때 창문을 만드는 작업은 집의 지반을 닦고 벽을 올리는 것과는 선후의 차이가 없으나 이 창문을 다는 작업은 반드시 벽이 세워진 후에만 가능한 것이다. 특히 선후수행관계가 있는 작업들을 잘못 다루는 경우 사업의 완성기간을 지연시키게 되고 투입자원의 낭비를 초래하게 되는 것이다. 그러므로 사업관리는 각 작업의 관리는 물론 조직적인 사업분석과 이에 관련된 특별한 관리기법을 필요로 하게 된다(김용철 외, 2014).

2. 작업분석

프로젝트 관리의 첫째 단계는 작업분석(activity analysis)이다. 하나의 프로젝트는 여러 단위 작업(activity)으로 구성되어 있다. 하나의 작업은 동질의 성격을 지닌 일로서 시간, 인력, 자원을 소요로 하는 활동이다. 프로젝트 계획단계에 들어가면 각 관련된 부서로부터 도움을 받아가며 각 작업을 분석하게 된다. 이 분석과정에서 사업에 필요한 작업과 이들 작업 간의 선후 수행관계를 찾아내야 하고, 각 작업의 소요기간 및 비용을 산출한다.

3. 단위 작업의 정의

만약 한 개 이상의 작업이 끝난 후 다른 작업이 시작이 되거나 적어도 두 개의 작업이 한 작업을 선행 작업으로 가지게 될 때 이 시점을 단계(event)로 부르며 작업의 시작과 끝을 명시해주는 마디이다. 그 외도 사업진행상황 및 경비지출현황을 점검해야 되는 시점이나 소요기구 및 장비교체, 전문기술진의 교체가 요구되는 시점도 작업의 시작이나 종결을 나타내는 기록할만한 단계로 간주될 수 있다.

이렇게 규정하여 정의된 각 작업의 범주는 그 크기가 경우에 따라 다를 수가 있는데 작업의 범위를 정하고 작업명세를 기록해 나갈 때, 또한 선행 작업과 후행작업들을 어떻게 규정하느냐에 따라 그 작업의 크기가 달라진다. 프로젝트 관리를 위해서는 각 단위 작업의 정의에서 그 범주(scope)를 조정해 나갈 필요가 있다.

어떤 경우에는 여러 개의 작업을 합쳐서 한 작업으로 규정해야 하고, 어떤 작업은 더 세분을 해야 되는 경우가 있다. 예를 들어 중역진에게 설명하기 위해서는 새로운 중장비의 투입 또는 대폭적인 전문기술진의 교체 등 사업에 아주 중요하고 획기적인 이정사상(milestone events)만을 나타낼 수 있도록 작업의 범위가 커야 되고, 기술요원이나 실제 작업을 수행해 나가는 사업요원들에게는 더욱 세세한 작업분리가 필요하겠다.

4. 작업간의 상호관계와 소요시간 추정

사업수행에 관련된 모든 작업을 작업 수행순서의 차원에서 보면 두 가지 형태의 상호관계로 나타나는데 이는 직렬관계와 병렬관계이다. 두 작업 중 한 작업이 그 다른 작업을 시작하는데 반드시 선행되어야 한다면 이 두 작업들은 직렬관계를 가지고 있으며, 앞의 작업은 선행 작업, 뒤를 따르는 작업을 후행작업로 부른다. 만약 선후 수행제약이 없다면 이 두 작업은 병렬관계라고 부른다.

사업의 시작으로부터 우선된 작업을 기록하고 선후수행순서를 따라 작업을 나열 기록해 가면서 새로 기록할 작업과 끝으로 기록된 두 작업 간의 관계를 정의해 나가면 모든 관계가 밝혀지는 것이다. 그러나 수많은 작업에서 모든 관계를 밝히는 것이 꼭 필요한 것은 아니다.

일반적으로 제일먼저 수행되어야할 작업은 쉽게 알 수가 있고 일단 이렇게 한 작업이 명시되었으면 이 작업에 뒤따라야할 작업을 나열할 수가 있다. 근본적으로 사업을 구성하는 작업과 작업 간의 관계를 명시해 나가는데 직렬관계를 가지고 있는 작업을 찾아 나아가면 나머지 작업과의 병열관계는 잠재적으로 정의되어 가는 것이다.

그러므로 직렬관계를 가지고 있는 두 작업 중 선행 작업을 직전 선행 작업(immediate predecessor)이라 정의하고 후행작업을 직후 후행작업(immediate successor)이라고 정의하면서 각 작업마다 그 작업명세와 함께 직전 선행 작업을 기록해야 한다. 이러한 방법을 전진추리(forward process)라고 한다.

사례 건축사업의 작업들의 직전 선행관계를 보면 다음과 같다.

〈표 5-11〉 건축사업의 작업 선후관계와 소요시간

작업기호	작업명세	직전 선행작업	소요 추정기간(주)
a	현지답사	–	2
b	구조물조사	–	3
c	건축설계	a, b	3
d	기초공사	c	2
e	건물골격작업	d	8
f	전기배선작업	e	4
g	상수도작업	e	3
h	하수도작업	e	3
i	벽작업	f, g, h	7
j	조경보도작업	i	2
k	시설물설치	i	4

이 표에서 볼 수 있는 것 같이 현지답사와 구조물 조사는 동시에 해낼 수 있는 작업이다. 다시 말해서 이 두 작업은 직렬관계가 없는 작업으로 현지답사를 먼저 하건 구조물 조사를 먼저 하건 서로 영향을 미치지 않는다. 그러나 건축설계를 보면 이 작업은 현지답사와 구조물조사가 끝난 다음에나 시작할 수 있는 작업이다.

그러므로 현지답사와 구조물 조사는 건축설계작업의 직전 선행 작업이고 동시에 건축설계작업이 현지답사와 구조물 조사 작업의 공통적인 직후 후행 작업인 것을 쉽게 알 수 있다. 그 외에 전기배선, 상수도, 하수도 작업도 서로 직렬관계가 없는 병렬작업이며 시설물설치와 조경 및 보도 작업도 서로 병렬관계를 나타내고 있다. 이처럼 작업 간의 상호관계를 찾아내며 주어진 사업에 드는 작업을 기록해 나가면 사업의 시작부터 끝날 때까지 작업순서를 정할 수가 있고 이 순서에 따라 작업번호를 부여할 수가 있다.

주어진 작업의 성격상 각 작업의 소요기간 추정이 비교적 확정적이어서 실제 소요기간과 추정기간이 차질이 없을 때는 단일 값으로 추정하는 것이 적합하다.

5. 작업 소요시간의 기대치와 분산

각 작업의 소요기간은 인적 물적 자원을 어느 정도 투입하느냐에 따라 소요기간이 변하므로 이를 단번에 측정하는 데는 여러 가지 문제가 있다. 일반적으로 작업 소요기간과 투입자원은 반비례하며, 투입자원과 소요되는 경비는 정비례한다. 즉 작업의 소요기간은 투입자원의 경비를 변화시킴으로써 조정 할 수 있다. 그러므로 정상적인 조건 하에서 소요되는 작업 기간을 예측하고 이에 따라 사업일정을 작성한다.

그러나 작업의 소요기간이 확정적이지 않거나 실제 소요기간에 많은 변화가 있으리라고 간주할 때에는 작업 소요기간이 베타분포(β distribution)를 따른다고 이미 경험적으로 밝혀졌다. 따라서 베타분포의 모수인 낙관적 예측치(optimistic estimate: a), 정상적 예측치(most likely estimate: m)와 비관적 예측치(pessimistic estimate: b)를 추정한다.

낙관적 예측치는 그 작업을 수행해 낸다는 것이 거의 불가능하다고 추정되는 가장 빠른 소요기간이고, 정상적 예측치는 가장 확률이 높은 소요기간 즉 최빈치이고, 비관적 예측치는 일부러 지연을 시키지 않는 한 이 소요기간보다 더 오래 걸릴 이유가 없다고 할 만큼 가장 길게 잡은 소요기간이다.

일단 이 세 개의 예측치가 정해지면 이로부터 베타분포의 기대시간(expected time) Ex(t)과 분산(variance) Var(t)을 다음과 같이 계산한다.

$$Ex(t) = (a + 4m + b)/6$$

$$Var(t) = \{(b - a)/6)\}2$$

[사례]에서 건축사업의 분포추정 작업시간을 조사하면 베타분포의 가정 하에서 <표 5-11>과 같이 a, m, b를 추정하였다. 그리고 위 식을 이용하여 기대시간과 분산을 계산해 낼 수가 있다.

〈표 5-12〉 작업소요기대치 와 분산

작업기호	작업명세	낙관적추정 a	최빈추정 m	비관적추정 b	기대치 Ex(t)	분산 Var(t)
a	현지답사	1.6	1.9	3.0	1.97	0.05
b	구조물조사	2.3	2.9	4.0	2.98	0.08
c	건축설계	2.2	2.8	4.6	3.00	0.16
d	기초공사	1.4	1.8	3.2	1.97	0.09
e	건물골격작업	6.0	7.4	12.6	8.03	1.21
f	전기배선작업	3.0	3.8	5.6	3.97	0.19
g	상수도작업	2.0	2.8	5.0	3.03	0.25
h	하수도작업	1.8	2.8	4.8	2.97	0.25
i	벽작업	5.0	6.6	10.6	7.00	0.87
j	조경보도작업	1.0	2.0	3.0	2.00	0.11
k	시설물설치	3.0	3.8	5.8	4.00	0.22

6. 작업비용 측정

각 작업의 소요비용측정(activity cost estimation)은 사업의 총 경비를 계산하는데 필요하며 특히 사업입찰을 하는 경우 정확한 경비측정이 요구된다. 작업비용 측정도 작업 소요기간 측정과 마찬가지로 투입자원 명세에 의해서 측정되어야 한다. 비용측정은 경리 분야와 인사 분야로부터 명시된 물적 자원과 인적자원에 해당하는 자료들을 입수하여 비용을 직접 계산하게 된다.

일정계획 작성 후 작업 소요기간을 단축해야할 경우가 발생하므로 소요기간을 단축하는데 부가되는 투입자원을 재조정하여 추가 비용을 미리 계산할 필요가 있다.

7. 간트 도표를 통한 일정계획

간트 도표(gantt chart)는 종으로 작업을 시작순서에 따라 기록해 나가며 횡으로는 사업 진행 기간을 또는 일자를 기록한다. 첫 작업부터 시작하여 작업마다 소요추정 기간을 속이 비어있는 봉형으로 기록하며 직전 선행작업을 봉 좌측에 기록하는데 각 작업의 봉은 직전 선행작업이 다 끝난 시점에서부터 시작하여 소요 추정 기간에 맞는 길이로 그린다. 일단 모든 작업을 간트 도표에 기록하게 되면 제일 늦게 끝나게 되는 작업을 쉽게 알 수 있고 이 작업이 끝나는 시점이 전체사업의 소요기간으로 나타나게 된다.

따라서 간트 도표는 사업 일정계획을 세우는데 뿐만 아니라 실제 작업 진도가 작업계획에 어긋나지 않는지를 파악할 수 있는 편리한 도구이다. 계획보다 앞선 작업이나 뒤진 작업을 일일이 밝혀주며 어느 정도의 차질이 있는지를 알려준다.

예제의 건축작업을 간트 도표로 표시하면 [그림 5-9]와 같다. 그림을 보면 시설물설치작업이 제일 늦게 끝나게 되며, 이 사업을 완성하는데 필요한 사업일정은 31주의 기간이 요구된다는 것을 보여 준다. 간트 도표에서 횡으로 보여주는 진행기간이 일단 달력 일자로 표시되면 각 작업이 시작되어야 할 시기와 끝나야 할 시기가 명확히 표시된다.

[그림 5-9] 간트 도표 사업진도 표시

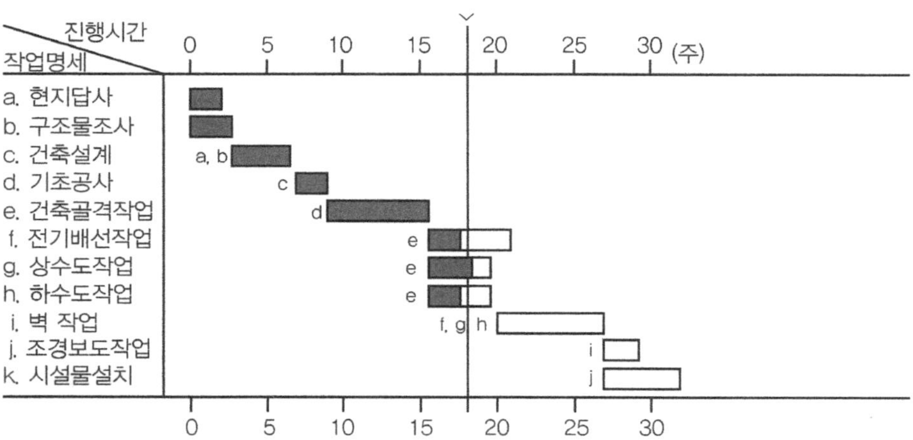

이 사업이 진행됨에 따라 이미 수행된 작업량을 그 작업의 봉 내에 검게 표시하

여 채워 나가면서 그 진도를 보여주게 된다. 이는 현시점에서 사업의 진행현황을 표시하는 방법으로써 현시점을 가리키는 지시선을 도표에 종선으로 나타내며 이 지시선을 시일이 지나감에 따라 움직여 나간다. 그림에서는 현재 사업 시작 18일 후를 지시선이 가리키고 있으며 상수도 작업이 1주일을 앞서 있으며 전기배선작업과 하수도 작업이 각 1주일씩 계획보다 지연되어있는 것을 나타낸다.

학습목표 요약

1. 주 일정계획이란 무엇을 의미하는가?

총괄생산계획을 세분화하여 생산일정을 구체화하는 과정으로 품목별 생산계획 일정을 수립하는 과정이다. 총괄생산계획에 의해 정해진 일정계획, 공수계획, 자재 소요계획(MRP : material requirement planning), 능력 소요계획(CRP : capacity requirement planning)이 주요 투입요소가 되어 생산수준, 고용수준, 재고수준 등을 능력균형을 결정하여 이를 할당하는 계획이다.

2. 재고소진 법이란 무엇인가?

현재의 재고수준과 미래의 수요를 동시에 고려하여 어떤 제품의 수요가 현재의 재고보다 많을 경우 그렇지 않은 제품보다 먼저 생산하게 된다.

재고소진 기간 법을 이용하여 제품의 생산순서를 결정하는 과정은 다음과 같다. 먼저 각 제품에 대한 소진 기간 R을 계산한 다음 소진 기간 R이 가장 짧은 제품을 제일 먼저 경제적 로트 크기만큼 생산한다. 다음 단계는 첫 번째 로트의 생산이 완료되는 시점에서 각 제품에 대해 소진 기간을 재계산하고, 다시 소진 기간이 가장 짧은 제품을 경제적 로트 크기만큼 생산한다. 이와 같은 과정을 계획 대상 기간 동안 반복함으로써 일정계획을 수립한다.

3. 단속공정의 일정계획 수립방법으로 어떤 것이 있는가?

1) 전진 및 후진부하할당

전진 부하할당(forward loading)은 현재 일로부터 시작하여 미래의 시간으로 각 주문의 처리시간을 각 작업장으로 할당하는 방법이다.

2) 후진부하할당법

후진 부하할당(backward loading)은 미래의 주문 납기일을 기준으로 하여 거꾸로 현재일로 각 주문의 처리시간을 각 작업장에 할당하는 방법이다.

2) 간트 부하도

간트 도표(gantt chart)는 오래 전부터 일정계획기법으로 널리 사용된 도표로 미국의 간트(Henrt L. Gantt)에 의해 창안되어 부하할당에도 매우 유용하게 사용되고 있다. 부하할당에 사용되는 간트 도표를 간트 부하도(gantt load chart)라 한다.

4. 작업우선순위 결정방법으로 어떤 것이 있는가?

① 선착순 규칙(first come first served : FCFS) : 작업장에 먼저 도착한 작업부터 처리

② 최단 처리시간 규칙(shortest processing time : SPT) : 처리시간이 제일 짧은 작업부터 처리

③ 최소 납기일 규칙(earliest due date : EDD) : 납기가 가장 빠른 작업부터 처리

④ 최소 여유시간 규칙(slack time remaining : STR) : 잔여 납기일에서 잔여작업일수를 공제한 부분을 여유시간(slack time)이라고 부르는데, 이것이 가장 작은 작업을 우선적으로 처리한다.

⑤ 잔여 작업당 최소 여유시간 규칙(slack time remaining per operation: STR/OP) : 여유시간을 남아 있는 작업수로 나누어서 제일 작은 값을 가진 작업을 우선적으로 처리한다.

⑥ 긴급율 규칙(critical ratio : CR) : 현재 시점에서 납기까지 남아 있는 시간을 잔여 작업시간으로 나눈 비율을 의미하며, 이 비율이 가장 적은 작업을 우선적으로 처리한다. CR이 1보다 크다는 것은 납기 안에 완성할 수 있다는 것이며, 반대로 작으면 납기 안에 완성할 수 없다는 것을 의미한다.

5. 프로젝트 일정계획이란 무엇을 의미하는가?

고속도로, 댐, 항만, 빌딩, 아파트 등과 같은 사업뿐만 아니라 연구개발, 장비 구매작업 등도 이에 속한다. 프로젝트는 전체 공정의 진척을 시간의 흐름에 따라 효과적으로 계획하고 통제하기 위해 네트워크 모델에 의한 분석을 실시하는데 이를 위해 개발된 기법이 PERT/CPM이다.

제6장

작업환경

학습목표

1. 작업환경이란 무엇을 의미하는가?
2. 작업환경의 유해요인을 분류하면 어떤 것이 있는가?
3. 인간의 감성 공학은 무엇이 있는가?
4. 생산현장의 4대 안전 추진과제는 무엇이 있는가?
5. 작업환경관리의 기본원리는 무엇인가?

제1절 인간과 작업환경

1. 인간과 환경

1) 인간과 환경과의 관계

사람은 자연환경 혹은 작업환경에서 살게 되며 서로 에너지와 물질을 상호교환한다. 에너지교환은 물리적 인자이며 물질교환은 화학적 또는 생물학적 인자이다.

사람과 자연환경은 살아있는 생명체로서 항상성(homeostasis)을 유지한다. 자연환경은 자정작용[1](self-purification)으로 어느 정도의 오염은 수용할 수 있다. 그러나 작업환경은 오염물질 제거 기능이 없어 낮은 농도의 오염이라도 지속해서 발생하면 작업장에 축적되어 문제가 심각해진다(한국산업안전관리공단, 2009).

생산 공정은 사람과 기계 및 환경 사이에 상호작용이 발생하는 공간이다. 오늘에 와서 효율을 높이는 문제는 모두 다 작업자와 기계 그리고 환경이라는 3자의 관계를 잘 설계하여야 가능하게 되었다.

근로자는 생산 임무를 완성하기 위해 설비를 조작하고 기계를 제어하는 데 있어서 사람의 감지시스템을 이용하여 기계의 표시시스템을 통해 기계의 운행 상태 정보를 취한다. 또 이러한 정보를 이용하여 사람의 판단으로 조작시스템을 지휘하고 명령함으로써 기계의 제어시스템에 영향을 준다. 기계는 그의 제어시스템에 작용을 받은 다음 다시 반응을 보이며 표시 시스템에서 상태에 관한 정보를 나타낸다. 이것이 바로 사람과 기계시스템이 상호 작용하는 과정이다.

---

1) 자연정화작용이라고도 한다. 사람이나 동식물에 자연치유능력이 있듯이 자연에도 환경오염물질을 정화하는 힘이 있다. 이러한 힘은 자연계에서 일어나는 물리적·화학적·생물학적 작용의 결과이다.

2) 작업환경의 의의

가장 중요한 작업환경관리는 유해인자에 근로자가 노출되지 않도록 하는 것으로 노출을 완벽하게 예방한다는 것은 때로는 불가능하다. 또한, 지속적으로 작업환경관리가 이루어지지 않는다면 적은 양의 오염물질이 배출된다고 하여도 누적현상으로 결국 근로자에게 심각한 피해를 줄 수 있다. 따라서 작업환경 관리 방안으로 건강 유해인자를 예측하고, 인지하고 평가한 후 관리하며, 작업환경관리의 목표는 작업환경을 쾌적하게 유지하여 근로자의 건강장해 예방 및 증진에 있다(한국산업안전관리공단, 2009).

3) 작업환경 측정의 한계

고전적 유해인자로 화학적 인자, 물리적 인자, 생물학적 인자 등에 집중하였다. 그러나 현대의 유해인자는 고전적 유해 인자는 물론 인간공학적 인자나 스트레스(사회심리학적 요인) 등 다양한 유해요인이 증가하고 있다. 이러한 현대적 유해인자는 근로자에게 직면한 모든 유해인자의 노출 기준은 설정되어 있지 않고 있다. 또한, 노출기준 준수만으로 근로자의 건강과 안전이 확보되지 않는다.

2. 작업환경의 유해요인

1) 유해요인의 의의

환경변화에 대한 정보를 자극이라 하고 우리의 뇌는 이러한 자극을 빛과 소리 그리고 온도와 냄새와 맛 등으로 해석한다. 자극이란 우리가 일상생활에 접하고 있는 환경의 변화 또는 오염물질, 소음 및 진동, 이상 기압 등의 환경 유해인자라고 할 수 있다.

환경 유해인자는 자연환경과 작업환경에서 발생하는 것으로 분류하는 데 작업환경의 대표적인 유해 인자는 화학적, 물리적, 생물학적 인자가 있다(한국산업안전관리공단, 2009).

2) 유해요인 분류

(1) 독성(toxicity)

① 독성

물질의 생리학적 특성을 일컫는 것으로서 생물체에 물리적 방법이 아닌 화학적 손상이나 해를 주는 능력이다.

② 국부 독성(local toxicity)

피부접촉 시 발진과 같은 증상이 독성물질에 노출된 부위에 한정되는 경우이다.

③ 전신독성(systemic toxicity)

화학적 유해 인자가 체내 흡수된 뒤 혈류를 타고 전신으로 이동하여 세포, 조직, 기관에 증상을 일으키는 것이다.

④ 가역적 독성(reversible toxic effect)

세포 또는 장기에 손상을 주고 일정 시간 경과 후 회복되는 것이다.

⑤ 비가역적 독성(irreversible toxic effect)

세포 또는 장기손상이 회복 불가능한 경우이다.

(2) 노출 기간 및 발현 시기에 따른 독성

작업환경에서는 공기 중의 농도와 노출 기간이 그물질의 독성을 결정한다. 이처럼 노출의 종류와 발현 시기는 다음과 같다.

① 노출의 종류

급성(acute) 노출 : 1회 노출 또는 24시간 내에 여러 차례 노출
아급성(subacute) 노출 : 1개월 노출 또는 1~3개월의 반복적인 노출
아만성(subchronic) 노출 : 1~3개월 노출 또는 3개월~1년간 반복적인 노출
만성(chronic) 노출 : 3개월 이상 노출 또는 1년 이상 반복적인 노출

② 발현 시기에 따른 독성

급성독성 : 대략 노출 후 1~15일 내에 발현하는 것으로 한 번의 접촉, 흡인, 섭취 등 아주 단기간에 의한 영향이다.

만성독성 : 오랫동안 물질이 인체에 작용했을 때 발현하는 것으로 인체에 영구적인 손상이 발생하는 경우이다.

(3) 화학적 유해인자의 상호작용

작업환경에서는 여러 물질이 혼합된 형태로 노출되어 독성작용이 변화하여 발생한다(한국산업안전관리공단, 2009).

① 독립작용(independent effect) : 각각의 독성물질이 서로 다른 조직이나 기관에 영향을 미치는 경우이다.

예) 톨루엔(toluene)과 황산이 동시에 노출되는 경우

② 상가작용(additive effect) : 혼합 유기용제에 노출되는 경우 중추신경계에 독성이 심해지는 경우이다.

예) 두 가지 이상의 유기인계살충제에 노출 시 콜린에스테라아제(cholinesterase)의 기능 저하가 심해지는 예도 있다.

③ 상승작용(synergistic effect) : 석면에 노출된 사람이 흡연을 통해 폐암 발생이 급상승하는 경우이다.

예) 사염화탄소(carbon tetrachloride/carbon chloride)와 에탄올에 동시에 노출되는 경우 간 독성이 훨씬 심해지는 경우

④ 강화작용(potentiation) : 원래 독성이 없는 물질을 어느 정도 독성을 가지고 있는 물질과 혼합하면 그 독성이 훨씬 강해지는 경우이다.

예) 소금+시안화칼륨(potassium cyanide) = 염화칼륨+시안화나트륨

⑤ 대항작용(antagonism) : 독성이 적어지는 경우를 의미하며 기능적, 화학적, 분배적 그리고 수용체에 대한 대항작용이 있다.

(4) 물리적 성상에 의한 분류

① 기체상 물질(가스와 증기)

기체 : 상온(25℃), 상압(760㎜Hg) 하에서 일정한 형태를 가지지 않는 물질

을 의미한다.

증기 : 상온, 상압 하에서 액체 또는 고체인 물질이 기체로 되는 상태를 의미한다.

이는 독성이 적더라도 증기압이 높으면 유해성(hazard)이 크다.

② 입자상 물질

입자의 화학적 조성과 입자의 크기, 침강 속도 및 표면적 등에 의해 유해성 결정한다.

호흡성분진 : 0.5-5㎛ 이하의 미세한 분진이 오랜 시일에 걸쳐 폐에 흡입되어 침착되면 각종 중독 및 폐 질환을 일으킨다.

흄(fume) : 고체 상태로 있던 무기물질 등이 승화하여 화학적 변화를 일으킨 후 응축되어 고형의 미립자가 되는 것을 의미한다.

3. 분진

1) 분진의 분류

분진 및 입자상 물질은 물질의 파쇄, 선별, 퇴적, 이적 기타 기계적 처리 시 발생하거나 연소, 합성, 분해 시에 발생하는 고체상 또는 액체상의 미세한 물질을 말한다.

〈표 6-1〉 분진의 종류

구분	분진상태
분진(dust)	입자의 크기가 비교적 큰 고체 입자로써 석탄, 재, 시멘트와 같이 물질의 운송, 처리 과정에서 방출되며 톱밥, 모래흙과 같이 기계적 작동 및 분쇄 때문에 방출되기도 한다. 입자의 크기는 1~100㎛ 정도이다.
훈연(fume)	금속산화물과 같이 가스 상 물질이 승화, 증류 및 화학반응 과정에서 응축될 때 주로 생성되는 고체입자이다. 예로써 아연과 납산화물의 훈연은 고온에서 휘발된 금속의 산화와 응축과정에서 생성된다. 입자의 크기는 0.03~0.5㎛이다.
미스트(mist)	증기의 응축 또는 화학반응에 의해 생성되는 액체 입자로써 주성분은 물로 안개(fog)와 구별된다. 안개는 연무보다는 포괄적 개념을 가진다. 연무는 안개보다는 투명하며, 전형적 입자의 크기는 0.5~3.0㎛이다. 예로써 황산염(SO_3)은 흡습성 가스로써 이 가스의 이슬점은 22도이다. 22도 미만에서 이 가스는 물과 반응하

	여 황산미스트(안개 모양으로 된 황산)가 된다.
연기(smoke)	불완전연소로 생성되는 미세입자로써 가스를 함유하며, 주로 탄소성분과 연소물질로 구성되어 있다. 입자의 크기는 0.01㎛이다.
스모그(smog)	대기 중 광화학적 반응 때문에 생성된 가스의 응축과정에서 생성된다. 크기는 1㎛보다 작으며 smoke와 fog의 합성어이다.
박무(haze)	시야를 방해하는 입자상 물질로써 수분, 오염물질 및 먼지 등으로 구성되어 있고 크기는 1㎛보다 작다.
검댕(soot)	탄소함유물질의 불완전연소로 형성된 입자상 오염물질로써 탄소 입자의 응집체이다.

[출처 : 한국산업안전관리공단, 2009]

2) 분진이 인체에 미치는 영향

① 진폐증을 일으키는 분진 : 이산화규소(SiO_2), 석면, 활석, 산화베릴륨(beryllium oxide), 흑연, 석탄 등

② 알레르기성 분진 : 꽃가루, 털, 나뭇가루 등의 유기분진

③ 전신 중독증 분진 : 납, 수은, 카드뮴(cadmium), 안티몬(antimony), 망간(manganese), 베릴륨(beryllium) 등의 금속

④ 자극성 분진 : 산알칼리, F 화합물(플루오린화수소 hydrogen fluoride), 크롬산(chromic acid) 등

⑤ 불활성분진 : 석회석, 시멘트 등

제2절 감성공학

1. 작업환경 시스템

기계와 사람 사이에는 작업 환경이라는 조건이 놓여 있다. 작업환경은 매체이면서도 영향을 주는 원천이다. 즉 환경은 사람과 기계간의 연계를 더욱 부드럽게 할 수도 있지만 차단할 수도 있다. 즉, 사람들이 착오를 일으키게 하여 기계에 부정확한 영향을 주며 시스템의 효율을 상실하게 할 수도 있다. 따라서 사람과 기계간의 관계를 연구할 때에는 환경의 영향을 무시해서는 안 된다. 평소 우리가 흔히 말하고 있는 사람과 기계시스템도 사실상 환경요소에 포함되어 있다.

작업환경은 사람이 기계설비 혹은 각종 공구를 이용하여 작업할 때 작업장 주변의 물리적 환경요소를 말한다(김용철 외, 2014).

2. 기온 영향분석

1) 기온이 작업에 미치는 영향

작업장 기온은 공기의 온도, 공기의 유동 속도, 기압과 대기오염 등이다. 기온의 원천으로 사람의 신체는 한 개의 열량의 원천이다. 따라서 인체 밖으로 열량을 발산하여야 한다. 인체에서 형성된 열량이 밖으로 발산하는 열량과 같다면, 이 사람은 열 평형상태에 있다고 할 수 있다. 이 시기의 체온은 대개 36.5℃ 전후라고 볼 수 있고, 사람도 편안한 상태이다. 인체에서 형성된 열량이 발산한 열량보다 많으면, 사람은 몸에 열을 갖게 된다. 반대로 인체에서 형성된 열량이 발산한 열량보다 적으면 사람은 추워한다. 인체는 계속 열량을 형성하고 발산한다. 노동 혹은 과격한 운동 중에서 형성되는 열량은 평시의 20배에 도달한다.

따라서 작업환경 중에서 적당한 기온조건은 양호한 작업능력을 취득하는 전제 조건이 된다. 실내의 온도가 높으면 사람은 쉽게 피곤하게 되고, 쉽게 졸리면서 오차가 많이 나타나게 되므로 작업능력도 저하된다. 반대로 실내온도가 낮으면 주의력이 분산된다. 따라서 인체에 적당한 온도와 습도를 정하는 것이 매우 중요하다.

그러나 춥고 더움에 대한 주관적 감각은 기온 조건에만 의거하는 것이 아니라 작업자의 체질·연령·성별·환경에 대한 적응능력과 작업의 난이도·복장 등 요소와도 관계가 있다. 즉, 적당한 온도에 대한 평가는 주관적 태도와도 관계가 있다. 따라서 최적 온도는 고정적인 수치가 아니라 한 구간이라고 할 수 있다. 미국의 통계자료에 의하면, 최적의 온도 범위는 정신노동은 60~65°F(15.5~18.3℃)이고, 경노동은 55~65°F(12.7~18.3℃)이고, 육체노동은 50~62.5°F(10~16.9℃)이다(김용철 외, 2014).

2) 기온과 기습

(1) 기온

일반적으로 쾌적한 환경조건을 판정하는 데 가장 중요한 조건으로 실내에서 느끼는 쾌감의 척도를 유효온도(effective temperature)라고 하며 유효온도는 건구온도, 습구온도, 기류가 인체에 미치는 종합적인 영향의 쾌감지표이다.

(2) 기습

포화습도는 일정한 온도에서 공기 $1M^3$중에 포함된 최대 수증기량을 말하며, 절대습도는 일정한 온도에서 공기 $1M^3$중에 함유된 실제 수증기량이고 상대습도는 일상생활에서 사용하는 습도를 의미한다.

3. 공기 유동과 작업에 대한 영향

1) 공기 유동

공기 유동도 노동효율에 영향을 주는 것으로 조사되었다. 같은 온도조건에서 공기 유동이 있는 신선한 작업지에서의 효율은 공기가 정지된 작업지보다 10%가 더 높다고 한다. 작업 인원이 적은 공간에서 공기 유동의 최적속도는 0.3m/s

로 보고 있으며, 작업 인원이 많은 공간에서는 0.4m/s이다. 실내의 온도와 습도가 모두 높은 때는 공기 유동 속도를 1~2m/s에 도달하는 것이 좋다 한다. 기류의 세기는 풍속으로 나타내며 실내 자연 환기의 원동력으로써 악취 제거 및 오염된 공기의 정체를 방지하는 중요한 역할을 하며 통상 실내의 경우 최소 0.5 m/s 정도의 기류 조건 권고하고 있다.

2) 공기 오염이 노동에 미치는 영향

작업장 내에서 공기 오염에 대한 원인은 일반적으로 두 가지로 생각할 수 있다. 작업자 그 자체와 생산 공장에서 발생하는 원인이다. 작업자는 사람이기 때문에 사람들의 호흡과정에서 CO_2를 배출하는 것을 무시할 수 없다. 노동 강도가 커짐에 따라 CO_2의 배출량도 증가한다. 성년 남자가 다른 노동 강도 하의 CO_2배출량은 <표 6-2>에서 제시하는 것과 같다. 동시에 사람이 흘린 땀의 증발도 공기 오염이 된다.

〈표 6-2〉 서로 다른 노동상황 하에서 성인남성 1명의 CO_2배출량

에너지대사율RMR	노동 강도	CO_2배출량(m^3/h)	계산용량(m^3/h)
0	수면	0.011	0.011
0-1	초경노동	0.0129-0.023	0.022
1-2	경노동	0.023-0.033	0.028
2-4	중노동	0.023-0.0538	0.046
4-7	중노동	0.0538-0.084	0.069

둘째는 생산 공정 중 가공·운반·저장 과정에서 발생하는 오염이다. 생산과정에서 배출되는 먼지·연기·기체·섬유·증기 등 모두 다 인체의 다른 기관에 대해 자극과 피해를 준다. 이러한 오염은 효율에 영향을 줄 뿐만 아니라 인체에도 큰 영향을 준다. 따라서 반드시 실내공기를 신선하게 하여 오염을 통제하여야 한다.

4. 조명과 색상의 영향

눈은 시각을 통해 정보를 취득하는 기관으로 그 기능 및 효율의 발휘는 조명조건과 물품을 표현하는 색상의 특징에 크게 영향을 받는다. 시각은 작업 방향을 정하는 데 큰 역할을 하고 있어서 정상적인 사람은 시각의 자극반응을 통해 대개 정보의 80%를 취득할 수 있다(김용철 외, 2014).

1) 조명이 작업자에게 미치는 영향

사람의 시각기능 발휘는 주변 환경의 조명도와 대비도에 좌우된다. 소위 대비도는 관찰 물체의 반응과 그 배경의 광도 차를 말한다. 통계분석에 따르면 조명조건과 대비도 상황이 좋을수록 작업 중의 오차율과 사고율이 낮고 효율을 높이는 촉진역할을 한다. 조명은 작업효율에 영향을 주는 외에도 조명 부적합 시에는 사람이 쉽게 피곤하게 되고 작업효과도 저하한다.

이외에도 조명은 사람의 자아 감각에도 영향을 주고, 작업 인원의 정서 상태와 동기에도 영향을 준다. 그리고 작업능력에 영향을 준다. 일반적으로 광선이 충족한 방에서는 유쾌하게 되고, 또 많은 사람은 광선이 좌측에서 비치는 것이 좋다고 본다. 따라서 사람이 작업장소를 선택할 때는 비교적 광선이 충족한 장소를 선호하고, 휴식할 때에는 좀 어두운 곳을 선호한다.

2) 작업장소와 작업장의 조명

작업 장소에는 반드시 적당한 조명이 있어야 한다. 일반적으로 조명시스템을 설계할 때에는 아래와 같은 몇 가지 요소를 고려하여야 한다.

① 작업 근처의 적당한 조명도

② 작업 근처의 고정적 조명

③ 작업과 배경 간에 있어야 할 적당한 조명도의 차

④ 광원 혹은 작업지에서 발산하는 눈부신 광선의 회피

위에서 제시한 요소를 근거로 과학연구의 성과와 경험과 결합하여 가장 합당한 조명조건 즉, 조명요구, 조명방식, 조명설비의 안장 등을 확정한다. 이것은 작업손실과 사고 발생을 피할 수 있을 뿐만 아니라 조명 상의 낭비도 방지할 수 있다.

따라서 합리적인 작업장소 조명은 작업대의 조명도가 균일하고, 안정되고, 적당하여야 한다. 양호한 조명은 광선이 충족할 뿐만 아니라 어두운 구석과 통로를 없애고 광선의 반사도 피해야 한다. 따라서 작업장소 조명은 광원만 고려할 것이 아니라 거리 및 배치도 고려해야 하고, 작업자의 눈이 광선에 대한 적응성도 고려하여야 한다. <표 6-3>은 서로 다른 작업별 조명조건의 요구이다(김용철 외, 2014).

〈표 6-3〉 작업별 조명조건의 요구

작업분류	예	표준조명도lx	조명도범위lx
초정밀작업	시계·초정밀기계가공	1000	700-1500
정밀작업	자동차, 비행기조립	500	300-700
보통작업	기계가공, 주조, 용접	200	150-300
비 정비작업	목공	100	70-150
비 작업	작업장 비작업구역	50	30-70
비 작업	부속생활구역 및 화장실	50	15-50

5. 채색이 작업에 주는 영향

1) 색상

채색은 흔히 형상과 분위기를 조성하고 심리현상과 상상을 고취한다. 따라서 채색은 보통 조명보다 더욱 좋은 효과를 나타낼 수 있다. 많은 나라의 공업위생과 환경보호 전문가 또는 노동 심리학자 및 의학자는 작업장과 건축물 및 작업장소 장비의 색조는 근로자의 노동정서와 생산효율과 작업품질에 큰 영향을 준다고 증명하였다. 채색은 있어도 되고 없어도 되는 장식이 아니라 하나의 관리 수단이다. 그리고 채색은 노동환경의 개선과 생산효율의 제고에 큰 역할을 할 수 있다. 채색이 작업자에게 주는 영향은 주로 인체와 사람의 심리 이 두 가지 방면에서 영향을 준다.

색깔이 사람의 심리에 영향을 주는 원인은 채색과 그에 속한 대상과 물품이 상호 암암리에 연계되었기 때문이다. 따라서 색깔이 사람의 심리에 주는 영향은 경험 및 물품에 대한 태도에 의해 제한을 받는다. 즉, 채색은 어떠한 정서를 일으키거나 모종의 정서를 변화시킬 수 있다. 예를 들면 명쾌한 색은 유쾌감을 주고 우울한 색은 기분이 나쁜 원인이 된다. 일반적으로 홍·주황색·황색은 사람들에게 따뜻한 감각을 주어 온색이라고 하고, 청색·녹색·자색은 사람들에게 추운 감각을 주기 때문에 찬색이라고 한다. 따라서 북쪽 방향의 집은 온도가 낮기에 온색을 이용하고, 고온 작업장은 찬색을 이용하여야 한다.

온색은 일반적으로 적극적이고 흥분을 일으키는 역할을 한다. 붉은 색은 사람의 생리상 혈압 및 맥박을 증가하는 역할을 한다. 심리상에서 흥분 역할을 하고 또 불안감과 신경을 긴장시키는 부작용도 있다. 따라서 일반적으로 널리 사용하지 않는다. 주황색은 식욕을 증가하기에 식당에서 이용하는 것이 좋다. 온색 중에서 황색의 생리 반응은 중성에 해당한다. 따라서 일반적 작업 장소에 이용하고 특히 여성을 위주로 하는 장소는 온색이 좋다. 찬색은 일반적으로 소극적이고 진정적인 역할을 한다. 청색은 생리상으로 사람의 혈압과 맥박을 낮추는 역할을 하고 심리를 진정케 하는 역할을 한다.

채색의 선택은 위에서 제시한 일반적인 상황 외에도 사람의 나이와 성별 그리고 생활 경험 등 개별적인 특징과 밀접한 관계가 있다. 예로서 아이들은 홍색 또는 황색 같은 선명한 색조를 선호하고, 성인은 감색과 녹색 그리고 홍색 같은 색상을 선호한다. 통계조사에 의하면 성인들의 선호하는 색조 순서는 남색·홍색·녹색·황색·주황색·자색·갈색·회색·흑색·백색·분홍색이다(김용철 외, 2014).

2) 설비의 색상조절

작업지와 설비의 장식은 우선 사용하는 설비의 특징을 분석한 다음 방의 용도에 적응시켜 성능을 잘 고취하는 색상을 이용하는 것이 좋다.

생산 공장에서 단일한 색은 일반적으로 시각을 피곤하게 하므로 한 가지 색조를 주요한 위치에 이용하지 말고, 표면에 대비 색상을 이용하는 것이 좋다. 그리고 구체적인 색은 방의 용도에 따라 선택하는 것이 좋다. 예컨대 일반생산용 장소는 명쾌한 색조를 이용하고 온도가 높은 장소는 차가운 색조를 이용하며, 휴게실 같은 곳은 편안하고 따뜻한 색조를 취하고 손님 접대실은 조금 어두운 색조가 좋다. <표 6-4>는 4가지 실내 색조의 조합선택을 참고로 제시하였다(김용철 외, 2014).

〈표 6-4〉 실내의 부위별 색조 조합의 예

천장	벽 상부	벽 하부	바닥	창문	가구
회흰색	연녹색	중녹색	중녹색	중녹색	회녹색 혹은 명황갈색
연황색	연황색	황갈색	중갈색	중갈색	명갈색
회흰색	연분홍색	중황갈색	중황갈색	중황갈색	중황갈 혹은 명갈색
회흰색	연남색	중남-회색	회색	중남색	남회색

일반적으로 설비에서는 중성색의 녹색과 자극이 없는 회색이 좋다. 이러한 색조는 사람에게 안정감을 주고 또 눈도 피곤하지 않다. 따라서 생산 장소의 환경색과 기계 색 그리고 작업 시 재료의 색 등을 모두 결합하여 고려하여야 한다. 이외에도 위생관리가 필요한 식품 및 음료수 등 공장의 설비는 흰색 혹은 흰색과 가까운 색이 좋다. 운반설비와 지게차 같은 설비는 어두운색을 피하고 선명한 색을 선택하는 것이 좋다.

6. 소음과 진동

1) 소음과 진동의 정의

소음이란 기계, 기구, 시설, 기타 물체의 사용 또는 사람의 활동으로 인하여 발생하는 강한 소리를 말하고, 진동이란 그러한 물체의 사용으로 인하여 발생하는 강한 흔들림을 말한다. 소음·진동방지시설 또는 방음·방진시설이란 소음·진동을 발생시키는 시설이나 기타 물체로부터 배출되는 소음·진동을 없애거나 감소시키는 시설로서, 환경부령으로 정하는 것을 말한다(소음진동관리법, 2016).

2) 소음이 미치는 영향

불쾌하고 불안하고 혹은 피해가 있는 모든 소리 신호는 모두 소음이다. 소음은 도시교통의 소음, 공장의 소음, 건축시공의 소음 및 상업, 체육, 오락 장소에서 사람의 소리 등이 있다.

소음은 인체건강에 피해를 줄 수 있다. 이러한 피해는 유전성을 유발하여 그 피해는 만성병을 일으키고, 인체기관에 질적 변화와 이상을 줄 수 있고 또, 신경계통에도 손상을 줄 수 있다. 소음은 소리 강도가 크지 않은 30~40 데시벨(db)에서도 사람의 심리에 소극적으로 영향을 미처 주의력 집중에 대한 방해, 흥분성 제고, 느낌에 대한 영향 등을 준다. 소리가 자극성이 강한 65db 이상에서는 인체의 각 계통에서 사물을 보는 데 변화를 나타낸다. 90db보다 큰 소음을 장기적으로 받으면 인체가 회복할 수 없는 막대한 손상을 받을 수 있다(김용철 외, 2014).

3) 소음에 대한 통제

소음을 통제 방법으로 소리의 흡수, 소리의 차단, 소리의 지움 등이다.

첫째 소음원천에 대한 통제는 우선 설계를 개선하여 소음을 줄일 수 있다.

둘째 소음이 생긴 기계의 부속품에 대해 조처를 한다.

셋째 부드러운 물질로 소리 발생 부분과 그의 접촉부위를 분리하여 직접 접촉하지 않게 한다.

소리의 차단에 대해 효율적으로 방지할 수 없을 때는 소음을 일정한 구역 내에서 통제를 받게 한다. 즉, 담을 쌓던가 아니면 칸막이로 방을 만들거나 흡입기, 흡입재료 등을 이용한다. 소리의 방음 처리는 벽, 천장 및 땅바닥에 소음재료를 장치한다. 이 밖에도 귀보호기 등을 이용하여 가장 가까운 소음을 방지할 수 있다.

4) 진동의 통제

진동은 물체의 전후 운동을 가리키며 생체에 작용하는 방식에 따라 구분하면 다음과 같다(신태양, 2008).

(1) 전신진동(whole body vibration)

전신진동은 지지구조물을 통해서 전신에 전파되는 진동으로 교통 차량, 선박, 항공기를 타거나 기중기, 분쇄기 등을 운전할 때 발생하는 진동을 의미하며 전신진동은 압박감과 동통 감을 느끼며 심하면 공포감과 오한을 느낀다.

(2) 국소진동(segmental vibration)

국소진동은 국소적으로 손과 발 등 특정 부위에 전파되는 진동으로 착암기, 연마기, 자동식 톱 등의 진동 공구를 사용할 때 발생하며, 레이노드씨 현상[2]으로 광산근로자, 조선공 등과 같이 착암기, 공기해머, 연마기를 사용하는 사람 손가락에 혈관순환 장애로 창백해지는 현상이 나타난다.

7. 냄새의 심리적 효과

1) 의사전달로서의 냄새

후각은 의사전달 수단이나 공간 사인(sign)으로 활용하고 있다. 제과점이나 커피점, 음식점에서 나오는 냄새는 이러한 효과를 누리는 방법이다. 산업 환경 공간에서도 냄새를 이용하는데 LP가스의 경우 냄새가 없으나 공기 중 노출에 대비하여 특유의 냄새를 첨가해서 인간의 후각 센서를 발휘하도록 설계한 예이고 화재 시 종이 타는 냄새나 비닐 타는 냄새도 사례이다.

2) 후각의 특성

라벤더 향은 긴장을 완화하는 진정효과가 있고 재스민 향은 기분을 증진하는 흥분 효과가 있다. 진정 효과가 있는 향기는 숲에서 얻을 수 있고 흥분 효과가 있는 향기는 성호르몬과 유사하다. 이는 인류가 숲에서 생활하고 있었던 무렵 시대의 감각이 대뇌에 잠재하고 있기 때문이다. 그러나 향기가 너무 강하면 장해를 느끼는 사람이 있으므로 보통 사람이 미미하게 느끼는 정도의 농도가 좋다. 또한, 5분에서 10분 주기로 농도를 변화시키는 것이 좋다(신태양, 2008).

2) 주기적 혹은 간헐적인 손가락 또는 발가락의 허혈로 인하여 추운 곳에 있다가 따뜻한 곳으로 이동 시 차가운 곳에서는 손, 발가락 끝의 청색증(손끝이 처음에는 하얗게 되다가 심한 경우 파랗게 변하는 것)이 있다가 따뜻한 환경이 되면 다시 색깔이 돌아오면서 손, 발가락 끝이 가렵고 심한 경우 통증(몹시 심한 통증을 호소하기도 함)을 호소하는 특징적인 현상이다. 즉, 추운 곳에서 손, 발가락으로 가는 혈관이 수축하여 피가 통하지 않아(허혈) 파란색으로 변하였다가 따뜻한 곳으로 오면 혈관이 확장되어 피가 순환하게 되므로 손가락의 색깔이 돌아오고 이때 극심한 통증으로 호소하게 된다.
(단국대학교병원, https://www.dkuh.co.kr/part/contents.asp, 2016.)

[그림 6-1] 향기 농도 주기

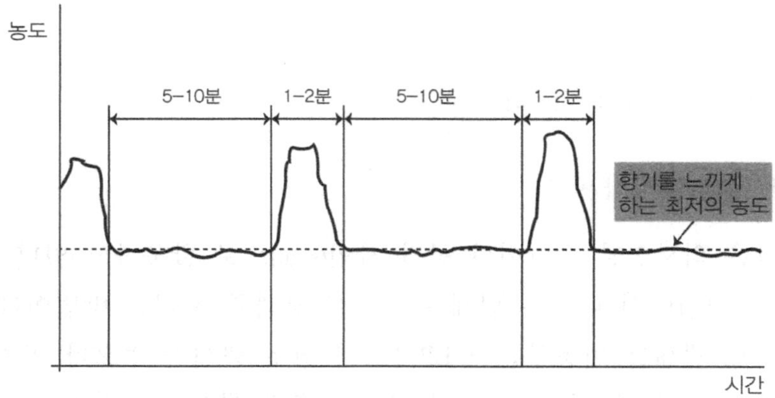

[출처 : 신태양(2008), 공간의 이해와 인간공학]

후각은 사람의 일생을 통하여 후각 능력이 변한다. 여기서 후각 능력은 나이, 성별, 흡연이나 직업, 인종과 문화가 영향을 미친다(신태양, 2008).

(1) 로그 압축 효과

냄새를 느끼는 강도의 정도는 공기 중에 존재하는 냄새 분자 정도에 단순 비례하는 것은 아니다. 경험적으로 냄새의 강도를 절반으로 하기 위해서는 냄새 분자의 양, 즉 농도를 3/100 정도로 해야 한다.

(2) 피로현상

같은 종류의 냄새를 오래 맡고 있으면 그 냄새를 느끼지 못하게 된다. 따라서 아무리 좋은 냄새라도 시간이 지나면 효과가 없어진다.

(3) 농도효과

같은 물질이라도 농도에 따라 그 느낌이 다른 경우를 말한다. 향수의 경우 농도가 진할수록 역겨운 냄새가 나지만 옅은 상태는 향수 특유의 냄새가 난다.

(4) 순서효과

최초에 맡은 냄새일수록 인상이 강하다. 따라서 향수를 선택할 때에는 처음에 맡은 것이 제일 좋은 것처럼 생각하게 된다.

(5) 생애 후각 변화

나이의 변화에 따라 냄새에 대한 호감도 변한다. 20세가 지나면 냄새의 선호 순서는 대체로 일정하게 유지된다. 후각의 감수성은 30대에 가장 뛰어나고 50~60대까지 유지된다. 고령화될수록 후각 감각은 잃어 간다.

(6) 후각의 개인차

성별 후각 차는 남자보다 여자가 우수하며 흡연자의 후각 능력은 비흡연자의 후각 능력 보다 떨어진다. 또한, 몸의 상태에 따라 평소에 좋은 냄새도 건강이 좋지 않을 때는 악취로 느껴진다.

3) 악취 탈취법

악취 발생 원인으로 배설과 부패에 의한 악취와 공장이나 제품에서 나는 악취로 분류한다(신태양, 2008).

(1) 배출법

화장실의 경우 환기팬을 하단에 설치하여 천장에서 바닥으로 배기하는 것이 좋다.

[그림 6-2] 화장실 배기 사례

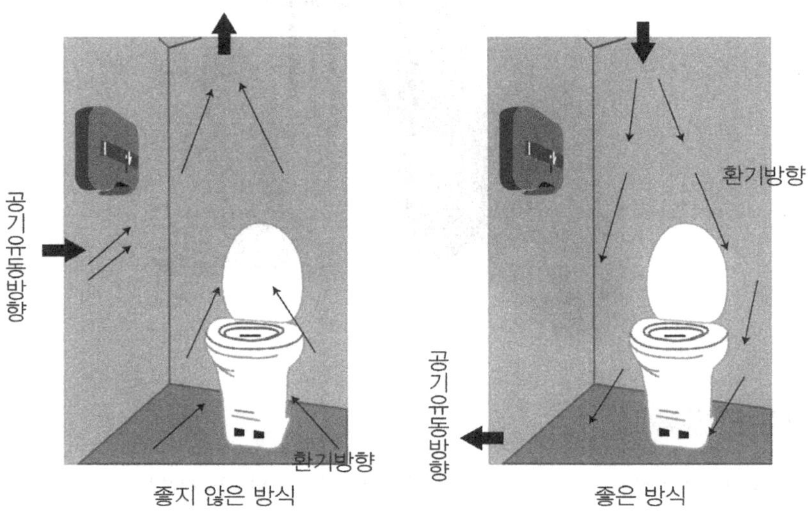

(2) 확산법

굴뚝을 높게 하면 넓은 범위로 퍼진다.

(3) 탈취법

물리적 탈취법, 화학적 탈취법 및 생물적 탈취법이 있다. 물리적 탈취법은 활성탄 등 다공성 물질에 흡착시키거나 물이나 소금물로 씻는 방법, 화학적 탈취법은 고열에서 악취를 완전히 연소하는 연소법이 있다. 생물적 탈취법은 효소나 미생물에 의해서 분해하는 방법이다.

(4) 차폐법

악취의 원인을 차단하는 방법으로 복도나 로비에서 화장실 쪽으로 공기가 흐르도록 하는 방법도 한 예이다.

(5) 밀봉법

배수관의 트랩은 물이 차있어 냄새가 역류하는 것을 방지한다.

배수관 트랩

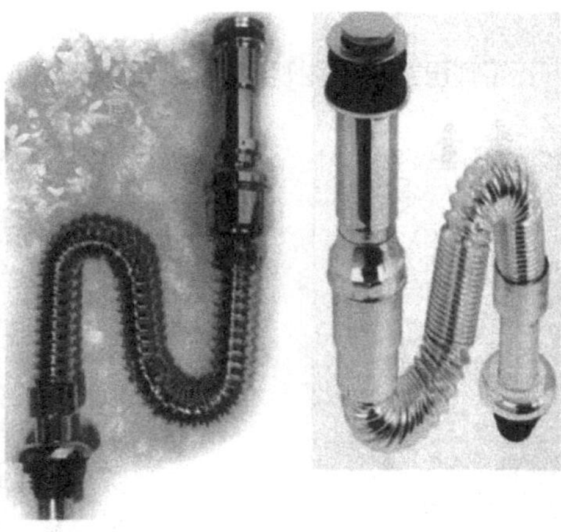

(6) 향기 분출법

공간에 악취를 제거하는 방법으로 향기를 분사시키는 것으로 휴게실은 진정효과가 있는 향, 회의실은 각성효과가 있는 라벤더나 레몬 향을 사용한다.

각성효과가 있는 향을 사용하면 실수의 정도를 줄일 수 있다.

8. 촉각

촉각기관은 전신의 피부에 분포되어 있다. 자극 정보량은 시각보다는 적으나 지각 내용이 단순하므로 길게 기억에 남는다. 촉각의 수용기로는 온점, 냉점, 촉점, 통점 등이 있다(신태양, 2008).

1) 온열 감각

온혈 동물은 체내의 온도를 한정된 범위 내에서 보존하는 조절 능력을 갖추고 있다. 온열감은 수용기를 통해 느끼게 된다. 예로 양변기의 차가운 촉감이 실은 사람도 있고 앞사람의 온기가 남아있는 것도 불쾌할 수가 있다. 이처럼 온도감각은 열전도에 따라 다르므로 나무나 흙은 따뜻한 느낌을 금속은 차가운 느낌을 준다.

2) 재질감

재질감(texture)은 표면의 거침이나 매끈함, 단단함이나 유연함, 무거운 것과 가벼운 것, 따뜻한 것과 차가운 것이라는 온열 감각으로 재질감이 다르면 같은 색이라도 달라 보인다. 광택이 있는 것과 없는 것에 따라 색이 다르게 보인다(신태양, 2008).

(1) 촉각 텍스츄어(tact texture)

나무, 직물, 금속 등과 같이 일상생활에서 접촉하는 것으로 촉각에 의해서 지각하고 있다.

(2) 시각 텍스추어(visual texture)

인간은 성장하면서 물건의 표면을 보거나 만지거나 하여 보기만 해도 만져본 느낌을 느낄 수 있는 것을 말한다. 거대한 산맥, 전원풍경, 물결 등이 있다.

[그림 6-3] 텍스츄어 종류

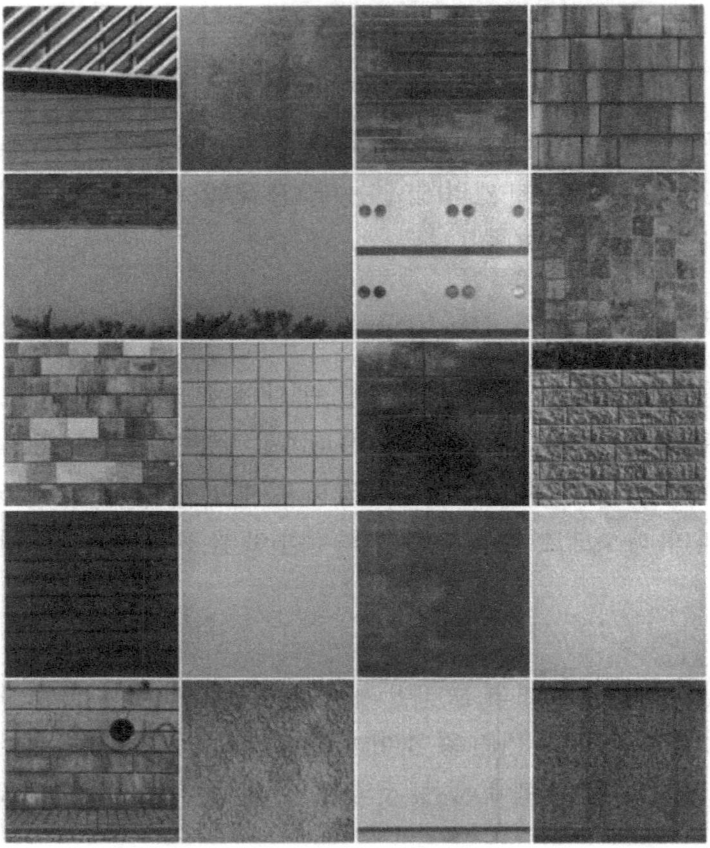

3) 텍스츄어 효과

(1) 생활공간에 안정감 부여

일상생활에 익숙한 벽의 줄눈이나 천정의 줄눈 나뭇결이나 벽돌의 재질감은 인간에게 중요한 심리적 효과를 준다. 벽이나 천정이 주는 크기나 균질 감으로부터 오는 압박감을 해소해 주고 안정감을 주는 역할을 하는 것이다.

(2) 실제적인 필요성

제품의 표면이 얼룩이나 고르지 못한 광택을 보완하기 위하여 택스츄어를 갖게 한다. 사무기기의 금속 부분에서 광택이 반사하는 것을 방지하기 위하여 텍스츄어를 사용한다.

(3) 대비 효과

거친 면과 매끈한 면을 대비시킴으로써 거친 면은 더욱 거칠게, 매끈한 면은 더욱 매끈하게 보여서 상대적 특징을 더욱 강조한다. 예로 대리석의 차가운 느낌과 카펫의 부드러운 바닥 느낌이다.

4) 촉각의 응용

(1) 텍스츄어의 상대성

디자인에서는 재질감을 살려서 텍스츄어의 조화를 추구하는 것이 중요하다. 전통건축에서는 나무, 대나무, 종이, 흙 등의 식물재료를 중심으로 한 미묘한 텍스츄어를 조합하고 있다. 비교적 동질의 다양한 소재임에도 조화를 얻을 수 있었던 것은 색채가 아무것도 섞이지 아니한 본연의 색을 사용하고 있기 때문이다.

철근콘크리트나 벽돌 건축은 광물소재의 단단한 느낌과 안정감을 추구하고 있다. 따라서 이를 상쇄시키기 위해서 부드러운 동물과 식물 소재를 사용하여 실내디자인을 하면 대조와 조화를 추구할 수 있다. 그러나 텍스츄어도 너무 많이 사용하면 혼란스럽다. 따라서 적은 종류로 단일화하는 것이 효과적이다.

(2) 마감 재료의 선택

촉각하면 손에 관계되는 것을 생각하기 쉽지만, 사람이 건물에 접촉하는 빈도가 가장 높은 부분은 발바닥이다. 바닥의 점자 블록이나 요철은 발의 촉각 정보전달의 수단이다.

바닥의 마감 재료는 직접 몸에 닿는 것으로 선택이 중요하다. 딱딱한 마루는 피곤하게 하지만 그렇다고 부드러울수록 좋다고 할 수는 없다. 따라서 고무 타일, 융단, 나무 판재 등은 좋은 바닥재이다. 바닥 재료는 단단함뿐만 아니라 양말이나 신을 착용할 것인가, 내수성이 많은가, 교통량, 경사 등을 고려해야 한다.

안정성 면에서도 미끄럼 방지나 옥외 바닥이 물에 젖었을 때 미끄러지지 않는 재질을 선택하여야 한다.

제3절 생산현장 안전관리

1. 안전상의 조치

1) 의의

산업재해가 발생하는 원인의 대부분이 안전 수칙을 지키지 않아서 발생한다. 이러한 문제점을 토대로 사업장에서 자율적으로 재해예방 활동을 위해 지켜야 할 기본 안전수칙을 이크(IECR)로 명명하여 4대 추진과제 및 17대 실천수칙을 정하였다(안전보건공단, 2013).

또한, 예방 필수안전 산업재해 예방을 위해 사업주가 안전상의 조치를 해야 할 유해·위험요인의 범위를 정하여 이를 준수하도록 규정(법 제23조)하고 있다.

이와 관련하여 사업주가 마련하여야 할 구체적인 안전상의 필요한 조치사항은 「산업안전보건기준에관한규칙」(노동부령)으로 정하고 있다.

2) 4대 추진과제

이크(IECR)에서 추진하는 4대 추진과제는 위험요인 드러내기, 사고위험 없애기, 잠재위험 통제하기, 사고 시 신속 대응하기이다.

[그림 6-4] 4대 추진과제

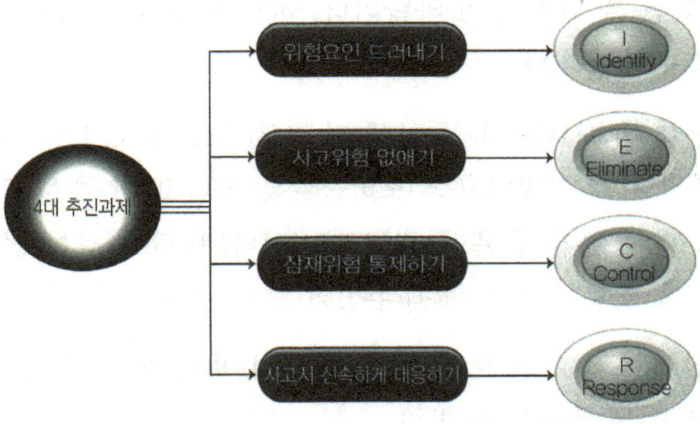

[출처 : 안전보건공단(2013), 산업재해예방 안전수칙 가이드북, 교육미디어]

3) 17대 실천수칙

산업재해를 예방하기 위한 수칙으로 위험요인을 드러내고, 위험 요인을 개선하면서 사고 위험을 없애고, 잠재위험 통제를 위해 전, 중, 후 점검표 및 교육을 통해 근로자에게 숙지시키고 만약에 사고가 발생했을 때 절차에 따라서 적절한 조치를 신속하게 취하는 것이다.

[그림 6-5] 17대 실천수칙

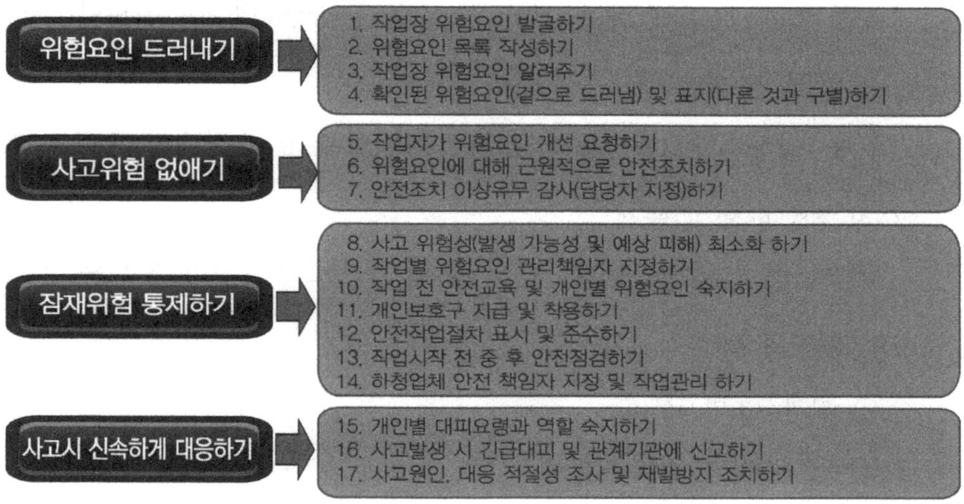

[출처 : 안전보건공단(2013), 산업재해예방 안전수칙 가이드북, 교육미디어]

2. 작업환경관리

1) 작업환경의 중요성

작업환경은 근로자가 직장에서 작업이나 작업공정 중에 처한 물리적, 화학적, 기계적, 생물학적 작업조건을 말한다. 건강에 해로운 작업환경은 법적으로 보상을 받아야 할 질병을 일으키는 환경조건과 작업시간의 손실을 주게 하거나 작업능률을 저하할 정도의 건강 장애를 일으키는 환경조건을 말한다.

산업현장에서 작업환경관리는 작업환경에서 올 수 있는 해로운 인자를 제거하거나 감소시킴으로써 산업재해와 직업병을 예방하고 근로자의 건강을 유지하며, 쾌적한 환경에서 근로자가 작업함으로써 생산성을 높이는데 궁극적인 목표를 두고 있다(한국산업안전보건공단, 2009).

2) 산업현장 환경

(1) 공장의 입지조건

① 안전과 보건상 문제

폭발, 화재, 오수 및 폐기물처리, 소음 등 공해방지대책이 되어 있어야 한다.

② 근로 능력 문제

주거, 교통수단, 보건시설, 여가선용시설 등이 갖춰져 있어야 한다.

③ 생산성 향상 문제

부지, 용수, 운반, 기후, 풍토 등의 조건이 충족되어 있어야 한다.

(2) 작업환경의 정비

① 채광, 조명, 설비

② 난방, 냉방, 온습도조절

③ 환기설비, 공기정화설비

④ 소음방지설비

⑤ 진동방지설비

⑥ 재해예방 및 피난설비 등이 정비되어 있어야 한다.

(3) 폐기물 처리시설

폐기물 적치장, 폐기물 소각장, 폐기물 처리장, 폐기물 재이용시설, 폐수처리 시설이 설치되어 있어야 한다.

(4) 복지후생시설

탈의실, 휴게실, 식당, 세면장, 화장실, 욕실, 세탁실, 진료실, 필수품 보급소 등이 설치되어 있어야 한다.

3) 유해에 대한 허용한계

(1) 허용기준

근로자가 특정 직업에 종사하면서 건강에 해로운 인자에 장기간 또는 반복적으로 노출되어도 건강상의 장해가 일어나지 않는 농도를 허용기준이라 하며, 허용기준은 같은 조건으로 작업이 이루어진다고 해도 각 개인의 감수성의 정도에 따라 각기 다르게 나타날 수 있지만, 대부분 사람에게서 허용될 수 있는 정도를 정하고 있다.

감수성이 특별히 높지 않은 근로자가 1일 8시간의 작업을 할 때 나타날 수 있는 생체적 이상과 중증도로 적용하고 있다(한국산업안전관리공단, 2009).

(2) 서한도(TLVs – threshold limit values)

① 시간 가중 평균치(TLV-TWA)

1일 8시간, 주 40시간 동안의 평상작업에서 반복하여 폭로(노출되어 있는 시간)되더라도 모든 작업자에게 건강상 장해를 일으키지 않는 유해물질의 공기 중 평균농도를 말한다.

② 단시간 노출 허용치(TLV-STEL)

근로자가 15분간 지속해서 노출되더라도 별다른 자극 증상이나, 만성 또는 비가역적[3]인 조직의 변화 또는 사고를 일으킬 수 있는 혼미한 상태, 작업능률을 저하하지 않는 최대 허용 농도를 말한다.

다만, 하루에 4회 이상 노출되지 않아야 하며, 노출과 노출의 사이에는 50~60분 이상의 간격이 필요하다. 즉, 15분간 작업 후 50~60분의 휴식시간이 필요하다.

[그림 6-6] 노출농도와 인체영향관계

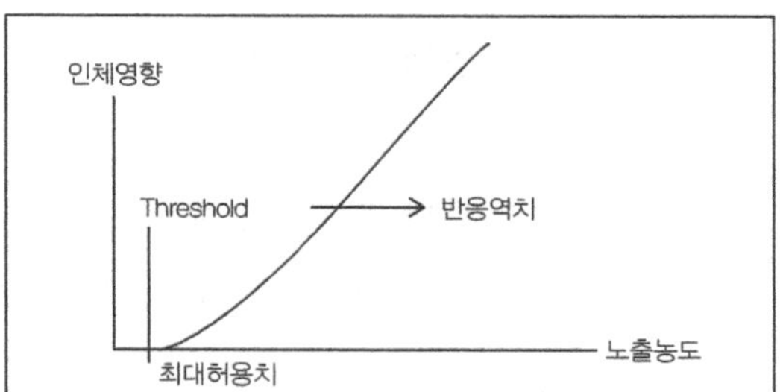

3) 비기역적 : 가만히 있어도 통증이 발생하는 상태 즉, 자극을 주지 않아도 통증이 발생, 가역적 : 자극을 주면 통증 등이 나타난다.

③ 한계 허용치(TLV-C)

유해물질의 농도를 의미하며, 시간과는 관계없이 노출이 허용될 수 있는 최대 농도를 말한다.

(3) 생물학적 노출지수

유해물질의 노출 허용한계를 측정하는 방법으로 미국의 서한도와 함께 많이 이용하는 방법이다. 조직, 체액, 호기 등을 대상으로 측정하며 예로 벤젠(benzene), 톨루엔(toluene) 등에 노출되었다면 소변으로 배출되는 마뇨산의 농도를 측정하여 소변 속 배출되는 허용농도를 말한다. 다만, 각 개인의 감수성, 스트레스, 기온, 영양 상태, 질병 상태 등의 변수에 따라 달라질 수 있다.

4) 작업환경관리의 기본원리

(1) 작업환경관리의 목적

작업환경관리란 근로자가 작업을 수행하고 근무하는 장소에 대한 관리를 말하는 것을 말하며, 직업병 예방, 산업재해 예방, 산업 피로의 억제, 근로자의 건강 보호 등을 목적으로 하고 있다(한국산업안전관리공단, 2009).

(2) 작업환경관리의 기본원칙

① 대체

대체는 현재 사용하고 있는 인체에 아주 해로운 물질 대신에 비교적 덜 유해하거나 덜 위험한 물질로 대체하여 사용하는 것을 말한다.

② 조업방법의 변경

작업방법을 개선하는 것으로서 작업장에서 먼지 발생을 줄이거나, 컨베이어벨트 작업 시 체력 소모를 줄이는 작업방법을 바꾸거나 위험한 작업은 로봇을 이용하는 것 등을 말한다.

③ 작업공정의 밀폐와 격리

사용물질 또는 생성되는 물질이 매우 유독하거나 유독성이 심하지 않아도 환경을 관리할 목적으로 유해물질이 발생하는 작업공정을 완전히 외부와 차단하는 것을 말한다.

④ 유해물질의 희석 및 실내 환기

유해물질의 농도가 높을수록 건강에 더욱 유해할 수 있으므로 계속 신선한 공기를 공급하여 유해물질을 희석하여 농도를 낮추는 방법이다.

⑤ 개인 보호구의 사용

해로운 작업환경으로부터 인체를 보호하기 위한 도구를 말한다.

(3) 개인 보호구의 종류

① 호흡용 보호구

산소마스크 : 유해물질의 농도가 매우 높은 경우 또는 산소의 결핍 시 사용한다.

송풍마스크 : 유해물질의 농도가 높은 경우 사용한다.

방진마스크 : 먼지 발생 작업장에서 사용한다.

방독마스크 : 유해가스 발생 작업장에서 사용한다.

② 소리차단 보호구

소음이 심한 작업장에서 소음을 차단하기 위한 장비로 귀마개와 귀 덮개가 있다.

③ 피부보호구

피부를 보호하기 위한 보호 옷은 유독성 물질이나, 병원성 세균 등의 작업 시 피부 보호와 용접작업 등에서처럼 작업복을 보호하기 위해서도 사용하며, 고온작업장에서 복사열로부터의 피부보호 사용, 냉동작업장에서 방한용으로도 사용 등, 보호의, 방한복, 앞치마, 장갑, 장화, 작업용 안경 등이 있다.

학습목표 요약

1. 작업환경이란 무엇을 의미하는가?

작업환경관리는 유해인자에 근로자들이 노출되지 않도록 하는 것으로 노출을 완벽하게 예방한다는 것은 때로는 불가능하다. 또한, 지속적인 작업환경관리가 이루어지지 않는다면 적은 양의 오염물질이 배출된다고 하여도 누적현상으로 결국 근로자에게 심각한 피해를 줄 수 있다. 따라서 작업환경 관리 방안으로 건강 유해인자를 예측하고, 인지하고 평가한 후 관리하며, 작업환경관리의 목표는 작업환경을 쾌적하게 유지하여 근로자의 건강장해 예방 및 증진에 있다.

2. 작업환경의 유해요인을 분류하면 어떤 것이 있는가?

(1) 독성(Toxicity) : ① 독성, ② 국부 독성(local toxicity), ③ 전신독성(systemic toxicity), ④ 가역적 독성(reversible toxic effect), ⑤ 비가역적 독성(irreversible toxic effect)

(2) 노출 기간에 다른 독성 : ① 급성(acute) 노출, ② 아급성(subacute) 노출, ③ 아만성(subchronic) 노출

발현 시기에 따른 독성 : ① 급성독성, ② 만성독성

(3) 화학적 유해인자의 상호작용 : ① 독립작용(independent effect), ② 상가작용(additive effect), ③ 상승작용(synergistic effect), ④ 강화작용(potentiation), ⑤ 대항작용(antagonism)

(4) 물리적 성상에 의한 분류 : ① 기체상 물질(가스와 증기), ② 입자상 물질

3. 인간의 감성 공학은 무엇이 있는가?

1. 기온, 2. 공기 유동, 3. 조명과 색상, 4. 채색, 5. 소음진동, 6. 냄새, 7. 촉각

4. 생산현장의 4대 안전 추진과제는 무엇이 있는가?

이크(IECR)에서 추진하는 4대 추진과제는 위험요인 드러내기, 사고위험 없애기, 잠재위험 통제하기, 사고 시 신속 대응하기이다.

5. 작업환경관리의 기본원리는 무엇인가?

1) 대체

현재 사용하고 있는 인체에 아주 해로운 물질 대신에 비교적 덜 유해하거나 덜 위험한 물질로 대체

2) 조업방법의 변경

작업방법을 개선하는 것

3) 작업공정의 밀폐와 격리

사용물질 또는 생성되는 물질이 매우 유독하거나 유독성이 심하지 않아도 환경을 관리할 목적으로 유해물질이 발생하는 작업공정을 완전히 외부와 차단하는 것

4) 유해물질의 희석 및 실내 환기

유해물질의 농도가 높을수록 건강에 더욱 유해할 수 있으므로 계속 신선한 공기를 공급하여 유해물질을 희석하여 농도를 낮추는 방법이다.

5) 개인 보호구의 사용

해로운 작업환경으로부터 인체를 보호하기 위한 도구를 말한다.

제7장

입지와 규모

학습목표

1. 제조업 입지 결정의 지배요인은 무엇이 있는가?
2. 입지 결정 절차는 어떤 것이 있는가?
3. 입지 결정 방법으로 무엇이 있는가?
4. 생산능력 구축 시점으로 무엇이 있는가?
5. 생산능력 조화방법으로 무엇이 있는가?

제1절 입지의 중요성

1. 경쟁우위의 입지조건

입지 결정(location decisions)은 생산의 물리적 공간을 정하는 문제로서 가치가 부가되는 물적 흐름상에 큰 영향을 미치는 요인이다. 원료의 조달, 가치의 부가, 재화의 분배 과정에서 수송과 저장 등 물류 기능에 핵심적 과제가 된다. 입지 대상은 공장뿐만 아니라 사무실, 영업사무실, 공장뿐만 아니라 서비스 부문의 모든 공간도 입지 연구의 대상이다.

특히 공장입지는 운영비용 중에서도 원자재 구매와 관련된 비용과 완제품의 배분과 관련된 비용에 큰 영향을 미치는 요소이며 궁극적으로는 제품가격에 큰 몫을 차지하게 되어 기업의 경쟁능력에 영향을 미치게 되는 것이다.

입지결정에 이어 시설투자는 막대한 자본이 투입되고, 또한, 한번 결정되면 그 영향이 장기적으로 미치기 때문에 중요하다. 여건 변동을 고려하여 결정하여야 하되 자금의 빠른 회수를 목표로 삼아 입지선정이 경쟁우위의 무기가 되도록 하는 중요한 의사결정 변수이다. 입지 결정은 생산 분야의 노력뿐만 아니라 재무·기술·인사·마케팅 등의 차원에서 종합적인 협조 하에 결정해야 하는 문제이다(김용철 외 2014).

2. 입지 결정 요인

1) 입지 결정 영향요인의 거시 모델

입지 결정은 기업 활동이 행해질 지리적 장소를 결정하는 것이다. 이러한 장소 결정에는 원자재비용, 수송비용이나 지역적인 비용 등과 같은 많은 요인이 영향을 미친다. 실제 경영자들은 시설 입지문제를 분석할 때 고려해야 하는 요인을 전부 나열한 포괄적인 체크리스트를 많이 이용한다.

제조업체에서의 입지 의사결정에 결정적인 영향을 미치는 요인(dominant factors)으로 다음을 들 수 있다. 시장 또는 유통센터에의 근접성, 공급자 및 자원 근접성, 지역의 쾌적성과 법적 규제, 경쟁력에의 영향, 환경관계, 모기업의 다른 부문과의 상호작용, 노동기술의 가용성 및 비용, 그 지역의 매력도, 세금 및 금융기관의 우호적 관계, 수송의 용이성, 하부구조 시설 및 서비스 체계 등이다.

이러한 요인들을 입력과 출력 및 지역 관계로 나타내면 [그림 7-1]과 같다. 중소기업이나 서비스업에서는 실제로 입지에 영향을 미치는 가장 중요한 요인을 고려하고, 그다음에 이차적 요인을 고려하거나 아니면 무시해 버리는 경우도 적지 않다. 입지 의사결정에 지배적인 영향을 미치는 주요한 요인들에 초점을 맞추어 제조업체와 서비스업체를 구분하여 살펴보고자 한다.

[그림 7-1] 입지결정 영향요인 거시모델

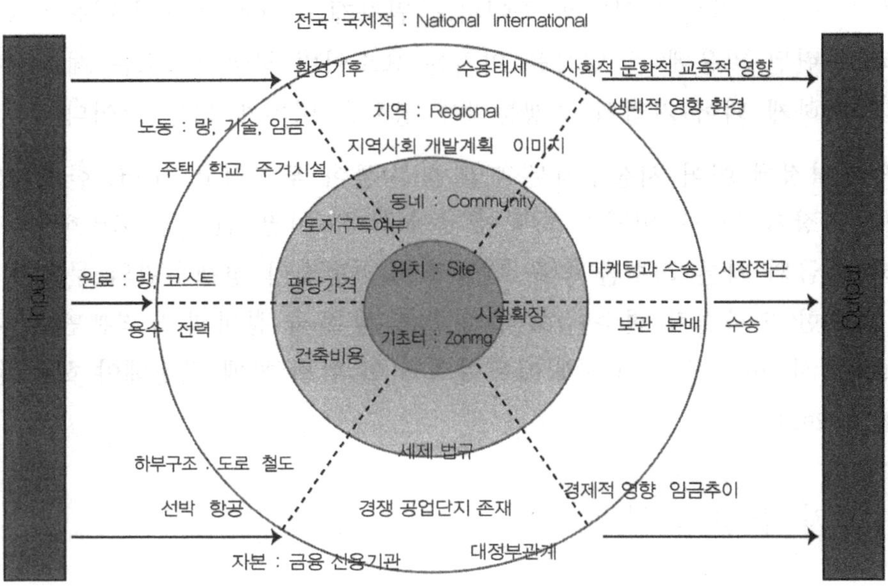

[출처 : 김용철 외(2014), 생산운영관리, 대경.]

2) 제조업 입지결정의 지배요인

쉬메너(Schmenner, 1982)는 미국의 제조업체들을 대상으로 조사한 자료로부터 실제로 입지 결정을 좌우하는 5가지 부류의 요인을 발견하였다.

첫째, 호의적인 노동 분위기이다.

응답자의 3/4 이상이 호의적인 노동 분위기(favorable labor climate)가 입지 의사결정에 있어서 지배적인 요인이라고 답했다. 호의적인 노동 분위기는 그 지역 노동력의 가용성 및 비용, 임금수준, 노동생산성, 작업자의 태도, 노동조합의 강도 등의 함수이다. 노동집약적인 산업의 기업들이 많이 응답했는데 직물, 가구, 가전 업체들이 여기에 속한다.

둘째, 시장 접근성이다.

응답자의 반 이상이 시장 가까이 자리 잡는 것이 가장 중요하다고 하였다. 이 요인은 특히 부피가 크고 무거운 제품, 수송비 비중이 높은 제품을 취급하는 기업들에 있어서 중요하며 음식, 제조업, 종이, 중금속 제조업체들이 이 부류에 속하고 있다.

셋째, 삶의 질이다.

첨단 기술산업 경영자들은 이 요인을 가장 중요시하고 있다. 이들은 좋은 학교, 훌륭한 오락 시설, 매력적인 주위환경 등이 첨단산업에 맞는 고급노동력을 유인하는 데 중요한 요인이라고 여기고 있으므로 노동환경, 수송비 등의 요인보다 삶의 질을 우선시하는 것이다.

넷째, 공급자 및 자원 근접성이다.

부피가 크고 무거운 원재료를 사용하는 기업은 이를 중요시하였다. 이들의 경우 원자재의 수송비용이 입지 결정에 지배적인 요인이 되기 때문이다. 음식 가공업체가 농장 가까이 있는 것이 좋은 예이다.

다섯째, 모기업의 다른 시설과의 근접성이다.

많은 응답자 중요하게 여기는 마지막 요인은 모기업의 다른 시설과의 근접성이다. 그들이 이 요인을 중요하다고 생각하는 이유는 기업 내의 많은 시설 사이의 조정, 커뮤니케이션, 물자교류의 중요성 때문이다.

3) 서비스업 입지 결정의 지배요인

고객 가까이 위치하는 것은 서비스 산업의 가장 중요한 입지 요인이다. 서비스 시설의 입지가 잘 선정되었는지 아닌지는 수익이 판가름한다. 서비스업 경영자는 교통의 흐름, 교통량, 일반적인 소매 행동, 거주밀집도 그리고 소득수준을 고려하면 가능한 수익을 추정할 수 있다.

첫째, 고객에게 서비스 시설은 고객 가까이 있어야 한다. 입지의 편리성을 강조하는 서비스가 바로 고객 위주의 서비스이다.

둘째, 영업비용이 가장 적게 드는 입지가 특정 유형의 서비스 기업에서는 지배적인 요인이 된다. 도매상과 전문용품점은 전형적으로 비용에 근거한 입지 결정을 한다.

셋째, 어떤 서비스 업체들은 경쟁자 가까이 위치하는 입지 결정을 한다. 경쟁자가 가까이 있으면서 고객을 끌어들이고 또 경쟁자들을 관찰하고, 평가하고 모방할 수 있기 때문이다.

넷째, 서비스 기업들은 때로 그들의 입지 의사결정을 지원시스템 근접성에 기초하여 행하기도 한다. 종합병원 근처에 개인병원, 약국, 호텔, 모텔이 자리 잡는 것이 좋은 예이다.

다섯째, 레크리에이션 업체는 지리적, 환경적 요인이 입지 결정의 지배적 요인이 된다. 스키리조트가 적설 때문에 산악지역에 위치하는 것이 좋은 예이다.

여섯째, 특정 지역의 사업 분위기가 특정 형태의 서비스 산업을 유인하는 요인이 될 수도 있다. 대학이 많은 보스턴 지역에 많은 보험회사가 있고 이들 대학이 보험회사의 사령부 역할을 하고 있는 것은 좋은 예이다.

일곱째, 고속의 커뮤니케이션 네트워크가 잘 설치된 대도시에 큰 은행이나 금융기관들이 밀집해 있는 것처럼 커뮤니케이션도 주요한 요인이 될 수 있다.

여덟째, 우편주문 회사처럼 교통망이 잘 발달한 지역을 입지 결정의 지배요인으로 고려하는 업종도 있다.

아홉째, 최고경영층의 개인적 욕구도 입지 의사결정의 주관적 요인이 될 수 있다.

3. 우리나라에서 공장입지 규정

1) 토지 관련 법률

입지와 관련하여 특히 공장입지를 새롭게 조사하는 기업은 우리나라의 토지 관련 법률을 상식적으로 알아 둘 필요가 있다. 서울 인천의 수도권 지역을 지배하는 법률은 공업배치법이고, 그 외의 경기 지역을 지배하는 법률은 수도권정비계획법이다. 이 법에 의하면 경기도를 경기 북부, 동부, 남부로 구분하고 토지이용에 관한 목적을 규정하고 있는데 정부에서는 개정을 계획하고 있다. 이 법에 의하면 자유 입지에 의한 공장 건설은 경기 남부에만 가능하다.

우리나라 전체 국토를 보면 92,467㎢인데, 국토이용관리법에 의하여 10개 용도 지구로 나누어져 있다. 또 각 지구는 이를 지배하는 여러 법률의 지배를 받는데 이를 보면 다음과 같다.

첫째, 도시지구로 주거, 상업, 녹지, 공업지역이 있으며 도시계획법의 지배를 받는다. 그 넓이는 12,804㎢(13.8%)이다.

둘째, 취락 지구로 주거, 녹지, 생산시설이 있다. 넓이는 867㎢(2.5%)이다.

셋째, 경지지구로 농지보존지역이다. 경지 일부에 공장 건립이 가능하다. 넓이는 24,376㎢(22.6%)이다.

넷째, 산림보존지구로 산림법의 지배를 받으며 공장설립은 불가능하다. 넓이는 46,343㎢(46%)이다.

다섯째, 공업지구로 공업 관련 법률의 지배를 받으며 농공지구가 여기에 속한다. 넓이는 54㎢(0.1%)이다.

여섯째, 자연환경보존지구로 자연공원법, 수도권 정비법, 문화재 보호법의 지배를 받으며 공장설립은 불가능하다. 넓이는 4,840㎢(5.3%)이다.

일곱째, 관광 휴양지구로 관광 진흥법의 지배를 받으며, 공장설립은 불가능하다. 넓이는 148㎢(0.15%)이다.

여덟째, 수자원보존지구로 공장설립은 불가능하다. 넓이는 554㎢(0.6%)이다.

아홉째, 개발촉진지역으로 초지, 채광, 채석, 채토, 택지개발, 집단용지, 시설용지, 공업용지 지구가 있다. 공업용지지구에 공장설립이 가능하다. 넓이는 2,458㎢(2.7%)이다.

열째, 유보지역이 있고, 넓이는 23㎢(0.02%)이다.

2) 우리나라 산업단지의 형태

우리나라 기업이 공장을 자리 잡게 하는 데에는 크게 계획입지나 자유 입지 중의 하나이다. 계획입지는 산업단지에 입주하는 것이다. 정부가 산업단지를 정책적으로 개발한 것은 1960년대 수출산업공업단지와 수출입자유지역의 개발에서부터 시작된다.

〈표 7-1〉 우리나라에서 공장 입지선정의 형태와 정보원천

구분	내용
A. 계획입지	(1) 국가산업단지: 해당 시 군 공업과, 상공회의소 (2) 지방산업단지: 해당 시 군 공업과, 유치 사무소, 상공회의소 (3) 농공단지: 해당 시군 공업과, 유치 사무소 (4) 협동화사업단지: 중소기업진흥공단 협동화사업부
B. 자유입지	(5) 아파트형 공장 (6) 벤처기업 집적시설 (7) 공장설립신고(허가)에 의한 입지 (8) 창업사업계획 승인에 의한 입지

(1) 국가산업단지

국가산업단지는 건설교통부가 일정 지역을 선정하여 포괄적 계획에 따라 개발하여 공장을 집단으로 설립 육성하기 위한 일단의 공업용지이다. 인천에 있는 남동, 한국 수출산업단지, 경기도의 시화, 반월산업단지, 충남의 석문, 아산산업단지, 충북의 오송, 보은산업단지가 있다.

전북의 군산, 익산산업단지, 전남의 광주과학, 대불, 여천 삼일산업단지가 그것이다. 강원도의 북평산업단지, 경상북도의 안동, 구미산업단지, 울산의 울산 미포, 온산산업단지가 있고, 경상남도의 마산, 창원, 안정, 죽도, 명지녹산, 옥포산업단지가 있다.

(2) 지방산업단지

지방산업단지는 지방자치단체가 산업 용지를 개발하여 지방 기업을 육성하기 위한 산업단지이다.

(3) 농공단지

농공단지는 산업입지 및 개발에 관한 법률에 의하여 시·군·구 지방자치단체가 개발하여 분양한 산업단지이다. 1980년대 중반 중부고속도로 주변의 충청북도에서 가장 먼저 개발되기 시작하였다. 전국 138개 시 군이 281개의 단지를 조성하였고 모두 3천여 기업이 가동 중이거나 입주신청 중이다. 수도권

과는 달리 농공단지 주변에 노동인력이 부족한 편이고, 판매시장이 멀어 불리한 점이 있다. 그러나 상대적으로 토지의 분양가가 낮은 장점이 있다. 많은 기업이 자동화를 추진하고 있다.

(4) 협동화 사업단지

협동화 사업단지는 협동화 사업을 추진할 목적으로 설립된 법인이나 조합이 중소기업진흥공단으로부터 승인을 받아 개발하는 단지이다. 협동화의 목적은 중소벤처기업들이 입지문제를 해결하고 생산시설, 공해방지시설, 창고 및 제품전시판매장 등을 설치 운영하여 생산성을 향상하는 것이다. 또 협업화를 통해 경영을 개선하고, 또 해외시장, 판로개척 등을 함께 추진함으로써 경쟁력을 강화하기 위한 것이다.

기본 요건은 3개 업체 이상이 참여하고 참가업체 간 사업추진에 대한 의사가 일치하며, 사업을 원활히 추진할 수 있는 대표자를 정해야 한다. 추진주체는 다음과 같다.

① 협동화 사업에 참여하는 중소기업이 협동화 사업의 추진을 목적으로 설립한 법인 또는 조합

② 중소기업협동조합법에 의하여 설립·인가된 중소기업협동조합, 사업협동조합

③ 국가기관, 지방자치단체, 지방공기업법에 의한 지방직영기업, 지방공사 및 지방공단

④ 이외에 중소기업진흥공단 이사장 또는 시·도지사가 인정하는 자이다.

추진주체는 조직, 예산, 회계 사업장 운영방법, 참가업체 간의 양도 양수 및 권리 의무에 관한 사항을 명기한 내부규약을 작성하고 공증을 마쳐야 한다. 우리나라의 협동화 사업장은 338개(www.digitalsme.com, 중소기업정보은행)가 넘고 있다.

(5) 아파트형 공장

아파트형 공장은 '공업배치 및 공장설립에 관한 법률'에 근거하여 개발되는

단지이다. 원래 도시지역 소규모 무등록 공장의 양성화와 고용창출을 목적으로 노동생산성과 부지 생산성이 높고 용수, 전력 및 연료가 다 소비형이 아닌 동시에 공해 발생 가능성도 낮은 도시형 업종(공업배치 및 공장설립에 관한 법률 시행령 별표2)의 기업이 집단화되도록 1988년 공업배치법을 개정하여 아파트형 공장이 건립되도록 한 것이다.

아파트형 공장은 동일 건물 내 5개 이상의 공장을 동시에 입주 또는 창업시킬 수 있도록 건축하는 다층형 집합건축물을 말한다. 그리고 이를 설치할 수 있는 자격자는 다음과 같다.

① 서울특별시장 광역시장 또는 도지사 및 시장 군수 구청장

② 중소기업진흥공단

③ 공업단지 내에서의 공업단지 관리공단

④ 공공주택단지 내에서의 대한주택공사

⑤ 협동화 실천계획을 승인받은 자

⑥ 수급기업 및 모기업 단위별 수급기업체 협의회

⑦ 중소기업창업투자회사

⑧ 공업발전법에 의하여 설계허가를 받는 사업자단체

⑨ 건설업법 제5조 규정에 의한 일반건설업의 면허를 받은 자

(6) 벤처기업 집적시설

벤처기업 집적시설은 벤처기업이 집단으로 입주할 수 있는 공간을 확보하기 위하여 민간 빌딩 등을 벤처기업 집적시설로 지정, 각종 지원을 함으로써 도심의 벤처입지 공간 확대를 도모하는 사업이다. 도심지는 비교적 교통·정보·통신·연구·금융 등의 기능이 집중되어 기업경영 여건이 우수하기 때문이다. '벤처기업 육성에 관한 특별조치법'에 의하여 시장 또는 도지사가 지정할 수 있다. 지정되기 위한 요건은 다음과 같다.

① 전용면적 1,500㎡ 이상 확보하거나, 3층 이상인 건축물인 경우는 전용면적 1,200㎡ 이상 확보해야 한다.

② 기존건물은 지정 후 1년 이내에, 신축 중인 건물은 사용승인 후 1년 이내에 입주요건을 만족하여야 한다.

③ 면적의 70% 이상을 6개 이상의 벤처기업이 차지하고, 나머지 면적은 벤처기업 지원시설이나 관련 시설이 차지할 수 있다.

여기에서 지원시설이란 창투사, 상담회사, 창업보육센터, 은행, 신기술사업금융업자, 신용보증기금, 기술신용보증기금, 기업부설 연구소 등이다. 관련 시설이란 벤처기업과 관련이 있는 연구기관, 사업자단체, 지원 단체 및 공공기관 등의 업무시설이다. 벤처기업의 업무활동을 위해 필요한 회의장, 전시장, 공동이용 장비실 등과 인력교육 및 양성에 필요한 시설도 관련 시설로 간주한다.

(7) 공장설립과 창업사업계획승인에 의한 입지

창업계획 승인에 의한 입지(중소기업 창업지원법, 제21조)는 업종 및 입지여건이 타당할 경우 창업사업을 승인을 해주는 제도이다. 개별입지 지정에 의한 입지(공업배치 및 공장설립에 관한 법률, 제18조)는 중소기업자가 시·군·구청장에 입지지정의 승인을 신청할 수 있도록 마련한 제도이다.

이러한 자유 입지는 결국 기업가가 사업상의 여건, 지리적 요인 등을 고려하여 공장 용지를 매입하고 관련된 인허가 사항을 개별적으로 얻어 공장을 설치하는 것을 말한다. 따라서 공장용지를 확보하고자 할 때는 후보지가 '공장설립의 허용지역'인지 또는 요건을 갖추었을 때 '공장설치의 한정지역'인지, 아니면 '공장설치 제한지역'인지부터 확인한 후 관계법규의 검토를 거쳐 공장을 건설하는 입지이다. 현실적으로 자금력이 약한 중소기업이나, 창업 초기의 신설벤처기업이 개별입지의 개발에 나서기는 거의 불가능하다.

제2절 입지 결정의 분석적 모델

1. 입지 결정 절차와 방법

공장입지의 결정에는 주관적 분석방법과 계량적인 분석방법, 그리고 여러 가지 기법이 필요하다. 소규모 사무소 등은 주관적 방법으로 평가할 수 있지만, 공장 등의 결정은 주요 요소에 대하여 계량적 분석방법을 적용하여 분석하는 것이 중요하다. 공장입지 결정은 아래와 같은 단계로 진행된다(김용철 외, 2014).

① 입지의 총체적 목표를 확정한다.

② 신설(혹은 확대)공장은 입지와 관련된 각 방면의 자료, 예컨대 기업의 규모, 생산능력, 공정 흐름, 운반조건, 폐수 폐기물 등의 자료를 수집한다.

③ 목표지역의 자료를 수집한다. 일반적으로 목표지역은 입지 전체목표에 따라 선택하고, 공장 예비 부지는 적당하여야 한다.

④ 각 목표지역을 평가하여 선정지역을 확정한다.

⑤ 종합적 분석을 통해 구체적 입지를 확정한다.

2. 요인평정법

1) 요인평정법의 절차

요인평정법의 절차는 아래와 같다.

① 영향을 주는 입지요인을 열거하고, 평가 기준을 규정한다. 많은 상황에서는 점수로 평가 기준을 정하는 것이 바람직하다.

② 각 요소에 중요성을 나타내는 가중치를 부여하고, 예비입지는 평가 기준에 따라 채점을 한다.

③ 채점된 점수와 가중치를 곱해서, 각 예비입지의 합을 구한다.

④ 점수가 제일 높은 예비입지를 최종 최선 방안으로 결정한다.

각 요인에 대하여 가중치를 부여하는 방법에 따라 여러 가지로 나눌 수 있다. 동등한 가중치, 또는 차별화된 가중치를 부여할 수 있다.

2) 요인평정법의 예제

(주)해암은 4개의 공장 후보입지(A, B, C, D)가 있고, 영향요인은 10개 항목이 있다고 가정하자. <표 7-2>에 나타난 것처럼 입지요인에 가중치를 부여하고 또 각 후보입지에 대하여 요인별로 등위를 평가하였다. 그다음 평점을 계산하고, 이를 합계하였다. 계산하는 과정은 아래와 같다.

첫째, 가중치의 결정이다.

영향이 제일 작은 요인을 선택하여 그 가중치를 1로 정한다. 다른 요인의 가중치는 이 요인과 비교하여 정한다. 가중치의 확정은 경험 있는 전문 요원이 공동으로 연구하여 정하는 것이 바람직하다.

둘째, 입지 후보별로 각 요인에 대하여 등급을 정한다.

예제에서는 4등급으로 나누었고 각 등급의 수 값을 4, 3, 2, 1로 규정하였다. 예제에서 '노동력조건' 요인에 대하여 C 입지가 가장 유리하므로 등급의 수 값을 4로 부여하였다. 그 뒤로 B는 3이고, A는 2이며, D는 최악이므로 1을 부여하였다.

셋째, 득점의 계산이다.

가중치와 등급계수가 결정된 후 양자를 곱하면 각 요인의 예비입지 득점을 계산할 수 있다. '노동력조건' 요인에서 C 입지의 득점은 7×4=28이며 다른 입지의 득점도 같은 방법으로 구할 수 있다.

넷째, 후보입지별 합계 점수의 계산이다.

각 후보입지별 모든 득점을 더 한다. 그중 최고점수의 입지를 선택한다. 예제에서는 입지 C가 최고점수 122점으로 최선 입지로 선택되었다.

〈표 7-2〉 후보 입지별 영향요인 평점의 예

영향요소	가중치	예선공장입지			
		A	B	C	D
노동력조건	7	2 / 14	3 / 21	4 / 28	1 / 7
지형조건	5	4 / 20	2 / 10	2 / 10	1 / 5
기상조건	6	3 / 18	4 / 24	3 / 18	2 / 12
자원제공조건	4	4 / 16	4 / 16	2 / 8	4 / 16
기초시설조건	3	1 / 3	1 / 3	3 / 9	4 / 12
제품판매조건	2	4 / 6	2 / 4	3 / 6	4 / 8
생활조건	6	1 / 6	1 / 6	2 / 12	4 / 24
환경보호조건	5	2 / 10	3 / 15	4 / 20	1 / 5
사회문화조건	3	3 / 9	3 / 9	3 / 9	3 / 9
확대의 여지	1	4 / 4	4 / 4	2 / 2	1 / 1
누 계		108	112	122	99

3. 수송계획법에 의한 입지조사법

수송법(transportation method)은 선형계획법의 한 유형으로써 다수의 출발지로부터 다수의 목적지로 재화나 용역을 최소비용으로 수송하는 문제와 관련된 의사결정 기법이다.

단위수송비만 알고 있으면 총수송비가 최소화되도록 각 출발지에서 목적지까지의 수송량을 결정할 수 있다.

해암 농산은 식료품 할인매장에서 판매하는 채소 및 과일의 통조림을 생산하는 회사이다. 현재 이 회사는 창원과 싱가포르에 각각 공장을 보유하고 있으며, 창고는 마이애미, 아일랜드, 칠레, 샌디에이고 네 군데에 있다. 각 창고의 수요예측에 의하면 머지않아 수요량이 현재의 공급량을 초과할 것으로 예상한다.

주당 8,000 단위 캔의 통조림 생산능력을 갖추는 새로운 공장이 필요하다. 따라서 새로운 공장을 설립하기로 하였는데, 중국과 인도네시아 두 입지 예정지가 선정되었다. 그리고 다음과 같이 생산능력, 수요예측, 수송비용에 대한 자료가 수집되었다(김용철 외, 2014).

공 장	생산능력		창 고	수 요	
창 원	10,000	단위 캔	마이애미	7,000	단위 캔
싱가포르	7,500		아일랜드	9,000	
새 공장	8,000		칠 레	4,500	
			샌디애고	5,000	
합 계	25,500		합 계	25,500	

단위당 수송비용(달러)

공장 \ 수요지	마이애미	덴버	링컨	잭슨
창원	7	2	4	5
싱가포르	3	1	5	2
중국(대안 1)	6	9	7	4
인도네시아(대안 2)	2	10	8	3

먼저 중국을 새로운 입지로 하는 초기 수송 표를 작성하면 다음 <표 7-3>과 같다. 표에서 단위는 100단위로 표기했다. 총생산능력 공급 255단위와 총수요 225단위가 일치하는 문제이다.

〈표 7-3〉 해암 농산의 초기 수송표(중국 대안)

공 장	창 고				생산능력
	마이애미	아일랜드	칠 레	샌디애고	
창 원	7	2	4	5	100
싱가포르	3	1	5	2	75
중 국	6	9	7	4	80
수요량	70	90	45	50	255 / 255

이를 풀면 다음 <표 7-4>에서 보는 것처럼 공장으로부터 창고까지의 최저 수송계획안이 수립된다. 그리고 이때 총 수송비 85,500달러가 최소의 수송비가 된다.

같은 방법으로 인도네시아의 대안을 계산하여 총 수송비를 비교함으로써 낮은 후보지를 선정한다.

〈표 7-4〉 해암 농산의 최종 수송표(중국 대안)

공장	창고				생산능력
	마이애미	아일랜드	칠레	샌디애고	
창원	(7)	(2) 85	(4) 15	(5)	100
싱가포르	(3) 70	(1) 5	(5)	(2)	75
중국	(6)	(9)	(7) 30	(4) 50	80
수요량	70	90	45	50	255

4. 총비용 비교법

각 후보입지별로 구체적 비용을 추정하여 계산한다. 이 방법은 회계학적 비용뿐만 아니라 기회비용도 계산할 수 있다.

예컨대 <표 7-5>와 같이 네 곳의 후보입지가 있을 때, 입지별 총비용이 가장 낮은 (c)를 결정하는 것과 같다.

〈표 7-5〉 후보지별 연간 생산량 100만 단위일 때 총비용 비교

비 용 \ 입지후보지	a	b	c	d
토지 및 건물건설비	4,600원	2,900원	4,000원	4,200원
노무비	430	600	400	550
원료비	750	1,100	800	1,000
연료 동력비	30	26	30	28
용수비	7	6	7	7
수송비	20	100	100	50
세금 및 보험료	33	28	63	35
합 계	5,870	5,760	5,400	5,870

5. 손익분기점 분석법

1) 손익분기점 분석의 장점

각 입지 후보 지역별로 고정비와 변동비를 추정하여 총비용이 최저가 되는 후보지를 찾아내는 방법이다. 생산하는 제품의 단위당 가격이 모든 후보 지역에서 같다고 가정할 때 그 분석과정은 다음과 같다.

① 입지별 모든 비용을 찾는다.

② 입지별 비용을 기간별 고정비와 단위당 변동비로 구분한다.

③ 총수입, 고정비, 변동비를 손익분기점 분석표에 그림으로 그린다.

④ 예상되는 생산량에서 총비용이 가장 낮은 입지를 선정한다.

만약 단위당 수입이 지역마다 변하면 수입 곡선을 포함해야 하고, 각 후보 지역에서 단순히 총비용을 비교하기보다는 이윤을 근거로 비교하는 것이 바람직하다.

2) 손익분기점 분석의 예제

(주)해암은 후보입지 A, B, C 세 곳이 있다. 각 지역은 다음 <표 7-6>과 같이 비용이 발생하고 있다. 제품의 단위당 가격은 90원이고, 연간 1,850단위를 생산하여 수출한다고 가정할 때 가장 경제적인 지역을 찾으려고 한다.

〈표 7-6〉 입지 후보지별 고정비와 변동비의 구조

입지 후보지	고정비(연간)	변동비(단위당)
A	20,000원	50원
B	40,000	30
C	80,000	10

우선 지역별로 고정비와 예상 생산량에서의 총비용을 그래프로 표시하면 [그림 7-2]와 같이 그려진다.

[그림 7-2] 입지 후보지 A B C 지역별 손익분기점 분석

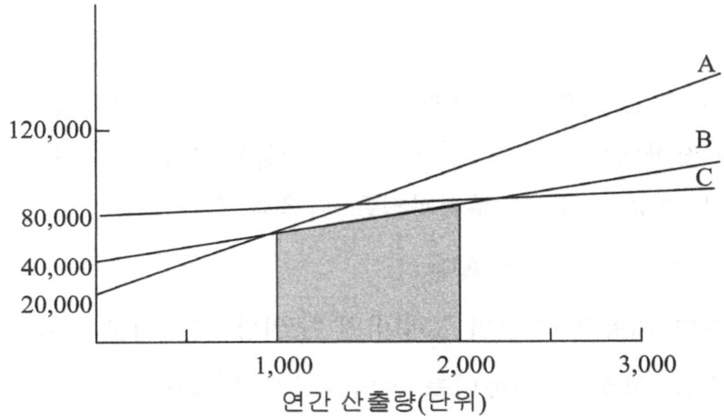

총비용 $TC = FC + VC \times Q$이므로, 지역별 총비용은 다음과 같다.

A 지역: TC = 20,000 + 50×1,850 = 112,500원

B 지역: TC = 40,000 + 30×1,850 = 95,500원

C 지역: TC = 80,000 + 10×1,850 = 98,500원

그래프는 1,850단위일 때 가장 경제적인 지역은 B 지역임을 나타내고 있다. 이때 기대되는 이윤은 연간 71,000원($TR - TC = 90 \times 1,850 - 95,500$)이다. 손익분기점 그림은 만약 생산량이 1,000단위 이하라면 A 지역이, 2,000단위 이상이라면 C 지역이 유리하다는 것을 보여주고 있다.

제3절 해외 입지결정

1. 해외 직접투자의 이론

해외직접투자는 수출증대, 기술이전, 고용창출 등을 통해 해당 기업뿐 아니라, 투자지역의 경제발전과 사회발전에도 긍정적 영향을 가져온다. 한편, 해외직접투자를 동기는 다음과 같다.

① 진출기업의 독점적 경쟁우위(monopolistic advantage)로 해외시장에서 외국인비용(liabilities of foreignness)을 상쇄시킬 수 있는 진출기업의 경쟁우위가 매우 중요하다.

② 거래비용이론(transactions cost theory)의 관점으로 해외 직접투자의 동기로서 국제경영에 필요한 경영자원을 시장거래에서 기업 내부의 거래로 내부화(internalization)하여 효율성을 높이는 측면이다.

③ 위의 독점적 경쟁 우위와 내부화 동기에 입지 우위(location-specific advantage)를 첨가하여 널리 활용되는 절충이론(eclectic theory)을 완성했다.

개별기업이 수출에만 의존하지 않고 직접 투자에 나서는 이유는 전략적 동기(strategic motives)로 설명할 수 있다. 전략적 동기는 시장 추구형, 자원 추구형, 생산효율 추구형, 지식 추구형으로 나눌 수 있다. 시장 추구형(market seekers)은 수출시장의 확보를 위하여 진출하며, 자원 추구형(resource seeker)은 원자재와 저렴한 노동력을 얻기 위하여 투자하는 것으로 당해 생산물은 현지 수요에 충당하거나 제3국에 다시 수출한다. 석유 및 임산물 가공 산업과 기업들이 주로 여기에 속한다. 생산효율 추구형(production efficiency seeker)은 현지 기업과의 생산공정의 통합이나 수직적 통합의 이점을 위하여 투자하는 것이다. 지식 추구형(knowledge seeker)은 투자지역의 생산기술 및 경영방법 등을 획득하기 위하여 해외에 진출하며 예를 들어 우리나라 기업이 미국의 기업을 인수하는 경우가 여기에 속한다.

경영자가 공장의 해외 입지를 선정할 때 중요하게 다루어야 할 평가 요인은 다음 <표 7-7>과 같이 계량적 요인과 질적 요인으로 나누어 요약할 수 있다. 각각의 요인은 개별 기업의 전략적 목표에 따라 상대적으로 그 중요도가 다를 것이다(김용철 외, 2014).

〈표 7-7〉 해외 입지요인의 계량적 변수와 질적 변수

계량적 요인		질적 요인	
환율	과실 송금	정치적 안정	정부의 규제
세금	노무비	현지의 법규	노동조합의 반응
정부의 인센티브	보험료	언어 차이	무역장벽
자재비	간접비	문화적 차이	투자제약
운송비	포장비	시장의 크기	경제적 분위기
재고유지비		국제적 조정	

[출처 : Schroeder, *Production Management*, 1989, p. 647. 재인용]

2. 해외 입지의 문제점

현지 기업이 당면하는 문제점을 요약해 보면 <표 7-8>과 같다. 이를 자세히 분석해 보면 해외 투자기업이 당면하는 문제점은 환율변동, 현지 고용인과의 마찰, 현지 시장개척의 어려움 등으로 나타나고 있다. 선진국으로 진출하는 경우보다 개발도상국으로 진출하는 경우에 크게 부딪히는 어려움은 현지의 사업여건 불리, 현지 시장규모 협소, 품질하락 등이다(김용철 외, 2014).

〈표 7-8〉 해외 현지 기업이 당면하는 문제점

문제점	평점(5점 기준) 선진국	개도국	T값	p값
1 환율 변동	3.4	3.5	.6	.55
2 고유 경쟁력부재	3.2	2.6	2.1	.04**
3 현지고용인 마찰	3.2	3.2	.0	.99
4 시장개척 어려움	3.1	2.8	1.0	.31
5 원자재확보 곤란	2.7	2.8	-.5	.63
6 자금조달 곤란	2.6	2.8	-.9	.35
7 합작파트너 마찰	2.6	2.7	-.3	.81
8 현지정부의 차별	2.4	2.4	.1	.91
9 현지사업여건 불리	2.2	3.2	-.4	.00**
10 품질 하락	2.1	3.3	-4.1	.00**
11 시장규모 협소	1.9	2.8	-2.7	.01**

[출처 : 김용철 외(2014), 생산운영관리, 대경.]

이러한 자료를 분석해 보건대 우리나라 기업은 경쟁우위의 경영능력을 갖추도록 좀 더 자체적인 노력을 기울여야 할 것이다. 공장의 해외 이동은 기술의 이전과 함께 진행되는 것이므로 기술이전에 대한 전략이 필요로 된다.

더욱이 현장의 경영자나 경영학을 공부하는 학생들에게 환율변동에 대한 이해가 요구된다. 이는 생산관리뿐만 아니라 금융 및 외환관리 분야에 대해서도 전문적인 지식이 요구된다. 현지인을 고용하는 데서 야기되는 문화적 마찰을 극복하기 위해 훨씬 더 실천적이며 응용 가능한 언어 실력과 국제적인 문화 감각이 있어야 한다. 해외 시장진출과 기업의 국제화는 모든 기업이 피할 수 없는 과제이기 때문이다.

제4절 생산 규모 결정

1. 생산능력의 전략적 조정 과정

1) 생산능력의 정의

생산능력(production capacity)이란 주어진 조건(설비, 노동, 생산효율 등)에서 정상으로 가동하였을 때 생산할 수 있는 최대 생산실적을 말한다. 최대생산능력은 생산요소의 수급과 시장수요가 충분하고 설비, 노동력의 효율이 100%라고 가정한 이론상의 최대 생산수준이며, 적정생산능력은 사업체가 보유한 설비, 노동력의 효율과 사업체의 작업환경에서의 최대 생산 수준이다.

적정생산능력에서는 현재 가동 중인 설비와 의도되지 않은 유휴설비 중 즉시 가동 가능한 설비를 포함하며, 의도된 유휴설비와 예비설비는 제외하나 최대생산능력에서는 유휴설비와 예비설비까지도 포함한다(통계표준용어, 통계청, 2016).

2) 생산능력의 측정 단위

주어진 시간 동안의 산출물량으로 생산능력을 측정하는 데는 다양한 기준들이 있다. 예로 500만대/연, 1,000만 톤/년, 2000만 개/년 등으로 표현하며, 주어진 시간 동안 실제 생산에 투입된 시간으로는 100시간/주, 400시간/월 등으로 표현한다.

〈표 7-9〉 생산능력 측정 척도의 예

생산기업의 유형	생산능력 척도	
	투 입	산 출
트럭 제조업체	교대조당 기계시간	교대조당 트럭 수
종합병원	병상 수	일일치료 환자 수
항공사	비행기 대수	주당 비행 좌석-거리
레스토랑	좌석 수	일일 고객 수
극 장	좌석 수	주당 고객 수
창 고	공간의 크기	연간 보관량

[출처 : 김용철 외(2014), 생산운영관리, 대경]

3) 생산능력의 중요성

생산능력의 중요성으로 공급과잉(생산능력 > 실제 수요)은 설비투자비를 회수하기 어려워지며, 공급 초과로 경쟁업체가 출혈 경쟁 양상이 나타난다. 반대로 공급 부족(생산능력 < 실제 수요)는 판매 기회를 놓칠 수 있으며, 공급 부족이 장기화하면 후발업체로 전락할 수 있다.

2. 생산능력의 측정 지표

1) 효율성

생산 능력의 측정 지표로서 효율성(efficiency) = 실제 산출량(실제 생산능력) ÷ 유효생산능력(effective capacity)이다.

기업은 실제 생산현장에서는 가동률 대신 효율성을 더 중시한다.

여기서 유효생산능력 = 이론적 생산능력 − 피할 수 없는 생산능력 손실을 의미하며, 유효생산능력은 목표 산출량이라고 할 수 있다.

2) 피할 수 없는 손실과 피할 수 있는 손실

피할 수 없는 손실은 설비의 보수유지, 신상품 연구개발, 수요변동 대응, 생산계획변경 등으로 발생하는 손실로서 고장이나 작업자 실수 등으로 인한 생산능력 손실은 피할 수 있다.

이론적 생산능력 〉 유효생산능력 〉 실제산출량

실제 산출량 = 이론적 생산능력 − 총 손실
= 이론적 생산능력 − (피할 수 없는 손실 + 피할 수 있는 손실)
= (이론적 생산능력 − 피할 수 없는 손실) − 피할 수 있는 손실
= 유효생산능력 − 피할 수 있는 손실

2) 생산능력 측정에 따른 프로세스 개선

생산능력을 측정하고 측정결과에 따라 공정을 개선하는 절차는 다음과 같다.

① 프로세스별로 생산능력을 파악한다.

② 전체 프로세스의 병목현상을 파악한다.

③ 실제 생산능력이 가장 낮은 프로세스(혹은 작업)를 파악한다.

④ 병목으로 인한 손실 크기와 원인을 규명한다.

⑤ 피할 수 있는 손실이라면 이를 제거하거나 개선한다.

⑥ 실제 산출량을 늘림으로써 효율성을 높인다.

⑦ ①~⑥의 과정을 주기적으로 반복한다.

장기적으로는 피할 수 없는 손실 자체도 줄이도록 추진하여야 한다(sookmyung.ac.kr/wp-content. 2016).

3. 생산능력 구축 시점

1) 생산능력 선도전략(capacity leading strategy)

선도전략(anticipate and lead demand strategy)은 높은 시장점유율의 선점과 유지를 위하여 원가를 수단으로 궁극적으로 낮은 가격정책을 취하는 것이다. 그렇게 함으로써 예상 경쟁자의 진입장벽을 쌓으며, 수요를 북돋는 선제공격이다. 자본집약기술을 이용한다. 실제 수요가 발생하기 전에 생산능력을 구축하므로 항상 여유 생산능력이 존재하며, 향후 수요가 예상보다 작을 수 있으므로 위험감수(risk taking) 전략이다(sookmyung.ac.kr/wp-content. 2016).

(1) 생산능력 선도전략의 장점

① 생산능력에 여유가 있으므로 예상치 않게 발생하는 피할 수 있는 손실이나 예상보다 커지는 피할 수 없는 손실에 대응할 수 있다.

② 생산능력이 더 많이 요구되는 고객의 복잡하고 다양한 요구도 들어줄 수 있는 여유가 있으므로 고객만족도나 고객가치를 높일 수 있다.

③ 예상보다 빠른 수요증대에 대응할 수 있는 유연성이 크다.

(2) 생산능력 선도전략의 단점

① 향후 수요가 생산능력에 미치지 못하면 만성적인 과잉투자 및 유휴시간(idle time) 발생에 따른 재무적 위험이 커진다.

[그림 7-3] 생산능력 선도전략

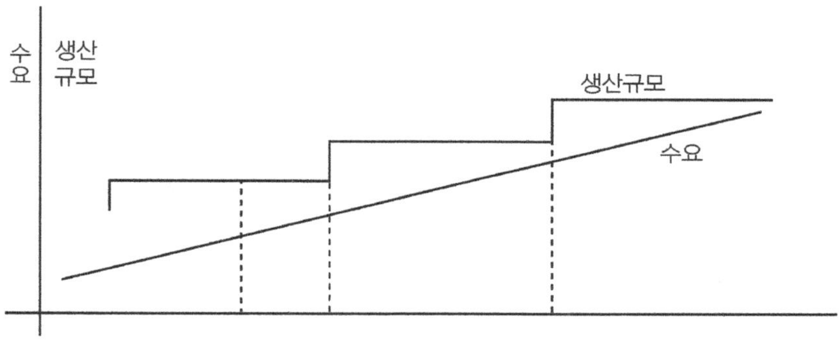

2) 생산능력 관망 전략(capacity lagging strategy)

관망전략(capacity lagging strategy)은 생산 규모를 수요 예측에 일치시켜 나가는 것으로 실제 수요가 발생하면 생산능력을 구축하거나 확장하는 전략이다.

이는 실제 수요가 발생하는 것을 확인한 후에 생산능력을 구축/확장하므로 위험회피(risk averse) 전략이다(sookmyung.ac.kr/wp-content. 2016).

(1) 생산능력 관망 전략의 장점

① 효율성이나 가동률을 높임으로써 ROI를 높이고 투자비를 빠르게 회수할 수 있다.

② 자본지출을 지연시킴으로써 이자비용 등을 줄일 수 있다.

(2) 생산능력 관망 전략의 단점

① 생산능력에 여유가 없을 수 있으므로 피할 수 있는 손실이 발생하면 매출이 줄어들거나 고객대응(customer responsiveness)이 어려워져 고객만족도가 감소한다.

② 단기적인 수요증대에 대응하려면 작업자가 초과근무(over time)를 해야 하

므로 추가비용이 발생한다.

[그림 7-4] 생산능력 관망 전략

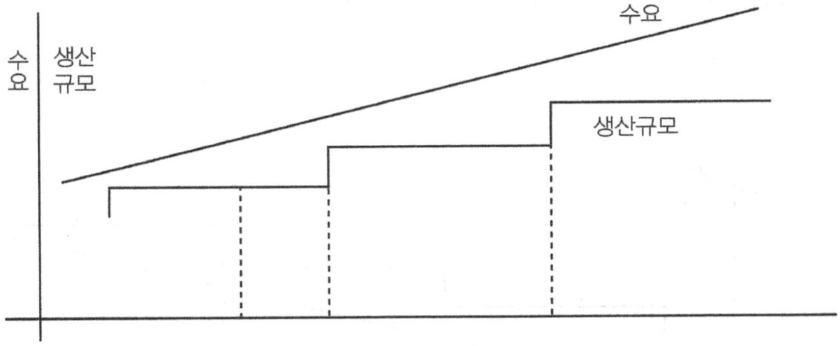

4. 생산능력 조화방법

1) 평준화 생산능력 전략(level capacity strategy)

평준화 전략은 수요변동과는 관계없이 생산능력을 일정하게 유지하는 전략으로 재고이용 평준화 전략(smoothing strategy with stocks)이라고도 한다.

제조업에서의 평준화 생산능력전략은 수요가 적은 경우 여유 생산능력을 이용하여 미리 재고를 만들어 수요가 많은 경우에 대응하며, make-to-stock(MTS) 방식에만 적용할 수 있다. 재고부담이 커질 수 있으며, 상품혁신이 빨라 신상품경쟁이 치열한 경우 기존재고는 빠르게 낙후되기 때문에 적용하기 어렵다(sookmyung.ac.kr /wp-content. 2016).

2) 수요 추적전략(demand chasing strategy)

수요변동에 맞춰 생산능력을 조정함으로써 수요와 공급을 비슷하게 일치시킨다.

제조업에서의 수요추적전략은 다음과 같다(sookmyung.ac.kr/wp-content. 2016).

① 실제로 설비를 증설하거나 줄임으로써 생산능력을 조정할 수 있다.

② 설비증설/감소 없이 생산능력을 조정할 수도 있다.

③ 시간 유연성 : 수요가 많으면 잔업/특근을 통해 대응하고, 수요가 적은 경

우에는 잔업을 줄인다.

④ 양적 유연성 : 비정규직이나 임시직을 고용하거나 전체고용을 조정한다.

⑤ 외주하청 : 생산능력 초과물량을 외주(outsourcing) 생산을 통해 대응한다.

⑥ 잦은 생산능력 변동에 따른 비용이나 보이지 않는 손실이 발생할 수 있다는 단점이 있다.

3) 수요관리전략(demand management strategy)

생산능력은 유지하되, 앞의 두 전략과 달리 기업이 여러 가지 방법을 통해 수요변동 자체를 최소화하여 수요와 생산능력을 일치시킨다.

① 도요타의 Pull 방식의 관리

② 예약 판매시스템

4) 대량 확대(large capacity increment) 전략

대량 확대 전략은 일시적으로 한 번에 생산능력을 확대하는 전략으로 투자비를 줄일 수 있으며, 시장이 빠르게 성장할 경우 규모의 경제효과를 통해 시장점유율을 높일 수 있다. 그러나 선도전략과 함께 대량 확대 전략이 구현된 경우 실제 수요가 생산능력에 따를 만큼 증가하지 못하면 과도한 투자비 부담이 발생한다(sookmyung.ac.kr/wp-content. 2016).

5) 소량확대(small capacity increment) 전략

소량확대 전략은 조금씩 확대 투자하는 전략으로 선도전략과 병행할 경우 수요증가 불확실성에 따른 투자비 위험을 줄일 수 있으나 규모의 경제 실현이 어렵다. 또한, 급격한 수요확대에 대응할 수 없으며, 여러 차례 투자할 경우(고정) 투자비가 증가하게 된다.

학습목표 요약

1. 제조업 입지결정의 지배요인은 무엇이 있는가?

① 호의적인 노동 분위기이다.

② 시장 접근성이다.

③ 삶의 질이다.

④ 공급자 및 자원 근접성이다

⑤ 모기업의 다른 시설과의 근접성이다.

2. 입지 결정 절차는 어떤 것이 있는가?

① 입지의 총체적 목표를 확정한다.

② 신설(혹은 확대)공장은 입지와 관련된 각 방면의 자료를 수집한다.

③ 목표지역의 자료를 수집한다.

④ 각 목표지역을 평가하여 선정지역을 확정한다.

⑤ 종합적 분석을 통해 구체적 입지를 확정한다.

3. 입지결정 방법으로 무엇이 있는가?

① 요인평정법

② 수송계획법에 의한 입지조사법

③ 총비용 비교법

④ 손익분기점 분석법

4. 생산능력 구축 시점으로 무엇이 있는가?

1) 생산능력 선도전략(capacity leading strategy)

높은 시장점유율의 선점과 유지를 위하여 원가를 수단으로 궁극적으로 낮은 가격정책을 취하는 것이다.

2) 생산능력 관망 전략(capacity lagging strategy)

생산 규모를 수요 예측에 일치시켜 나가는 것으로 실제 수요가 발생하면 생산능력을 구축하거나 확장하는 전략이다.

5. 생산능력 조화방법으로 무엇이 있는가?

1) 평준화 생산능력 전략(level capacity strategy)

수요변동과는 관계없이 생산능력을 일정하게 유지하는 전략으로 재고이용 평준화 전략(smoothing strategy with stocks)이라고도 한다.

2) 수요 추적전략(demand chasing strategy)

수요변동에 맞춰 생산능력을 조정함으로써 수요와 공급을 비슷하게 일치시킨다.

3) 수요관리전략(demand management strategy)

생산능력은 유지하되, 기업이 여러 가지 방법을 통해 수요변동 자체를 최소화하여 수요와 생산능력을 일치시킨다.

4) 대량 확대(large capacity increment) 전략

일시적으로 한 번에 생산능력을 확대하는 전략으로 투자비를 줄일 수 있으며, 시장이 빠르게 성장할 경우 규모의 경제효과를 통해 시장점유율을 높일 수 있다.

5) 소량확대(small capacity increment) 전략

조금씩 확대 투자하는 전략으로 선도전략과 병행할 경우 수요증가 불확실성에 따른 투자비 위험을 줄일 수 있으나 규모의 경제 실현이 어렵다.

제8장
공정배치

학습목표

1. 좋은 설계의 장점은 무엇인가?
2. 설비 배치방법은 어떤 것이 있는가?
3. 설계자동화 기술 도구는 무엇이 있는가?
4. 공정설비 자동화 기술 도구는 어떤 것이 있는가?

제1절 공정선정

1. 공정선정의 의미

제품설계의 단계가 끝나면 공정설계 즉 공정배치의 단계가 진행된다. 여기서 공정(process)이란 어떤 특정 제품을 생산하기 위해 채택한 원료의 투입에서 제품의 산출에 이르는 모든 작업의 유기적 집합체(a set of works)를 뜻한다. 즉, 원료에서부터 가치가 창조되는 공간이다. 가치가 창조되는 공간을 어떻게 정하고 꾸밀 것인지는 그 이후 기업의 가치창조 활동에 지대한 영향을 미치게 된다. 제품개발은 생산 공정을 어떤 것으로 할 것인지의 공정선정(choice of process) 문제와 직결되어 있어 양자는 밀접한 관계에 있다.

공정선정은 공정설계와 정확히 일치하는 말은 아니다. 개발한 제품을 생산하기 위한 생산 공정은 유일하게 정해진 문제가 아니다. 여러 공정 시스템 중에서 선택할 수 있는 문제이기 때문에 공정선정이라는 용어를 쓴다. 공정선정은 종적으로는 기업 차원의 전략과 횡적으로는 마케팅전략에 맞추어 여러 대안 중에서 선택해야 할 과제이다.

이러한 선정의 문제가 결정되면 그에 맞는 공정설계(process design)를 하게 된다. 설계는 인적자원과 장비 및 원자재 등의 최적 구성을 위한 다양한 의사결정이 포함되어 있다. 그러므로 잘못된 설계는 기업의 장기적 경쟁능력에 영향을 주고, 또 투입과 산출을 비교하는 생산성은 공정설계 과정에서 큰 영향을 받으므로 중요한 의사결정이 되고 있다. 그렇다고 공정설계의 의사결정은 한 번으로 끝나는 것은 아니다. 공정설계는 제품수명주기의 진화과정, 생산 상의 기술적 변화, 그리고 기업의 전략 차원에서 장기적으로 계속되는 활동이다. 그리고 공정설계는 소요되는 자금이 비교적 대규모이고 또 한 번 결정되면 품질 납기 원가 그리고 유연성에 장기적으로 영향을 미치기 때문에 신중하게 결정해야 할 과제이다(김용철 외, 2014).

2. 공정설계 단계

공정설계란 투입, 생산 활동, 작업 흐름, 제품 및 서비스의 생산방법 등을 선택하는 것이다. 공정설계에 관련된 요소는 많고 또 범위도 넓다. 구체적인 작업내용은 생산시스템의 유형과 제품의 생산량 및 기업의 구체적인 생산조건 등의 요소와 관련된다.

제품개발이 완전하게 선행되고 그 후에야 공정선정이 따르는 것은 아니다. 제품개발 초기부터 공정선정을 고려하여야 함은 물론이다. 그만큼 그 관계가 중요하다는 뜻이다. 전략적 목표로서 제품 및 공정의 위치(positioning)를 결정하는 문제가 우선시 되어야 한다. 목표시장의 경쟁수단과 생산과업의 주요 목표를 정하고, 기업 차원의 수직적 통합 전략과도 밀접하게 관련지어 분석하여야 한다.

이렇게 하기 위해서는 제품설계팀과 공정설계팀은 유기적으로 협조하는 것이 중요하다. 기업의 창업 초기에는 한 프로젝트팀이 이러한 과제를 수행하지만, 기존 기업에서는 제품개발팀이 중심으로 수행하는 경우가 많은데 이때 기존 공정의 능력과 개선의 가능성을 충분히 반영하도록 하여야 한다.

기계설비의 선정은 공정의 유형에 따라 정해진다. 범용설비냐 전용설비냐의 선택, 생산량의 능력, 품질 수준, 조작에 필요한 기술적 수준 등에 따라 정하게 된다. 선정이 끝나면 작업장을 배열하고 설비를 배치하는 과제를 수행하게 된다. 이어 작업방법을 결정하고 공정순서를 분석하여 결정하게 된다(김용철 외, 2014).

3. 공정설계 고려사항

공정설계는 생산효율과 제품품질에 영향을 주고, 생산주기와 생산원가 그리고 생산조직의 문화에도 큰 영향을 준다. 그러므로 좋은 설계의 장점은 아래와 같이 정리할 수 있다(김용철 외, 2014).

① 생산주기를 단축하여 제품의 시장경쟁력을 높인다. 공정설계를 개선하면 공정준비에 소요되는 작업 준비시간을 줄일 뿐만 아니라 선진적인 공정방법의 채용으로 공정흐름도 축소할 수 있다.

② 제품 품질을 높일 수 있다. 합리적인 제조과정은 제품의 품질에 좋은 영향을

준다. 그리고 제조공정의 지속적인 개선에 따라 품질을 개선할 수 있다.

③ 원자재 소모와 에너지 소모를 감소함으로써 생산원가를 절감할 수 있다.

④ 노동생산성을 높일 수 있다.

⑤ 설계개선에 따라 노동 강도를 줄여서 작업을 편리하게 할 수 있다.

공정설계의 원칙으로서 준수하여야 할 사항들을 보면 다음과 같다.

① 공정 정보자료 수집을 중시하여, 국내외에서 관련되는 기술발전과 선진공정 방법의 정보자료를 가능하면 많이 수집하여 충분히 이용하여야 한다.

② 현존 공정방법과 수단에 대한 연구와 개선을 중시하여, 선진적 공정과 새로운 공정을 이용하여 공정 인원들이 일상 공정설계에 파묻힌 현상을 개선하며 공정방법연구와 개선에 정력을 집중할 수 있도록 하여야 한다.

③ 공정의 표준화와 대표 화를 중시하여 공정준비 작업량을 감소하고 공정준비 시간을 단축하여야 한다.

④ 공정 서류관리를 강화하여야 한다. 완벽하고 또 통일된 공정서류는 공정준비의 질을 높일 수 있고 공정 준비작업의 표준화를 촉진하고 생산조직에도 편리함을 줄 수 있어야 한다.

⑤ 선진적인 공정설계 방법과 관리 수단을 이용하여야 한다.

⑥ 합리적인 공정관리 제도와 기술 책임 제도를 수립하여 공정설계를 순조롭게 진행할 수 있어야 한다.

4. 생산 공정의 유형

1) 생산설비의 특징과 선택

공정의 선정은 생산설비의 선정에 밀접한 영향을 미친다. 생산설비는 공정의 유형이 의미로서 크게 범용설비와 전용설비로 구분한다.

〈표 8-1〉 생산설비의 유형과 특성

특 성	(1) 범용기계	(2) 전용기계
투자비용/경제성원칙	투자비용 낮다/범위의 경제	상대적으로 높다/규모의 경제
제품 단위당 원가	개별생산으로 직접비 높다	표준생산으로 간접비 높다
양과 품종의 유연성	적으며/탄력적이다	많으며/탄력성 낮다
생산준비시간	적게 소요된다	많게 소용된다
진부화와 경쟁자 등장	비교적 영향이 적다	낮은 원가의 새경쟁자에 영향이 크다
재공품재고	재공품 많다	재공품이 적다
감독자 능력과 감독범위	다기능 필요/감독범위 좁다	전문기능 필요/감독범위 넓다
노동력의 수와 문제해결	많으며 다기능/직접 문제해결	적으며 전문/스텝이 문제해결

[출처 : 김용철 외, 2014]

설비의 선택은 설비의 생산성, 기존설비와의 대체문제, 노동집약적 또는 자본집약적인 설비로 할 것인가 하는 등의 문제를 검토하여 정하는 과제이다. 기업의 자금과 영업능력에 알맞은 경제적인 설비를 선택하되 노동임금의 인상, 기술혁신, 신제품개발 등 대내외적 여건변동에 대처할 수 있는 선택이어야 한다.

전용설비를 선택하는 가장 큰 이유는 규모의 경제(economies of scale)를 기대하기 때문이다. 즉, 표준품을 대량으로 생산하여 제품의 단위당 평균 원가를 낮게 하고 원가 우위의 리더십 전략을 기대하기 때문이다.

이에 반하여 범용설비는 범위의 경제(economies of scope)를 기대하기 때문이다. 다양한 제품을 생산함으로써 소비자의 다양한 요구를 충족시키는 차별화 전략을 기대할 수 있어야 한다. 그뿐만 아니라 한 기계설비에서 여러 종류의 제품을 함께 생산함으로써 오히려 원가의 절감을 기대할 수도 있다. 그러나 이러한 기대도 저절로 되는 것은 아니다. 기계설비의 비용을 절감시킬 수 있을 뿐만 아니라 정보 저장 반출 보관 등에 따르는 비용을 감소시키고, 여러 종류의 제품을 생산하는 데 따르는 준비시간과 공구 자재 등의 준비도 매우 치밀하고 철저해야 가능한 것이다(김용철 외, 2014).

2) 생산품종과 생산량의 기준에 의한 분류

생산공정의 유형은 생산시스템의 유형을 분류하는 것이다. 그러므로 생산시스템의 유형과 공정의 유형은 거의 같은 의미로 사용한다. 공정의 유형을 분류할 수 있는 기준은 산업별, 업종별, 품종별, 생산량별 등 여러 가지가 있다. 여기에서는 몇 가지 기준으로 나누어 보되 먼저 생산품종에 따라 분류한다.

생산하는 제품의 품종의 많고 적음과 생산량의 많고 적음의 기준에 따라 분류할 수 있다. 품종의 많고 적음은 상대적 개념이다. 생산 현장의 경영자에게 질문해보면 거의 모두가 자기 공장에서는 다품종을 생산한다고 생각하고 있기 때문이다.

품종의 수가 많으냐 적으냐, 그리고 1회의 생산량이 많고 적음에 따라 다품종 소량생산 시스템과 소품종 대량생산 시스템으로 나눈다. 이렇게 구분한 이유는 각 시스템에 따라 목표시장에서의 고객의 요구가 다를 것이라는 가정 하에서 한 것이다. 즉 생산시스템의 구조와 과정이 마케팅부서와 유기적이어야 한다는 뜻에서 나눈 것이다.

다품종 소량 생산시스템은 같은 종류의 제품은 거의 없고 종류별 수요량과 생산량이 소량인 생산 활동을 특징으로 하는 시스템이다. 조선업, 공구제작, 맞춤 양복점 등이 이러한 시스템에 속한다.

소품종 대량 생산시스템은 자동차 조립공장, 학교 구내식당과 같이 품종이 몇 개로 한정되어 있고 그 대신 생산량이 대량인 경우이다. 따라서 다품종 생산보다 공정통제가 비교적 표준화되고 생산량, 원료구매, 재고통제가 중점이 된다.

3) 주문생산과 계획생산에 의한 분류

구매자로부터 주문을 먼저 받고 생산을 하느냐 아니면 수요예측을 미리 하여 생산하느냐의 기준에 따라 <표 8-2>처럼 주문생산 시스템과 계획생산 시스템으로 나눌 수 있다.

주문생산(production to order) 시스템은 주문에 따른 특정 제품을 생산해야 하므로 주문자의 요구에 맞는 개별 생산계획과 통제를 철저히 해야 한다. 주문 별로 설계, 절차계획, 일정계획, 납기통제 등을 실시하여야 하며, 생산 품종과 생산량이 불규칙하기 때문에 효율적 시설활용을 위하여 엔지니어링 기능이 중요하게 된다. 그리고 완제품 재고보다는 원료와 재공품 관리가 더 중요하고, 생산 설비도 전용이 아니라 범용기능을 갖추고 있어야 할 것이다. 경영자나 감독자의 능력도 만능이어야 한다. 또한, 작업자의 숙련도 높아야 한다. 따라서 종업원 교육훈련도 정기적으로 실시할 필요가 있을 것이다. 이러한 시스템에서의 생산 비용은 직접비가 더 높은 비중을 차지할 것이므로 재료비 등 직접원가의 관리가 중요하게 된다(김용철 외, 2014).

〈표 8-2〉 주문생산과 계획생산 기준에 의한 분류

특성 ₩ 유형	(1) 주문생산 시스템	(2) 계획생산 시스템
제품특성 : 디자인 종류	고객이 제품 시방을 결정 주문품/다양한 품종	생산자가 제품 시방 결정 표준품/품종의 한정
단위당 가격/주요전략	고가/차별화/범위의 경제	저가/원가우위/규모의 경제
생산설비	범용설비	전용설비
생산과업의 중요도	1)납기 2)유연성	1)원가 2)품질
마케팅의 초점	고객관리, 주문관리	수요예측, 제품개발, 유통채널
생산관리의 초점	작업순위결정, 개별일정계획	공정균형, 준비시간, 재고관리
원가계산의 초점	개별원가계산, 직접비절감	표준원가계산, 간접비절감
변화의 압력	→낮은 원가, 대량 고객화	→다품종 유연성, 대량 고객화

계획생산(production to stock) 또는 재고생산 시스템은 수요예측에 의하여 미리 생산량을 계획하는 것이다. 따라서 생산하는 양을 판매할 수 있을 만큼의 충분한 목표시장을 갖고 있어야 하며, 경쟁기업과는 주로 원가에 의한 경쟁이기 때문에 원가관리가 주요 과제가 된다. 생산계획은 생산량과 공정의 흐름 통제가 주요 과제가 된다. 표준화된 제품을 생산하므로 공정이 사전에 준비되어야 하므로 준비비(set-up cost)가 적게 들것이다. 그러나 생산시설이 전용 성격을 띠게 되고 설비투자비가 많이 들어 원가에서 고정비 비중이 높아지게 된다. 따라서 고정비를 줄여 제품 단위당 간접비를 절감하도록 노력해야 한다. 일반적으로 물적유통관리와 제품의 재고관리가 중요한 기능이 되기 때문에 과잉재고의 방지와 또 한편으로는 재고부족 현상에 대비하여 안전재고를 확보하여야 할 것이다. 감독자나 작업자도 만능식 보다는 전문성을 더 갖추어야 하며 감독과 작업의 범위를 넓혀 원가를 낮추어야 하는 시스템이다.

5. 작업처리방법에 의한 분류

1) 개별주문 생산시스템

개별주문 생산시스템에는 단독사업 형태의 프로젝트(project)와 개별주문 생산 형태의 잡샵(job shop)이 있다. 프로젝트는 도로건설, 공장건설 등과 같이 단독적으로 추진되는 사업이다. 잡샵은 개별적인 고객의 주문에 따라 서로 다른 제품을 생산하는 형태이다. 단독사업 보다 공장에서 동일 품종을 하나 또는 그 이상의 주문량만큼 반복 생산하는 것이 특징이다.

따라서 개별적 주문품을 생산하고 디자인 변화라든지 고객의 요구에 부응하기 위해 생산설비는 범용적이며 생산시스템도 매우 유연해야 한다. 생산 규모의 확대나 축소가 비교적 쉬운 편이다.

경쟁의 무기는 고객의 요구를 담아내는 능력이다. 경험 노하우 기술 등을 무기로 경쟁하는 것이다. 제품의 폭도 넓으며 설계 품질 납기 등을 판매하는 시스템이다.

2) 배치 생산시스템

배치 생산(batch line process)시스템은 같은 제품을 일정량을 단위로 생산하는 형태이다. 이는 다시 일정량을 한 단위(batch)로 한 번만 생산하는 경우, 일정량을 한 단위로 생산하되 필요할 때마다 불규칙한 시간 간격을 두고 생산하는 경우, 수요에 따라 일정 시간의 간격을 두고 정기적으로 일정량을 생산하는 경우로 나눌 수 있다. 첫 번째는 주문생산이며 뒤의 둘은 계획생산의 형태이다.

잡샵의 공정이지만 제품의 수요가 차츰 안정적으로 변하여 정기적으로 생산할 필요성이 제기되면 배치로 묶어 계획생산을 하게 된다. 많은 제품이 이러한 추세를 보이는 데 화학제품, 중장비, 전자제품, 금형 등이 그렇다. 한 제품을 생산하기 위하여 전용시설을 대규모로 투자할 수는 없지만 잡샵보다는 좀 더 전문화된 시설이 필요하다. 그렇지만 다품종 제품을 생산하기 때문에 유연성은 매우 높은 편이고 기계시설도 범용목적이어야 한다.

수요가 더욱 안정되면 수행하는 직무가 고정적으로 자리 잡기 시작하고 주기 시간도 짧아지며 비슷한 제품의 생산이 많아지게 된다. 제품 수요에 대한 예측이 가능해지므로 생산준비시간도 짧아지고, 생산 배치별 계획을 수립할 수 있다. 또 공정 중의 재공품(work in process)이 적어진다.

기업이 판매하는 경쟁의 무기는 아직도 다양한 제품에 있지만 배치생산이 가능하므로 차츰 단위당 원가를 낮추어 가격이 중요하게 된다. 주문량이 많아진다는 의미는 제품 변화가 적어지고 표준화되며 생산 공정이 라인공정의 성격을 띠는 것이다.

3) 조립 생산시스템

조립라인 공정(assembly line process) 시스템은 표준화되어 있는 몇 개의 소수 품종을 대량으로 계속 생산하기 위하여 기계 설비를 순차적으로 배치한 공정이다. 자동차 조립라인이 대표적이다. 제품은 원료에서부터 일정한 속도로 단계적이며 순차적으로 조립되어 완성되기 때문에 각 작업은 전문화되어 있고 누구 하나라도 작업에 실수가 있으면 전체 공정의 속도는 영향을 받게 된다. 조립라인 규모의 크기는 예를 들면 시간별 일별 주별 단위 시간당 생산해야할 양에 따라 달라진다.

승용차의 최종 조립라인은 하나이지만 모델을 달리하여 중형차 대형차 그리고 색깔과 옵션에 따라 조립이 진행된다. 이러한 조립은 미리 계획된 순서에 따라 컨베이어 벨트를 흘러간다. 따라서 조립공정을 달리하는 제품을 생산하기 어렵고 제품의 유연성은 떨어지게 된다.

작업자 한 개인의 작업주기는 짧아지지만, 옆의 작업자와 밀접하게 의존되어 있어서 그 흐름을 부드럽고 균형되게 설계하는 것이 중요하다. 완성 제품의 재고는 많을 수 있어도 공정 중에 있는 재공품 수준은 낮게 유지해야 하고, 매 단계 품질 수준이 철저하지 못하면 그 통제비용은 매우 높게 된다. 따라서 흐름을 통제하는 생산계획이 필수적인데 정확한 작업시간, 필요한 부품의 정시조달, 설비의 고장예방과 유지보수, 자재계획과 품질통제가 관리의 중심이 된다.

경쟁의 무기는 원가를 낮게 하는 것이다. 이는 생산량이 많아서 단위당 평균원가가 낮아져야 함을 의미한다. 시설 투자 금액이 높으므로 대량생산을 통하여 단위당 고정비를 낮추고 간접비를 줄여야 가능하다. 제품 단위당 원가의 구성은 재료원가의 비중이 높고, 직접 노무 원가의 비중이 작아진다. 따라서 그 기업은 간접원가를 줄이도록 해야 하며 제품 품종별로 그 배분을 정확하게 하는 표준원가제도가 잘 발달하여 있어야 한다.

라인공정은 일반적으로 공정 진화의 마지막 단계로 간주하고 있다. 그리고 라인은 표준품을 생산하는 특징을 지녀 유연성이 떨어지지만, 그 종류를 어느 정도 다양하게 생산하는 능력이 있어야 한다. 즉, 혼합모델 조립라인(mixed model assembly line)의 능력을 지니도록 해야 한다. 그러한 예는 자동차 조립공장의 다양한 옵션제도에서 찾을 수 있다.

4) 연속 생산시스템

연속생산(continuous flow process) 시스템은 정유공장 화학 공장 제분공장 등과 같이 특정제품을 같은 제조방식에 따라 이미 고정적으로 설치된 장치공정에 의한 생산형태이다. 경공업 최종 소비재보다는 시멘트 방직 방적 제철 등의 산업용 원료산업 공장에서 그 예를 많이 볼 수 있다. 제품의 생산은 미리 정해진 속도와 순서에 따라 진행된다. 라인공정이 이산형(discrete) 형태라고 할 수 있는 반면에 연속공정은 자재의 투입과 그 과정이 거의 자동화되어 있으며 연속적이다.

기계설비가 그 제품만을 생산하는 전용 목적이고 자본 집약적이기 때문에 자본 투자가 많고, 만약 제품계획이나 공정속도를 변경시키면 공정의 비용이 높아진다. 따라서 생산관리자는 공정의 효율을 높게 유지하고 설비의 유지 보수와 투입원료가 단절되지 않게 해야 한다. 라인공정에서의 투입 자재는 원료 부품 부자재 공구 등 다양하고 많지만, 연속공정에서는 비교적 그 종류가 적은 편이다. 종류가 작다하더라도 부피와 분량과 무게가 많고 높으므로 공장의 입지위치가 중요한 관건이 된다.

경쟁의 무기는 역시 원가를 낮게 하는 것이다. 고객의 요구를 담아내는 능력을 판매한다기보다는, 낮은 가격의 제품을 시장에 밀어내는 전략이다. 정유공장의 예에서 보듯이 불확실한 원료 수급에 대비하기 위하여 원료의 확보와 저장이 필요하지만 공정 중의 재고는 매우 낮고, 완제품의 재고는 수요지 근처에서 관리하는 경우가 많다. 제품에서 직접 노무 원가는 낮지만, 원료원가가 높다. 공정유지와 공장을 관리하는 간접원가가 높아진다. 왜냐하면, 전체 공장과 공정을 동시에 중앙 집중식으로 관리하고 통제해야 하기 때문이다(김용철 외, 2014).

제2절 설비 배치방법

1. 배치유형에 의한 구분

1) 고정형 배치

고정형 배치방법은 제품은 일정한 장소에 고정되어 있고 설비, 재료, 작업자 등이 제품을 중심으로 배치되어 제품을 완성하는 방법으로 내부설계를 고정형 배치(fixed position layout)라고 한다.

고정형 배치는 제품의 크기, 무게 및 기타 특성 때문에 제품의 이동이 곤란한 경우에 생기는 배치형태로 제품은 한 장소에 고정되어 있고, 자재, 공구, 장비 및 작업자가 제품이 있는 장소로 이동하여 작업하는 방법으로 일반적으로 제품이 크고, 중량이 무거운 것을 생산할 때 적용되는 배치방법이다.

(1) 장점

① 고정 작업에 따른 물류이동이 없어 훼손 및 불량이 발생하지 않는다.

② 설비 활용에 따른 유연성이 높다.

③ 다양한 제품을 신축성 있게 제조 할 수 있다.

④ 복잡하고 대형 제품생산에 유리하다.

(2) 단점

① 동일 작업자가 많은 작업을 수행해야 하므로 전문기술의 숙련공이 필요하다.

② 고임금 작업자가 많다.

③ 자재 및 설비 이동에 따른 시간, 노력 등, 비용이 많이 든다.

④ 특수설비 사용에 따른 설비 이용률이 낮다.

[그림 8-1] 고정형 배치 사례(항공기 제작)

2) 제품별 배치

제품별 배치(product layout)는 반복적 작업환경에 응용된다. 제품별로 제품이 만들어지는 작업순서에 따라 설비나 작업장을 배치하는 방법으로 자본 집약적 설비로 컨베이어나 자동화된 기계를 사용하는 공장에서 적용하는 배치형태로서 라인별 배치라고도 한다.

제품별 배치는 대량생산 제품으로 특수화된 공구 또는 전용 장비 사용하며, TV, 자동차, 음료 및 식품 가공 등에서 이용된다.

(1) 장점

① 생산 효율이 높다.

② 단위당 생산 비용이 낮다.

③ 자재 취급비용이 낮다.

④ 종업원 교육훈련이 쉽다.

⑤ 종업원 감독이 쉽다.

⑥ 인적자원의 이용률이 높다.

⑦ 설비 이용률이 높다.

⑧ 일정관리(scheduling)가 쉽다.

⑨ 구매계획이 쉽다.

⑩ 회계업무가 단순하다.

(2) 단점

① 유연성 및 다양성이 낮다.

② 설비 투자비용 및 유지비용이 많이 든다.

③ 단순한 작업으로 직원 만족도가 떨어진다.

④ 종업원의 기술 수준이 낮아 품질에 대한 인식이 낮다.

⑤ 기계고장, 재료부족, 작업자 결근 등에 따른 전체공정에 영향을 미친다.

[그림 8-2] 제품별 배치형태

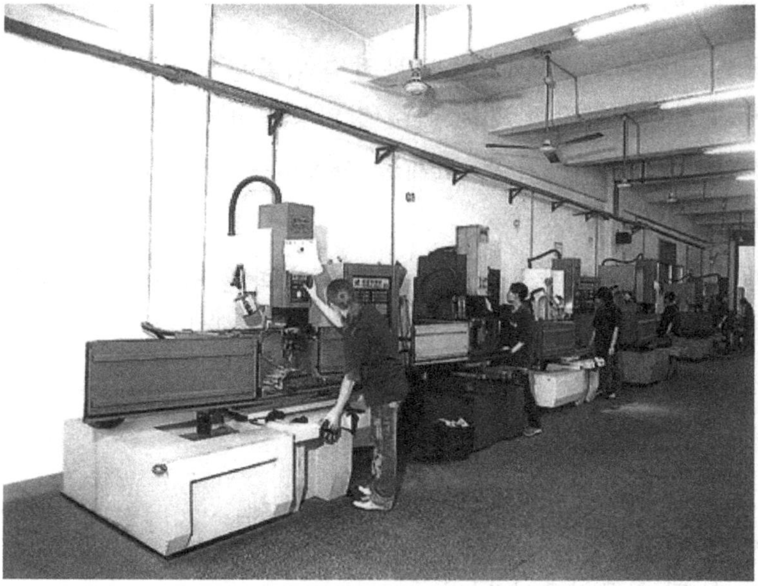

3) 공정별 배치

공정별 배치(process layout)는 각 공정의 기능별로 배치하는 방법으로 유사한 기계설비나 비슷한 기능을 수행하는 공정을 한곳에 모아서 배치한다. 배치의 구성요소인 사람과 기계를 그룹별로 일정한 장소에 기능별로 배치하는 형태로서, 기능별 배치라고도 한다. 예로 범용설비를 종류별로 배치하거나 부품가공 공장, 병원 등이 있다.

(1) 장점

① 다양한 제품을 생산할 수 있어 유연성이 높다.

② 종업원의 기술 수준이 높아 품질에 대한 의식 수준이 높다.

③ 재료품절, 기계 고장 및 작업자 결근에도 생산량 유지가 가능하다.

④ 완제품 재고가 적다.

⑤ 장비 가동률이 높다.

⑥ 범용장비 활용에 따른 설비 투자비가 적다.

(2) 단점

① 생산효율이 낮다.

② 단위당 생산 비율이 높다.

③ 자재취급 비용이 많이 든다.

④ 재공품 재고가 많다.

⑤ 작업속도가 느리다.

⑥ 생산계획 통제가 어려워진다.

⑦ 구매계획이 복잡하다.

⑧ 회계가 복잡하다.

[그림 8-3] 공정별 배치형태

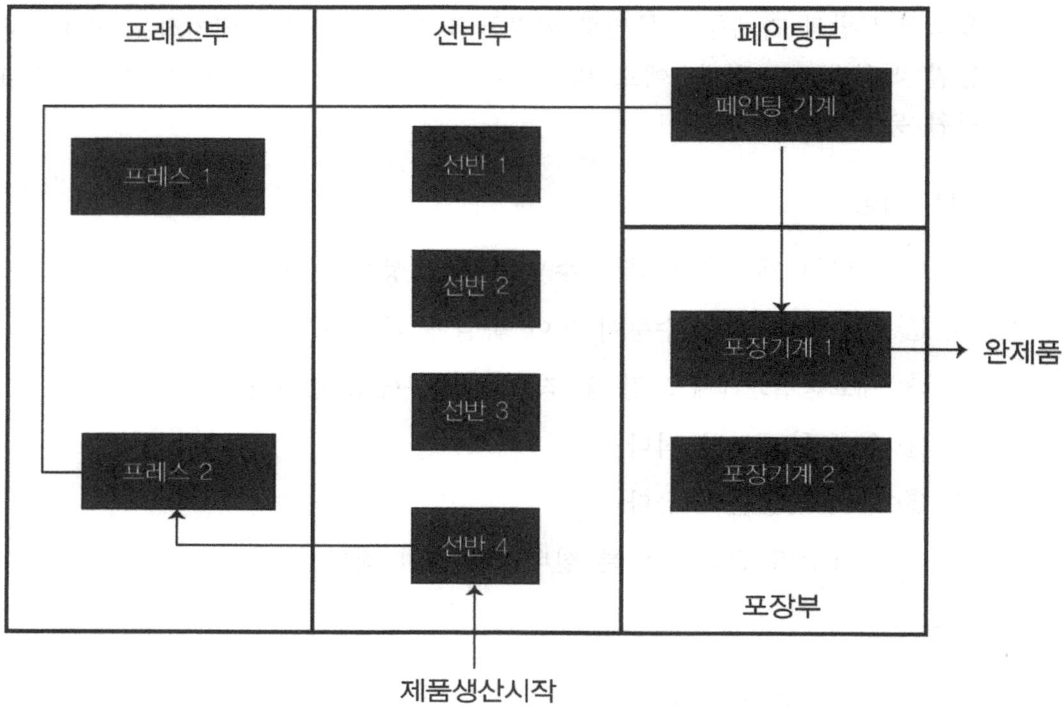

〈표 8-3〉 설비배치에 따른 생산시스템의 분류

특성 \ 유형	공정중심 생산시스템	제품중심 생산시스템
시장수요와 생산	주문에 의한 다품종 소량생산	계획생산에 의한 표준품 대량생산
중점 통제 분야	주문통제	수요예측과 재고통제
시스템의 성격	공정중심	제품중심
주요 생산과업	납기관리가 중요	원가통제가 중요
주요 경쟁능력	제품설계와 품질통제	생산준비시간 단축
공정계획의 과제	작업 부하량의 불균형	균형된 생산주기
기계설비의 성격	범용기계사용	전용기계사용, 상대적 높은 투자비용
원가계산방법	개별원가계산	표준원가계산
원가계산의 핵심	직접노무원가의 파악	제조 간접비의 배분
변화의 압력	낮은 원가, 대량 고객화	높은 유연성, 대량 고객화

4) 혼합형 배치

혼합형 배치(hybrid layout)는 제품별, 공정별, 고정형 배치를 혼합하여 배치하는 형태로서 서비스 생산 시스템이나 유연 생산 시스템에서 활용된다.

[그림 8-4] 혼합형 배치사례

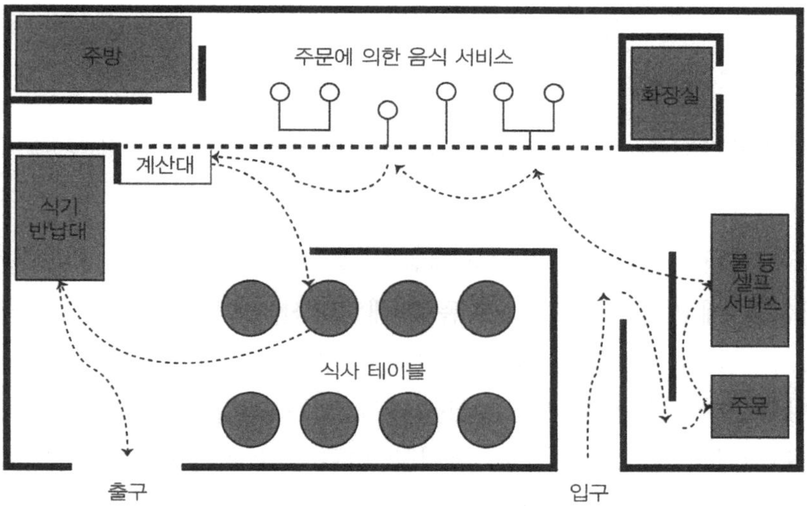

5) 그룹테크놀로지(group technology)

그룹테크놀로지(group technology : GT)는 설계 또는 가공 상의 형태나 공정 경로가 비슷한 부품이나 제품들을 그룹화, 그 집단의 유사성과 장점을 취하는 생산기술로서 소규모 로트(lot) 생산에 대량생산의 원리를 적용하기 위해서는 우선 생산 로트(lot)의 크기를 늘려야 하는데 주문품이 한정되어 있을 때 가능한 한 가지 기술적 방법은 다품종, 다양한 생산 부품을 유사한 생산 특성을 갖는 것끼리 한데 묶어 그룹(group) 생산하는 것이 될 수 있고 이것이 group technology(GT)의 기본 개념이다.

GT는 전통적인 주문생산에서의 생산방식과는 달리 가공시간과 준비시간을 최소로 하기 위해 부품을 흐름 라인의 원리에 따라 제조할 수 있도록 부품가족(parts family)과 기계그룹(machine group)을 형성한다. 그리하여 전통적인 다품종소량 생산에서 취하고 있는 기능별 설비배치(functional layout)를 Group 설비배치(group layout)로 대치하는 것이 GT의 기본 목적이다.

GT를 통해 다품종 소량생산에서의 로트사이즈(Lot Size)를 크게 할 수 있다.

다품종 소량생산시스템에서 표준품 대량생산시스템의 제품별 배치가 갖는 이점을 누릴 수 있다.

개별생산방식에서 제품별 생산방식으로의 변환이 가능하기 때문에 제품별 배치가 가지는 장점을 누릴 수 있다.

6) 셀 배치(cellular layout)

셀 생산방식은 한 사람의 작업자가 한 제품을 처음부터 끝까지 조립하는 작업을 의미한다.

셀 생산방식은 주로 다양한 제품을 소량으로 생산하는 단속공정의 효율성을 높이기 위해 도입되었으며, 소품종 대량생산 체제를 다품종 소량생산체제로 전환함으로써 소비자들의 다양한 욕구를 충족시키는 동시에 생산성을 높이기 위한 방식이다. 셀 방식 생산은 1~2명이 모든 조립공정을 소화하는 자기 완결형 생산체제라고 할 수 있으며, 다기능 숙련공의 육성이 절대적으로 필요하다.

[그림 8-5] 셀 생산방식 사례

7) 모듈(module)별 배치

개별부품 각각을 생산한 후 이들을 작업순서, 조립의 특성 등을 고려하여 미리 일부 부품을 조립하여 큰 단위의 조립품(module)을 만든다. 이 모듈을 조립하여 최종 제품을 조립한다. 예로, 자동차 조립공장은 협력업체가 공급한 모듈화된 부품들을 공정별로 조립단계에 맞추어 조립하여 완성차를 조립한다.

장점으로는 공정별 조립단계에서 작업시간 단축이 가능하며, 부품이 모듈별로 공급되기 때문에 공정별 조립단계에서 불량률 감소와 품질검사, 재고관리 등이 쉽다. 또한, 모듈의 적절한 조합에 의해 다양한 제품을 신속하게 생산할 수 있다.

사례 모듈배치

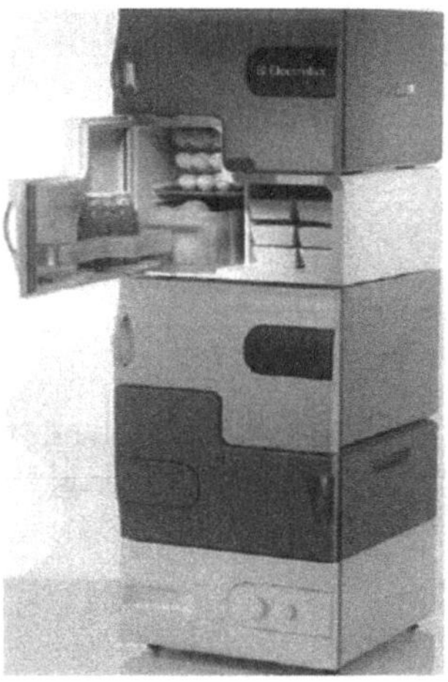

[모듈화된 냉장고]

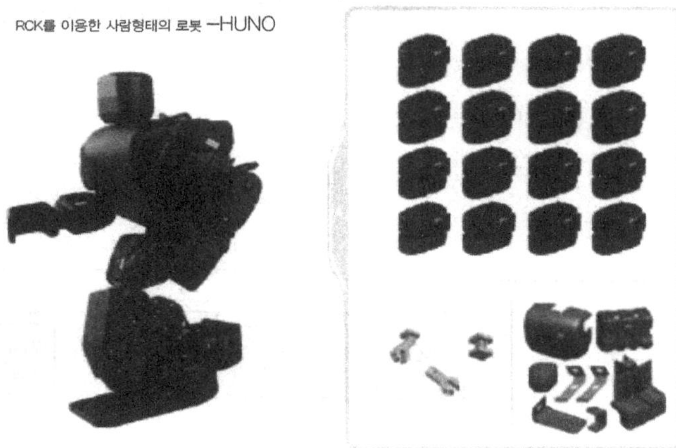

[로봇의 모듈]

2. 조립라인의 설비 배치

1) U자형 배치

U자형 배치는 작업장 거리가 가까워 제품의 흐름 속도를 향상하고 재공품을 줄일 수 있는 장점이 있다. 또한, 공장면적을 줄일 배치방법이다.

[장점]

① U자형 배치는 작업장이 밀집되어 적은 공간을 차지한다.
② 작업자의 이동이나 운반 거리가 짧아 운반을 최소화한다.
③ 의사소통이 원활하다.
④ 옆의 작업자뿐만 아니라 반대편 작업자와도 연관이 있어 유연성이 있다.

[그림 8-6] U자형 배치

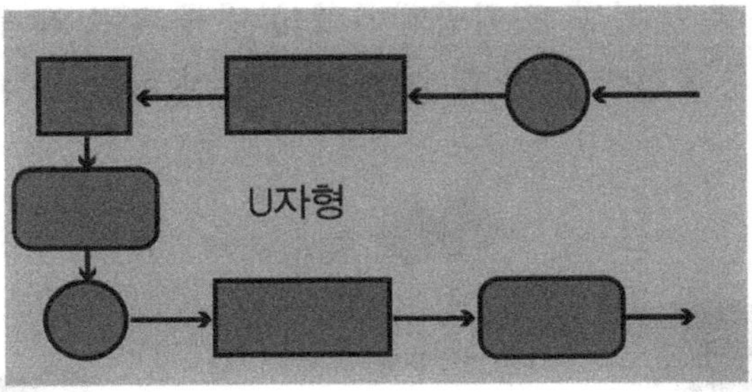

2) 일렬 배치

[그림 8-7] 일렬 배치

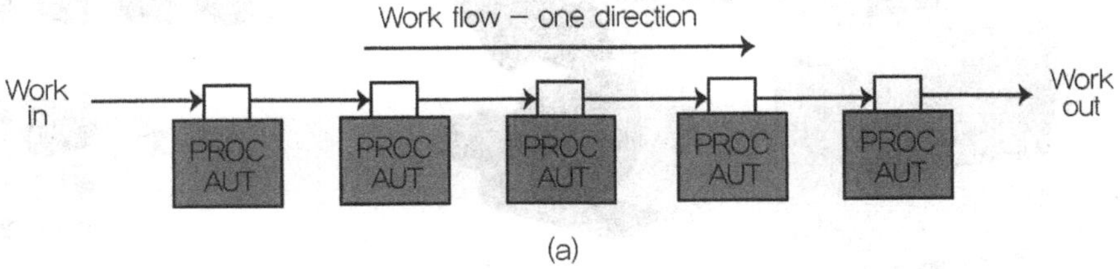

[그림 8-8] 이열 배치

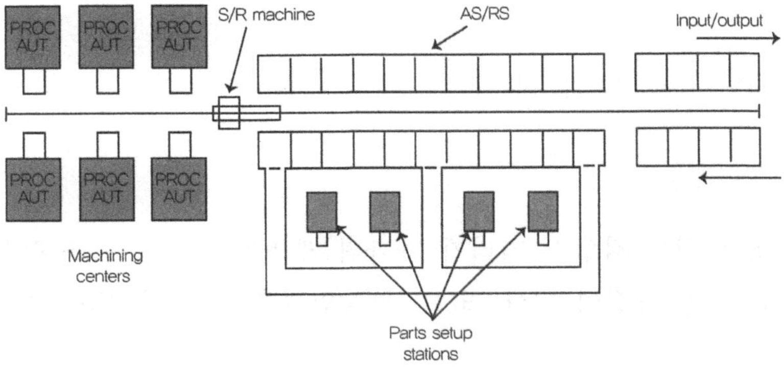

3) 루프형 배치

[그림 8-9] 루프(loop)형 배치

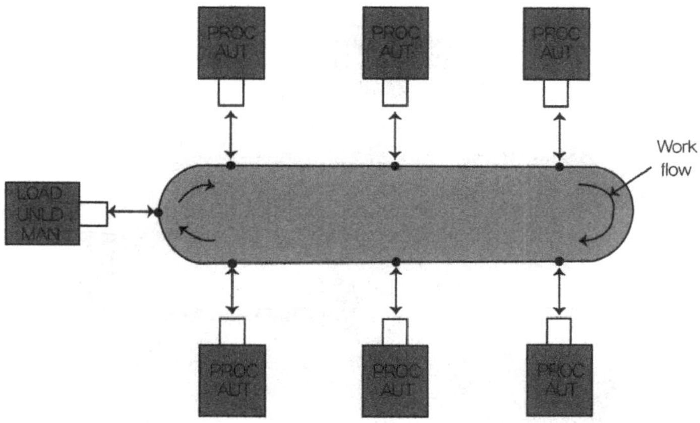

4) 사다리형 배치

[그림 8-10] 사다리형 배치

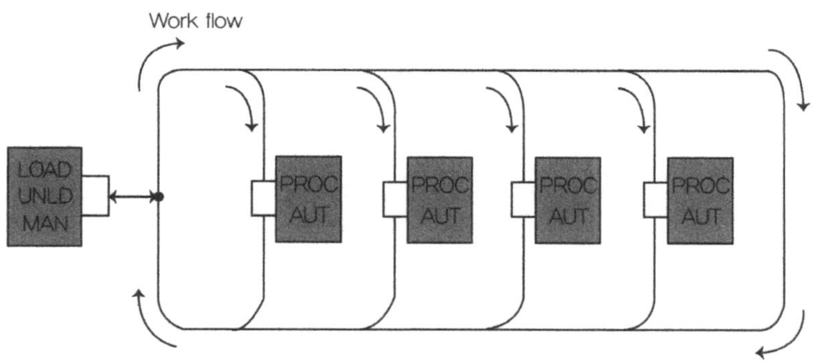

5) 원형 배치

[그림 8-11] 원형 배치

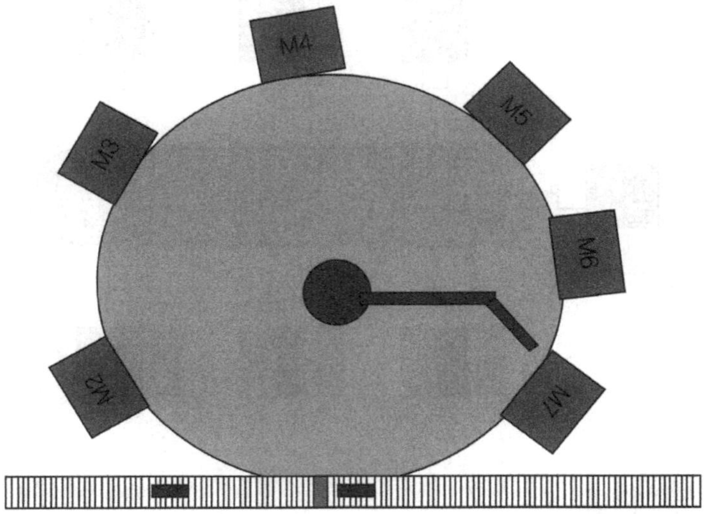

제3절 유연생산 시스템

1. 유연 생산시스템

1) 유연 생산시스템의 구성

기업의 제품/공정의 위치가 행렬의 주 대각선상에 위치하면 전략적 적합도가 높아 기업의 효율은 높게 된다. 그러나 생산 관리상의 환경 변화는 기업이 행렬의 왼쪽 아래에 위치하게 한다.

기업은 재빨리 변화를 꾀하여 시장변화에 신속하게 대응해야 하고, 원가를 낮추며, 품질도 높여서 고객의 요구에 신속히 대처할 수 있어야 한다. 즉 유연성의 확보가 이루어져야 한다. 이러한 시장 환경의 압력과 이를 실현할 수 있는 기술적 여건이 성숙하면서 유연 생산시스템이 실현되었다. 따라서 아무리 작은 중소기업이라 하더라도 유연 생산시스템에 대한 전략적 이해 없이는 시장 환경에 적응하기 어렵게 된다.

유연 생산시스템(FMS : flexible manufacturing system)이란 특정제품의 생산에서 다른 제품의 생산으로 쉽게 전환되도록 프로그램된 기계의 집합을 말하며, 소비자의 수요에 따라 자동으로 다른 비율로 다양한 제품을 생산할 수 있는 시스템이다. 중앙컴퓨터의 지시로 일련의 공정을 공작기계에 자동으로 수행하고 자재를 자동으로 운반하는 전산화된 생산시스템이다(김용철 외, 2014).

2) 유연 생산시스템 도입 목표

기업이 유연하게 즉 탄력적으로 생산해야 할 과제는 모든 기업이 추구하는 목표가 되었다. 따라서 유연 생산시스템은 현대적 생산시스템의 발전된 하나의 유형이라기보다는 생산이 추구해야 할 과업이다. 그러나 이러한 장점이 있는 반면에 수치제어 기기, 로버트, 컴퓨터, 설비시설, 소프트웨어, 전문 인력 등에 매우 많은 자본투자가 이루어져야 한다.

고액의 투자가 요구되는 만큼 왜 유연 생산시스템을 도입하는지 그 전략적 목표를 분명히 하고 수시로 점검할 필요가 있다. 컴퓨터를 도입하고 설비투자를 한다고 해서 유연 생산의 장점이 저절로 이루어지는 것은 아니기 때문이다.

첫째, 제품의 유연성을 점검하여야 한다.

수요에 대하여 적정하게 대처하는지, 제품믹스(mix)의 변화에 따른 제품라인 적정화를 따져 본다. 신제품 개발과 제품의 설계변동이 목적하는 만큼 유연한지 점검한다. 그리고 생산량의 조절이 탄력적인지 계산해 보아야 한다.

둘째, 품질을 점검하여야 한다.

목표품질의 수준과 균등한 품질을 유지하는지 점검하고 과거보다 폐기율의 감소정도, 부적합률 수준의 감소 여부를 기록 통제한다.

셋째, 시간을 점검하여야 한다.

준비시간의 단축, 자재처리 시간의 단축, 제조소요 기간이 목표로 하는 만큼 이루어지는지 검토해야 한다.

넷째, 비용 발생을 점검해서 원가를 절감해야 한다.

우선 노동의 양과 시간이 감소하도록 해야 하는 데 직접노동 간접노동 모두 점검하고, 공구 소모 비품의 절감도 노력해야 한다.

다섯째, 공간의 활용도를 점검해야 한다.

재공품 재고가 감소하는지 그리고 공정 라인 옆의 공간이 청결하고 여유 있는지조차도 비교해 보아야 한다. 자재운반 시스템을 점검하고 운송과 이동이 원활한지 검사하여 설비공간의 활용을 최대화해야 한다.

2. 공장자동화 구성

1) 신 생산기술과 공장자동화

유연 생산시스템이 더욱 발전하면 공장자동화의 단계로 접어든다. 지난 수십 년 동안 어려운 인간 노동을 대신하고 아울러 인건비의 절감을 위하여 기계화로부터 출발한 생산시설의 발전은 이제 공장자동화라는 단계에 이르렀다.

공장자동화(factory automation)는 자동화 기술의 모든 요소를 단일의 제조시스템으로 통합하여 제조 공정상의 유연성을 높이는 고도의 생산시스템이다. 소비자뿐만 아니라 경영자 및 근로자의 욕구까지도 충족시키는 생산시스템이다. 매우 다양한 가지 수의 부품을 각각 소량으로 사용하여 제품을 만드는 작은 규모의 중소기업이라 하더라도 제품의 계획 설계 준비 및 생산과 운송을 자동화하는 공장이 많아지고 있다.

이렇게 자동화를 가능케 해주는 기술적 진보가 생산관리의 모든 분야에서 차례로 진행되었다. 자동화 기술의 집합을 신 생산기술(new manufacturing technology) 또는 진보된 생산기술(advanced manufacturing technology)이라고도 부른다(김용철 외, 2014).

2) 공장자동화 시스템의 구성요소

설계 기술 도구, 설비 기술 도구, 관리 기술 도구로 엄격하게 구분되는 것은 아니지만, 상대적으로 그 분야의 비중이 높으므로 설명과 이해의 증진을 위하여 구분한 것이다(김용철 외, 2014).

(1) 설계자동화 기술 도구

① 컴퓨터 지원설계(CAD)

computer-aided(또는 assisted) design으로서 컴퓨터의 그래픽 능력을 주로 이용한 제품설계의 자동화 프로그램이다. 가령 제품 특성에 관한 수치를 입력하면 이에 따라 적정한 정보 및 설계가 제시되는 대화형시스템이다.

② 컴퓨터 지원공정계획(CAPP)

컴퓨터 지원공정계획(computer-aided process planning)은 제조순위, 기계이용 및 관련된 활동 등의 계획을 자동화하는 컴퓨터 소프트웨어 시스템이다. 부품을 생산하기 위한 공정 순서도를 자동으로 산출하는 것이다.

공정설계도는 공정의 흐름을 분석하는 도표로서 조립도표, 흐름도표, 공정도와 같은 기법이 있다. 공정을 구성하고 있는 모든 작업을 흐름에 따라 분석하고, 작업을 보다 능률적으로 수행하기 위하여 분석한 도표이다.

③ 컴퓨터 지원공학(CAE)

컴퓨터 지원공학(computer-aided engineering)은 컴퓨터를 이용한 공학적 개발, 연구 또는 분석활동을 위한 프로그램이다.

(2) 공정설비 자동화 기술도구

① 수치제어 공작기계(NC)

수치제어 공작기계(numerical control machine)는 천공된 테이프의 저장된 프로그램에 의해 작업의 지시를 받는 선반, 연삭기, 밀링머신, 형삭기 등의 개별화된 공작기계를 말한다. 자동화 공정의 기본 구성요소이며 아래에 열거한 기계로 더욱 발전하였다.

② 컴퓨터 수치제어 공작기계(CNC)

컴퓨터 수치제어 공작기계(computer numerical control machine)는 전용 마이크로프로세서가 내장되어 통제되는 기계장치이다. 프로그램의 입력과 저장 및 변경이 쉬워졌고, 공작기계의 신뢰성과 유연성이 증가하였다.

③ 직접 수치제어 공작기계(DNC)

직접 수치제어 공작기계(direct numerical control machine)는 중앙컴퓨터에 의해서 통제되는 다수의 기계장치이다. 위의 여러 CNC를 연결하여 각각의 기계로부터 수집한 자료를 총괄적으로 동시에 통제함으로써 작업장관리가 쉽다.

④ 로버트(robot)

로버트는 사람의 작업원리를 입력시켜 여러 작업을 수행하도록 프로그램한 기계이다. 몸체와 팔과 손목으로 구성된 기계는 손목관절을 이용하여 일의 자유도를 높였다. 인간이 근무하기 어려운 작업이나 반복적인 일을 시키고 있다. 로버트의 종류도 다양해져 단순한 이동 로버트에서부터 시각과 촉감을 지닌 감지 로버트, 이제는 인공지능을 내장하여 사람의 판단력까지 갖춘 로버트가 등장하였고, 그 수요가 급격한 증가 추세에 있다.

⑤ 자동 저장/인출 시스템(AS/RS)

자동 저장/인출 시스템(automated storage/retrieval system)은 자재를 자동으로 저장 인출하는 장치이다. 원자재와 공구를 컴퓨터의 통제 속에 작업장 가까이 보관하면서 신속하게 필요한 장소로 이동시키는 시스템이다. 이를 자동창고 시스템이라고 부르기도 한다.

사람이 수많은 자재와 공구의 종류 및 이들이 놓인 장소를 기억에 의하여 저장 인출한다는 것은 시간과 노력에서 비능률적이고 혼잡을 초래하고 있다. 그러므로 신속하고 정확한 관리를 위해서 AS/RS시스템을 개발할 수 밖에 없다. 이 시스템이 잘 관리되기 위해서는 자재의 입력에서부터 이미 완벽한 품질이 보증되지 않고는 불가능하다. 그러므로 품질에 관한 신뢰의 바탕을 둔 공급업자의 네트워크 관리가 중요하다.

⑥ 자동운반시스템(AGVS)

자동운반시스템(automatic guided vehicle system)은 작업장 또는 작업구역에 자재를 자동으로 운반해 주는 차량시스템이다. 일반적인 운반 도구는 손수레, 트럭, 포크리프트, 기중기, 컨베이어 등이 있다. 그러나 AGVS는 운전자 없이 자동화 공장에 맞도록 개발된 도구이다. 정해진 경로를 따라 자동으로 움직이는 무인소형차량이다. 중앙 컴퓨터로부터 정보를 받아 목적지까지 작업장 사이에 있는 경로를 선택할 수 있는 능력을 지니고 있다.

(3) 생산시스템의 자동화 관리 도구

① 집단관리기법(GT)

집단관리기법(group technology)는 유사한 부품을 집단으로 생산할 수 있도록 공장을 재조직하는 원리이다. 수백 수천 개의 부품을 생산한다고 가정해 볼 때 흐름 경로 상 유사성을 고려하여 일정 수의 생산군(production family)으로 그룹화하여 세분한다. 일련의 기계들을 한 곳에 모아 예를 들면 치수가 유사한 것, 가공방법이 유사한 것, 또는 보관 유지방법이 유사한 것을 그룹화 하여 이들을 그룹으로 가공하면 이곳이 한 셀(cell)을 형성하게 되고, 작은 생산라인이 된다.

공장 전체를 일련의 GT그룹으로 나눔으로써 전통적인 생산조직에 비해 생산성이나 수익성을 높일 수 있다. 셀의 작업반장 책임으로 품질을 향상할 수 있고, 일괄생산으로 인한 작업시간의 단축, 거리와 이동의 단축으로 재고 감소 및 재고유지비용을 절감할 수 있게 한다. 팀워크에 의한 직무만족도를 증가시키며 권한위임과 책임부여가 용이해 지고 아울러 원가관리가 가능해진다. 따라서 GT는 자동화의 첫 단계이며 FMS의 일부이다.

② 자재 소요계획 또는 제조자원계획(MRP, MRPⅡ)

자재 소요계획 또는 제조자원계획(material requirement planning, manufacturing resources planning)는 생산을 계획하고 통제하기 위한 정보시스템이다. 특히 제조자원계획은 생산기능을 위하여 엔지니어링, 회계, 재무 및 마케팅 등이 연결된 정보시스템이다. 이에 대해서는 제4부에서 자세히 설명한다.

③ 적시생산시스템(JIT)

적시생산시스템(just in time)은 필요할 품목을, 원하는 품질로, 필요한 수량만큼, 원하는 시점에 생산하는 관리이념이다. 그러나 이제는 불필요한 활동을 줄이며 가운데 낭비를 제거하는, 복잡한 것을 단순하게 만드는 생산 및 운영철학이 되었다. 제조업체는 물론 서비스업체와 마케팅 인사 회계 등 경영 모든 부문에서 이루어지는 철학이다. 생산은 물론 경영의 모든 기능을 컴퓨터로 통합하는 경영시스템이 실현되기 위해서는 JIT가 기본적으로 선행되어야 한다.

④ 컴퓨터 지원 생산(CAM)

컴퓨터 지원 생산(computer-aided manufacturing)은 컴퓨터를 이용하여 인간 또는 생산설비가 직접 또는 간접적으로 상호 접촉하면서 생산설비를 관리하고 제품을 생산하는 제반기술을 말한다. 생산준비 단계에서 공정설계, 공구설계, 가공정보를 작성하고, 생산단계에서는 가공 조립 검사 등의 작업을 수행하며, 이동과 흐름 및 저장 보관의 물류를 통제한다.

CAM의 계획부문은 CAPP를 작동하고 MRP를 통하여 재고계획을 세우며 NC기계를 준비시킨다. 이와 함께 표준작업설정과 제품의 원가분석을 해 준다. 통제부문은 작업관리의 흐름과 공정관리 그리고 품질관리를 통제한다.

CAD에 의하여 설계된 모든 부품과 제품은 CAM에 직접 이송되어 NC나 로버트에 의하여 제작이 이루어진다. 정보를 하나의 데이터베이스에 통합함으로써 정보의 원활한 교류와 신속한 의사결정을 할 수 있고, 이러한 밀접한 관련 때문에 공장자동화라는 용어는 CAD/CAM으로 인식될 정도로 알려져 있다.

⑤ 컴퓨터 통합생산(CIM)

컴퓨터 통합생산(computer integrated manufacturing)은 정보와 제조설비를 통합하여 기업과 사람의 능률을 향상하는 경영철학이자 컴퓨터 종합 경영 시스템이다. CAM보다 한 단계 더 발전하여, 고객의 주문을 받아 이를 고객에게 인도하기까지의 일련의 모든 과정을 통합하는 고객서비스 시스템이자 이를 통해 기업의 경쟁력을 향상하는 도구이다.

단순한 컴퓨터 시스템이 아니라 고객에 대한 서비스를 위하여 조달 생산 물류뿐만 아니라 마케팅 회계 재무 인사까지 기업의 모든 부서를 하나의 정보시스템과 통신으로 연결하는 시스템이다. 공장과 공급부품업체 그리고 관련 기업들을 연결해주는 커뮤니케이션을 위하여 네트워크상의 표준 프로토콜이 개발되어 있다. ERP는 이보다 더 발전된 개념의 기업 전체 차원의 enterprise resources planning이다.

3. FMS의 시스템 자동 보전 기능

FMS에서는 팔레트(pallet), 공구, 일감, 제품과 정보의 흐름을 유기적으로 결합함과 동시에 이 상태를 유지하기 위하여 시스템 가동 상태를 항상 파악할 필요가 있다. FMS의 보전 기능으로서 요구되고 또 앞으로 요구될 내용은 다음과 같다.

1) 시스템 전체의 감시 기능

가공 감시용 CCTV로 시스템 전체와 가공 기능의 가동 상태를 감시한다.

2) 시스템의 고장 대책

공작 기계의 고장에 의한 시스템의 정지에 대비한 대체 공작 기계를 설치하여 시스템 가공 기능의 실용성을 갖게 하는 방법이 널리 채용되고 있다.

3) 시스템 운전 요원에 대한 안전 확보 기능

완전하게 무인화된 FMS는 거의 없으며 또 완전하게 무인화된 시스템에서도 점검 및 보수를 위하여 사람이 시스템 내에 들어가야 할 경우가 있다. 따라서 시스템 운전 요원의 안전을 확보하기 위하여 안전장치를 설치하는데 무인 운반차의 이동 경로, 가공 기계 주변, 로봇 주위에 안전장치를 설치하거나, 천장에 별도의 통로를 설치하는 방법 등이 있다.

4) 시스템의 자기 진단과 복귀 기능

시스템의 가동 상태를 시스템 자신이 항상 인식하고, 고장의 알림이나 고장 원인을 자기 진단하여 고장이면 진단 결과에 기초를 둔 시스템의 자기 복귀를 하는 것이다.

5) 공작 기계의 효과적 이용 기능과 가공 정도 확보 기능

이 기능은 시스템의 가공 기능을 구성하는 각 공작 기계마다 설치되어 있어 현재의 FMS에 있는 가장 일반적인 보전 기능이다. 그 내부는 공작 기계의 이용 효율 향상이나 가공 정도 확보뿐만 아니라 기계의 안전 확보도 포함한 넓은 것으로 되어 있다.

6) 반송 기기의 상태 확보 기능

이 기능은 무인 운반차의 위치 센서, 팔레트(pallet)의 식별 장치가 대표적이다. 이 기능으로 시스템 내에 있는 반송 기기의 상태, 반송되고 있는 일감, 반제품, 제품, 치구, 공구, 팔레트(pallet)의 식별, 공작물을 반입해야 할 공작 기계의 판별 등을 할 수 있다.

7) 가공 대상 부품의 치수 및 형상 검사

이 기능은 가공된 부품의 품질을 일정하게 보존하기 위하여 필요하다.

4. 자동화를 통한 경쟁력 향상

1) 경쟁력 향상의 철학적 도구

유연 생산시스템을 구축하고, 공장을 자동화한다는 것은 범위의 경제를 실현함으로써 제품을 역동적으로 생산하려는 목적이다. 고객의 요구에 적응하기 위한 기업의 공정/제품의 역량을 어떻게 적응시켜 왔는지 장기적 시간의 관점에서 기업은 지속적인 공정의 혁신과 제품 및 서비스의 대량고객화로 경쟁 우위를 얻을 것이다. 먼저 도입하는 기업들만이 경쟁력을 높이면서 살아남을 것이다.

2) 생산과업의 구체적인 목표설정

자동화에 투자되는 필요자금은 자동화 단계에 따라 큰 차이가 나지만 매우 많은 자금이 소요된다. 그리고 인건비가 절감된다 하더라도 자동화에 대한 투자는 현금흐름 분석에서 볼 때 투자수익률이 낮을 수 있다. 그러므로 공장자동화는 한 발 더 진전된 전략적 목표가 있어야 한다. 상위 경영층일수록 철학적 사명에 강하고, 하위 경영자일수록 구체적 지표와 목표치가 있어야 한다.

3) 사람을 중시하는 창조적 생산시스템

일본 기업이 자동화를 쉽게 추진하고 부가가치를 크게 창출할 수 있던 중요한 요인은 자동화에 대한 설비 투자를 먼저 한 것이 아니라 생산현장에서는 이미 작은 로트(lot)의 생산, 신속한 라인(line) 교체 등을 통하여 유연한 생산방식을 실현했었기 때문이다. 이렇게 축적된 노하우(Know-How)의 바탕 위에 JIT와 CIM이 도입되어 성공을 보게 된 것이다.

또 한국생산성본부에서 조사한 우리나라의 기업의 초기 공장자동화 도입 실태조사보고에 의하면 자금 부족, 기술인력 부족, 기계설비의 낙후성, 기대에 미치지 못하는 생산성, 최고경영자의 인식 부족, 자동화에 대한 자체 기술개발의 부족, 노조의 비협조 등을 들고 있다.

그렇지만 변화하지 않는 철학은 사람을 중시하고 사람에게 친절한 생산시스템이 되어야 한다는 것이다. 경영자와 생산기술자에게는 인간 본연의 창의성을 살리고 능력을 발휘할 수 있는 생산시스템을 만드는 책임이 있다. 인간의 힘든 노동을 대신하는 기술적 개발과 인간의 창의성이 조화를 이루는 생산시스템을 만들어 나가야 하기 때문이다.

학습목표 요약

1. 좋은 설계의 장점은 무엇인가?

① 생산주기를 단축하여 제품의 시장경쟁력을 높인다. 공정설계를 개선하면 공정준비에 드는 작업 준비시간을 줄일 뿐만 아니라 선진적인 공정방법의 채용으로 공정흐름도 축소할 수 있다.

② 제품 품질을 높일 수 있다. 합리적인 제조과정은 제품의 품질에 좋은 영향을 준다. 그리고 제조공정의 지속적인 개선에 따라 품질을 개선할 수 있다.

③ 원자재 소모와 에너지 소모를 감소함으로써 생산원가를 절감할 수 있다.

④ 노동생산성을 높일 수 있다.

⑤ 설계개선에 따라 노동 강도를 줄여서 작업을 편리하게 할 수 있다.

2. 설비 배치방법은 어떤 것이 있는가?

1) 고정형 배치

제품은 일정한 장소에 고정되어 있고 설비, 재료, 작업자 등이 제품을 중심으로 배치되어 제품을 완성하는 방법으로 내부설계를 고정형 배치(fixed position layout)라고 한다.

2) 제품별 배치

제품별 배치(product layout)는 반복적 작업환경에 응용된다. 제품별로 제품이 만들어지는 작업순서에 따라 설비나 작업장을 배치하는 방법으로 자본 집약적 설비로 컨베이어나 자동화된 기계를 사용하는 공장에서 적용하는 배치형태로서 라인별 배치라고도 한다.

3) 공정별 배치

공정별 배치(process layout)는 각 공정의 기능별로 배치하는 방법으로 유사한 기계설비나 비슷한 기능을 수행하는 공정을 한곳에 모아서 배치한다.

4) 혼합형 배치

혼합형 배치(hybrid layout)는 제품별, 공정별, 고정형 배치를 혼합하여 배치하는 형태로서 서비스 생산 시스템이나 유연생산 시스템에서 활용된다.

5) 그룹테크놀로지(group technology)

그룹테크놀로지(group technology : GT)는 설계 또는 가공 상의 형태나 공정경로가 비슷한 부품이나 제품들을 그룹화, 그 집단의 유사성과 장점을 취하는 생산기술로서 소규모 lot 생산에 대량생산의 원리를 적용하기 위해서는 우선 생산 lot의 크기를 늘려야 하는데 주문품이 한정되어 있을 때에 가능한 한 가지 기술적 방법은 다품종, 다양한 생산 부품을 유사한 생산 특성을 갖는 것끼리 한데 묶어 group 생산하는 것이 될 수 있고 이것이 group technology(GT)의 기본 개념이다.

6) 셀 배치(cellular layout)

셀 생산방식은 한사람의 작업자가 한 제품을 처음부터 끝까지 조립하는 작업을 의미한다.

7) 모듈(module)별 배치

개별부품 각각을 생산한 후 이들을 작업순서, 조립의 특성 등을 고려하여 미리 일부 부품을 조립하여 큰 단위의 조립품(module)을 만든다. 이 모듈을 조립하여 최종 제품을 조립한다. 예로, 자동차 조립공장은 협력업체가 공급한 모듈화된 부품들을 공정별로 조립단계에 맞추어 조립하여 완성차를 조립한다.

3. 설계자동화 기술도구는 무엇이 있는가?

① 컴퓨터 지원설계(CAD)

② 컴퓨터 지원공정계획(CAPP)

③ 컴퓨터 지원공학(CAE)

4. 공정설비 자동화 기술도구는 어떤 것이 있는가?

① 수치제어 공작기계(NC)

② 컴퓨터 수치제어 공작기계(CNC)

③ 직접 수치제어 공작기계(DNC)

④ 로버트(robot)

⑤ 자동 저장/인출 시스템(AS/RS)

⑥ 자동운반시스템(AGVS)

제9장

프로젝트 진척관리

학습목표

1. 프로젝트 관리란 무엇을 의미하는가?
2. 프로젝트 성공 요인은 무엇이 있는가?
3. 프로젝트 제약사항에는 어떤 것이 있는가?
4. 프로젝트관리는 어떤 절차를 따르는가?

제1절 프로젝트 구축

1. 프로젝트 관리 활동

1) 프로젝트관리 의의

주문생산이나 신제품개발 등 프로젝트 운영이 필요한 사업이나 공정을 관리하는 방법이 프로젝트 관리이다. 프로젝트 진척관리는 작업계획과 작업진도를 비교하여 프로젝트 진행현황을 파악하여 문제를 조기 발견하여 대안을 수립하고 대책을 수립하며, 상황보고 및 피드백(feedback)에 목적이 있다.

프로젝트 관리(project management)는 프로젝트의 성공을 목적으로 기업의 전체 조직이 움직이는 활동으로 프로젝트를 구성하는 각각의 활동계획수립, 일정표 작성 및 진도관리표 등으로 구성된다. 또한, 프로젝트 관리기준에 따라 계획과 실적 통제, 품질 수준 통제, 가격 통제나 평가를 하며, 특정 기술 혹은 시스템, 사업이나 공사를 목적으로 진행되는 프로젝트 관리업무 전반을 말하며, 관리 기준을 근거로 계획의 내용, 시스템의 품질, 진행 상황, 비용 등의 통제와 평가를 한다.

프로젝트는 제한된 비용, 시간, 기술 등을 가장 효율적으로 활용하여 특정한 목적을 달성하기 위해 인적·물적 자원을 사용하여 상당한 기간 수행해야 하는 상호관련성을 가진 일련의 활동이라고 할 수 있다.

지금과 같은 프로젝트 관리 개념이 확립된 것은 냉전기의 미국 국방성으로 알려져 있다. 소련의 유인 로켓의 발사로 선수를 뺏겨 위기감을 느낀 미국 국방성은 군사 프로젝트의 프로세스를 더욱 빠르게 하기 위해 프로세스를 체계화하여 정리했다. 1958년에는 폴라리스 프로젝트에서 “Program evaluation and review technique(PERT)”가 개발되었다. 같은 시기에 듀퐁사에서도 “Critical path method (CPM)”라 부르는 기법이 개발되었다(위키백과 : wikipedia.org, 2016).

이처럼 효율적 프로젝트관리를 하면 다음과 같은 결과를 얻을 수 있다.

① 성공적 사업목표 달성 보장(성과지표)

② 고객만족 극대화

③ 시간, 노력, 비용 절감 등 생산성 향상

④ 사업수행 능력 배양 및 관련 조직인프라 구축

ISO 21500은 "프로젝트는 프로젝트의 목표 달성을 위하여 수행되는 고유한 프로세스의 집합으로 구성되며, 프로세스는 시작일과 종료일이 정해져 있고, 조정되고 통제되는 활동으로 이루어진다."고 정의한다. 이러한 각 프로젝트는 고유하며, 다음과 같은 면에서 각 프로젝트간의 차이가 나타날 수 있다.

① 제공된 인도물

② 이해관계자의 영향

③ 사용된 자원

④ 제약사항

⑤ 인도물을 제공하기 위하여 프로세스를 정하는 방식

2) 프로젝트 핵심관리

[그림 9-1] 프로젝트 3요소

① 범위관리(scope management)

② 일정관리(time management)

③ 비용관리(cost management)

④ 품질관리(quality management)

⑤ 인적자원관리(human resource management)

⑥ 위험관리(risk management)

⑦ 조달관리(procurement management)

⑧ 프로젝트 통합관리(project integration management)

3) 프로젝트 성공 요인

프로젝트를 성공적으로 달성하기 위하여 우리가 관리 하여야 것은 사람, 기술, 범위, 일정, 품질이다. 이 5가지 요소가 잘 관리된다면 프로젝트는 성공할 수 있다.

(1) 사람

프로젝트에는 양적, 질적으로 가장 적합한 사람을 투입하여야 한다. 이는 프로젝트 성공의 가장 기본적인 요소 중 하나이다. 실무에서 이러한 기본적 요소가 지켜지지 않고 자리다툼이나 보은 인사로 프로젝트와 전혀 관계가 없는 사람으로 구성되면 팀워크는 생길 수도 없다. 이렇게 부적절한 사람들로 구성된 프로젝트가 성공하기를 기대하지 않는 것이 현명한 판단이다.

(2) 프로젝트에 적합한 프로세스, 방법론, 도구 등의 기술

프로젝트 특성에 맞는 적절한 수준의 기술이나 도구가 필요하다. 도구의 사용 비용이 도구의 도입비용보다 더 큰 비용이 투입된다. 그러나 이러한 도구를 제대로 사용할 수 있는 전문가가 있다면 프로젝트 성공에 도움이 된다.

(3) 프로젝트 범위 설정

프로젝트 설계 시에 고객의 요구 사항의 기능적인 요소는 물론 비 기능적인 요소까지 반영하여 프로젝트 범위를 설정하여야 한다. 그러나 프로젝트 범위에 너무 많은 기능을 추가한다면 프로젝트를 성공할 수 없으며 목표한 결과물과 반대의 결과를 얻을 수 있다.

(4) 올바른 일정계획 수립

프로젝트 회의 때 일정은 절대적인 관리로 생각하고 계획된 모든 일정을 정확히 지켜야 한다는 개념을 가지고 있다. 프로젝트 일정계획은 절대적인 신앙으로 믿고 있다. 따라서 일정이 잘 못 수립되면 프로젝트의 모든 것이 파괴된다는 신념을 가지고 있다.

기업의 많은 경영진은 원가절감, 또는 자신의 임기 내에 성과를 나타내기 위하여 공격적인 일정을 수립한다. 그러나 일정이란 선행 업무와 후행 업무 및 최상경로(critical path)를 고려해서 신중하게 결정하여야 한다.

(5) 결과물의 완성도 품질

부족한 일정으로 계획된 프로젝트의 경우 프로젝트와 품질은 이율배반현상이

일어난다. 일정을 맞추려면 품질이 떨어지고, 품질을 맞추려면 일정이 지연되는 것이다. 많은 프로젝트가 부적절한 사람을 투입하고 잘못된 일정을 수립하고 부실한 관리는 품질을 떨어트리고 말로만 품질의 중요성을 강조하게 된다.

[그림 9-2] 프로젝트 성공 요인

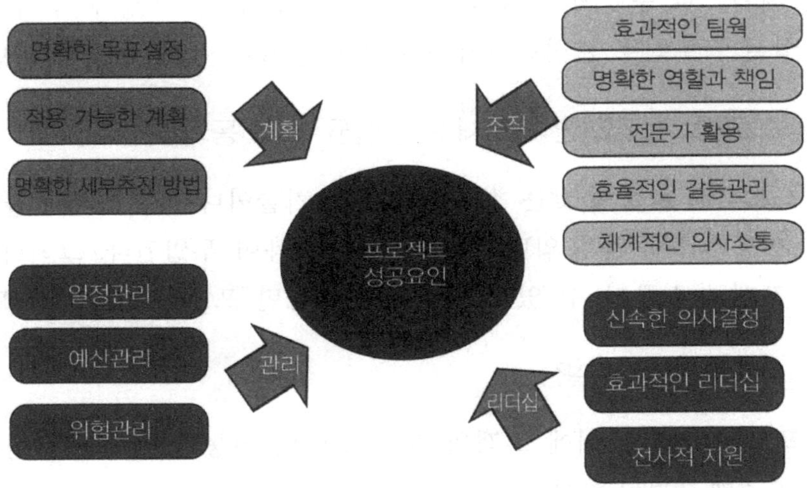

4) 프로젝트 실패요인

일반적으로 프로젝트 실패란 예산 초과, 구축일정 지연, 현업사용 불가 등의 현상을 말한다. 이는 프로젝트 이전에 계획했던 프로세스의 변화 또는 기업이 원하는 목표를 달성하지 못하거나 심지어는 재구축을 하는 경우도 포함된다. 물론 프로젝트 진행 중간단계에서 프로젝트 진행을 멈추었다면, 당연히 실패한 프로젝트이다. 실패기준은 시간, 비용, 품질관점에서 정의할 수 있다. 시간적인 측면에서는 일정 연기 또는 취소, 비용측면에서는 예산초과, 예산지원 중단 및 부족, 품질 측면에서는 불충분한 비즈니스 요구 사항 반영 및 산출물과 제품의 부실 등을 들 수 있다.

대부분 실패한 프로젝트는 초기 무리한 프로젝트 계획수립, 비현실적인 견적 수행 등의 원인으로 인해 수행과정에서 여러 가지 이상 징조가 나타난다. 국내 프로젝트 실패요인 조사결과에 따르면, 전체 단계에 영향을 주는 실패요인은 계약 및 초기견적 부실, 요구 사항 불확실, 외주업체 관리 어려움, 고객 의사결정

지연 그리고 체계적인 프로젝트 관리부족 등으로 나타났다. 해외 연구결과에 의하면, 사용자 참여(최고경영자 지원 포함) 미흡, 불확실한 요구 사항 정의 및 변경, 조직문화 등으로 제시하고 있다(www.letitbe.biz, 2015).

〈표 9-1〉 프로젝트 실패요인

실패요인	세부내용
조직요인	불명확한 프로젝트 목표
	최고경영자 관심 및 지원 미흡
	효과중심이 아닌 보고중심 관리
	조직, 참여인원의 정치적인 이슈(신속한 의사결정 안됨)
	비즈니스 목표보다 기능중심의 구현요구
사람요인	프로젝트 규모, 특성에 적합하지 않은 프로젝트 관리자 투입
	프로젝트에 적합하지 않은 현업, 개발자, 컨설턴트 투입
	프로젝트 팀원 간 충돌, 중도 탈퇴, 수시 구성원 변화
	의사소통의 한계
고객요인	비용/일정대비 비현실적인 요구 사항제시, 결과기대
	비즈니스 요구 사항정의 합의 실패, 수시 요구 사항 변경
	상호의사통신 미흡
	사용자 참여도 수준 미흡(요구 사항정의, 교육, 테스트, 데이터 검증 등)
프로젝트 관리요인	수행자, 발주사 간의 불명확한 책임과 역할정의
	범위: 과도한 범위, 불명확한 범위, 비즈니스 변화로 인한 초기 범위변화.
	일정: 비합리적인 견적, 고위층에 의한 앞당겨진 일정
	단계별 주요작업 및 9개 프로젝트 관리에 대한 원칙 미 준수
	초기단계 위험분석/관리부재
	협력사, 개발자, 사용자, 컨설턴트 리딩(reading)의 실퍼
	불충분한 테스트, 소홀히 다룬 데이터 이행 및 검증
	프로젝트 특성에 적합한 구현 방법론 부재, 구축전략 부재
기술요인	유연한 시스템설계 부족, 복잡한 인터페이스의 신뢰성 확보미흡
	신기술 적용에 대한 고려 미흡
	시스템 응답시간 미 고려, 불충분한 데이터 이행능력기술
	적합한 s/w, h/w architecture 설계미흡

(출처: www.letitbe.biz, 2015).

5) 프로젝트 실패 예방법

프로젝트 실패 예방은 다음과 같이 정의 할 수 있다.

① 프로젝트가 실패한 이유(원인)를 이해하고 실패원인을 피한다.

② 프로젝트 성공요소를 이해하고 이를 실행한다.

③ 다른 사람들의 프로젝트 경험으로부터 배운다(lessons learned).

④ 자신의 경험으로부터 배운다.

프로젝트 성공의 중심은 프로젝트 관리자 역량에 의해 좌우된다. 따라서 프로젝트 관리자는 프로젝트 실패를 예방하기 위하여 다음과 같은 최소의 요건을 갖추어야 한다.

첫째, 최소한의 프로젝트 관리에 관련한 지식기반 이해가 요구된다.

둘째, 프로젝트 팀, 스폰서, 사용자, 협력업체 인력 및 기타 프로젝트 이해관계자들을 해석(reading)할 수 있는 리더십이 요구된다.

셋째, 사람에 대한 심리적, 기본적인 이해를 할 수 있는 성숙한 사람이어야 한다.

6) 프로젝트 제약사항

프로젝트 제약사항의 특성은 다음과 같다.

① 제약에는 여러 종류가 있고 대체로 상호 의존적이다.

② 프로젝트 관리자는 특정 제약과 다른 제약간의 균형을 잡는 것이 중요하다.

③ 프로젝트 인도물은 프로젝트 요구 사항을 충족하여야 하며 범위·품질·일정·자원·원가와 같은 제약과 관련되어 있다.

④ 한 가지 제약이 변경되면 한 가지 이상의 다른 제약에 영향을 미칠 수 있다.

⑤ 제약은 프로젝트관리 프로세스 내에서 이루어지는 의사결정에 영향을 미칠 수 있다.

⑥ 제약에 관하여 주요 프로젝트 이해관계자 간 의견 일치가 이루어지면 프로젝트 성공에 확고한 기반을 마련할 수 있게 된다.

프로젝트 제약사항에 해당되는 예로는 다음과 같은 것이 있다.

① 프로젝트 기간 또는 목표일

② 프로젝트 예산 가용성

③ 인력・시설・장비・자재・사회기반시설・도구・프로젝트 요구 사항과 관련하여 프로젝트 활동 수행에 필요한 기타 자원 등의 프로젝트 자원 가용성(ISO21500에서 발췌)

2. 프로젝트 관리자의 역할

1) 프로젝트 관리자의 역량

프로젝트 관리(project management : PM)자의 역량은 프로젝트의 성공과 실패의 중요한 요인이다. 또한, 대형 프로젝트 일수록 관리자의 역량이 더욱 중요하다. 따라서 프로젝트 관리자의 기본수칙은 다음과 같다.

① 의식적으로 일을 하라

② 초기 활동에 과감히 투자하라

③ 불가피하게 일어날 수 있는 문제점들을 예측하라

④ 상황에 대한 현상보다는 이면의 사실을 연구하라

⑤ 가능한 유연한 행동을 하라

〈표 9-2〉 PM의 구분

유능한 PM	무능한 PM
관리 도구를 효율적으로 활용함	문제를 즉각적으로 안 드러냄
상호 비판을 주고받음	인정변경이 많음
새로운 절차의 뛰어난 수용력	품질을 무시, 목표시간에 집착
뛰어난 시간관리	관리보다 행정적인 것에 치중
효과적인 회의운영	폭넓은 관리보다 세심한 관리
뛰어난 유모감각	새로운 도구에 의존
효과적인 의사결정기술	진행상황을 간헐적으로 점검

프로젝트에 필요한 프로젝트관리자의 역량은 프로젝트 상황에 따라 다르나, 일반적으로 의사소통 역량이 중요하다. 또한 프로젝트 관리자의 사업가 정신(business mind)이 중요하다. 기술적으로 완벽하게 성공하더라도 사업적으로 실패하는 것보다는 기술적으로는 다소 미흡한 점이 있어도 사업적으로 성공하는 것이 프로젝트에 관리자에게는 더 중요하다.

[그림 9-3] 프로젝트 관리자의 필요역량

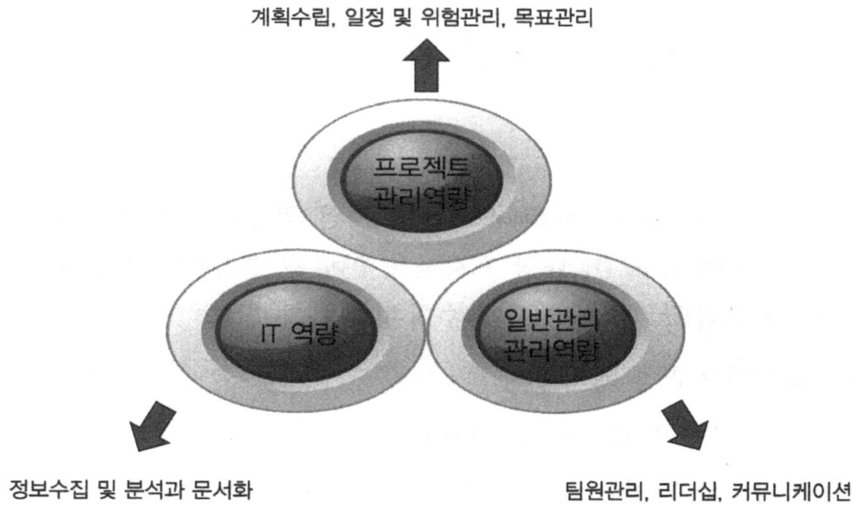

2) 프로젝트 관리자의 역량모델

프로젝트 관리자는 한정된 자원의 제약조건하에서 프로젝트를 성공적으로 끝낼 역량을 갖추어야 팀원을 고생시키지 않고 고객을 만족시킬 수 있는 답은 다양하게 많이 존재 한다. 따라서 프로젝트 상황에 따라 서로 상충되는 역량이 필요(유연함과 엄격함, 위임과 독재)하다. 또한, 프로젝트 관리자는 모든 업무를 혼자서 책임지고 수행해야 된다는 슈퍼맨이 되어야 한다는 강박관념에서 벗어나야 한다.

〈표 9-3〉 프로젝트 관리자의 역량모델

구분	역량
지식(knowledge)	- 프로젝트 관리지식 함양 - 프로젝트 관련 기술, 업종의 지식 습득
인성(personal competency)	- 의사소통 능력 - 프로젝트 요구 사항 해석능력 - 이해관계자 관리능력 - 추진력과 전문가 능력 함유
적용능력(performance)	- 프로젝트 지식을 이해하고 적용하는 능력 -프로젝트 지식을 다양한 실무에 적용

제2절 내부 프로젝트 개발 절차

1. 문제의 정의

1) 목표설정

프로젝트를 시작하면서 프로젝트의 목표 정의가 프로젝트의 첫 단계이다. 이 단계에서 프로젝트 헌장을 결정하고 구체적인 목표를 수치화하여 정의 한다.

프로젝트 목표는 고객의 요구 사항에 적합하도록 수치적으로 설정하고 목표에는 납기, 원가, 품질 등을 정의한다.

〈표 9-4〉 신제품개발 목표 설정 전략

구 분	최초진입전략	초기모방전략	후기모방전략	시장분화전략
기술전략의 초점	최고수준의 연구개발 활동을 요구	유연하고 개선된 연구개발능력을 요구	비용효과적인 제품생산을 위한 공정개발 능력을 요구	응용, 소비자공학, 개선된 제품디자인 능력을 요구

〈표 9-5〉 프로젝트 정의 사례

고객의 요구	현재	프로젝트목표	개발도구	결과물
연비개선	16Km/L당	46Km/L당	통합	테스트 결과 시트
고객이 직접 제품을 쉽게 조립	일자/십자/드릴 사용하여 조립	십자드라이버만 사용하여 조립	분할	시험조립결과물

문제를 발굴하여 개선의 주제를 선정하는 방법으로 우리는 업무를 처리하는 과정에서 우리 주변에 변화가 필요한 많은 문제점이 있다. 그렇다고 이 많은 문제들을 한꺼번에 해결할 수는 없다. 따라서 가장 가깝고 쉬운 것부터 하나하나 단계적으로 해결해 나가야 한다.

이처럼 주제를 선정하는데 처음부터 성과나 평가, 발표회만을 의식하여 너무 커다란 주제 또는 어려운 주제를 선정하면 효과를 기대하기 어렵게 된다. 따라서 다음과 같이 주제를 선택한다.

① 가깝고 비근한 문제선정

일상 업무에서 발생하는 문제를 선정한다.

② 조직원의 공통적인 문제를 선정

전원이 참여할 수 있고 전원이 관심을 두고 있는 공통적인 문제를 선정한다.

③ 단기간에 해결 가능한 문제를 선정

문제 해결에 시간이 너무 오래 걸리고 복잡하면 권태를 느끼게 되어 큰 성과를 기대하기 어렵다.

④ 변화의 필요성을 느끼고 있는 주제 선정

변화가 꼭 필요하다고 평소에 느껴오던 주제를 선정한다.

⑤ 구체적인 주제선정

변화에 대한 문제를 잊어서는 안 되지만 명칭에 얽매여 주제를 국한 시킬 필요는 없다.

이와 같은 주제선정의 착안점에 의하여 전원이 참여한 많은 문제점 가운데서 하나의 주제를 선택한다.

주제를 선정할 때 참고 사항은 다음과 같다.

① 고객에게 불편을 주고 있는 일은 무엇인가?

고객 : 타부서, 다음 단계, 동료, 상사 등

② 고객이 품고 있는 불만은 무엇인가?

③ 일하는 데 낭비나 무리는 없는가?

④ 상·하 또는 횡적 의사소통은 원활한가?

⑤ 업무목표 달성 상황은 어떠한가?

⑥ 일하는데 보람과 긍지를 갖고 있는가?

⑦ 업무지식 및 처리능력은 충분한가?

이처럼 문제의식을 느끼고 현상조사 분석을 통하여 문제에 대한 원인을 철저히 분석하여 대책을 수립할 수 있으며, 만족할만한 개선책을 유도해 낼 수 있다. 즉, 문제점의 주요 원인이 무엇인가를 경험이나 육감에 의해서 판단하는 것이 아니라 사실에 따라서 근본 원인을 규명하고 확인하는 것이다.

사실에 의해서 원인을 규명함으로써 개선의 중요성을 재확인할 수 있으며 새로운 사실도 발견할 수 있다. 원인을 규명할 때는 구체적으로 수치화, 표준화하는 등 통계적, 과학적 방법을 사용하는 것이 바람직하다. 현장조사 방법으로는 다음과 같다.

(1) 모든 것은 숫자로 표시한다.

팀원들이 열심히 자료를 수집했으나 그것이 무엇을 의미하는지를 발견하지 못하면 쓸모가 없다. 수집된 자료를 숫자로 표시함으로써 자료가 뜻하는 바를 알고 적절히 활용할 수 있다.

(2) 흐름을 파악한다.

정태적인 분석뿐만 아니라 문제에 따라서 동태적인 관찰을 할 필요가 있다.

(3) 전체적으로 넓게 관찰한다.

문제가 너무 국한되지 않고 회사 전체에 영향을 미치는가? 폭넓게 관찰하는 시야를 갖도록 하는 것도 중요하다. 넓은 시야를 갖는다고 주제를 포괄적으로 정하는 것이 아니라 한 항목에 대하여 여러 각도에서 관찰하자는 것이다.

(4) 결과를 도표화 한다.

분석 내용을 알맞은 도표를 활용함으로써 신중하게 검토하는 데 도움이 된다. 또한, 발표나 보고할 때 한눈에 볼 수 있으며 호소력이 있는 알기 쉬운 그래프나 도표를 연구하여 활용하는 것이 효과적이다.

2) 프로세스 헌장개발

프로젝트 헌장 개발은 프로젝트를 공식적으로 승인하는 문서를 작성하고 이해관계자의 요구 사항과 기대 사항을 충족시키기 위한 초기 요구 사항을 문서화하는 프로세스이다.

프로젝트 관리자는 최대한 이른 시일 안에, 되도록 프로젝트 헌장을 개발하기 전에 그리고 반드시 기획을 시작하기 전에 선임되어야 한다. 프로젝트 헌장은 프로젝트 활동에 자원을 활용할 권한을 프로젝트 관리자에게 제공하는 것이므로 프로젝트 헌장 개발에 프로젝트 관리자가 참여하여는 것이 좋다.

2. 일정계획 수립

1) 일정계획의 정의

일정계획(scheduling)은 프로젝트를 수행하는 데 필요한 여러 가지 작업이 시간의 흐름에 따라 구체적으로 어떤 순서와 어떤 능력을 얼마만큼 요구하는지를 파악하여 이를 지원하는 단기 능력계획이다. 따라서 일정계획에서는 작업명령, 설비, 인력을 각 작업장에 할당하며, 작업의 우선순위(job priority)를 세워서 어떤 작업을 언제 착수하고 완료할 것인가 하는 생산일정을 결정한다.

또한, 프로젝트의 프로세스를 이루는 소 작업을 분석하고 예측된 자원을 각 소 작업에 분배하며, 소 작업의 순서와 일정을 정하는 것이다.

① 개발 기간의 지연을 방지하고 프로젝트가 계획대로 진행되도록 일정을 계획한다.

② 계획된 일정은 프로젝트의 진행을 관리하는데 기초 자료가 된다.

③ 계획된 일정과 프로젝트의 진행도를 비교하여 차질이 있으면 여러 조치를 통해 조정할 수 있다.

④ 프로젝트 일정 계획을 위해서는 PERT/CPM, 간트차트(gantt chart) 등이 사용된다.

2) 일정계획 수립의 원칙

프로젝트 일정 계획이 진행될 때 다음과 같은 기본 원칙이 적용된다.

① 분할의 원칙 : 프로젝트는 관리 가능한 여러 개의 작업으로 분할되어야 한다.

② 상호 의존성 원칙 : 분할된 각 작업 간에 어떤 관계가 있는지 상호 의존성이 결정되어야 한다.

③ 시간 할당원칙 : 각 작업에 시간을 할당해야 한다.

④ 노력 확인원칙 : 개발에 참여할 팀원들에게 맞게 시간이 할당되었는지 확인해야 한다.

⑤ 책임성 : 계획된 작업은 특정 팀에게 할당되어야 한다.

⑥ 정의된 산출물 · 이정표 : 각 작업은 정의된 산출물과 이정표를 가지고 있어야 한다.

3) 간트도표

간트도표(gantt chart)는 종으로 작업을 시작순서에 따라 기록해 나가며 횡으로는 사업 진행 기간을 또는 일자를 기록한다. 첫 작업부터 시작하여 작업마다 소요추정 기간을 속이 비어있는 봉형으로 기록하며 직전 선행 작업을 봉 좌측에 기록하는데 각 작업의 봉은 직전 선행 작업이 다 끝난 시점에서부터 시작하여 소요 추정기간에 맞는 길이로 그린다. 일단 모든 작업을 간트 도표에 기록하게 되면 제일 늦게 끝나게 되는 작업을 쉽게 알 수 있고 이 작업이 끝나는 시점이 전체 사업의 소요기간으로 나타나게 된다.

따라서 간트도표는 사업 일정계획을 세우는데 뿐만 아니라 실제 작업진도가 작업계획에 어긋나지 않는지를 파악할 수 있는 편리한 도구이다. 계획보다 앞선 작업이나 뒤진 작업을 일일이 밝혀주며 어느 정도의 차질이 있는지를 알려준다.

[그림 9-4] 간트도표 일정계획

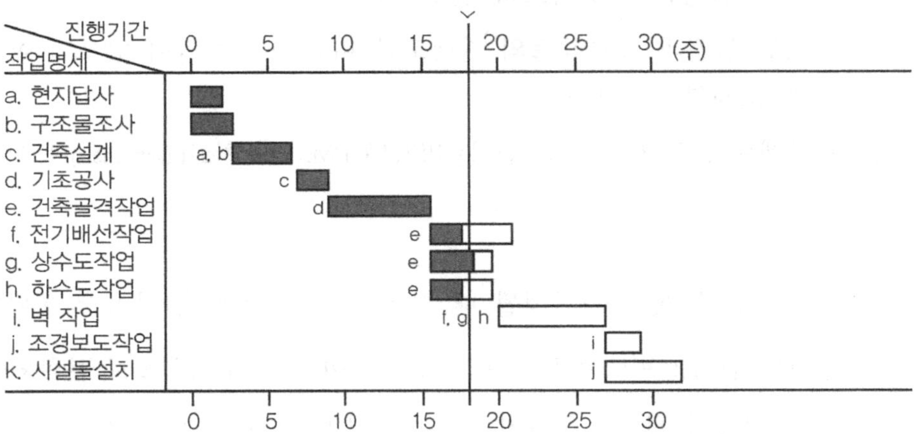

4) 주공정분석

주공정 분석법(critical path method : CPM)은 각 작업의 확정적 소요시간을 추정하여 관리하는 기법이다. 주공정기법은 1957년도에 최초로 DuPont회사와 Remington Rand 회사가 공장 수리 유지사업을 위하여 개발하였다.

일단 작업요소들이 밝혀지고 이들 작업 간의 상호관계와 각 작업의 소요기간들이 밝혀지면 이 사업을 네트워크 즉, 망도표(network diagram)로 표시해야 한다.

망도표는 선(arc)과 교점(node)으로 이루어져 있는데 예를 들어 도로망, 철도망, 통신망들을 표시하는 그림들은 네트워크 그림의 대표적인 예이다.

한 사업이 망도표로 표시되었을 때 이를 사업공정도(project network)라고 부른다. 작업선방법(activity on arrow convention)이라고 부르는 공정도 작성방법은 다음과 같다.

각 작업을 이 작업의 진전방향을 보여주는 화살 선으로 표시하고 교점들은 번호를 기록할 수 있는 작은 원으로 표시한다. 각 교점은 작업의 시작 또는 종결을 표시하며 작업종결교점의 번호는 시작교점의 번호보다 적어도 하나가 높게 기록해 나간다.

[그림 9-5] 주공정분석

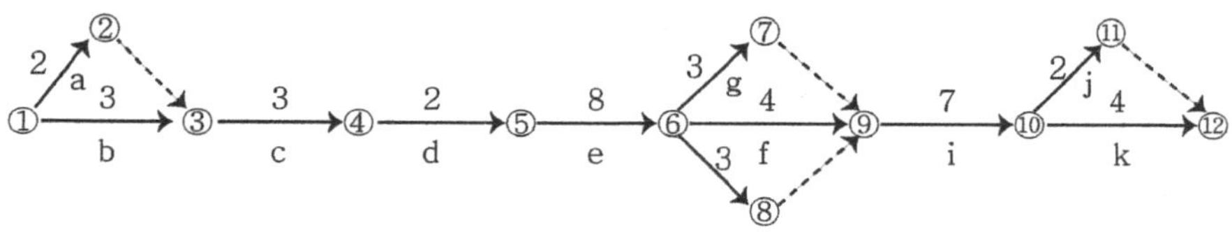

3. 프로젝트 예산계획 수립

프로젝트 예산이란 화폐액으로 표시되는 공식적 프로젝트 활동계획으로 프로젝트의 성과평가 및 원가통제 목적으로 표준과 함께 이용된다. 프로젝트 예산제도는 프로젝트 원가의 표준설정 및 일정 기간의 성과평가를 할 때 주축이 되는 관리 통제시스템이다. 프로젝트 예산은 자재비(재료비), 인건비, 간접경비로 크게 분류한다.

1) 자재비계획

프로젝트를 수행하는데 필요한 자재구매 계획을 금액으로 환산하여 산출한다. 자재비 계획에서 외자는 해외에서 수입되는 자재로서 물품대 이외의 수입부대비용도 포함한다. 내자는 국내에서 공급 가능한 자재를 말한다. 특히 해외 도입 자재는 납기가 국가마다 차이가 발생함으로 입고 기간을 산정하여 예산을 편성한다.

2) 인건비

인건비는 프로젝트를 직접 수행하는 연구원은 물론 프로젝트를 간접 지원하는 관리직 종사자 및 프로젝트 실험 및 제작에 필요한 모든 인건비를 산정한다. 인건비는 직급별 또는 근무 연수별 평균임금으로 산정할 수도 있다.

3) 간접경비

간접경비 계획은 프로젝트 수행에 필요한 직접비를 제외한 모든 비용을 산정한다.

4. 프로젝트 조직구성

프로젝트 조직구조는 기능조직, 매트릭스 조직, 프로젝트 전담 조직으로 구분된다. 기능조직 FM(functional manager)은 프로젝트 운영에서 PM(project manager)의 권한은 매우 작다. 프로젝트 전담조직은 PM이 프로젝트의 책임자로 프로젝트의 권한을 위양 받는다. 매트릭스 조직은 PM의 권한 크기에 따라 약한 매트릭스 조직과 강한 매트릭스 조직으로 나뉜다.

1) 기능조직

업무내용을 기능별로 분류하고 결합하여 프로젝트 조직을 설계하는 방법으로 인사, 설계, 디자인 등의 기능별 기준으로 조직을 구성한다. 이 조직은 프로젝트의 환경이 안정적이고 일상적인 기술을 개발 할 때 사용되거나 작은 프로젝트를 수행할 때 사용 된다.

[그림 9-6] 기능조직

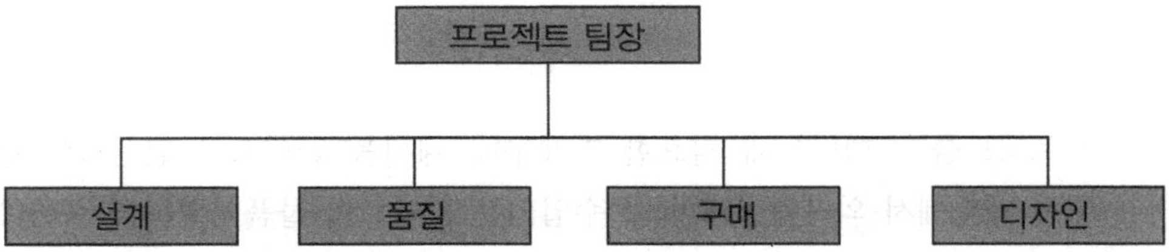

2) 매트릭스조직(matrix organization)

매트릭스 조직은 생산, 개발, 마케팅, 인사, 구매 등 각 부서의 업무는 전통적 방식을 따르나 프로젝트가 진행되면 각 부서에서 프로젝트 팀으로 파견되어 프로젝트를 수행하고 프로젝트가 완료되면 다시 현업부서로 복귀하는 조직이다.

[그림 9-7] 매트릭스 조직

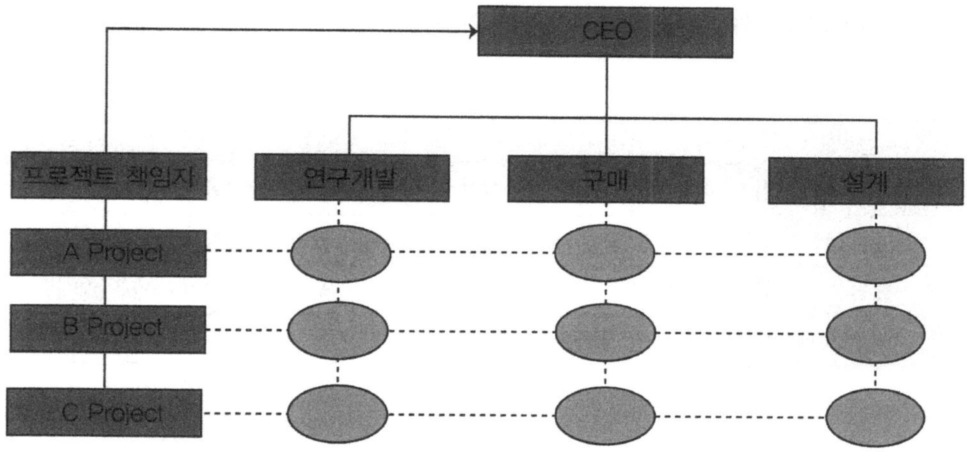

3) 프로젝트 조직

프로젝트 팀(project team)은 태스크포스(task force)라고도 하며 특정 목표를 달성하기 위하여 구성된 팀으로 프로젝트 목적이 달성되면 해체한다. 프로젝트 팀은 신속한 의사결정을 위하여 조직 내에 별도의 팀을 구성한다.

[그림 9-8] 프로젝트 조직

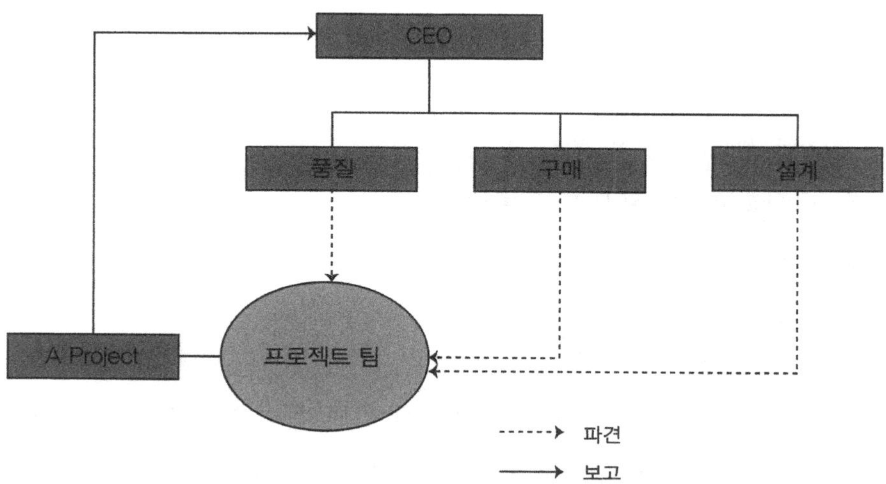

5. 프로젝트 위험분석

프로젝트를 진행하면서 예기치 못한 위험요소들이 나타난다. 이러한 위험요소를 최소화하고 제거함으로써 성공적인 프로젝트를 완수 할 수 있다.

〈표 9-6〉 프로젝트 위험요소

위험요인	내역
기술적 위험	기술신뢰도 부족, 실현 불가능한 목표, 기술표준 변경
관리적 위험	부적합한 팀원 배치, 낮은 수준의 품질관리, 프로젝트 관리능력 부족
조직의 위험	프로젝트 우선순위 결정 부족, 타 프로젝트와 혼합되어 이중개발
외부위험	법규변경, 천재지변의 위험

6. 프로젝트 계획서 작성 수행

1) 최종 프로젝트 계획서 작성

프로젝트 절차에 따라 계획된 모든 계획을 정의, 준비, 통합 및 조정하는데 필요한 조치를 문서화한다. 프로젝트 계획서의 내용은 다음과 같다.

① 프로세스 영역별 계획(범위, 일정, 원가, 품질목표, 인력계획, 의사소통방법, 위험관리계획, 조달관리)

② 프로세스의 실행수준, 기법

③ 프로젝트 수행방법론

④ 프로젝트 수행을 위한 각종 도구

⑤ 변경통제 및 형상관리 방안

⑥ 성과측정 방법 및 성과 측정 기준관리

2) 프로젝트 수행

프로젝트 목표를 달성하기 위해 프로젝트 관리 계획서에 정의된 업무를 수행한다. 주요 수행활동은 다음과 같다(한국소프트웨어산업기술훈련원 : KOSTTI, 2016).

① 프로젝트 요구 사항을 완수하는데 필요한 활동 수행

② 프로젝트 인도물 생성 및 계획된 방법과 표준 구현

③ 프로젝트에 배정된 팀원 배치, 교육 및 관리

④ 자재, 도구, 장비, 설비 등의 자원을 확보, 관리 및 활용

⑤ 프로젝트 팀의 내부 및 외부적 프로젝트 의사소통 채널 구축 및 관리

⑥ 원가, 일정, 기술, 품질 측면에서 진행률 및 상태와 같은 프로젝트 자료를 생성하여 예측이 가능하도록 지원

⑧ 변경요청 발생, 승인된 변경 내용을 프로젝트의 범위, 계획 및 환경에 맞춰 조정

⑨ 리스크 관리 및 리스크 대응 활동 구현 및 판매자와 공급업체 관리

⑩ 습득한 교훈 수집, 문서화 및 승인된 프로세스 개선 활동 구현

7. 프로젝트 변경 및 통합

프로젝트 결과물, 조직프로세스 자산, 프로젝트 문서, 프로젝트 관리 계획서에 대한 모든 변경 요청을 검토하고, 변경사항을 승인하며, 변경을 관리하는 프로세스로 주요 업무내용은 다음과 같다(한국소프트웨어산업기술훈련원 : KOSTTI, 2016).

① 통합변경통제에서 제외되는 요인에 영향을 주어 오직 승인된 변경만이 구현되도록 조치결정 지연이 시간 또는 변경 타당성에 부정적인 영향을 미칠 수 있으므로 중요한 변경 요청을 즉시 검토 및 분석하여 승인

② 승인된 변경관리

③ 프로젝트 관리 계획서와 프로젝트 문서의 통합을 위해 오직 승인된 변경만을 인정함으로써 기준선의 완전성 유지관리

④ 권고 받은 모든 시정 및 예방 조치를 검토한 후 승인 또는 거부

⑤ 전체 프로젝트에 걸쳐 변경사항 조정
(예 : 제안된 일정 변경은 대개 원가, 리스크, 품질, 팀원배정에 영향을 미침)

⑥ 완료된 변경 요청의 영향을 문서화하는 활동

8. 프로젝트 종료

프로젝트 단계를 공식적으로 완료하기 위해 전체 프로젝트 관리의 모든 활동을 종결하는 한다. 이 단계에서 주요 수행 활동은 다음과 같다.

① 프로젝트 또는 단계종료의 종료 기준을 충족하는데 필요한 조치 및 활동

② 프로젝트의 제품, 서비스, 결과물을 다음단계 또는 생산 및 운영으로 인계하는데 필요한 조치 및 활동

③ 프로젝트 또는 단계 기록을 수집하고 프로젝트 성공 또는 실패를 평가하고, 습득한 교훈을 수집하며, 향후 조직에서 활용하기 위해 프로젝트 정보를 보존하는데 필요한 활동

9. 프로젝트관리 프로세스의 적용

1) 적용범위

프로젝트관리 프로세스는 모든 조직에 프로젝트가 적합하며, 프로젝트관리는 조정 역할이 중요하기 때문에 각 프로세스는 다른 프로세스와 적절하게 연결되어 사용되어야 한다. 일부 프로세스는 이해관계자 요구 사항을 충분히 정의하여 만족시키고 프로젝트 목표에 대한 합의에 도달하기 위하여 반복될 수 있다. 프로젝트 관리자는 프로젝트 이해관계자와 프로세스를 충분히 고려하여 프로젝트 및 조직 요구에 적절하게 적용하여야 하며, 프로세스를 모든 프로젝트 또는 프로젝트 단계에 일률적으로 적용할 필요는 없으며, 어떤 프로세스가 적합한지, 각 프로세스에 적용되어야 할 엄격 정도를 결정하여 각 프로젝트 또는 프로젝트 단계에 맞게 맞추어야 사용해야 한다.

2) 프로세스 그룹과 주제 그룹

프로젝트관리 프로세스는 프로젝트 관리를 위한 프로세스 그룹과 프로세스 취합을 위한 주제 그룹으로 구성되어 있다.

〈표 9-7〉 프로젝트관리 프로세스

주제그룹	프로세스 그룹				
	치수	기획	이행	통제	종료
통합	4.3.2 프로젝트 헌장 개발	4.3.3 프로젝트 계획 수립	4.3.4 프로젝트 작업지시	4.3.5 프로젝트 작업 통제 4.3.6 변경 통제	4.3.7 프로젝트 단계 또는 프로젝트 종료 4.3.8 교훈 수집
이해관계자	4.3.9 이해관계자 식별	4.3.10 이해관계자 관리			
범위		4.3.11 범위 정의 4.3.12 작업분류 체계 작성 4.3.13 활동 정의		4.3.14 범위 통제	
자원	4.3.15 프로젝트 팀 편성	4.3.16 자원 산정 4.3.17 프로젝트 조직 정의	4.3.18 프로젝트 팀 개발	4.3.19 자원 통제 4.3.20 프로젝트 팀 관리	
시간		4.3.21 활동 순서 4.3.22 활동기간 산정 4.3.23 일정 개발		4.3.24 일정 통제	
원가		4.3.25 원가 산정 4.3.26 예산 편성		4.3.27 원가 통제	
리스크		4.3.28 리스크 식별 4.3.29 리스크 평가	4.3.30 리스크 대처	4.3.31 리스크 통제	
품질		4.3.32 품질계획	4.3.33 품질보증 수행	4.3.34 품질 통제 수행	
조달		4.3.35 조달 계획	4.3.36 공급자 선정	4.3.37 조달관리	
의사소통		4.3.38 의사소통 계획	4.3.39 정보 배포	4.3.40 의사소통 관리	

(출처 : 사단법인 콘텐츠경영연구소, www.cmikkorea.or.kr), ISO21500.

학습목표 요약

1. 프로젝트 관리(project management)란 무엇을 의미하는가?

프로젝트의 성공을 목적으로 기업의 전체 조직이 움직이는 활동으로 프로젝트를 구성하는 각각의 활동계획수립, 일정표 작성 및 진도관리표 등으로 구성된다. 또한, 프로젝트 관리기준에 따라 계획과 실적 통제, 품질 수준 통제, 가격 통제나 평가를 하며, 특정 기술 혹은 시스템, 사업이나 공사를 목적으로 진행되는 프로젝트 관리의 업무 전반을 말하며, 관리 기준을 근거로 계획의 내용, 시스템의 품질, 진행 상황, 비용 등의 통제와 평가를 실시한다.

2. 프로젝트 성공 요인은 무엇이 있는가?

① 사람 : 프로젝트에는 양적, 질적으로 가장 적합한 사람을 투입하여야 한다. 이는 프로젝트 성공의 가장 기본적인 요소 중 하나이다.

② 프로젝트에 적합한 프로세스, 방법론, 도구 등의 기술 : 프로젝트 특성에 맞는 적절한 수준의 기술이나 도구가 필요하다. 도구의 사용비용이 도구의 도입비용보다 더 많은 비용이 투입된다.

③ 프로젝트 범위 설정 : 프로젝트 설계 시에 고객의 요구 사항의 기능적인 요소는 물론 비 기능적인 요소까지 반영하여 프로젝트 범위를 설정하여야 한다.

④ 올바른 일정계획 수립 : 프로젝트 회의 때 일정은 절대적인 관리로 생각하고 계획된 모든 일정을 정확히 지켜야 한다는 개념을 가지고 있다.

⑤ 결과물의 완성도 품질 : 부족한 일정으로 계획된 프로젝트의 경우 프로젝트와 품질은 이율배반현상이 일어난다.

3. 프로젝트 제약사항에는 어떤 것이 있는가?

① 제약에는 여러 종류가 있고 대체로 상호 의존적이다.

② 프로젝트 관리자는 특정 제약과 다른 제약간의 균형을 잡는 것이 중요하다.

③ 프로젝트 인도물은 프로젝트 요구 사항을 충족하여야 하며 범위·품질·일정·자원·원가와 같은 제약과 관련되어 있다.

④ 한 가지 제약이 변경되면 한 가지 이상의 다른 제약에 영향을 미칠 수 있다.

⑤ 제약은 프로젝트관리 프로세스 내에서 이루어지는 의사결정에 영향을 미칠 수 있다.

⑥ 제약에 관하여 주요 프로젝트 이해관계자간 의견 일치가 이루어지면 프로젝트 성공에 확고한 기반을 마련할 수 있게 된다.

4. 프로젝트관리는 어떤 절차를 따르는가?

1. 문제의 정의 : 목표설정
2. 일정계획수립
3. 프로젝트 예산계획 수립
4. 프로젝트 조직구성
5. 프로젝트 위험분석
6. 프로젝트 계획서 작성 수행
7. 프로젝트 변경 및 통합
8. 프로젝트 종료
9. 프로젝트관리 프로세스의 적용

Part Ⅲ 생산기술

제10장
인간공학

학습목표

1. 인간공학(ergonomics)이란 무엇을 의미하는가?
2. 인간공학 시스템 설계분석이란 무엇을 말하는가?
3. 작업자의 스트레스 요인으로는 무엇이 있는가?
4. 의자를 평가할 때 고려할 사항은 무엇인가?
5. 서서하는 작업의 단점과 해결방법은 무엇인가?
6. 산업현장에서 발생하는 요통의 원인은 무엇이 있는가?

제1절 인간공학 설계

1. 인간공학의 범위

1) 인간공학의 의의

인간공학(ergonomics)은 인간과 인간이 사용하는 물건과 상호작용을 이루게 하는 것으로 인간을 위한 공학(design for human)을 의미한다. 인간의 행동, 능력, 특성 등에 관한 정보를 발견하고 이를 도구, 기계, 시스템, 직무, 환경을 설계에 응용함으로써 인간이 생산적이고 안전하며 쾌적한 환경에서 작업하고 물건을 효과적으로 이용할 수 있도록 연구하는 분야이다. 따라서 디자인공학과 중복되는 부분이 있다.

산업안전보건청(OSHA)은 인간공학을 인간의 신체적, 심리적 능력과 한계와 관련해서 작업의 요구 사항을 프로그램(program)하는 연구로 정의하였다. 즉, 인간공학은 작업에 인간을 맞추는 것이 아니라, 인간에게 적절한 형태로 작업을 맞추는 방법을 추구한다. 이 원리의 목적은 설비, 환경, 직무, 도구, 장비, 공정, 그리고 훈련방법을 평가하고 디자인하여 특정한 작업자의 능력에 접목함으로써, 직업성 장해를 예방하고 피로, 실수, 불안전한 행동의 가능성을 감소시키는 것이다(Patricia M.Laing. 2016).

2) 인간공학의 목표

인간공학의 목표는 인간과 기계 또는 시스템(system)이 상호작용할 때 상호작용을 향상하고 안전성을 증대시키며, 작업자의 만족을 증대하는 것을 목표로 한다. 따라서 인간공학은 인간공학의 목표를 달성하기 위하여 연구개발과 도구를 개발하는 것을 목표로 한다.

2. 시스템(system) 설계분석

인간 공학 설계는 인간공학적 방법과 원리를 사전설계분석, 기술적 설계, 최종 검사와 평가 과정을 거쳐 상호작용이나 직무설계 혹은 사람과 기술의 조직화를 통한 작업 재설계를 의미한다(이재식 외, 2009).

1) 비용분석

인간공학적 시스템 설계 분석에서 인간 공학적 노력이 요구하는 비용을 계산하고 미래 추정이익을 계산한다. 이와 같은 추정 이익의 예로서 현재의 공정에서는 시간당 50개를 생산하는 데 인간공학적 시스템을 설계하면 시간당 70개로 생산량을 증가할 수 있으며 이를 물적, 인적 비용으로 환산한다.

2) 낮은 비용의 제품설계

인간공학 설계는 낮은 비용으로 제품이나 시스템을 설계하는 것이다. 이러한 과정은 작업자를 지원하고 작업 영역을 확장하고, 작업 방향을 쉽게 바꿀 수 있도록 해주는 것으로 최종제품에 대한 이익을 극대화하기 위해서 인간공학 설계는 설계단계부터 반영한다.

3) 사용자 중심설계

인간공학 설계는 사용자 중심설계가 되도록 하는 것으로 사용자를 알아야 하고, 사용자를 존중해야 인간공학 설계를 할 수 있다. 이는 사용자가 무엇을 원하는지 사용자의 요구 사항을 설계에 반영한다.

사례 인간공학적 시스템 설계

4) 설계에 필요한 자료 출처

전문가들은 다양한 정보를 얻어서 설계에 반영한다. 이러한 정보는 발표된 연구자료, 자료 명세표, 인간 공학적 표준 등이 있다.

제2절 인간공학 문제의 인식

1. 문제 인식

인간공학적 개선이 이루어지기 위해선 우선 인간공학적 문제가 어디에 존재하는지를 인식해야 한다. 문제 인식 부분에서 내부사고 조사보고 그리고 의학보고서 근로자 불만 사항과 같은 문서의 조사가 선행되어야 한다. 현장조사를 통한 조사도 문제 인식에 도움이 된다.

2. 작업분석 방법

작업분석의 목표는 인간공학 관련된 문제의 원인을 인식하는 데 이용될 수 있는 자료를 수집하는 것이다. 자료는 다음 방법을 혼합하여 수집한다.

1) 일반적인 관찰

작업자 작업이나 작업환경에 대한 직접적인 관찰은 작업분석 자료를 얻는데 일반적이고 실용적인 방법이다. 직접관찰은 특히 낮은 수준의 기술 작업이나 짧고 반복적으로 순환하는 작업을 연구할 때 실용적이다.

2) 설문지와 면담

작업자를 설문지나 면담을 통해 조사한다. 설문지는 결과를 표로 만드는데 쉽지만 작업자와 면담 없이는 모든 상황을 인지하지 못할 수 있다. 자료를 분석하는 사람은 주어진 작업에 대해 최적으로 접근 평가해야 한다.

설문지를 이용하면 분석가는 작업자가 질문에 대한 대답을 설문지의 의도와 일관되게 하도록 안내할 수 있다. 이러한 접근은 결과에 대한 타당성을 최대로 확립해 준다.

3) 비디오분석

비디오테이프는 작업 자료를 수집하고 분석하는 데 좋은 도구이다. 비디오테이프를 통해서 나중에 재생할 수 있고 문제 부분은 반복해서 또는 느린 동작으로 또는 정지 상태에서 세밀한 분석을 하며 볼 수 있다. 내부시간 측정계와 주제나 라벨을 표시할 수 있는 카메라는 분석 시간이나 라벨을 표시할 수 있어 유용하다.

인간공학분석에 이용할 비디오카메라나 녹화재생기를 선택할 때는 어두운 조명으로도 사용할 수 있는 것을 선택한다. 가볍고 이동 가능하면 더욱 좋으며, 음성녹음이 가능해야 한다.

4) 사진

비디오, 35㎜ 사진, 슬라이드는 작업 상황을 분석하는데 유용하다. 사진은 모든 작업 동작과 자세를 포착할 수 있는 쉬운 방법이다. 문제가 되는 작업의 특별한 위험요소를 인식하기 위하여 분석될 수 있다.

5) 도안

작업장과 작업공정에 관한 단순한 도안으로 후에 작업과정을 평가할 수 있다. 작업과정이나 작업장의 묘사가 정확한지 확인하기 위해 근로자에게 그려보도록 하거나 최소한 완성된 도안이 정확한지 검토하도록 한다.

6) 작업자 능력 평가

측정은 작업장과 워크스테이션의 인간공학적 분석의 중요한 일부분이다. 도달범위, 작업 높이, 작업빈도, 힘의 소모와 같은 측정요소는 작업의 특징을 말해준다. 특정 작업이 들기에 너무 무겁다. 또는 밀기에 힘이 너무 든다고 하는 것은 작업의 측정 정도에 따른 것이다. 측정은 잘 알고 잘 훈련된 사람이 해야 한다.

3. 스트레스 요인 측정

스트레스는 인내할 수 있는 한도 이상의 외부적인 힘이 가해질 때 생기며 사람에게 육체적, 정신적 긴장감을 가져다준다. 스트레스는 사실상으로 생리적이고 생체 역학적이고 정신적일 수 있다.

1) 피로

계속된 업무로 인해 야기되는 생리적인 상태로 피로는 지루함, 무리한 에너지의 소모, 신체의 생리적인 변화 또는 심한 생체 역학적인 강압 등으로 인해 야기되는 상태를 말한다.

피로를 나타내는 징후들은 다음 증상을 포함하여 다양한 형태로 나타난다.

① 근육 통증

② 쑤심

③ 졸림

④ 정신적 혼돈

⑤ 근육 긴장

⑥ 만성적 권태감

2) 생리적인 스트레스

(1) 진동과 소음 스트레스

진동과 소음은 함께 고려될 수 있는데 둘 다 역학적인 진동이기 때문 이다. 20~20,000 헤르츠 범위의 발진은 소리로 들려진다. 20 헤르츠 이하의 발진은 진동으로 인식된다. 진동과 소음은 다른 감각적인 기능과 충돌하여 운동신경의 공동작용과 현재의 피드백을 교란할 수 있다. 사람은 반응에 대한 경보로써 전달되는 자극의 형태로 소음과 진동에 반응한다. 끊임없는 소음은 정도가 약할지라도 불안과 자극을 유발한다. 심한 진동과 소음은 내부기관과 중추신경계를 방해하는데 이는 장애, 무의식 또는 죽음까지 이르기도 한다.

(2) 온도에 의한 스트레스

온도 스트레스는 열기와 냉기로 생기는 스트레스를 말한다. 지나친 열기는 열사병을 유발할 수 있다. 열사병의 증후로는 심장박동이 빨라짐과 심장의 부정맥이다. 이와 같은 스트레스에 미치는 요인으로 온도, 습도, 에너지 소비량,

신진대사 기능이 포함된다.

인간은 적응에 의해 열에 대한 내성을 발달시킬 수 있고 그 때문에 열에 의한 스트레스의 영향을 감소시킬 수 있다.

냉기에 대한 노출은 감각기능, 촉감을 제외하고는 영향을 미치지 않는다 할지라도 그것은 근육운동의 공동작용과 운동신경에 손쉽게 영향을 끼친다. 혈관의 수축과 혈류속도의 감소로 인해 손의 에너지가 약해진다. 사지의 혈액순환이 느려짐은 운동 근육의 힘과 노력의 지속성이 줄어든다.

(3) 기압에 의한 스트레스

감압에 의한 메스꺼움 현상과 산소 결핍증은 대기의 변화에 따른 반응으로 가장 먼저 고려할 사항은 산소 부족상태인 산소결핍증을 방지하는 것이다. 혈관 내에서의 질소, 이산화탄소, 기타 기체의 변화 또한 생리적인 작용 조절에 영향을 미친다.

(4) 화학적 스트레스

화학적인 스트레스는 공기로 운반되거나 섭취되는 화학약품 등으로 눈의 염증은 공기로 운반되는 화학약품 영향 중 한 가지이다. 스모그는 눈의 염증의 원인이고 시각적으로 예민함을 받지 않더라도 눈의 피로나 긴장을 유발할 수 있다. 알코올과 같이 섭취된 화학약품도 스트레스 요인으로 작용한다. 알코올은 근육 조절을 방해하고 시각적인 탐지와 추적능력을 감소시킨다.

(5) 방사선 스트레스

방사선 스트레스는 인간이 X선, 감마선, 우주의 광자를 포함하는 전자기의 스펙트럼 일부분인 이온화 방사선에 노출되었을 때 발생한다. 어떤 노출이나 감지된 노출이라도 사람이 피로, 무관심, 무기력, 메스꺼움 등의 증상을 동반하는 정신적 스트레스를 받게 한다.

(6) 수면 부족 스트레스

수면 부족은 활동에 많은 지장을 주는 스트레스 요인이다. 수면은 급성적 피로의 증후를 완화시키는 데 필수적이다. 수면부족은 권태, 체력저하, 초조, 운동신경작용의 문제, 시각 기능의 저하, 환각 상태를 일으킨다.

3) 육체적 노동 스트레스

(1) 공포와 위험 스트레스

공포와 위험은 끊임없는 불안 상태에 있게 하기 때문으로 이러한 불안상태의 지속은 정신적, 육체적으로 지치게 한다. 자율신경계의 기능은 단계적으로 높아져서 심장박동과 혈압이 높아지고 호흡은 얕아지고 빨라진다.

(2) 단조로운 스트레스

단조로움은 무 활동성, 지루하거나 업무의 반복 등으로 인해 일어난다. 단조로움은 측정하기 어렵지만, 심리적인 스트레스 요인으로서 잠재력은 명백하다. 단조로움이 주는 정신적 침체는 활동성을 심각하게 저하한다.

(3) 무리한 업무 스트레스

무리한 업무속도와 업무량의 요구는 육체적인 스트레스 못지않게 심리적인 스트레스를 일으킨다. 이 스트레스는 업무가 지정된 시간 내 성공적으로 끝내야 한다는 걱정과 관련이 있다. 만약 다른 사람의 안전을 기하기 위해 성공적인 업무완수가 요구된다면 스트레스는 매우 커진다. 실패와 실직의 위협도 스트레스를 가중한다.

(4) 신체주기 리듬 주기 변화 스트레스

신체 리듬 주기의 혼란은 심리적, 정신적인 스트레스 요인으로 작용한다. 주야의 24시 주기, 생활주기는 먹는 것, 자는 것, 일하는 것, 사회적 활동 등에 대한 규칙의 토대로서 신체리듬 주기의 조절은 외부적인 온도변화, 주위의 소음도 패턴조절을 뜻한다. 이런 주기 예를 들어 교대작업의 변화 혼란은 스트레스를 주는 자율신경계의 변화와 신경 내분비기관의 변화를 가져온다.

제3절 인간공학 개선 방법

1. 앉아서 하는 작업

1) 앉아서 하는 작업 특징

앉아서 하는 작업의 특징은 다음과 같다.

① 작업자가 앉아서 모든 작업을 할 수 있게 배치되어야 한다.
② 앉아서 하는 작업은 중량물을 다루지 않게 하여야 하며, 중량물인 경우 보조 기계를 설치하여 다루게 한다.
③ 편안한 의자가 필요하며 바닥에서 들어 올리는 작업이 없어야 한다.

앉아서 하는 작업의 설계 공통점은 다음과 같다.

① 작업범위 내의 모든 행동을 의자에 앉아서 할 수 있어야 하며, 앉은 상태에서 앞으로 숙이고 일어나고 앉는 것을 쉽게 할 수 있도록 설계하여야 한다.
② 앉아서 하는 작업의 단점은 등의 스트레스로서 의자는 등받이가 수평과 수직으로 조절할 수 있어야 하며, 의자의 높이도 조정이 가능한 것으로 한다.

앉아서 하는 작업은 자재를 집어서 올릴 때 자재 배치가 중요하다. 팔이 닿는 거리에서 가벼운 물건을 들어 올릴 경우 간혹 등 부위 아래쪽에 무리를 줄 수 있다.

사례 작업대 설계

작업자가 회전시키는 힘을 요구하는 작업의 경우 몸 앞으로 30센티 정도의 거리를 두고 잡았을 때 가장 큰 힘이 생긴다. 손은 위로 끌어올리는 것보다 아래로 끌어내릴 때 더 강력하고, 당기는 것 보다 밀 때 더 큰 힘이 나온다. 힘은 몸 앞으로 50센티 정도의 거리를 둘 때 가장 큰 힘을 낸다. 당기는 힘은 사물이 몸 앞으로 71센티 정도 거리로 잡았을 때 가장 잘 끌어진다.

작업자가 앉았을 때 팔은 편안한 자세로 자연스럽게 놓여 있어야 하며, 작업대는 팔꿈치 높이보다 약간 아래에 있도록 한다. 이때 팔은 수평이거나 약간 아래로 기울어지게 한다.

2) 의자를 선택할 때 고려할 사항

① 등받이가 수직과 수평으로 조절 가능한가?

② 작업자에게 의자가 맞춰졌을 때 등받이가 엉덩이뼈의 윗부분과 떨어져 있는가?

③ 의자 다리가 몇 개인가?(의자의 다리는 5개가 4개보다 안정하다)

④ 의자 다리에 바퀴가 있는가? 바퀴가 이 작업 상황에 맞는가?(어떤 상황에서는 다리 바퀴가 사고의 위험이 될 수도 있다)

⑤ 발판이 있는가?

⑥ 팔걸이가 있는가? 팔걸이가 필요한가?

⑦ 조정 장치는 손을 내밀어 뻗치거나 조작하기 쉬운가?

⑧ 의자 높이 조정이 가능한가?

⑨ 의자 높이가 작업 공간에 알맞은가?(작업대 밑으로 무릎을 넣고 편안하게 앉을 수 있게 의자가 편한가?)

⑩ 의자에 둥근 모양 처리된 앞 언저리가 있는가?

⑪ 의자 조정이 가능해서 무릎 뒷부분의 접히는 부분이 의자의 좌석 높이와 같거나 2인치 더 높이 얹어져 있을 수 있게끔 되는가?

2. 서서하는 작업

1) 서서하는 작업의 특징

가장 일반적인 작업이 서서하는 작업으로 서서하는 작업도 한 자세로 오랫동안 작업하게 되면 작업 스트레스가 발생한다. 서서하는 작업의 단점과 해결방법은 다음과 같다.

사례 쿠션 발판

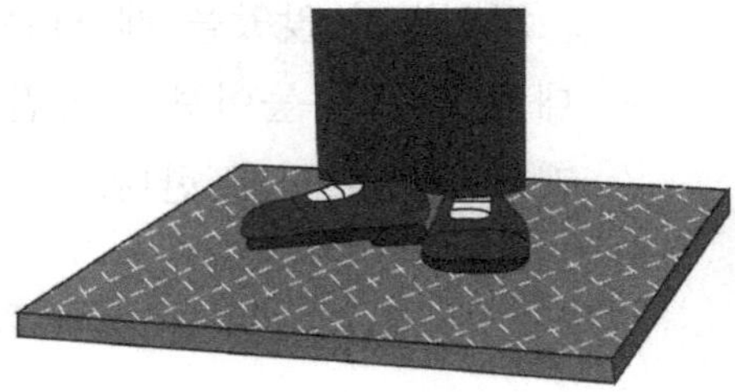

① 만약 작업자가 쇠 격자(쇠로 만든 십자형 부챗살 모양)나 콘크리트와 같이 딱딱한 면 위에서 오랫동안 서 있을 때는 피로 방지용 매트가 필요하다. 또는 쿠션 창을 댄 신발 등의 특별한 신발도 좋다.

② 작업대 높이는 일반적으로 팔꿈치에서 5~15㎝ 아래로 한다. 팔꿈치는 90도를 유지하는 것이 좋다. 작업대가 높으면 어깨와 목에 통증이 나타나고 작업대가 너무 낮으면 상체를 굽혀서 작업하게 되어 허리에 통증이 나타난다. 따라서 작업대는 작업자의 키에 따라 조절 할 수 있도록 높이 조절 가능한 작업대가 효율적이다.

사례 눈높이와 팔 높이

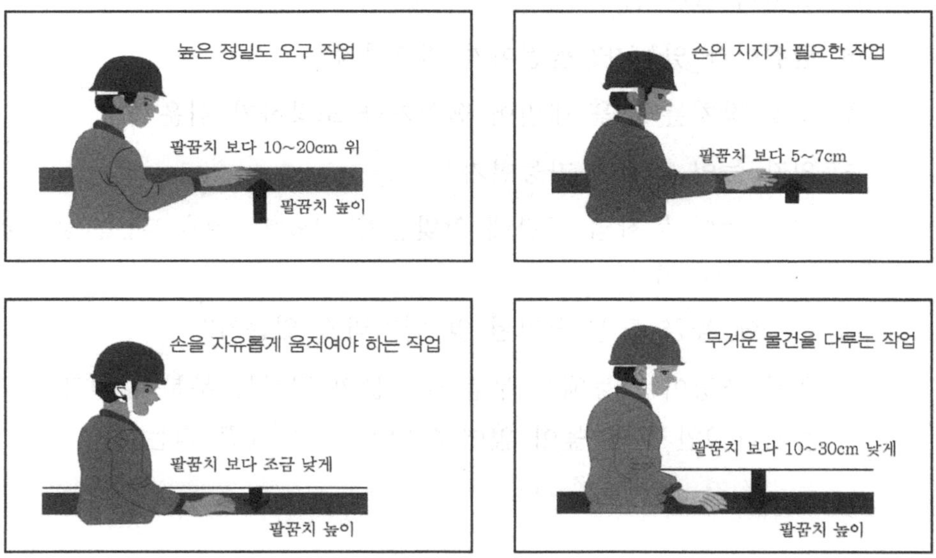

③ 업무에 따라서 작업대의 높이는 달라질 수 있다. 가벼운 조립작업은 또는 정밀 작업은 아래로 숙이거나 옆으로 구부려서 일하는 작업대보다 높은 것이 좋다. 아래로 큰 힘을 쓸 때 작업대 높이는 낮은 것이 좋다. 낮은 작

업대는 높이는 위로 당기는 힘을 요구하는 작업에도 편리하다.

④ 작업 도구나 부품은 조립순서에 따라 우선순위를 정하여 배치하고 자주 손을 뻗어서 집는 부품은 몸 앞 35~40㎝ 정도 거리를 두고 반원형 영역 내에 부품이나 작업 도구를 배치한다. 사용빈도가 적은 부품이나 작업 도구는 몸에서 멀리 배치하여도 되나 61~66㎝보다는 멀지 않게 배치한다.

⑤ 서서있는 동안 한쪽 발을 들어 올리는 것은 등 아래 부위의 근육을 완화시켜주는 효과가 있다. 따라서 막대 발판이나 특별히 부착된 발판을 제작하여 발을 교대로 올려놓을 수 있게 한다.

⑥ 작업은 작업자의 머리를 자주 움직일 수 있도록 편성한다. 작업자의 시야는 지나치게 머리를 움직이지 않도록 제한하여야 하지만 전혀 움직일 수 없도록 하여서는 안 된다.

⑦ 서서 일하는 작업에서는 팔꿈치 통증을 줄여 주기 위하여 팔꿈치를 받쳐주어야 한다. 이때 작업대의 높이는 팔의 높이보다 5~10㎝ 정도 높은 것이 좋다.

사례 작업대 구성

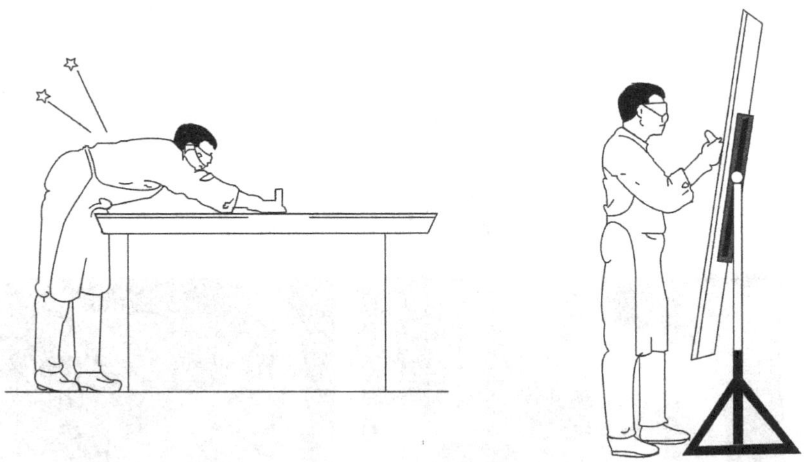

2) 결합작업 방법

앉아서 하는 작업과 서서하는 작업을 결합하여 작업하는 것으로 앉은 자세와 서서하는 두 자세를 번갈아 하는 작업장은 작업대의 높이 조절이 가능하게 하며, 받침대를 사용하여 반 기립 상태와 앉은 자세를 모두 취할 수 있도록 작업 도구를 개발한다.

3. 중량물운반 작업

1) 요통 발생 요인

산업현장에서 발생하는 요통의 원인은 다음과 같다.

① 서있는 자세가 좋지 않을 때와 앉아서 하는 작업의 경우 열악한 작업대 및 작업환경에서 발생한다.

② 갑작스럽게 등을 뒤틀거나 자주 등을 구부리거나 뒤틀 때 발생한다.

③ 자주 사용하지 않는 근육을 갑작스럽게 수축시키거나 이완시키는 작업으로 갑자기 물건을 잡아당기는 행동 등에서 발생한다.

④ 운동 부족으로 인하여 근육의 힘과 유연성이 부족할 때 발생한다.

⑤ 들어 올리거나 나르거나 내릴 때 수동으로 작업할 때 발생한다.

사례 작업대 개선 사례

[개선전]

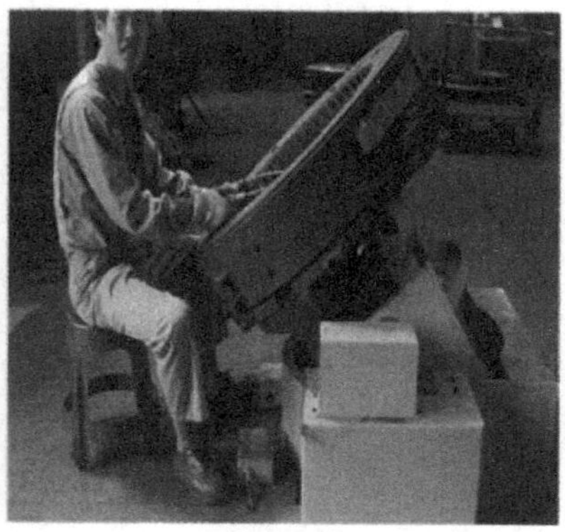

[개선후]

2) 중량물 취급 지침

산업현장에서 요통 등 산업 재해를 줄이기 위하여 중량물을 운반할 때 지켜야 할 중량물 운반 지침은 다음과 같다.

(1) 들어 올리는 작업

① 들어 올리는 작업은 올리는 기술과 인간공학 원칙에 대한 훈련이 되어 있어야 한다.

② 천천히 들어 올린다. 갑자기 들어 올리면 허리에 무리가 온다.

③ 들어 올릴 때는 두 손으로 올리고 정확히 몸 앞쪽에서 올려야 한다. 들어 올리는 동안 몸을 뒤틀지 말아야 한다.

④ 상자의 폭은 76cm 보다 작아야 한다.

⑤ 작업환경이 들어 올리는 작업을 하는 작업자의 자세를 제한해서는 안 된다. 예로 천정이 낮아서 상체를 다 펴지 못하는 작업장이다.

⑥ 작업환경이 쾌적해야 한다(너무 덥거나 너무 시끄럽지 말아야 한다).

⑦ 연결이 순조로워야 하는데 손과 손잡이와의 연결 관계 그리고 신발과 바닥 면과의 접촉과 같은 예이다.

⑧ 매번 들어 올리는 작업을 하는 작업자는 다른 동작을 최소한으로 축소해야 한다(잡는 동작, 끌어당기는 동작, 미는 동작을 최소화한다).

다음은 중량물 운반 작업에서 일어날 수 있는 문제를 제거하고 완화하는데 도움이 될 수 있는 인간공학적 접근방법이다.

① 수동으로 들어 올리고 내리는 작업을 제거한다.

② 물건을 옮기는 데 필요한 힘은 최소화한다.

③ 뻗고 들어 올리는 거리를 가장 짧게 한다.

④ 시간을 최소화한다.

(2) 기하학적 작업장

작업장 디자인과 배치는 들어 올리는 작업을 안전하고 원활하게 수행할 수 있도록 고려되어야 한다. 작업장의 형태는 들어 올리는 작업과 관련된 요인을 결정하게 되므로 신체와의 거리, 들어 올리는 방향, 자세의 어색함 등으로 작업장은 다음의 요소를 고려하여 디자인한다.

① 바닥으로부터 들어 올리는 작업은 하지 않는다.

② 들어 올리는 동안 상체가 뒤틀려지지 않아야 한다.

③ 양손이 비대칭 또는 불균형한 상태로 들어 올리는 작업은 하지 않는다.

④ 물건을 장애물 위로 넘겨서 들어 올려서는 안 된다.

⑤ 팔을 멀리 뻗어서 물건을 들어 올려서는 안 된다.

⑥ 물건을 갑자기 또는 급작스러운 동작으로 들어 올려서는 안 된다.

⑦ 작업하는 동안 부적절한 자세를 취하지 않도록 한다.

사례 요통발생원인

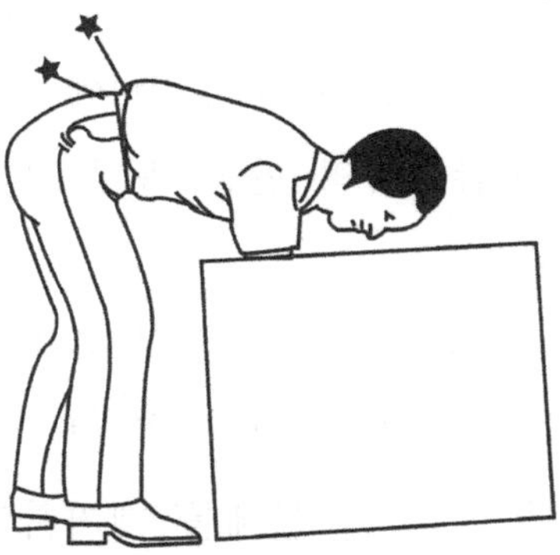

[개선 전]

[개선 후]

4. 밀기와 끌기 운반 작업

1) 밀기와 끌기 방법

밀고 당기는 작업을 개선하는 원칙은 들어 올리는 작업과 유사하다.

① 컨베이어나 슬라이드 또는 활강로를 이용하여 밀거나 당겨야 한다.

② 밀고 당기는 운송 거리를 최소화할 수 있도록 흐름을 디자인하거나 재배

치한다.

③ 밀거나 당겨야 할 때는 가능하면 밀도록 한다. 작업을 쉽게 하도록 바퀴를 사용한다.

④ 경사로 기울기는 10도 이상 되지 않도록 한다.

⑤ 핸들이나 손잡이는 단단하고 편리해야 하며 바닥으로부터 88~127cm 사이의 높이에 위치한다.

⑥ 물건을 운송할 때 시야가 가리지 않도록 물건 적재 높이가 시야보다 낮아야 하며 걸어야 할 바닥은 잘 관리되고 정돈되어야 한다.

⑦ 물건 이송은 컨베이어나 손수레, 운반차 등으로 대체한다. 거리를 감소시키거나 운반의 필요성을 없애기 위해 작업장 사이에 테이블이나 슬라이드를 이용한다. 또한, 운반할 필요가 없도록 작업장을 재배치한다.

⑧ 물건을 이송해야 한다면 컨테이너의 크기나 용량, 컨테이너의 무게 등 전체의 무게를 줄인다.

2) 중량물 취급 기술

중량물 운반 작업은 몸 일부를 움직이고 관절의 각도를 변화시키고 근육에 힘을 주며 척추부위에 에너지를 가하는 등의 매우 복잡한 결합으로 규정된 취급 법칙은 없다. 하지만 다음의 권고 사항이 있다.

① 손으로 들어 올리고 내리는 작업이 없도록 설계한다. 손으로 하는 작업이 필요하면 들어 올림은 무릎과 어깨높이 사이에서 작업할 수 있도록 설계한다.

② 수작업으로 들어 올리는 일은 작업자가 충분한 육체적 힘이 있는가를 확인한다. 만일 작업자가 들어 올림에 익숙하지 않다면 작업에 배치하지 않는다.

③ 손쉽게 집을 수 있는 곳에 물건을 배치하고 취급 원칙을 지킨다. 충분한 작업 공간을 확보한다.

④ 작업자가 물건을 운반하기 전에 무게를 측정하고 물건을 정확히 잡도록 훈련하고 너무 크거나 무거우면 기계를 이용하거나 동반자와 함께 운반한다.

⑤ 물건을 몸에 밀착시켜 발을 물건의 가까이 위치시키고 움직일 방향으로 발을 놓은 후에 안정된 위치에서 일하며, 다리를 곧게 펴서 들어 올리도록

작업자를 훈련한다.

⑥ 뒤로 비틀거나 측면으로 구부리지 않는다.

⑦ 서투르게 들어 올리거나 내려놓지 않는다.

⑧ 주저하지 말고 기계적 도움이나 다른 사람의 도움을 구한다.

⑨ 팔을 편 채로 들거나 내려놓지 않는다.

⑩ 물건이 너무 무거울 때는 계속해서 들어 올리지 않는다.

사례 충분한 작업 공간 확보

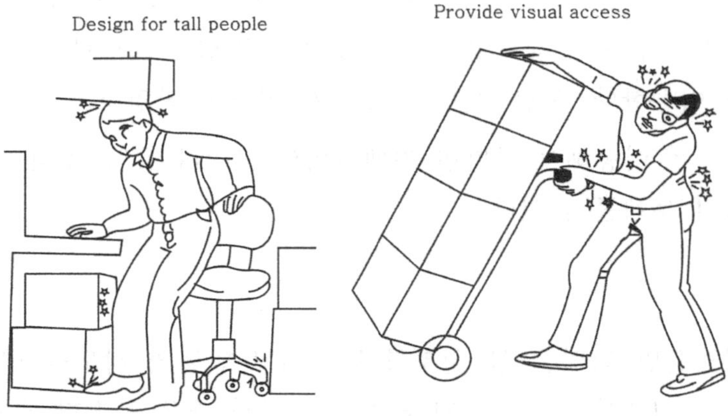

(1) 양손 스쿼트 리프트 방법(two-hand squat lift method)

양손 스쿼트 리프트 방법은 몸 가까이 무릎 사이에 가져올 수 있는 작고 밀집된 물건을 들어 올리는 데 사용할 수 있다. 만일 물건을 무릎 사이로 가져올 수 없거나 반복되는 리프팅 작업일 때는 이 방법은 좋지 않다.

(2) 어시스티드 원 핸드 리프트 방법(assisted one-hand lift method)

커다란 컨테이너에서 물건을 손으로 들어 올리는 것은 제조업체나 창고에서 일반적인 작업이다. 상자 팔레트 같은 많은 컨테이너에서 투 핸드 스쿼트 리프트 방법을 사용할 수 없으며, 허리 아래 부분을 다칠 수 있는 리프팅 문제가 있다.

컨테이너에서 물건을 들어 올리는 작업자는 두 손으로 들어 올리려는 경향이 있다. 컨테이너 안에 있는 제품의 위치가 낮을 때는 작업자가 허리를 굽혀

뻗어서 물건을 들어 올려야 한다. 물건이 놓여 있는 위치가 낮을수록 상체를 더욱 굽혀야만 물건에 닿을 수 있다. 이러한 극심한 굽힘은 허리 아랫부분의 디스크 압박이 매우 높으며 반복 작업이 되는 곳에서는 위험하다.

투 핸드 스쿼터 리프트의 좋은 대체안은 어시스트 원 핸드 리프트 방법으로 다치기 쉬운 허리 아랫부분의 근육 대신 들어 올림을 수행하는 데 어깨 근육과 긴 팔을 사용한다. 어시스트 원 핸드리프트 방법에서 작업자는 한 손을 컨테이너 상부에 놓고 컨테이너 안에 있는 물건을 잡기 위해 구부린 후 컨테이너 상부에 있는 손에 힘을 가하여 상체를 수직 방향으로 일으킨다. 물건을 들어 올리지 않는 손을 사용하여 상체를 들어 올림으로써 근육에 미치는 힘을 어깨와 팔로 분산하여 허리 아랫부분의 무리한 작용을 줄여준다.

사례 스쿼트 자세

제4절 작업자의 팔(상지) 장해

1. 누적 외상성 장해(CTD)

팔(상지)의 상해는 산업현장에서 반복 동작 업무와 업무 스트레스로 인해 발생하는 누적 외상성 장해(CTD)이다. 이러한 장해를 이해하고 원인을 찾고 예방방법을 연구하는 것이 목적이다.

1) 누적 외상성 장해(CTD) 위험 요소

누적 외상성 장해(CTD)와 관련된 위험요소는 작업을 정밀 분석함으로써 찾아낼 수 있다. 이는 작업자에 따라 같은 작업이 육체적으로 부담이 되는 사람도 있고 전혀 부담이 없는 사람도 있다. 누적 외상성 장해(CTD)는 이와 같은 작업자의 취약점에 영향을 미칠 수 있는 요인이 있다. 다음의 일반적 위험요인은 누적 외상성 장해와 연관된다.

① 반복 움직임이 많을 때(반복 움직임 사이클이 30초 이하 이거나 1교 대당 1,000개 이상일 때)

② 강한 손힘이 요구될 때(손 에너지가 7lb(3.2kg)보다 클 때

③ 부적절한 자세로 작업할 때

④ 기계적인 스트레스(예로 팔을 테이블 모서리에 의지하여 작업할 때)

⑤ 강한 진동(전동공구로 인해 발생)

⑥ 극한 온도에 노출

⑦ 장갑을 껴야 하는 작업

⑧ 작업장에서 수공구의 사용(부적절한 자세로 작업할 가능성이 있다)

⑨ 손으로 움켜쥐거나 손끝으로 잡아야 하는 작업

⑩ 여러 형태로 잡음(예로서 핀치 그립은 파워 그립보다 더 많은 힘을 필요로 한다)

2) 누적 외상성 장해의 일반적 형태

(1) 건막염(테노시노비티스 : tenosynovitis)

건막염은 손목과 손가락의 근육은 반복 작업과 부적절한 손목의 위치에 따라 염증을 일으키게 된다.

건막염에 의한 통증으로 부어오름, 관절에서 탁탁거리는 소리, 신경에 민감함이 나타나며, 일부 기능을 손실할 수도 있다. 이러한 작업환경을 개선하기 위하여 공구 디자인을 개선하고 작업 습관을 점검하여 개선하고 작업장을 재배치한다.

(2) 건염(텐더나이티스 : tendinitis)

투수나 골키퍼의 어깨와 팔꿈치, 또는 농구 선수나 육상 선수의 무릎에 자주 생기는 건염(腱炎)으로 건막염과 유사한 원인과 증상이 나타나며 국소적인 통증이 나타난다.

(3) 흉곽출구증후군(thoracic outlet syndrome), 점액낭염(bursitis)

흉곽 출구 증후군은 흉곽 위쪽 구조물에 의하여 쇄골(빗장뼈) 아래의 혈관 및 팔 신경 얼기가 눌려서 양팔이 아프고 감각이 떨어지며 저리고, 팔과 손이 붓고 피부색에 변화가 나타나는 질환이다.

점액낭염은 관절을 감싸고 있는 얇은 막 주머니인 점액낭 부위에 염증이 생기는 것이다. 점액낭은 관절을 사용할 때 발생하는 마찰을 줄여주기 위해 약간의 점액을 함유한 주머니 상태로 있다가 외상이나 감염, 반복적인 자극에 의해 염증을 일으키게 된다. 이러한 증상은 팔과 어깨 신경과 근육에 영향을 준다. 이는 작업자의 손이 머리 높이 보다 높게 올라가서 장시간 작업할 때 발생한다.

(3) 결절낭종(ganglion cysts)

결절낭종 증상은 누적 외상이나 반복 동작과 관련이 있다. 결절낭종(물혹)은 손목이나 팔목에 물집 같은 비 암성 혹이 생기는 것으로 발목에도 생기게 된다. 둥글거나 타원형이 되며 젤리 같은 용액이 차있게 된다. 외과적 수술로 제거한다.

(4) 방아쇠수지증후군(trigger-finger syndrome)

방아쇠 수지 증후군은 주로 손가락을 많이 사용하는 사람에게서 발병하는 질병으로 손가락에 반복적인 힘이 가해지면 손가락의 힘줄이나 근육에 충격이 가고 이로 인해 통증이 생기고, 손가락이 잘 펴지지 않는 증상이 나타난다. 손가락을 구부릴 때 '딸각'하는 소리와 함께 방아쇠를 당기는 느낌이 든다고 해서 붙여진 이름이다. 3~4번째 손가락과 엄지손가락에서 주로 발생하는 비교적 흔한 질환 중 하나다. 보통 아픈 손가락을 손등을 향해 늘려주면 엄지, 약지, 중지 순으로 반복적이고 심한 통증이 느껴진다. 심하면 수술에까지 이르게 된다.

방아쇠 수지 증후군이 발생하는 특정 원인은 밝혀지지 않았으나 알려진 바로는 반복적으로 손가락을 사용하게 되면 손바닥에 지속적인 마찰이 가해지고, 이에 힘줄이 자극을 받아 염증이 유발돼 통증이 발생하는 것으로 보고 있다. 장시간 손을 사용하는 직업(요리사, 운전기사, 환경미화원, 골프선수, 테니스선수 등) 종사자에게서 주로 발생하며 특히 노화·여성호르몬의 변화 등으로 인해 40~60대 중년 여성에게서도 흔히 나타난다. 그뿐만 아니라 빨래를 할 때 옷을 짜는 과정에서 손가락을 무리하게 사용했을 때도 발생할 수 있으며, 최근에는 스마트폰의 대중화로 장시간 스마트폰을 사용하는 사람들 사이에서도 빈번하게 발생하고 있다(시사상식사전, 박문각, 2016)

(5) 하이퍼테너 햄머 증후군(hypothenar hammer syndrome)

극심한 진동에 장기간 노출되어 작업하는 작업자나 망치와 같은 도구를 이용하여 물체를 타격하는 작업자에게서 일어나는 증상으로 연골 뼈 위의 동맥을 손상해 혈액이 흐른 것을 방해한다. 이와 같은 증상으로는 손가락 마비나 찬 것을 잡았을 때 감각이 없거나 엄지손가락 아래에 통증이 있거나 혹이 생긴다.

(6) 손-팔 진동(hand-arm vibration syndrome)

휴대용 동력톱이나 연마, 광택을 내는 작업자나 압축 공기를 이용한 드릴이나 해머 작업을 하는 작업자에게 일차적으로 나타난다. 이와 같은 손 팔 진동 증후군은 진동기구를 사용 후에 혈액순환, 감각, 운동신경의 손상과 근골격계의 장애를 일으키는 진행성 질환이다. 증상으로는 손가락 끝이 창백해지고(레이노 현상) 손이 저리고 무감각해진다. 근육 경련이 일어나고 집는 힘이 떨어지며, 솜씨가 떨어진다.

(7) 상과염(테니스엘보 : epicondylitis)

팔꿈치 관절의 상과 기시부(내·외측 상과 기시부[4], 손목을 굴곡 또는 신전(늘여서 펼침)하는 근육이 시작되는 지점)에 동통이나 국소 압통이 생기는 증후군을 말하며, 팔꿈치 관절 통증의 가장 흔한 원인 중 하나이다. 테니스, 골프 등 팔을 쓰는 운동을 지나치게 하거나 직업상 팔을 많이 쓰는 사람에게서 발생한다. 바깥쪽 상과염을 '테니스엘보', 안쪽 상과염을 '골프엘보'라고 부른다.

많이 쓰는 팔에 잘 생기며, 테니스와 골프 이외의 다른 운동으로도 많이 발생하고, 컴퓨터 사용자, 주부, 목수, 요리사 등 팔을 많이 사용하는 직업군에서도 발생한다. 바깥쪽 상과염이 안쪽 상과염보다 더 흔한데, 바깥쪽 상과염은 일반 성인 중 1% 정도의 발병률을 보이며, 안쪽 상과염은 0.1% 정도의 발병률을 보인다(서울대학교병원 의학정보, 서울대학교병원, 2016).

2. 수근관 증후군(carpal tunnel syndrome : CTS)

1) 수근관 증후군 발생원인

수근관이란 손목 앞쪽의 피부조직 밑에 손목을 이루는 뼈와 인대에 의해 형성되어 있는 작은 통로인데, 이곳으로 9개의 힘줄과 하나의 신경이 손 쪽으로 지나간다. 수근관 증후군은 이 통로가 여러 원인으로 좁아지거나 내부 압력이 증가하면, 여기를 지나가는 정중신경(median nerve)이 손상되어 이 신경 지배 영역인 손바닥과 손가락에 이상 증상이 나타나는 것이다. 평생 이 질환에 걸릴 확률이 50% 이상으로 알려져 있으며, 팔에서 발생하는 신경 질환 중 가장 흔하다.

이론적으로는 수근관의 단면을 감소시킬 수 있는 어떤 경우라도 원인이 될 수 있으나, 대부분은 정확한 원인은 발견되지 않는다. 수근관을 덮고 있는 인대가 두꺼워져 정중신경을 압박하게 되는 것이 가장 흔한 원인이다. 원인이 비교적 잘 알려진 것들로는 수근 관절 주위의 골절이나 탈구 및 그 후유증, 감염이나

4) 뿌리로서 구조가 시작되는 부분

염증성 질환 또는 외상으로 인한 부종이나 건막의 증식 그리고 수근관 내에 발생한 종양 등으로 인한 눌림이 있다.

손목 부위의 골절 및 탈구로 수근관이 좁아져서 정중 신경이 눌리면서 증상이 나타날 수 있으며, 이러한 골절이 잘못 붙거나(부정유합) 및 붙지 않는(불유합) 등의 후유증으로 처음에는 증상이 없었으나 시간이 지나면서 증세를 보이는 지연성의 경우도 있을 수 있다. 감염이나 류머티스성 관절염 또는 통풍 등 활액막염을 초래하는 질환에서는 수근관 속에서 굴곡건 활액막이 붓거나(종창) 증식되어 정중신경을 누를 수 있게 된다. 일부 전신성 아밀로이드증(generalized amyloidosis) 등에서 특정 단백질이 손목 인대에 침착되어 발생하기도 한다.

여성, 비만, 노인, 당뇨병 환자에게서 더 흔하게 발생한다. 임신 중에만 일시적으로 이 증후군이 나타나기도 하며, 남녀 모두에게 발생하지만 40~60세 사이에서 가장 흔히 발생하고, 중년 이후의 여성에게 많다. 만성 신부전으로 투석을 받는 환자에게서도 흔히 발생한다.

[그림 10-1] 정중신경

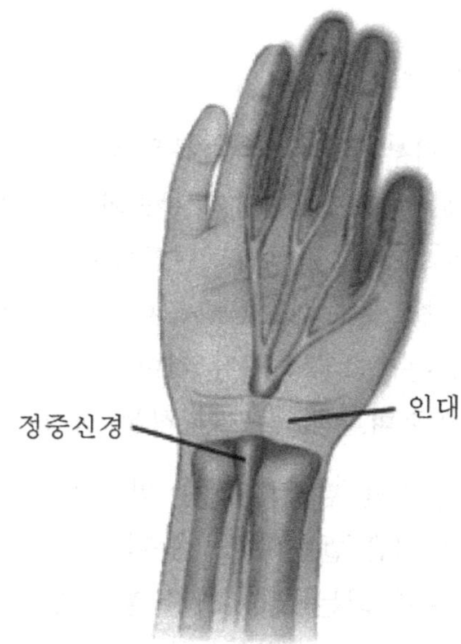

특징적인 증상은 손목 통증과 함께, 정중신경의 지배부위인 엄지, 검지 및 중

지 및 손바닥 부위의 저림 증상이 밤에 심해지는 것이다. 이러한 유발 증상이 있으면 수근관 증후군일 가능성이 더욱 커진다. 간혹 정중신경의 압박이 심한 경우 저림 및 감각 저하를 넘어 엄지 근육의 쇠약 및 위축이 나타나기도 한다. 증상은 통증과 감각 이상 및 운동장애로 나누어 볼 수 있다. 엄지, 검지, 중지, 손바닥 부위에서 저리고 타는 듯한 통증과 손 저림, 이상 감각을 호소한다. 통증 및 이상 감각의 성격은 불확실하고 모호한 예도 있다. 1~2분 동안 손목을 굽히고 있을 때 해당 부위에 저림이 유발되기도 하고, 손목을 두드릴 때 동일한 증상이 유발되기도 한다. 심한 경우 잠자는 도중에도 손이 타는 듯한 통증을 느껴서 잠에서 깨고 난 후 손목을 터는 것과 같이 손과 손목을 움직이는 동작을 계속하면 통증이 가라앉는 예도 있다.

질병이 어느 정도 진행되면, 엄지 쪽에 감각이 떨어져 엄지 근육의 위약(쇠약) 및 위축이 나타나기도 하며, 손의 힘이 약해지고 손목을 잘 못 쓰는 것과 같은 운동마비 증세가 발생하기도 한다. 손가락 및 손바닥이 부은 것 같은 부종감을 호소하나 일반적으로 실제 부어있지는 않는다. 찬물에 손을 넣거나 날씨가 추우면 손끝이 유난히 시리고 저린 증상도 흔히 관찰된다(서울대학교병원 의학정보, 서울대학교병원, 2016).

2) 수근관 증후군 예방방법

(1) 자세

자세는 좋은 자세뿐만 아니라 작업에 필요한 적절한 손 자세를 사용함으로 수근관 증후군을 예방할 수 있다. 부적절한 자세는 근육에 과부하를 주어 인체에 무리를 준다. 또한, 순환 작업방식을 택하여 근육에 미치는 스트레스를 줄여준다. 작업할 때 팔은 몸에 가까이하고 팔뚝은 가볍게 아래로 향하게 한다.

(2) 잡는 방법

물건을 잡는 방법으로 손 전체로 잡는 것은 손가락으로 잡는 것보다 많은 힘을 사용하여 손가락의 무리를 주게 한다. 잡는 악력은 손바닥 전체에 골고루 퍼지게 한다. 손에 맞는 장갑을 착용한다. 손에 맞지 않는 장갑을 착용하면 감각이 감소한다.

(3) 반복 작업

반복 운동 작업은 수근관 증후군의 원인이 된다. 따라서 반복 작업을 줄여 줄 수 있는 작업 방법을 찾아야 한다.

(4) 진동

진동은 수근관 증후군의 원인이 된다. 따라서 진동 공구로부터 손을 떨어트리는 작업방법을 연구하거나 진동의 양을 최소화할 수 있도록 작업 방법을 개선하여야 한다.

(5) 온도

온도가 낮으면 이와 같은 증후군이 발생한다. 따라서 작업장 온도가 낮거나 차가운 물체를 잡아야 하는 작업의 경우 작업장의 온도를 조절하여 주어야 한다.

(6) 작업 전환

작업장을 전환하여 같은 작업을 지속해서 반복하여 작업하지 않도록 순환 근무 제도를 도입한다.

사례 손목과 손 관절 사용사례

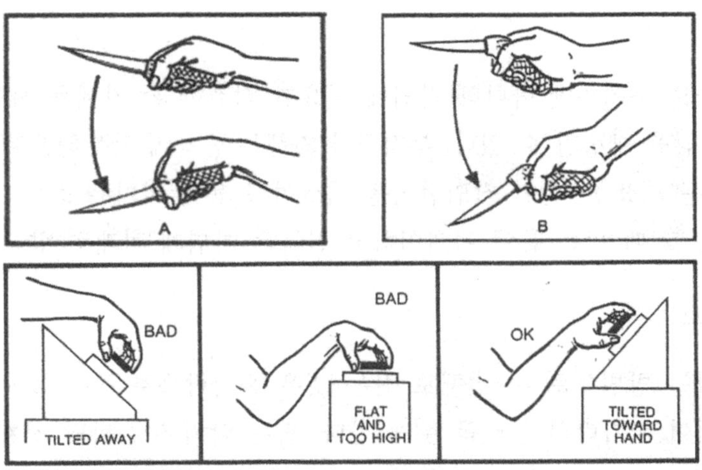

3. 도구 및 제어장치 개발

1) 작업에 필요한 힘

작업 공구의 무게 중심 부위를 잡음으로 공구의 무게가 손의 비틀림을 방지하게 하고 손의 위치를 쉽게 바꾸지 못할 경우는 공구의 무게를 줄이거나 가벼운 쪽에 무게를 더하여 무게중심을 변경한다.

작업에 필요한 힘은 무동력 공구가 동력 공구 보다 더 많은 힘을 요구한다. 따라서 무동력 공구를 사용하는 작업자에게는 공구의 핸들을 사용자의 손에 적합하게 맞추는 것이 매우 중요하다.

2) 공구의 손잡이 디자인

좋은 손잡이 디자인은 작업자의 손목이 가능한 한 곧게 유지하도록 한다. 또한 손잡이의 끝을 둥글게 한다. 손가락 모양의 홈이 있는 손잡이는 손 모양이 서로 달라 적절하지 않다.

3) 전동공구 손잡이

전동공구는 한 손가락으로 시작하고 정지할 수 있는 장치가 좋다. 동력 공구에 긴 전선이나 공기 호스와 같은 라인이 있으면 공구의 균형이 맞지 않는다. 이러한 공구는 호스의 무게를 고려하여 공구 무게 중심을 조정한다.

4) 제어장치

① 주사용 하는 제어 장치는 손이 닿기 쉬운 곳에 위치한다.

② 모든 제어장치는 사고 시 작동되지 않도록 해야 한다.

③ 제어장치의 숫자는 최소로 한다.

④ 고속 작업하는 동안 정밀도가 요구되는 제어장치는 손에 대한 위치를 정한다. 한 손 또는 두 손으로 작동하는 하나의 주요 제어장치만 있을 때는 작업자 앞에 제어장치를 설치한다. 두 손 사이의 중간에 설치한다.

⑤ 큰 힘이 요구되는 발로 하는 제어 장치는 정확한 위치를 정한다.

⑥ 색상, 라벨, 지침 등의 방법으로 비상 제어장치와 정상작업 시의 제어장치를 구별한다. 비상제어장치는 쉽게 접근 할 수 있어야 하며 작업자의 정상적인 시야 선에서 30도 이내에 있어야 한다.

⑦ 제어장치가 사고 시 작동하지 않도록 자주 사용되는 제어장치와 떨어져 설치한다.

⑧ 제어장치가 작동하고 있다는 것을 알려 주는 촉각이나 시각적 보조 장치를 설치한다.

⑨ 손으로 하는 제어장치는 일정한 패턴에 따라 작동하게 한다(예로 작업자를 놀라게 하지 않는다).

⑩ 제어장치를 강조하도록 크기, 형상, 색상을 조절한다.

⑪ 제어장치 높이는 어깨 상단에서 팔꿈치 밑단 사이에 위치한다.[5]

---

5) 본 장은 ‘인간공학 실행지침’ 미국국립안전협회 2판을 참고함.

학습목표 요약

1. 인간공학(ergonomics)이란 무엇을 의미하는가?

인간과 인간이 사용하는 물건과 상호작용을 이루게 하는 것으로 인간을 위한 공학(design for human)을 의미한다. 인간의 행동, 능력, 특성 등에 관한 정보를 발견하고 이를 도구, 기계, 시스템, 직무, 환경을 설계에 응용함으로써 인간의 생산적이고 안전하며 쾌적한 환경에서 작업하고 물건을 효과적으로 이용할 수 있도록 연구하는 분야이다.

2. 인간공학 시스템 설계분석이란 무엇을 말하는가?

인간 공학 설계는 인간공학적 방법과 원리는 사전설계분석, 기술적 설계, 최종검사와 평가 과정을 거쳐 상호작용이나 직무설계 혹은 사람과 기술의 조직화를 통한 작업 재설계를 의미한다.

1) 비용분석, 2) 낮은 비용의 제품설계, 3) 사용자 중심설계, 4) 설계에 필요한 자료 출처

3. 작업자의 스트레스 요인으로는 무엇이 있는가?

① 피로

② 생리적인 스트레스(진동과 소음 스트레스, 온도에 의한 스트레스, 기압에 의한 스트레스, 화학적 스트레스, 방사선 스트레스, 수면 부족 스트레스, 육체적 노동 스트레스)

③ 육체적 노동 스트레스(공포와 위험 스트레스, 단조로운 스트레스, 무리한 업무 스트레스, 신체주기 리듬 주기 변화 스트레스)

4. 의자를 평가할 때 고려할 사항은 무엇인가?

① 등받이가 수직과 수평으로 조절 가능한가?

② 작업자에게 의자가 맞춰졌을 때 등받이가 엉덩이뼈의 윗부분과 떨어져 있는가?

③ 의자 다리가 몇 개인가?(5짜리가 4짜리보다 안정하다)

④ 의자 다리에 바퀴가 있는가? 바퀴가 이 작업 상황에 맞는가?(어떤 상황에서는 다리 바퀴가 위해 요인이 될 수도 있다)

⑤ 발판이 있는가?

⑥ 팔걸이가 있는가? 팔걸이가 필요한가?

⑦ 조정 장치는 손을 내밀어 뻗치거나 조작하기 쉬운가?

⑧ 의자 높이 조정이 가능한가?

⑨ 의자 높이가 작업 공간에 알맞은가?(작업대 밑으로 무릎을 넣고 편안하게 앉을 수 있게 의자가 편한가?)

⑩ 의자에 둥근 모양 처리된 앞 언저리가 있는가?

⑪ 의자 조정이 가능해서 무릎 뒷부분의 접히는 부분이 의자의 좌석 높이와 같거나 2인치 더 높이 얹어져 있을 수 있게끔 되는가?

5. 서서하는 작업의 단점과 해결방법은 무엇인가?

① 만약 작업자가 쇠 격자(쇠로 만든 십자형 부챗살 모양)나 콘크리트와 같이 딱딱한 면 위에서 오랫동안 서 있을 때는 피로 방지용 매트가 필요하다.

② 작업대 높이는 일반적으로 팔꿈치에서 5~15㎝ 아래로 한다. 팔꿈치는 90도를 유지하는 것이 좋다.

③ 업무에 따라서 작업대의 높이는 달라질 수 있다.

④ 작업 도구나 부품은 조립순서에 따라 우선순위를 정하여 배치하고 자주 손을 뻗어서 집는 부품은 몸 앞 35~40㎝ 정도 거리를 도고 반원형 영역 내에 부품이나 작업 도구를 배치한다.

⑤ 서서있는 동안 한쪽 발을 들어 올리는 것은 등 아랫부위의 근육을 완화 시켜

주는 효과가 있다.

⑥ 작업은 작업자의 머리를 자주 움직일 수 있도록 편성한다.

⑦ 서서 일하는 작업에서는 팔꿈치 통증을 줄여 주기 위하여 팔꿈치를 받쳐주어야 한다.

6. 산업현장에서 발생하는 요통의 원인은 무엇이 있는가?

① 서있는 자세가 좋지 않을 때와 앉아서 하는 작업의 경우 열악한 작업대 및 작업환경에서 발생한다.

② 갑작스럽게 등을 뒤틀거나 자주 등을 구부리거나 뒤틀 때 발생한다.

③ 자주 사용하지 않는 근육을 갑작스럽게 수축시키거나 이완시키는 작업으로 갑자기 물건을 잡아당기는 행동 등에서 발생한다.

④ 운동 부족으로 인하여 근육의 힘과 유연성이 부족할 때 발생한다.

⑤ 들어 올리거나 나르거나 내릴 때 수동으로 작업할 때 발생한다.

제11장 작업연구

학습목표

1. 작업연구의 체계는 어떤 것이 있는가?
2. 방법연구는 어떤 절차로 하는가?
3. 공정분석(process analysis)이란 무엇인가?
4. 동작연구란 무엇인가?
5. 스톱워치 시간 연구법(stopwatch time study)이란 무엇인가?
6. 표준요소 시간(Standard Elemental Times)이란 무엇인가?

제1절 작업연구 절차

1. 작업연구의 정의

작업연구는 방법연구와 시간연구로 구분한다. 작업연구는 작업자가 작업 중의 비합리적이고 비경제적이며, 혼란스런 요소를 제거하고, 최선의 작업 방법을 모색하여 작업 효율을 높이는 생산기술이다.

작업효율을 높이는 방법으로 최신의 설비를 도입하거나 노동 강도를 높이는 방법도 있다. 그러나 작업연구는 내부적 방식으로 효율을 높이는 원리이다. 즉 현존 작업조건 아래에서 투자와 노동 강도를 증가하지 않고도 생산요소의 재조합과 작업과정의 개선과 조작방법의 개선과 현장질서의 정돈 등을 수단으로 각종 낭비의 감소와 시간과 자원의 절약 그리고 산출효율을 높이는 방법이다. 이를 통하여 제품 품질을 안정시키고 종업원의 사기도 높이고자 하는 것이다. 작업연구의 체계는 그림과 같다(김용철 외, 2014).

[그림 11-1] 작업연구의 체계

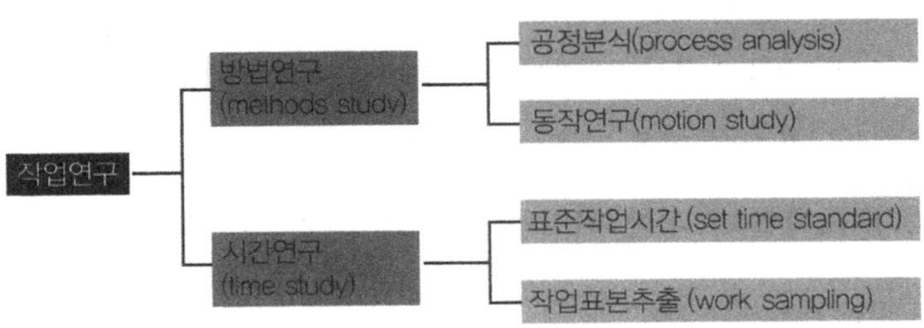

방법연구(method study)는 공정분석과 동작연구로서 공정분석 또는 공정연구(process analysis)는 원료가 제품으로 변환되어 가는 과정에서 작업물의 흐름을 분석하는 관점과 제품이 이루어지는 과정에서 작업자의 작업방법을 대상으로 연구하는 두 가지 관점의 공정분석이 있다. 동작연구(motion study)는 작업자가 한 작업 장소에서 실시하는 특정 작업을 가장 잘 경제적으로 실시할 방법을 개발하여 표준화하는 연구이다.

시간연구(time study)는 방법연구의 전제조건이 되는 것이다. 어떤 작업의 시간표준을 설정하기 위하여 그 직무의 작업 방법을 나타내는 일련의 요소 작업에 대하여 시간을 측정하는 연구이다. 따라서 분할된 일련의 요소작업에 대하여 시간을 측정해야 하는 데, 그 작업의 성격에 따라 측정 방법이 달라진다. 필름에 의한 촬영 방법, 스톱워치에 의한 직접 관찰방법, 견적법(predetermined time study)에 의한 표준시간 추정, 워크 샘플링(work sampling)법 등이 있다.

2. 방법연구의 절차

작업자의 행동에서 불필요한 행동요소를 발견하고 개선하기 위한 공정분석(process analysis)과 동작연구(motion study) 절차는 다음과 같다(김용철 외, 2014).

1) 연구목적의 설정

방법연구의 목적은 생산효율을 높이는 것이지만 아래와 같은 구체적 연구목표를 정하여야 한다.

① 품질의 안정과 새로운 품질목표 추구

② 작업에 필요한 시간 절감과 유연성 향상

③ 생산 중의 원료 절감 등 원가의 절감

④ 작업자의 작업안정성과 작업환경 및 조건에 대한 개선

⑤ 작업자의 조작과 노동으로 인한 피로 개선

⑥ 작업자가 작업에 대한 취미를 높이고 근로의욕 자극 등이다.

2) 연구대상과 방법의 선택

연구대상을 선택할 때에는 아래와 같은 3가지 요소를 고려할 수 있다.

(1) 경제적 요소

연구의 경제적 가치가 높은 작업으로 예로 이윤이 높은 제품이라든지, 생산의 기술적 관건 요소, 품질저하 혹은 불안정한 요인 등을 고려한다.

(2) 기술적 요소

연구 진행 시 당연히 준비하여야 할 각종 지식 및 방법 그리고 기술 등을 고려하여야 한다.

(3) 인간적 요소

연구를 수행할 수 있는 인적 능력과 연구 후 적용할 가능성과 보급 효과 등을 고려하여야 한다.

3) 현행방법의 기록

현재 사용하고 있는 조작방법과 작업절차를 사실대로 상세하게 기록한다. 공정분석은 가장 알맞은 분석표에 기록하고, 동작연구와 시간연구는 비디오테이프 혹은 영화 필름으로 기록할 수도 있다.

4) 사실의 분석과 기록

사실을 분석하고 기록하는 이유는 현재 실행하고 있는 방법을 재검토하고 개선하는 데 있다. 방법 연구에서 가정하고 있는 전제는 최선의 방안을 인정하지 않고, 영원히 더욱 좋은 방법이 있다고 믿는 것이다.

방법연구는 일반적으로 각 공정을 분석하고 관찰할 때에 반드시 6가지 측면에서 문제를 제기하는 것이다. 이것은 바로 '5W1H' 분석법이다. 그중 'Why(왜)' 또는 '어떤 원인으로'가 첫 번째의 질문이다. 일반적으로 한 문제를 해결하자면 적어도 <표 11-1>과 같이 연속적으로 5개의 '왜'(Why)를 물어야 문제의 본질에 접근할 수 있다. 이 질문은 자연스럽게 기타 5개의 질문을 제기하게 한다. 그 순서는 아래와 같다. 무엇을(What), 어떻게(How), 누가(Who), 어디서(Where), 언제(When)이다.

〈표 11-1〉 작업연구의 질문 절차

왜 이 작업은 필수적인가?	What	이 작업의 목적은?
왜 이런 방식으로 진행하는가?	How	어떻게 이 작업을 잘 할 것인가?
왜 이러한 표준을 작성하는가?	Why and Who	누가 합당한가?
왜 이러한 투입이 필요한가?	Where	어디에서 하는 것이 합당한가?
왜 인원들의 소질을 추구하는가?	When	시작시간은 어느 시기가 합당한가?

5) 개선방안의 탐구

이것은 작업연구의 핵심 부분이다. 이 중에는 새로운 방법의 수립과 평가가 포함된다. 새로운 개선방법은 현존의 작업 방법에서 '취소-합병-새로운 배열-단순화'라는 이 네 가지 기술을 적용하여 개선을 추진한다. 이 네 가지 기술을 작업연구의 ECRS 기술이라고 한다. 그 구체적 내용은 <표 11-2>에서 볼 수 있다. ECRS을 통해 연구한 작업 방법은 그 장단점을 경제적 가치, 안전 정도, 관리의 편리성 등 여러 측면에서 고려하여야 한다(김용철 외, 2014).

〈표 11-2〉 작업연구의 ECRS기술

1. Elimination(취소): 어떤 일이든지 어째서 하는가? 라는 질문을 하고, 제거할 수 있는지를 묻는다. ① 가능한 모든 작업·절차 혹은 동작(인체·사지·손과 눈의 동작 등)을 포괄한다. ② 불규칙한 작업을 제거한다. 즉 부품과 공구를 고정 보관하여 습관성 기계 동작을 형성한다. ③ 될 수 있는 대로 손의 사용을 자제하거나 감소시킨다. ④ 불편하고, 자연스럽지 못한 동작을 자제한다. ⑤ 물품 고정과 같은 근육 힘의 사용을 감소시킨다. ⑥ 관성과 동력에 대한 극복을 감소시키고, 위험한 동작을 금지한다. ⑦ 휴식시간 외 작업 중 정지시간을 금지한다.
2. Combination(결합): 작업 중 취소 불가능한 기타 작업의 결합 가능성을 검토한다. ① 다 방향으로 동작이 돌변하는 동작을 합병하여 한 방향의 연속 동작으로 형성한다. ② 기계의 운행주기를 고정하여, 작업을 한 주기 내에 완성하게 한다. ③ 공구의 합병, 통제의 합병, 동작의 합병을 실현한다.
3. Rearrangement(새로운 배열): 작업의 순서를 다시 배열한다. ① 두 손의 작업 부합을 균형되게 하고, 동시에 상호 간 대칭의 동작 형식을 취하는 것이 효율적이다. ② 작업을 손부터 눈으로 이전한다.
4. Simplification(단순화): 작업 절차, 동작을 단순화하고 에너지의 절약도 시도한다. ① 최소의 근육을 사용하고, 또 주기적으로 사용한다. ② 눈으로 수색 범위와 초점을 맞추는 횟수를 적게 한다. ③ 작업을 정상구역에서 완성하도록 하고 될 수 있으면 몸을 움직이지 않게 한다. ④ 동작을 작게 한다. ⑤ 손잡이·지렛대·페달·버튼 등 제어기는 조작자의 높이와 특징에 맞추어야 한다. ⑥ 고강도의 근육 힘이 필요 할 때에는 관성을 이용하여 도움을 받는다. ⑦ 될 수 있는 대로 간단한 동작 결합을 사용한다. ⑧ 매 동작의 복잡한 정도를 감소시키고, 특히 한 위치에서의 많은 동작을 줄인다.

6) 새 방안의 적용

작업연구의 개선안을 적용하는 것은 이상의 연구보다 더욱 힘들 수 있다. 왜냐하면, 방법의 변경은 작업자에게 그동안 익숙해진 습관을 변경시키는 것이므로 처음부터 받아들이기 힘든 것이다. 따라서 처음 연구의 시작 단계에서부터 참여와 홍보 및 실험적 실시를 잘해야 한다. 그러므로 교육도 잘 하여야 하고 조급하게 서둘러서는 안 될 것이다.

제2절 공정분석 방법

1. 공정분석의 의의

공정분석(process analysis)은 제조업 기업에 적용할 때에는 생산 공정분석이라 하고, 서비스기업에 적용할 때에는 작업공정분석이라 하며, 정보처리 업무의 분석에 응용할 때에는 정보처리 분석 혹은 데이터흐름 분석이라고 한다. 공정분석은 각 공정을 개선하기 위해 각 공정의 활동과 흐름을 체계적으로 연구하는 것이다.

생산관리자는 새로운 공정을 설계할 때라든지 기존의 공정을 다시 설계할 때 공정분석 기법을 사용하며, 그뿐만 아니라 생산활동을 전반적으로 검토하기 위하여 정기적으로 사용하여야 한다.

공정분석의 첫 단계는 공정을 구성하고 있는 모든 작업을 그 순서에 의하여 조직적으로 분석하고 기록하는 것이다. 이러한 기록에는 일종의 간단하고도 명확한 부호를 사용하여 공정분석도(process chart)를 작성하는 것이다.

이렇게 그린 공정도 즉, 흐름도에 따라 현행 작업과정에서 비경제적이고 비효율적인 절차, 조작 그리고 동작 등을 개선하여 작업과정을 더욱 합리적이고 또, 경제적으로 설계하는 데 목적이 있다. 따라서 공정분석은 전문적인 묘사와 분석의 기술능력이 요구된다(김용철 외, 2014).

2. 공정분석의 기호

공정도는 작업장이나 자재에 대하여 사람이나 기계에 의해 수행되는 모든 활동을 조직적으로 기록하는 방법이다. 이들 활동은 가공, 수송, 검사, 저장, 지체의 다섯 가지 범주로 구분된다.

[그림 11-2]는 공정분석의 기호를 보여주고 있다. 가공(operation)은 조작이라고도 부르는 데, 무엇인가를 변화시켜 가치를 창조하고 부가시키는 생산적인 작업이다. 예를 들면 깎기, 갈기, 닦기, 구멍 뚫기, 붙이기, 조이기 등의 활동이다. 수송(transportation)은

가공 중인 제품을 한곳에서 다른 곳으로 운송하는 작업이다. 운송의 대상은 자재, 도구, 장비의 한 부분일 수 있다. 검사(inspection)는 무엇인가 점검하거나 조사하는 것이다. 그러나 가공을 하는 것은 아니다. 저장(storage)은 자재를 보관하는 것으로 창고에 저장, 사용 후 그대로 둔 장비, 캐비닛 속의 문서보관 등이 여기에 속한다. 지체(delay)는 가공대상이 무엇인가 추가적인 행동을 기다리며 대기하고 있는 것을 뜻한다. 자재나 장비를 기다리며 소비되는 시간, 청소를 기다리는 시간, 작업자 기계 장비 등의 유휴시간 등이 지체의 예이다.

[그림 11-2] 공정분석 부호 사례

공정분류	기호명칭	기호	의미
가공	가공	○	원료, 재료, 부품, 또는 제품의 형상 및 품질에 변화를 주는 과정
운반	운반	○ or ⇨	원료, 재료, 부품 또는 제품의 위치에 변화를 주는 과정
검사	수량검사	□	원료, 재료, 부품 또는 제품의 양 또는 개수를 측정하여 결과를 기준과 비교하는 과정
	품질검사	◇	원료, 재료, 부품 또는 제품의 품질특성을 시험하고 결과를 기준과 비교하는 과정
정체	저장	▽	원료, 재료, 부품 또는 제품을 계획에 따라 저장하는 과정
	지체	D	원료, 재료, 부품 또는 제품이 계획과는 달리 정체되어 있는 상태

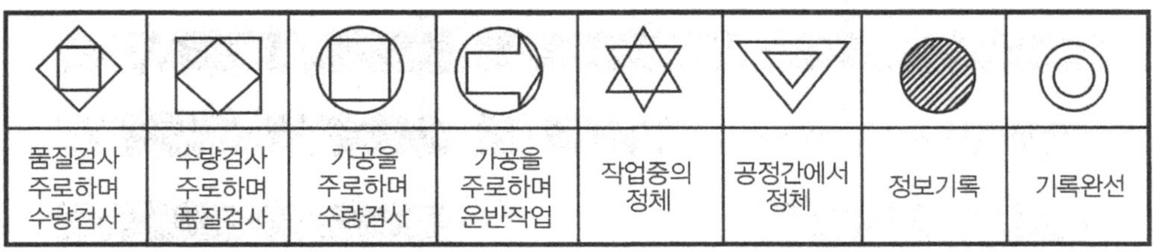

3. 공정분석도의 유형

공정분석도는 제품재료공정도(제품구조분석), 조립공정도(제품공정분석), 부품생산공정도(부속품가공분석), 작업공정도(작업공정분석), 평면/공간공정도(평면 흐름 분석), 운반도표(운반분석), 사람 기계 결합분석도(사람 기계 결합 분석), 손 조작분석도(두 손 조작분석) 등으로 분류할 수 있다. 아래에서는 주요 도표에 대해 간단히 설명한다(김용철 외, 2014).

1) 조립공정도

조립공정도(assembly chart)는 제품조립과정에 대한 공정작업의 묘사와 분석이다. 도표를 작성 시에는 가공과 검사의 두 가지 부호만 이용하였다. 수직선은 생산과정의 진도를 표시하고, 수평선은 부속품이 조립단계(공정)에 결합하는 것을 표시한다.

[그림 11-3] 조립공정도 사례

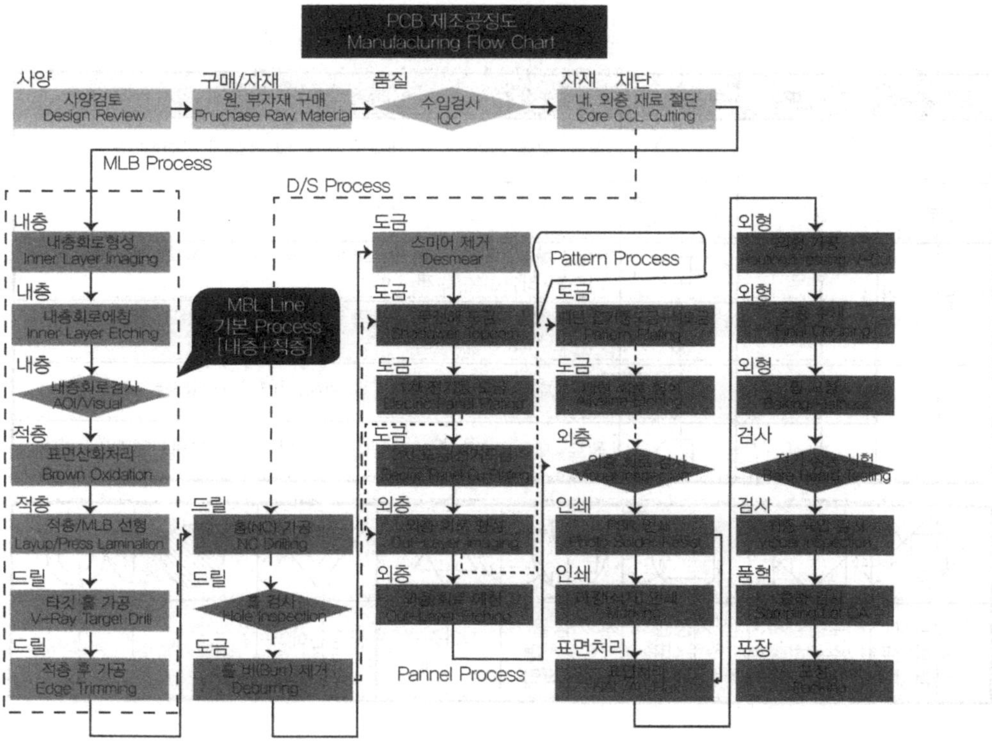

2) 부품가공분석도

부품가공분석은 모 부속품의 가공공정에 대한 묘사와 분석이다. 이는 부품가공의 물자 흐름에 대한 묘사를 위주로 하여 원자재의 운반 거리와 가공 대기시간을 기록한 예이다.

[그림 11-4] 공기차단기 본체부품의 가공분석도

운반거리	소용시간	조작기호	설 명	운반거리	사용시간	조작기호	설 명
			주조품반제품재고		1.00		운반대기
11	0.4		구루마로회전숫돌 도착	6	0.14		세척장 도착
	0.11		연마		0.50		세척
	2.55		운반대기	11	0.40		연마기 앞 도착
23	0.53		프레이즈반 도착		0.29		연마광택
	3.5		가공대기	40	0.80		도장작업장 도착
	0.034		반제품 프레스 가공		0.012		초보도장
	0.5		운반대기		1.50		건조대기
5	0.25		천공기에 도착		0.016		퍼티
	0.3		천공	5	0.05		도가니 도착
	0.25		프레이즈반 도착		1.00		불에 말리다
	0.22		하면프레이즈 가공	10	0.025		도장 도착
	0.10		프레이즈조정 대기		0.20		도장
	1.87		오목한손잡이프레이즈가공	3	0.04		도가니 도착
	0.35		운반대기		2.0		불에 말리다
9	0.40		선반 도착		0.20		검사
	0.21		선반가공, 천공		1.00		운반대기
12	0.12		천공기 도착	6	0.43		부속품창고 도착
	0.12		천공 나사산 가공				부속품창고 저장

3) 사람 기계 결합분석도

사람과 기계간의 분석은 조작자와 기계간에 상호역할을 표현한 것이다. 기계의 작업주기와 사람의 작업주기를 시간상의 결합관계로 도표로 표현할 수 있다. ECRS 분석을 통해 비효율적 작업을 감소시키고 자원의 이용률을 높인다. 이러한 분석은 다 기계 관리에 대해서도 효과적이다. [그림 11-5(a)]와 [11-5(b)]는 한 작업을 개선하기 전후의 사람·기계 결합분석도이다.

[그림 11-5(a)] 주조품 정밀 프레스 가공 분석도/개선 전

업무부서 : 기계공장
업무명칭 : 주조품 정밀 프레이즈 가공
기계명칭 : 4#일식 프레이즈

연구자 : 년 월 일
심사자 : 년 월 일

통계표							
항목별		현행 방법	개선후 방법	절략	이용율(%)		
					현행 방법	개선후 방법	이익
사람	주시간	2.0			60%		
	작업	1.2					
	대기	0.8					
기계	주시간	2.0			40%		
	작업	0.8					
	대기	1.2					

[그림 11-5(b)] 주조품 정밀 프레스 가공 분석도/개선 후

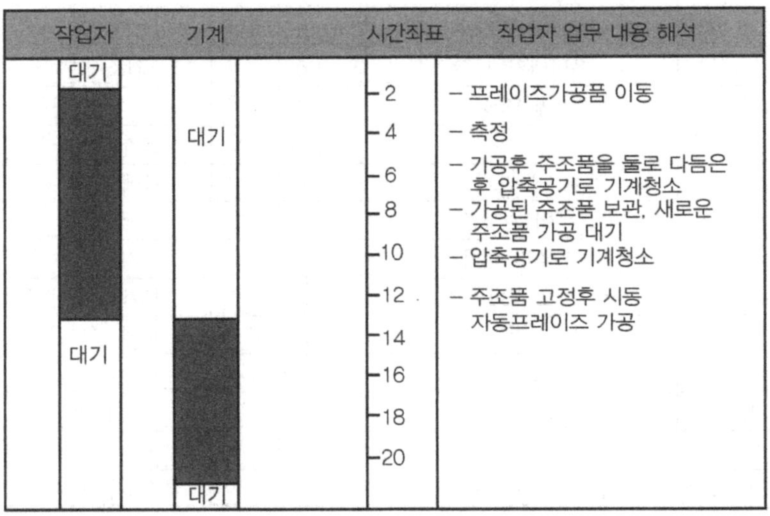

제3절 동작연구

1. 동작연구의 의의

동작연구(motion study)의 목적은 작업을 수행하는 인간의 동작을 체계적으로 연구하여 불필요한 동작을 제거하고 가장 능률이 높은 최선의 동작 순서를 연구하는 데 목적이 있다. 동작연구는 길브레스 부부(Frank B. and Lillian M. Gilbreth)에 의하여 체계적으로 개발되었다.

동작연구는 작업 자세, 작업방법, 공구의 배열 등을 통해 작업의 고효율과 적은 힘 이용을 찾는 것이다. 일부 작업자나 경영자는 인간의 작은 동작에 대해 '연구할 가치가 있는가?'라고 무시하는 경향이 있다. 그러나 대규모 공장에서 하나의 잘못된 동작이 반복적으로 나타난다면, 생산효율에 영향을 줄 뿐만 아니라 작업자의 피로나 능률에 큰 영향을 미친다. 이러한 의미에서 볼 때 동작연구는 인간노동의 가치를 새롭게 창조하는 연구인 것이다(김용철 외, 2014).

2. 동작 요소의 구분

동작연구는 사람이 작업할 때 미세한 동작의 기록, 묘사, 분석 및 개선 등에 대해 집중한다. 이러한 연구는 사진 촬영이나 비디오테이프를 수단으로 연구할 수 있다. 작업자가 수행하는 동작을 눈으로 관찰하여 분석한다는 것은 많은 한계가 있으므로 정상적으로 사진을 촬영하고, 이를 다시 천천히 여러 각도에서 관찰함으로써 새로운 방법을 연구해 낼 수 있다.

길브레스는 인간의 어떠한 동작이든지 <표 11-3>에서 보는 것처럼 모두 18개 동작 요소로 구성된 것을 발견하고 이를 서브릭기호(Therbligs)로 만들었다.

〈표 11-3〉 서브릭 기호

구분	번호	명 칭	기호	색상	설 명
한 정점에서의 서브릭	1	쥔다(grasp)	G	아주 짙은 다홍색	손을 물건에 접촉하여 잡는다.
	2	위치잡기(position)	P	청색	손으로 불건을 잡아 작업할 수 있는 각도에 맞춘다.
	3	위치준비(pre-position)	PP	엷은 청색	작업물, 공구를 작업위치의 방향으로 자세를 틀어준다.
	4	사용(use)	U	자주색	손으로 공구 등을 사용한다.
	5	조립(assembly)	A	짙은 보라색	손이 부품 등을 상호 결합하게 한다.
	6	분해(disassembly)	DA	연보랏빛	물건을 여러 개의 부품으로 나누어 분리한다.
	7	놓기(release)	RL	붉은색	쥐고 있던 물건을 놓는다.
이동 서브릭	8	빈손이동 (transport empty)	TE	황색 선	빈손을 물건이 있는 곳으로 이동하여 물건에 접촉하거나 정지한다.
	9	운반 (transport-loaded)	TL	녹색 선	물건을 갖고 어떤 지점으로 이동한다.
주저 서브릭	10	찾는다(search)	SH	검은색	눈으로 특정 물건을 찾는다.
	11	발견(find)	F	검은색	찾는 동작의 끝부분이다.
	12	선택(select)	ST	회색	손이 하나의 물건을 선정한다.
지체 서브릭	13	쥐고 있다(hold)	H	짙은 붉은색	목적물을 고정된 상태에서 잡고 있다.
	14	피할 수 없는 지체 (unavoidable delay)	UD	자줏빛 황색	작업자가 통제할 수 없는 신체의 지연과 관련된 동작이다.
	15	피할 수 있는 지체 (avoidable delay)	AD	엷은 황색	작업자 때문에 발생하는 신체의 지연과 관련된 동작이다.
	16	휴식(rest)	R	황토색	피로를 덜기 위한 휴식 동작이다.
사고 서브릭	17	계획(plan)	PN	갈색	다음 행동에 관한 결정을 위한 동작.
	18	검사(inspect)	I	엷은 황색	물건의 크기 색상 형태를 검사하는 동작.

이러한 18종류의 동작 요소는 그 특성에 따라 5가지로 분류하였다. 정점에서의 서브릭, 이동 서브릭, 주저 서브릭, 지체 서브릭, 사고 서브릭이다. 일반적으로 정점에서의 동작과 이동에서의 두 가지 동작요소가 있으므로 작업이 진행될 수 있

다. 따라서 이 두 가지를 유효 동작 요소라고 한다. 그리고 주저와 사고와 지체요소에 포함된 동작 요소는 작업 진행을 할 수 없기에 무효 동작 요소라고 한다. 따라서 동작 요소를 분석을 할 때는 될 수 있는 대로 유효 동작 요소를 단축하고 무효 동작 요소를 없애야 한다.

3. 동작경제의 원칙

길브레이스는 동작연구를 통해 고효율적이고 또, 피곤을 감소하기 위한 동작 원칙을 만들었다. 이후 3대 영역에 걸쳐 동작경제의 원칙을 형성하였다. 경제적인 동작 원칙은 다음과 같다.

1) 인체사용의 원칙

① 양손은 동시에 동작을 시작하여 동시에 끝내야 한다.

② 양손은 휴식 기간 외에는 동시에 쉬어서는 안 된다.

③ 두 팔은 서로 반대의 대칭적인 작업으로 동시에 움직여야 한다.

④ 손과 몸의 동작은 일을 만족스럽게 수행하는 데 필요한 최소한도로 한정하여야 한다.

⑤ 일에 도움이 될 때는 될 수 있는 대로 관성(momentum)을 이용하지만, 작업자의 힘으로 관성을 극복하는 일은 최소한으로 줄여야 한다.

⑥ 손의 동작에 있어서는 급격하고 날카로운 방향전환을 수반하는 직선적인 동작보다는 부드럽고 연속적이며 곡선적인 동작이 바람직하다.

⑦ 구속적(restricted)이거나 통제된(controlled) 동작보다는 탄도적 동작(ballistic movements)이 더 빠르고 쉽고 정확하다.

⑧ 쉽고 자연스러운 리듬을 타고 일할 수 있도록 작업을 꾸민다.

⑨ 작업자의 시선의 이동횟수와 이동범위가 될 수 있는 대로 적도록 한다.

2) 작업구역 배치에 관한 원칙

① 공구와 재료는 고정위치에 배치하여야 한다.

② 공구와 재료는 근처에 두고, 작업순서로 배열하여야 한다.

③ 작업대 높이는 조작자와 적합하여야 한다.

④ 작업대에는 적당한 조명이 있어야 한다.

⑤ 재료의 공급과 운반은 중력을 이용하는 것이 좋다.

3) 공구와 설비의 설계원칙

① 손 이외로 할 때 인체의 기타 부위를 사용하여 조작하는 방식을 취한다.

② 두 개 이상의 공구를 조합하는 것이 좋다.

③ 재료와 공구는 예정된 곳에 놓고 움직이지 않는 것이 좋다.

④ 기자재와 공구 손잡이 부분에서 이용되는 기능을 충분히 이용한다.

⑤ 기계조작 부속품의 위치는 조작자의 자세를 적게 변동하여야 한다.

제4절 작업측정

1. 작업측정의 의의

작업측정(work measurement)은 한 업무를 수행하는데 걸리는 적정한 시간을 정하기 위한 과정이다. 작업측정은 생산용량계획, 노동력계획, 인건비 추산, 일정계획(scheduling), 예산수립 그리고 인센티브제도 설계에 필요한 중요 정보가 되며, 이와 같은 정보 수집을 위하여 표준시간을 설정한다. 표준시간(standard time)은 일정한 자격을 갖춘 작업자가 어떤 업무를 적절한 작업장에서 정해진 방법과 도구 및 장비, 원자재를 사용하여 일정한 속도로 일할 때 걸리는 시간이다. 어떤 업무의 표준시간을 정할 때는 반드시 그 업무의 요인을 완전하게 기술해야 하는데 그 이유는 실제 업무 소요시간은 이들 모든 요인의 영향을 받기 때문이며, 이들 각 요인의 변화는 실제 업무 소요시간에 영향을 미친다.

표준시간은 부과된 작업을 올바르게 수행하는 데 필요한 숙련도를 지닌 작업자가 주어진 작업조건 아래에서 보통의 작업 속도(pace)로 작업하고 정상적인 피로와 지연을 수반하면서 규정된 질과 양의 작업을 규정된 방법에 따라 완수하는 데 필요한 시간이다. 이는 작업 1단위를 정상적인 속도로 수행하는데 걸리는 시간을 의미한다.

대표적인 작업측정 방법으로 시간 연구법(time study), 표준요소시간법(standard elemental times), 기정시간법(predetermined data), 워크샘플링(work sampling) 등이 있다.

2. 시간 연구법

1) 스톱워치 시간 연구법(stopwatch time study)

스톱워치 시간 연구법(stopwatch time study)은 19세기 말 Frederick Winslow Taylor가 공식적으로 도입하였다. 이 방법은 어떤 업무를 한 작업자가 여러 번 수행하는 것을 관찰하여 표준시간을 정하는 절차이다.

(1) 측정절차

① 연구대상 업무를 설정하고 그것을 수행할 작업자에게 알린다.

② 관찰 횟수를 결정한다.

③ 시간을 측정하고 그 작업자의 성과를 평가한다.

④ 표준시간을 계산한다.

(2) 주의사항

선정된 작업자가 작업 시간을 늘리려고 불필요한 동작을 하는 경우가 많으므로 연구를 수행하는 분석 담당자는 대상 업무를 철저히 알고 있어야 하며, 표준시간을 정하기 이전에 그 업무가 효율적으로 수행되는지 확인할 필요가 있다.

(3) 측정방법

① 작업자의 뒤편 1.5M~2M 비켜서서 관측한다.

② 작업과정을 작업 진행 순서에 따라 잘게 나누어 작은 동작 단위별로 분할 측정한다.

(4) 표준 시간 설정

시간 표준을 수립하기 위해서는 세 가지 시간 즉, 관측시간(observed time, OT), 정상시간(normal time, NT), 표준시간(standard time, ST)을 계산한다.

① 관측시간(Observed Time): 관측한 시간의 평균

$$OT = \frac{\Sigma \chi i}{n}$$

OT: 관측시간
$\sum x^i$ = 관측한기간의합
n = 관측회수

② 정상시간(normal time)

관측시간을 작업자의 성과를 고려하여 조정한 시간으로 관측시간에 작업자의 성과평정(performance rating)을 곱하여 계산한다.

$$NT = OT \times PR$$
$$NT = \sum(\overline{Xj} \times PRj)$$

NT = 정상시간
PR = 성과평정
$\overline{Xj}$ = 요소동작 j의 평균시간
PRj = 요소동작 j의 성과평정

③ 표준시간(Standard Time)

정상 시간에 지연(delay)을 고려한 여유 요인(allowance factor)을 곱하여 계산한다.

$$ST = NT \times AF$$

ST= 표준시간
AF= 여유인자

2) 표준요소 시간(Standard Elemental Times)

표준요소 시간(standard elemental times)은 회사가 자체적으로 시간 연구를 하여 측정한 시간 표준이다.

(1) 절차

① 업무를 분석하여 표준 요소를 파악한다.

② 파악한 요소가 기존의 시간 연구 데이터베이스에 있는지 검토하고, 자료가 있으면 그 표준 시간을 사용한다. 그렇지 않은 요소는 필요하면 시간 연구를 사용하여 표준시간을 구한다.

③ 필요하면 표준요소 시간 자료를 갱신한다.

④ 요소작업 시간을 합하여 정상 시간을 구하고 여유시간을 반영하여 표준시간을 계산한다.

(2) 이점(advantage)

① 각 업무에 대하여 완전히 새롭게 시간연구를 하지 않아도 되므로 시간과 비용을 절약할 수 있다.

② 업무의 중단이나 방해가 적다.

③ 성과평정을 할 필요가 없다. 일반적으로 자료에 있는 시간의 평균을 취한다.

(3) 단점(disadvantage)

① 데이터베이스에 충분히 많은 작업요소가 포함되어 있지 않으면 별 쓸모가 없을 수 있다.

② 기존의 자료에 오류가 있거나 정확하지 않을 수 있다.

3) 기정 시간법(predetermined time standards)

기정 시간법(predetermined time standards)은 이미 작성된 작업요소의 표준시간 자료를 사용하는 방법으로 1940년대 말 Method Engineering Council이 개발한 방법 시간 측정(methods-time measurement(MTM))을 주로 사용하였다.

(1) 특징

① 작업을 세밀하게 분해해 보면 보편적인 몇 가지 기본동작으로 결합하여 구성되어 있다.

② 기본동작은 어떤 작업 조건으로 모든 사람이 같은 시간에 행한다고 생각하는 방식이다.

③ 기준이 되는 시간치를 설정하여 작업의 내용을 기본동작과 작업조건으로 분해한다.

④ 각각의 기준이 되는 시간 치에서 그 작업의 작업시간을 구한다.

(2) 장점

① 적절한 작업환경에서 많은 작업자의 작업 수행을 관찰하여 작성한 시간을 사용한다.

② 표준시간을 개발하는 과정에서 분석가가 성과평정을 할 필요가 없다.

③ 실제 작업을 중단할 필요가 없다.

④ 작업을 전혀 해보기도 전에 그 작업의 시간 표준을 수립할 수 있다.

4) 워크샘플링(work sampling)

워크샘플링(work sampling)은 인간과 기계의 여러 가지 활동의 시간과 유휴시간을 산정하는 기법이다.

(1) 특징

① 스톱워치 시간 연구법과는 달리 워크샘플링은 활동의 시간을 측정하지 않으며 활동 전 과정을 계속 지켜볼 필요도 없다

② 관찰자가 작업자와 기계를 무작위적인 시간 간격으로 관찰하고 그 순간에 수행 중인 활동의 종류를 기록한다.

③ 지연비율(ratio-delay : 작업자가 어쩔 수 없이 지연되는 시간의 비율이나 기계의 유휴 시간 비율)을 분석하고, 비 반복적인 직무의 분석을 위해 주로 사용한다.

④ 워크샘플링을 통하여 구한 활동의 시간 비율 추정치에는 어느 정도의 오차는 피할 수 없으므로 이런 추정치는 그 활동에 실제 투입되는 시간의 비율의 근사치이다.

(2) 워크샘플링 목표

특정 신뢰 수준에서 일정한 오차의 한계를 벗어나지 않는 추정치를 구하는 것이다.

(3) 워크샘플링 절차

① 조사 대상 작업자나 기계를 분명히 선정한다.

② 작업자나 감독자에게 조사의 목적을 분명하게 설명하여 의혹을 사지 않도록 한다.

③ 분석 담당자의 경험이나 과거 자료를 사용하여 당장 사용할 비율 추정치 $\hat{p}f$를 구하든지 그렇지 않으면 $\hat{p}=0.50$을 사용하여 표본 크기를 일단 계산한다.

④ 무작위 관찰 계획을 수립한다.

⑤ 관찰을 시작하고 도중에 두세 번 표본의 크기를 수정한다.

⑥ 관찰하려는 특정 활동의 시간 비율을 추정한다.

표준시간 공식

$$f(x) = \sum_{i=1}^{n} (ti \; X \, ri) \, X \, a$$

$f(x)$ = 표준시간
n = 작업개수
ti = i번째 작업시간
ri = i번째 작업의 레이팅
a = 여유율

사례 다음은 전자회사의 조립공정에 대한 정보이다. 정미 시간, 표준시간, 실제 작업시간, 하루 생산량(8시간 작업)을 산출하여 보십시오.

- 평균 작업시간 : 20분(순수 작업시간)
- 레이팅 : 120%(작업속도 보정)
- 여유율 : 10%(인적 & 물적 여유)
- 관리계수 : 7%(조 작업 여유)

☐ 정미시간 = 분
☐ 표준시간 = 분
☐ 실제작업시간 = 분
☐ 하루 생산량 = 개
☐ 주문량 200개를 생산하는 데 시간 필요하다.

학습목표 요약

1. 작업연구의 체계는 어떤 것이 있는가?

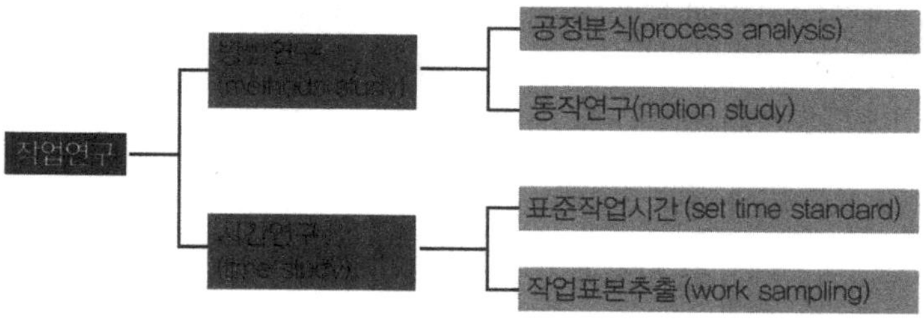

2. 방법연구는 어떤 절차로 하는가?

연구목적의 설정 - 연구대상과 방법의 선택 - 현행방법의 기록 - 사실의 분석과 기록 - 개선방안의 탐구 - 새 방안의 적용

3. 공정분석(process analysis)이란 무엇인가?

공정분석(process analysis)은 제조업 기업에 적용할 때에는 생산 공정분석이라 하고, 서비스기업에 적용할 때에는 작업공정분석이라 하며, 정보처리 업무의 분석에 응용할 때에는 정보처리 분석 혹은 데이터 흐름 분석이라고 한다. 공정분석은 각 공정을 개선하기 위해 각 공정의 활동과 흐름을 체계적으로 연구하는 것이다.

4. 동작연구란 무엇인가?

동작연구는 작업자세, 작업방법, 공구의 배열 등을 통해 작업의 고효율과 적은 힘 이용을 모색하는 것이다.

5. 스톱워치 시간 연구법(stopwatch time study)이란 무엇인가?

스톱워치 시간 연구법(stopwatch time study)은 어떤 업무를 한 작업자가 여러 번 수행하는 것을 관찰하여 표준시간을 정하는 절차이다.

6. 표준요소 시간(standard elemental times)이란 무엇인가?

표준요소 시간(standard elemental times)은 회사가 자체적으로 시간 연구를 하여 측정한 시간 표준이다.

제12장

전사적 품질경영 (TQM)

학습목표

1. 품질관리의 목표는 무엇인가?
2. TQM단계별 시행전략은 무엇인가?
3. 계량형과 계수형 데이터 정리방법은 무엇인가?
4. 관리도란 무엇을 의미하는가?
5. 샘플링검사 방법에는 어떤 것들이 있는가?

제1절 품질경영의 이해

1. 품질관리의 정의

품질관리란 넓은 의미로는 시장성이 높은 제품 및 서비스를 경제적으로 생산하기 위한 일련의 체계적 관리를 의미한다. 그러나 일반적으로는 품질관리는 좁은 뜻의 해석이 통용된다.

초기의 품질관리(QC : quality control)는 제품 및 서비스의 규격, 중량 등과 재료의 화학적 성분 등을 측정하고, 그것을 미리 정해 놓은 품질표준과 비교하여 합격 여부를 판정하는 방법이 취해졌다. 이 경우 그 측정은 과학성이 낮으며 또 전수검사이기 때문에 비용에서도 부담이 컸다. 이 같은 결점을 극복하고자 1920년대에 벨 전화연구소의 W.A.슈하트 등이 통계학을 품질관리(QC)에 응용하였다. 이로써 근대적 QC로서 통계적 품질관리의 성립을 보게 되었는데, 이것이 SQC(statistical quality control)이다. 현재의 품질관리는 품질수준의 유지·향상을 도모하는 SQC만으로는 불충분하므로, 넓은 뜻의 개념으로서 앞에 밝힌 바와 같은 활동까지도 QC 속에 포함해야 한다는 주장이 있어, 그 경우를 SQC에 비교해 종합적 품질관리 또는 TQC(total quality control)라고 한다. QC는 품질표준의 설정, 품질의 검사 및 보정으로 구성된다.

2. 품질비용

1) 품질통제비용

품질통제비용은 생산 흐름에서 불량품을 제거하는 활동과 관련된 비용으로써, 경영자가 스스로 통제할 수 있는 비용이다. 품질통제비용은 품질 보증비용이라고도 한다. 품질통제비용은 다시 예방비용과 평가비용으로 구분된다.

(1) 예방비용

예방비용(prevention cost)은 P-cost라고도 하며, 기업이 고객에게 제공하는 제품과 서비스에서 불량품이 발생하지 않도록 예방하는 일체의 비용을 말한다. 예방비용은 불량의 원인을 분석하고, 그 원인을 제거하기 위한 필요한 비용으로써, 제품을 실제로 생산하기 이전에 발생하는 비용이다. 그래서 일반적으로 예방비용은 제품설계단계나 공정개발단계에서 발생한다. 불량품을 방지하기 위해서는 처음부터 품질이 좋은 제품과 서비스를 만들어야 한다. 그래야만 비용도 감소하고 불량률도 감소한다.

예방비용은 점차로 그 중요성이 증가하고 있다. 이것은 일본이 경쟁력 강화에 그 영향이 있다. 일본 제품이 높은 품질 수준을 유지하는 데에는 여러 가지 이유가 있지만, 그 중 한 가지는 바로 일본 기업의 예방비용에 대한 강렬한 관심이다. 또 불량품을 사전에 방지하는 것이 품질비용을 가장 적게 하는 제일 나은 방법이라고 일본 기업은 굳게 믿고 있다. 그래서 지속해서 불량의 원인을 파악하고, 제거하여 불량의 원인을 사전에 방지한다.

〈표 12-1〉 예방비용

예방비용
1. 기업의 제품과 서비스에 대한 고객과 사용자의 욕구 조사 1) 고객과 사용자의 욕구에 대한 마케팅 조사 2) 경쟁자와 비교하여 고객과 사용자에 대한 의식 조사 3) 고객과 사용자의 계약서와 문서 검토
2. 제품과 서비스의 설계와 개발 1) 실제로 생산이 이루어지기 이전의 설계비용 2) 품질에 관련된 설계지원 활동 3) 시제품에 대한 타당성 테스트 4) 새로운 서비스에 대한 타당성 테스트 5) 시제품에 대한 실제 현장 테스트
3. 구매 예방비용 1) 공급업자 조사 2) 공급업자 평가 3) 주문서에 있는 기술적인 자료에 대한 검토 4) 공급업자의 제품에 대한 품질계획
4. 운영(생산 또는 서비스) 예방비용 1) 확실하게 규격에 맞는 제품을 생산할 수 있도록 하기 위한 비용 2) 운영 품질계획 : 품질측정과 통제기구의 설계와 개발 3) 운영보조 품질계획 4) 작업자들에 대한 품질교육 5) 품질 프로그램을 집행하기 위한 교육비
5. 품질관리 1) 품질관리 직원들에 대한 급여

2) 집행비용 3) 품질매뉴얼 작성과 보관, 품질기록, 예산, 품질전략 4) 품질성과 보고 5) 품질교육 6) 품질개선 7) 품질 시스템 감사
6. 기타 품질비용

(2) 평가비용

기업은 생산한 제품이 불량인지 아닌지를 조사해야 하며, 또 발생한 불량품을 제거하여야 한다. 이러한 행위에 관련된 모든 비용이 평가비용이다.

즉, 평가비용(appraisal cost)은 제품의 품질특성이 미리 정한 기술적인 품질규격에 적합한지를 측정 및 평가하는 비용으로 일명 A-cost라 부른다. 그래서 원자재, 부품, 완제품의 품질특성이 표준규격에 적합한지를 검사하며, 표준규격에 적합한 제품을 공정에서 생산할 수 있는지를 측정하고, 검사하고, 분석하는데 소요되는 모든 비용이 평가비용이다. 그리고 평가비용은 소비자에게 제품을 판매하기 이전에 발생하는 비용이다. 미국 품질학회의 품질비용위원회에서는 평가비용에 속하는 비용을 <표 12-2>와 같다.

〈표 12-2〉 평가비용

1. 구매업자 평가비용 1) 외부에서 구매하는 부품과 원자재에 대한 검사와 테스트 2) 검사 측정기구 3) 공급업자의 제품에 대한 인증 4) 구매업자의 공장에서 실시하는 검사비용
2. 운영(생산 또는 서비스)에 대한 평가비용 1) 계획하는 검사, 테스트, 검사비용 ① 검사자가 아닌 작업자의 검사비용 ② 검사자의 작업비용 ③ 검사와 테스트를 할 때 사용되고 파괴되는 자재 2) 기계작동 준비검사와 처음 생산되는 제품에 대한 테스트 3) 특수테스트(제조) 4) 공정통제 측정 5) 실험실비용 6) 검사측정기기와 테스트 측정기구 ① 감가상각비 ② 자산 처리되지 않는 모든 측정기구 비용

⑧ 보전과 측정에 사용되는 인건비 7) 외부에 검사를 의뢰하였을 때의 비용
3. 외부 평가비용 1) 고객에게 실시하는 제품에 대한 검사, 테스트, 감사활동 2) 수명, 환경과 신뢰성 테스트 3) 엔지니어링 변경과 장기간의 보관으로 인한 재고 조사
4. 테스트와 검사 자료에 대한 평가
5. 다양한 품질 평가

2) 품질실패비용

품질실패비용(failure cost)은 일명 F-cost라고도 하며, 제품의 품질이 표준규격에 미달하여 발생하는 비용이다. 품질실패비용은 공정 중 또는 제품이 고객에게 판매된 후에 발생하며, 대부분의 제조업체에서 품질비용 중 가장 많은 비중을 차지하고 있다. 대개는 실패비용이 품질 총비용의 70% 이상을 차지하고 있다. 그러나 실패비용이 관심을 많이 받지 못하고 있는 이유는 실패비용을 측정하기가 쉽지 않기 때문이다.

제품 불량의 이면에는 반드시 원인이 있다. 그러므로 실패비용을 측정하는 이유는 실패를 일으킨 원인을 파악하고, 그 원인을 제거하여 품질을 향상하려고 하는 것이다. 실패비용은 다시 내부 실패비용과 외부 실패비용으로 구분된다.

(1) 내부 실패비용

내부 실패비용(internal failure cost)은 기업 내에서 발생하는 실패비용을 말한다. 즉, 내부 실패비용은 불량품이 고객에게 전달되기 이전에 기업 내에서 발생하는 비용이다.

〈표 12-3〉 내부 실패비용

1. 제품 또는 서비스 설계에 대한 실패비용 1) 설계수정비용 2) 잘못된 설계 때문에 발생하는 재가공 3) 설계변경 때문에 발생하는 폐품 4) 잘못된 설계 때문에 발생하는 계획하지 않은 지원부서의 비용
2. 구매와 관련된 실패비용 1) 불량품 때문에 발생하는 쓸데없는 문서, 수송비, 평가 2) 불량품 때문에 새로 교체하는 비용

3) 불량품 때문에 발생하는 시정조치비용 4) 인수하였지만 불량품 때문에 기업에서 수행하는 재가공 5) 도난, 파손 때문에 발생하는 자재손실
3. 운영(생산 또는 서비스) 실패비용 1) 자재 조사와 시정조치비용 ① 폐품 ② 실패분석비용 ③ 실패분석을 위해 사용하는 추가적인 분석비용 ④ 시정조치비용 2) 재가공과 수리비용 ① 재가공 ② 수리 3) 재검사와 재 테스트 비용 4) 부가적인 작업비용 5) 재가공을 다시 할 수 없어 발생하는 폐품 6) 등급조정 7) 불량품 때문에 발생하는 근로자와 기계의 유휴시간
4. 기타 내부 실패비용

(2) 외부 실패비용

외부 실패비용(external failure cost)은 불량품이 고객에게 판매된 다음에 발생하는 비용이다. 그래서 외부 실패비용은 고객 서비스와 관련된 비용에 해당된다.

〈표 12-4〉 외부 실패비용

1. 소비자 불만조사와 고객서비스
2. 반환품
3. 재조정비용
1) 리콜비용
4. 품질보증비용
5. 위약금
6. 벌금
7. 이미지 훼손
8. 판매량 감소
9. 기타 외부 실패비용

3) 숨겨진 실패비용

좋지 않은 품질은 기업 경영성과와 이미지에 나쁜 영향을 끼치며, 기업의 실패비용을 증가시킨다. 이 나쁜 품질은 지금까지 설명한 실패비용 이외에 또 다른 실패비용을 발생시킨다. 이 비용이 숨겨진 실패비용(hidden quality costs)이다. 숨겨진 실패비용은 기업에 상당한 손실을 발생시키지만, 경영자들이 잘 인식하지 못하는 비용이다. 그리고 이 비용은 불가능하지는 않지만 파악하고 측정하기가 상당히 어렵다. 우리가 실제로 측정하는 실패비용은 총 실패비용의 아주 미미한 부분에 지나지 않고, 숨겨진 실패비용이 엄청나게 많은 사실을 알 수 있다. 그러므로 경영자는 기업의 경쟁력에 크게 영향을 끼치는 이 숨겨진 실패비용을 반드시 파악하고 측정하여 개선하도록 하여야 한다.

구체적으로 숨겨진 실패비용으로는 다음과 같은 비용을 들 수 있다.

① 종업원의 이직

② 종업원의 사기 저하

③ 생산성의 저하

④ 취소된 주문

⑤ 생산능력의 감소

⑥ 재고증가

⑦ 엔지니어와 경영자의 시간 낭비

⑧ 품질문제 때문에 발생하는 재설계 비용

⑨ 품질규격을 만족하지 못하는 제조공정을 변경하는 비용

⑩ 보고되지 않은 폐품

⑪ 기계와 설비의 유휴시간

[그림 12-1] 품질코스트 분류체계

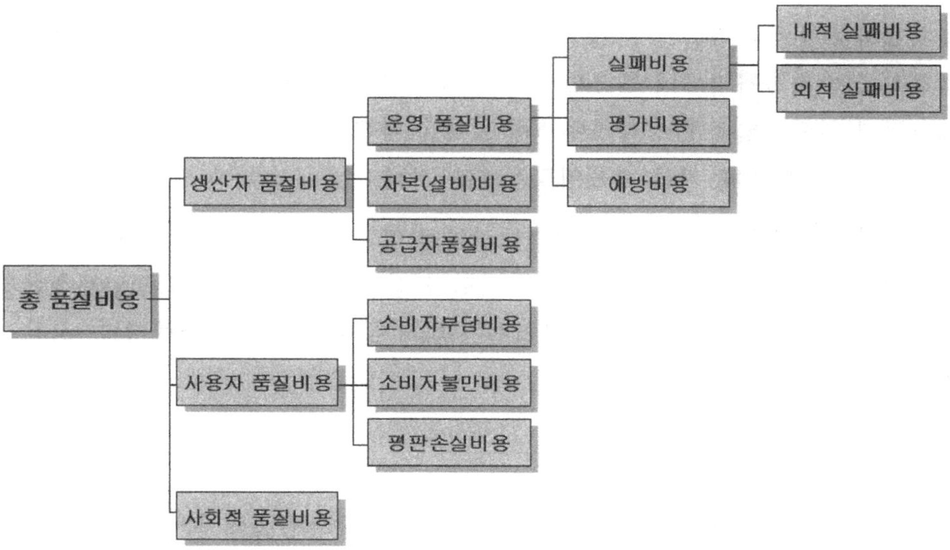

출처 : 송재근(2006), 「Q-COST & COPQ」.

〈표 12-5〉 생산자와 소비자 관점의 차이

구 분	생산자 관점	소비자 관점
판매 대상	· 생산자에 의해 만들어진 제품	· 사용자에 의해 요구되는 서비스
품질의 정의	· 시방과의 일치	· 사용자 적합성
품질 비용	· 생산자 품질비용	· 사용자 품질비용
서비스 책임	· 보증기간 내	· 내용연수 전체

출처 : 송재근(2006), 「Q-COST & COPQ」.

3. 품질관리의 목표

1) 목표품질

목표품질은 자사의 기술 수준과 공정 능력상 실현 가능하다고 인정하여 제품의 설계에 반영된 품질 특성을 실현하기 위하여 기획하고, 사양으로 정리하여 체계화한 품질기준이다.

2) 설계품질

설계품질은 신제품의 도입이나 제품 개발단계에서 제품 설계 시 목표로 하는 품질로서 생산과정에서 제조된 제품의 품질로서 현장의 품질관리는 제조품질을 설계품질에 적합하도록 향상하는데 노력을 뜻하며 제조품질이 설계품질의 허용오차를 벗어날 때 이를 부적합품이라고 한다.

설계품질은 품질을 높이면 품질코스트가 올라가고 아울러 품질가치도 올라가지만 최적수준을 지나면 가치와 비용의 차이가 점점 작아진다. 반대로 설계품질이 최적수준 이하로 내려오면 품질코스트는 적게 들지만, 품질저하로 인한 시장가치는 더 크게 하락한다.

3) 제조품질

제조품질과 설계품질이 합치된 합격품이 출하되어 소비자가 사용 시 만족을 주는 품질이다. 제조품질의 총비용은 공정코스트와 품질코스트의 합계로, 공정코스트를 높여 제조품질을 향상하면 품질코스트는 감소되나 공정코스트가 상대적으로 증가하여 총원가가 높아진다. 또한, 공정코스트가 낮아지면 공정능력이 나빠지기 때문에 제조품질이 저하되어 부적합품이 많이 발생하고, 상대적으로 품질코스트는 높아져 총원가가 급상승하게 된다.

4) 시장품질

시장품질(quality of market)은 소비자에 의해 실제 사용상에서 평가되는 품질로 사용품질(quality of use)이라고도 하며 설계품질의 결정에 중요한 정보가 된다.

시장품질에서도 설계품질과 제조품질에서와 같이 경제적인 최적수준의 품질을 고려할 수 있다. 즉, 품질에 대한 소비자의 만족도를 소비자 측에서 부담하는 소비자 비용과 생산자 측에서 부담하는 서비스 비용과의 관계에서 찾을 수 있다.

5) 서비스 품질

일반적인 품질경영은 제품의 품질 향상에만 중점을 두었으나 제품에 녹아 들어간 서비스라는 무형적인 가치를 중요시 하여야 한다. 따라서 제품 자체뿐만 아니라 서비스를 포함한 광의의 제품을 고객들이 만족하도록 설계하고 제공하는 것이 중요하다. 이처럼 무형의 품질을 서비스 품질이라고 한다. 서비스 품질이란 서비스 프로세스를 설계하여 전달된 서비스를 고객이 얼마나 만족하는가?로 평가된다.

제2절 전사적 품질경영(TQM)

1. TQM의 특성

1) TQM의 특징

TQM은 베리(Berry)가 지적한 바와 같이 수익성 및 경쟁력의 제고, 조직 유효성의 향상, 그리고 고객만족(CS) 또는 고객감동(customer delight)을 실현할 수 있으며, 표에서와 같이 전통적 경영과 차이점을 보인다.

〈표 12-6〉 TQM과 전통적 경영의 차이점

TQM	전통적 경영
· 고객에 초점 · 품질우선 · 복수의 품질차원 · 경영자/종업원의 헌신노력 · 공정(Process) 지향적	· 경영(관리)에 초점 · 이익우선 · 단일의 품질차원 · 종업원의 헌신노력 없음 · 결과(Results) 지향적

2) TQM의 핵심적 가치

고객이 원하는 초점에 맞추는 TQM활동은 다음과 같은 열 가지의 핵심적인 개념이 있다(김기영, 1999).

(1) 이윤창출을 위한 품질

기업이 생산하는 제품이나 서비스, 경영과정 및 인적자원의 질을 높임으로써 기업은 많은 이윤을 얻을 수 있다. 제품 및 서비스 경영과정에서 발생할 수 있는 비용은 기업이 아무런 행동을 취하지 않으면 기업은 비용으로 작용하여 결국 이윤을 잠식하는 결과가 된다. 따라서 세계적 우수기업은 전사적 차원의 품질향상 프로그램을 실시하고 있다.

(2) 적시의 무결점 활동

TQM은 결함 없는 작업이 가능하다는 전제로 추진하고 있다. 이는 작업과정에서 완전함을 추구하는 것인데, 목표점에 일치한다는 사실보다는 '완벽한 업무를 달성하기 위한 마음가짐'이 더 중요하다. 적시에 적합한 일을 하여 무결점을 추구하는 것은 사전예방에 대한 강조와 함께 측정 및 업무과정 통제, 데이터를 기반으로 낭비와 실수 제거 등의 지속적인 활동을 통해 이루어질 수 있다.

'무결점'은 지속적인 향상을 달성하기 위한 목표가 되며, 우수한 품질을 확보하기 위하여 기업은 사후조치가 아니라 예방에 초점을 맞추게 된다. 이는 어느 정도의 불량품을 허용하는 전통적인 품질개념에서 벗어날 수 있는 사고전환을 요구하는 것이다. 즉, TQM에서는 비용과 결점이 동시에 감소할 수 있다는 것을 전제로 하여 무결점상태에 도달할 수 있다고 본다. 지속적인 개선과 예방은 바로 이와 같은 사고를 기초로 하고 있다.

(3) 품질비용

품질비용은 양질의 제품이나 서비스를 생산함에 있어서 발생하는 모든 경영상의 비용을 의미하는데, 예방비용, 평가비용, 내부 실패비용, 외부 실패비용 등이 있으며, 고객의 요구 수준을 초과한 비용과 기회비용 등이 포함된다.

(4) 경쟁적 벤치마킹

시장에서 기업성과는 항상 경쟁적인 관점에서 파악되어야 한다. 기업이 경쟁력을 지니기 위한 전략 수립과 시행, 그리고 경쟁력의 근원으로 작용할 수 있는 기술 및 품질능력의 확보 등은 모두가 고객을 근원으로 하여 경쟁적인 상황에서 이루어지는 것이다. 이러한 측면에서 경쟁적 벤치마킹은 기업의 지속적 성과향상에 기초가 되는데, 기업이 경쟁사와 자신에 대해 평가를 하여 시장에서의 우위성 확보를 위해 활용할 수 있게 하는 지속적인 경영과정을 의미한다.

(5) 전 구성원의 참여

제품이나 부품의 어느 부분에서 결함이 발생하게 되면 어느 특정한 사람이나 공정에 문제가 있는 것으로 생각하기 쉬우며, 이러한 생각은 개선할 수 있는 많은 문제를 경시해 버리게 된다. 조직구성원 모두가 제품의 결함을 발생시킬 수 있으며, 모든 사람이 양질의 제품을 생산하고 품질비용을 절감해야 하는 책임이 있다.

(6) 팀 활동에 의한 시너지 효과

시너지의 의미는 부분의 합보다 전체가 더 큰 효과를 내는 것을 의미하는데, TQM에서도 협력과 합의, 창조적 갈등과 팀 전체의 성공을 진작시키기 위해서 사용된다.

(7) 주인의식과 자율경영

TQM 프로그램은 어떤 문제에 처했을 때 그 문제를 자신의 것이라고 인식하고, 자료조사와 해결책을 강구하여 궁극적으로 바라는 성과를 내는 것이다. TQM은 심리적인 면에서 소유의식을 강조함으로써 조직구성원에 대한 전통적인 관리·통제보다는 조직개발관점에서 자율경영을 전략적으로 이용하고 있다.

(8) 역할모델로서의 관리자

TQM은 최고경영층으로부터 이끌어져야 하며, 모든 계층의 경영자는 그들 자신이 역할모델이라고 할 수 있다. TQM 프로그램은 경영피드백 시스템에서 형성됨으로써 경영자가 품질을 위한 역할모델로서 어떻게 행동해야 하는가를 생각할 수 있도록 해야 한다.

(9) 인정과 보상

TQM 프로그램에서 적절한 인정과 보상시스템은 중요하며, 특히 품질개선 과정이 이루어지는 일상적인 작업집단에서는 더욱 중요한 의미를 갖는다. 인정이란 개인이나 집단의 실적을 칭찬함으로써 격려하는 것을 의미한다. 보상이란 성과와 관련하여 재정적인 혜택을 주고 인정해 주는 것을 말한다. 실적을 증가시키고 참여적인 문제해결에 의한 지속적인 성과향상을 위해서는 인정과 보상을 통한 적극적인 동기부여가 중요하다.

(10) 품질전달체계

품질전달체계를 명확하게 정의함으로써 모든 구성원이 자기 일이 중요한 작업 활동이라는 확신을 심어줄 수 있으며, 팀워크를 통해 구성원들의 복합된 기술, 사고와 경험 등을 이용할 수 있다.

2. TQM 시행전략

1) 1단계 : 품질이 무엇인가를 결정

TQM의 성공적인 시행을 위해서는 품질에 대한 인식을 뚜렷이 하는 것이 선행되어야 하지만, 더 중요한 것은 품질목표를 구체적으로 설정하는 것이다. TQM에서 품질은 고객의 기대를 만족하게 하거나 능가하는 데에 있으며, 6시그마(six sigma) 품질목표는 하나의 좋은 예이다.

2) 2단계 : 조직이 TQM을 받아들일 수 있도록 준비

최고경영진의 TQM전략을 기업 내에 확산시키고, TQM의 지지를 얻기 위해 종업원의 팀워크를 강화해야 하는 단계이다. 준비해야 할 사항은 다음과 같은 것이 있다.

① 모든 조직구성원에게 품질은 조직 전체의 책임임을 인식시킨다.

② TQM전략을 수용할 인사정책을 수립한다.

③ TQM의 전략시행에 중추적인 역할을 할 인물을 선정 한다.

3) 3단계 : 종업원을 교육하고 권한을 부여

일반적으로 TQM의 성공을 위해서는 두 가지의 필수적인 교육이 요구된다. 즉, 하나는 성과를 측정하고, 문제를 분석하며, 문제의 원인을 제거하기 위해 시행되는 통계적 기법의 교육이며, 다른 하나는 계량적인 방법으로 처리될 수 없는 문제를 해결하는 데에 초점을 둔 교육이다.

4) 4단계 : 성과를 측정하여 피드백을 주고 필요한 조치를 취함

품질 관련 문제는 그 원인이 알려져 해결책이 제시되기 전에 발견해야만 의미가 있다. 이렇게 하기 위해서는 제품 및 서비스를 생산하는 단계마다 품질관련 정보를 알 수 있도록 피드백 시스템이 설치되어야 한다.

또한, TQM을 시행하는 제조업체는 재공품의 품질을 관리하기 위해 생산공정의 각 단계마다 품질의 적합성에 대한 검사를 한다.

5) 5단계 : 지속적인 개선에 주력

이 단계는 TQM의 시행에서 오는 어려움 때문에 또는 더 이상의 변화가 필요없다고 나름대로 판단해서 TQM의 시행을 중단해서는 진정한 시행 효과를 거둘 수 없다는 것을 말해준다.

이상에서 언급한 TQM 시행전략의 다섯 단계는 조직(기업)들이 TQM 프로그램을 단계적으로 시행하는 데 필요하다.

제3절 통계적 품질경영

1. QC 도구

1) 체크 시트(check sheet)

체크 시트는 결점이나 가치 있는 사건들의 수가 중요할 때 자료 수집하기 위해서 사용한다. 체크 시트는 공정으로부터 필요한 자료를 수집하는데 사용되는 도구로서 불량개수, 결점 수 등 셀 수 있는 자료를 기록하는 것으로서 체계적인 자료를 수집할 수 있으며 히스토그램, 파레토, 관리도 등을 작성하는 데 사용된다.

체크 시트의 적용 범위로 문제를 정의하는 동안 어떤 일이 일어났는지 알아보려고 자료를 수집할 때나, 해결책을 수행하고 새로운 상태를 monitor(감시, 조정)하기 위해서 자료를 수집할 사용한다.

기록용(각 공정에서 발생하는 결점 수를 결점별, 공정별로 기록)

구분	밀 실	코핑	카렌다	슬리팅	갯수	점유율	우선순위
결점1	///	//	/	/	8	22.2	2
결점2	//	/		/	4	11.1	4
결점3	//// ////	////	//	///	18	50.0	1
결점4	//	/	/	//	6	16.7	3
계	17	8	4	7	36	100.0	-

점검용(화장실 관리상태 확인용)

점검 내용	휴지 없음	비누 없음	청소 불결	전등 불량	환풍기 불량	수도꼭지 불량	기타
체크							

2) 파레토 그림(pareto diagram)

파레토 그림은 많은 사소한 요인들로부터 문제의 가장 주목할 만한 원인을 구분하기 위해 또한 팀의 업무 수행에서 가장 긴요한 문제점을 확인하기 위해서 작성된다. 또한 현장에서 발생한 불량품, 결점, 배상 등과 같은 현상을 원인별로 데이터를 분류하여 그 크기를 그래프로 나타낸다.

파레토 그림의 적용 범위로 일반 사회학 분야에서도 많이 사용하지만, 품질과 관련해서는 어떤 불량항목이 원인에 이바지하는 것이 많은가? 그 비율은 어느 정도인가? 어떤 문제부터 개선해 가면 좋은가? 등을 밝혀내는데 적용된다.

고객 불편접수건(병원에서 실시한 고객 불편 접수 건수가 다음과 같다)

항목	도수	상대도수	누적도수	상대누적도수
간호사 불친절	33	0.423	33	0.423
의사 불친절	15	0.192	48	0.615
주차 불친절	12	0.154	60	0.769
기타	10	0.128	70	0.897
직원 불친절	8	0.103	78	1.00
계	78	1.00	78	

Pareto Chart 항목

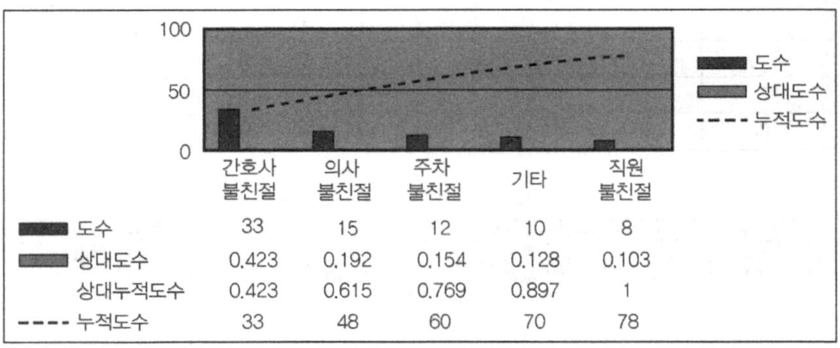

3) 히스토그램(histogram)

히스토그램은 계량치 데이터가 어떤 분포를 하고 있는가를 알아보기 위해 사용하는 것으로 데이터를 구간으로 나누어 구간에서 발생한 빈도를 점검하여 그래프로 나타낸 것이다. 히스토그램의 적용 범위로 계량치 데이터를 얻을 수 있는 프로세스라면 다 적용된다. 품질과 관련해서는 생상 현장에서 얻어지는 자료를 가지고 히스토그램을 그린다.

승용차용 배터리의 수명 데이터

2.2	4.1	3.5	4.5	3.2	3.7	3.0	2.6	3.4	1.6	3.1	3.3	3.8	3.1	4.7	3.7	2.5	4.3	3.4	3.6	2.9
3.3	3.9	3.1	3.3	3.1	3.7	4.4	3.2	4.1	1.9	3.4	4.7	3.8	3.2	2.6	3.9	3.0	4.2	3.5		

계급구간	계급 중앙값	도수	상대도수
1.5이상 – 2.0미만	1.75	2	0.05
2.0 – 2.5	2.25	1	0.025
2.5 – 3.0	2.75	4	0.1
3.0 – 3.5	3.25	15	0.375
3.5 – 4.0	3.75	10	0.25
4.0 – 4.5	4.25	5	0.125
4.5 – 5.0	4.75	3	0.075
계		40	1

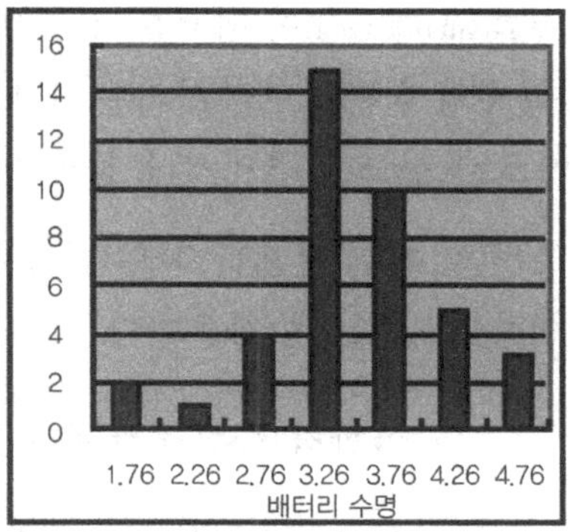

4) 산점도(scatter plot)

두 개 특성 간의 관계를 파악하기 위한 도구로서 결과와 원인 사이의 관계가 어느 정도인가를 파악하기 위해서 산점도가 필요하다.

산점도는 그룹에서 두 항목 사이(종종 원인과 결과)에 어떤 관계가 있는지 없는지 테스트를 할 때 사용한다.

자동차 무게와 에너지 소모량

자동차무게 (x)	0.9	1.3	2.1	2.5	2.4	1.7	0.7	1.2	1.6
에너지소모량(y)	2.0	2.6	4.3	5.8	5.1	3.2	1.8	2.3	3.0

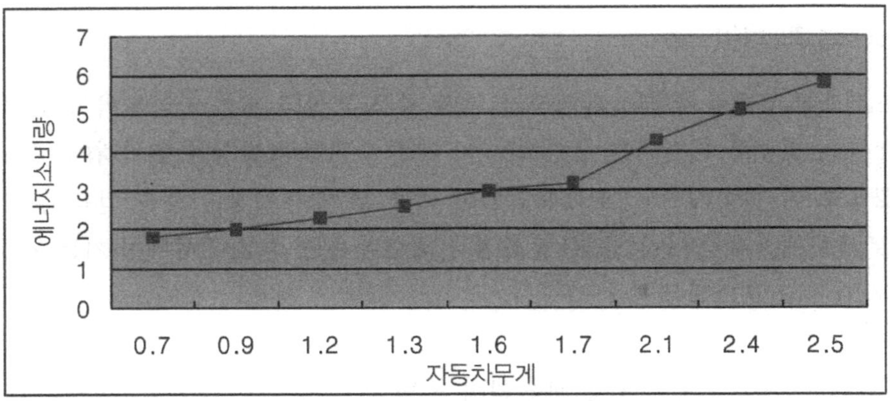

5) 층별(stratification)

층별(stratification)이란 데이터를 몇 개의 관련이 있는 부분군(subgroup)으로 구분해서 문제의 원인을 파악하려는 기법이다. 이는 데이터가 갖는 산포의 원인을 층별화함으로서 산포를 줄이거나 공정평균을 좋은 방향으로 개선하는데 도움을 준다.

층별은 어떤 문제를 확인하고 문제해결의 첫 번째 단계로써 그것을 세밀하게 정의하려고 할 때 사용한다.

일반적으로 공장에서 많이 쓰이는 층별의 구분 방법

- 시간 : 같은 시기에 만든 것끼리 작은 그룹으로 모은다.
  시간별, 오전 오후별, 월별, 계절별
- 작업 방법 : 온도, 압력, 속도 등의 작업조건, 작업방법별 등
- 원료, 재료 : 공급자, 성분, 로트별 등
- 기계, 장치 : 기계별, 형식별, 구조별 등
- 측정, 검사 : 시험기, 계측기, 측정자, 검사원별 등
- 작업자 : 조별, 숙련도별, 남녀별, 나이별 등

6) 특성요인(cause and Effect diagram)

특성요인도는 가능한 원인을 밝혀내고 자료가 수집된 가능한 영역을 지적하기 위하여 결과들 또는 문제점들을 시험한다. 특성요인도 또는 원인결과도(cause-and-effect diagram)란 문제 해결에 있어 제품의 특성인 결과에 요인인 원인이 어떤 관계를 갖고 있으며 그리고 어떻게 영향을 주고 있는가를 알 수 있도록 작

성한 시각적 그림이다.

특성요인도 작성 시에는 결과에 영향을 미치는 모든 가능한 원인을 열거할 수 있게 하려고 일차적으로 브레인스토밍(brainstorming)과 같은 기법을 도입하여 품질관리 분임조원들이 개진한 의견들을 특성요인으로 묶고, 다음으로는 개선의 실마리를 발견, 문제점을 긴급하고도 중요한 항목 순으로 제거하기 위해 파레토도 등을 활용할 수가 있다. 이때 물론 개선하고자 하는 품질특성 결과의 성격에 따른 원인의 분류는 대체로 4M과 주어진 여건(environment)을 주요 원인으로 취급한다.

특성요인도는 배상청구나 불량품의 원인을 파악할 수가 있다. 배상청구나 불량품이 발생하였을 때 그 원인에 대해서 브레인스토밍방법 등을 통해 서로 많은 의견을 내어, 이것을 특성요인도에 정리할 수가 있을 뿐만 아니라 특성요인도를 작성한 다음에는 그 원인에 대한 중요도를 결정하여 어디서부터 대책을 취할 것인가를 결정할 수가 있다.

또한 개선의 수단을 찾아낼 수가 있다. 품질향상, 능률향상, 원가절감방안으로 어떤 문제점을 발견하기만 하면 특성요인도를 가지고 개선을 위한 수단을 중요도에 따라 찾아낼 수가 있다.

변압기 폭발 사고에 대한 특성요인도는 다음과 같다.

사람	기계	방법	작업장
신체조건	설계	관리	청소불량
숙련도	부하	교육훈련	재해방지
근무태도	색연유	점검	온습도

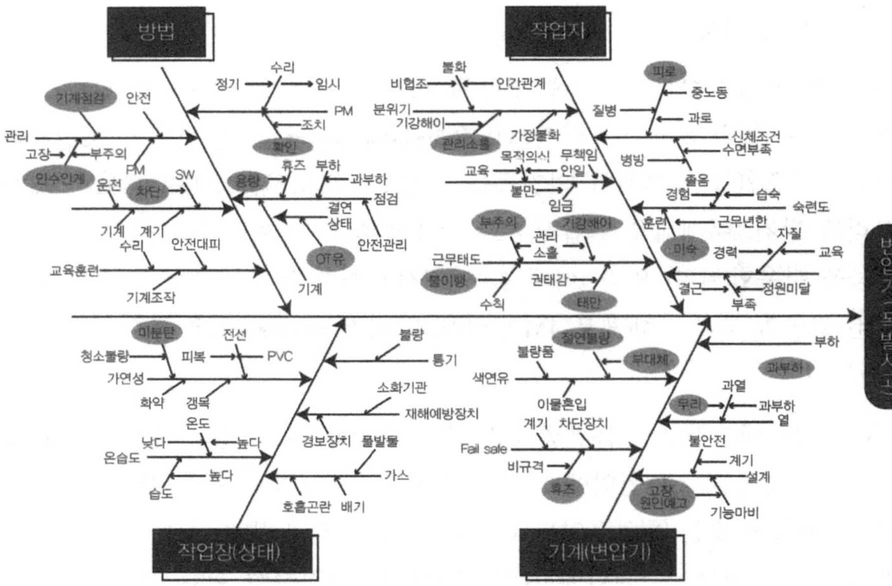

7) 그래프(graph)

데이터를 도형으로 나타내어 수량의 크기를 비교한다든가 수량이 변화하는 상태를 쉽게 알아볼 수 있도록 하는 데 있다.

각종 그래프의 종류와 특징

NO.	종류	목적	장점
1	막대그래프	수량의 크기를 비교한다.	일정한 폭의 막대를 늘어놓아, 그 막대의 장·단에 의해서 수량의 대소를 비교할 수 있다.
2	꺾은선그래프	수량의 비로 변화 상태를 본다.	선의 고저에 의해서 수치의 대소를 비교할 수 있고 동시에 시간의 경과에 따른 변화를 알 수 있다.
3	원그래프	내용의 비율을 본다.	전체를 원으로 나타내고 내역의 비를 부채꼴로 구분하여 전체와 부분, 부분과 부분의 비를 알 수 있다.
4	띠그래프	내용의 비율을 본다.	전체를 길쭉한 정방향의 띠로 나타내고, 그것을 내역에 해당되는 비로 구분하여 전체와 부분, 부분과 부분의 비를 알 수 있다는 점은 원그래프와 같지만 분도기가 없더라도 작성가능하다.
5	점그래프	2개의 변화하는 수량 간의 관계 유·무를 비교한다.	제품의 어떤 위치에 불량 결점이 발생하는지 조사하는 그래프, 체크시트, 산점도 등
6	삼각그래프	정삼각형 내의 점의 위치로 여러 경우를 비교한다.	3요소로 구성되어 있는 전체에 대해 각각 어떻게 구성되어 있는 가를 나타낼 수 있다.
7	그림그래프	외부 사람들이 알기 쉽고 흥미 있게 확인하도록 한다.	통계도표의 일종으로서, 정확하고, 면적으로 나타낼 때는 원형과 비슷하게 그릴 수 있다

8) 친화도법(affinity diagram)

자연 친화의 몇 가지 형태에 따라 그룹 안의 많은 양의 데이터를 조직화하기 위함이다. 친화도법은 확실하지 않고 서로 복잡하게 관련된 문제를 서로 관련이 있는 것끼리 묶어서 구별하는 방법으로 고객의 요구상황을 디자인에 반영하고자 할 때, 미래의 경험하지 못한 문제들이나 분명치 않은 문제에 대해서 사실이나 의견 발상 등을 언어데이터로 파악하고자 할 때 사용한다.

경영성과지표의 친화도

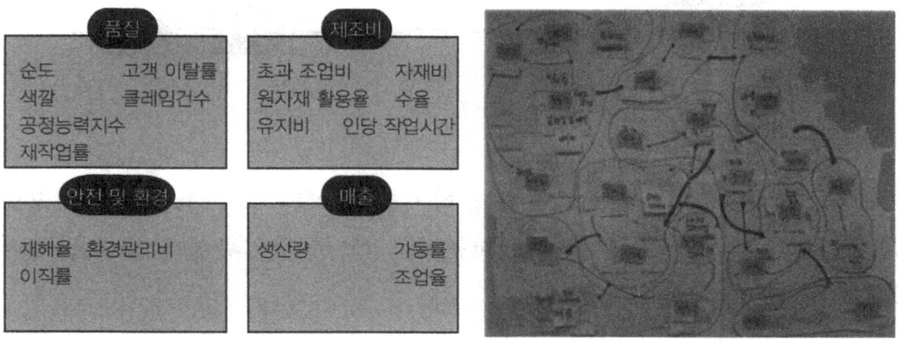

어떤 회사에서 품질향상이라는 문제에 얽혀 요인들을 크게 분류한 결과 품질과 생산 원가로 대분류하였다. 그리고 품질은 제조품질과 서비스품질로 중분류하였다. 이렇게 여러 원인을 친화관계에 의해 친화도를 작성한다.

9) 연관도법(relationship diagram)

연관도법은 친화도법 등에 의해 문제와 요인들이 체계화된 이후, 인과관계를 밝히고자 하는 것으로 문제의 원인이 서로 복잡하게 얽혀 있는 경우 이를 풀어나가는 방법이다. 연관도법은 각각의 아이디어(idea) 간에 관계가 복잡하여 정형화된 의미를 확립할 수 없을 때와 질문의 문제가 더욱 근원적인 문제에만 국한될 징후가 있을 때 사용한다.

열 가지 큰 문제가 뒤섞인 조직의 품질계획을 결정하는 데에 브레인스토밍 회의 결과를 보여주고 있다.

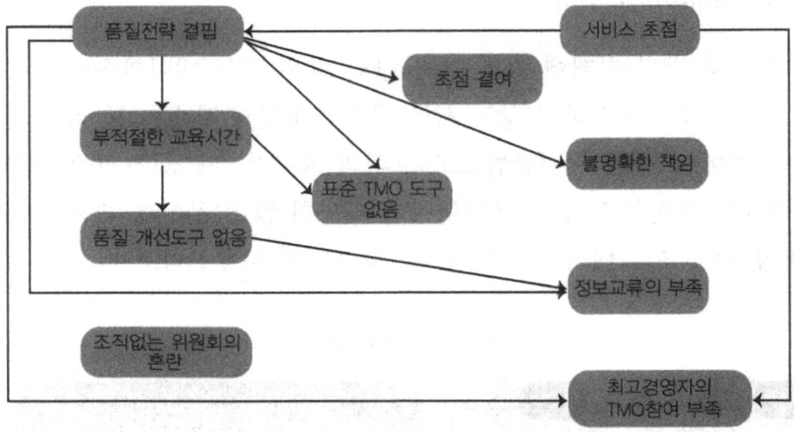

10) 계통도법(tree diagram)

계통도는 설정한 목적이나 목표를 달성하기 위한 수단이나 방법을 체계적으로 전개해 놓은 그림으로 문제를 해결하는 데 필요한 작업과 수단을 확인하고 목표에 도달하는 데 목적이 있다.

계통도는 문제 해결을 위한 아이디어를 각색하거나 각 프로세스의 기능이나 역할을 명확하게 하여 해결방법을 모색할 때 사용된다. 예를 들어 신제품개발 단계에서 설계품질을 전개할 때나 품질 수준을 달성하기 위한 여러 가지 품질관리 활동의 기능과 역할을 단계별로 결정하는 데 사용될 수 있다.

통제하기 쉬운 설비를 고안하는 사안에 대한 큰 흐름을 계통도법으로 표현하고 있다.

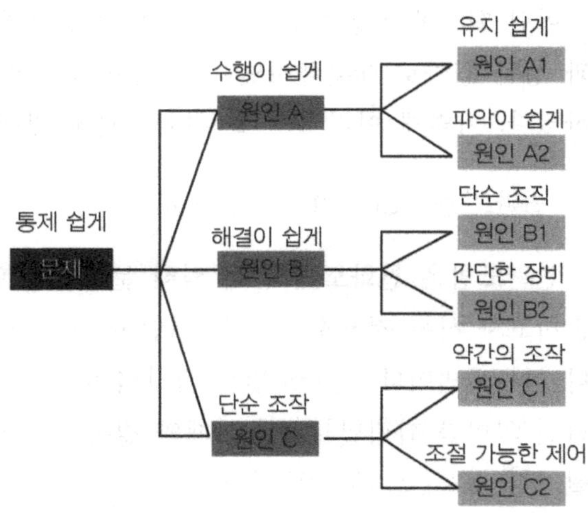

11) 매트릭스도법(matrix diagram)

매트릭스도법은 문제가 되는 항목요소, 방법과 대응되는 업무의 중요성 간의 관계에 대해 정보를 제공하기 위한 도구로서 활동, 책임 등에 존재하는 논리적 연관성을 그래프로 표현하는 도구이다.

매트릭스도법은 상호간의 많은 중요성이 있는 다양한 요소(elements) 간의 논리적인 관계를 갖는 많은 양의 데이터를 도식적(graphic) 기호를 사용함으로써 도식적(graphically)으로 체계화하고 설명할 때 사용한다. 특히 QFD에서 많이 사용된다.

예를 들어 A,B,C,D,E라는 5가지 목적(혹은 문제점)을 이루기(개선하기) 위해 갑, 을, 병, 정이라는 4가지 수단이 있다고 하자. 매트릭스도 아래와 같다.

목적 B는 갑, 을, 병, 정이라는 4가지 수단과 관계가 모두 약한 관계이므로, 이러한 수단에 의해서는 달성하기 어렵게 된다. 그리고 갑이라는 수단이 3개의 목적과 강한 관계를 맺고 있으므로 가장 중요한 수단이라고 판단할 수 있다.

목적 수단	갑	을	병	정
A	◎	○	■	◎
B	■	■	■	■
C	◎	○	◎	○
D	○	○	○	○
E	◎	◎	■	○

12) 매트릭스 데이터 해석법(matrix data analysis)

매트릭스 데이터 해석법은 통계학의 다변량분석법의 주성분 분석방법의 한 가지 기법으로 매트릭스도에 배열된 수치 데이터를 알아보기 좋게 그림으로 나타내기 위한 도구이다.

이 기법은 두 가지 요인 간에 관련정도를 수량화하여 분석하고자 할 때, 복잡하게 원인이 얽혀 있는 공정 분석 시, 대량의 데이터로 된 불량 원인의 분석 시, 복잡한 품질 평가 시, 곡선 응답 데이터의 분석 시, 다변량 데이터를 분석할 때 사용되며, 예로 서로 다른 제품과 시장 특성에 대한 그림을 얻고자 할 때 사용된다.

예를 들어 컬러 TV의 품질을 나타내는 변수가 5가지 있다고 하자 그리고 여러 회사에서 생산하는 컬러TV 10가지 브랜드에 대하여 5가지 요인을 여러 번 측정하여 데이터를 수집한 후 주성분 분석을 실시했다.

13) PDPC법(process decision program chart)

PDPC법은 어떤 업무를 수행할 때, 사태의 진전에 따라 여러 가지 결과가 예상되는 때도 있으며 이러한 경우 발생할 수 있는 모든 상황을 선정하여 그림으로 도식화할 수 있는데 그게 바로 PDPC로 바람직한 결론과 사전 대책을 이끌어 내기 위해 가능성 있는 결론에 초점을 맞추기 위한 것이다. 바람직한 결론을 얻고 바람직하지 못한 결과를 피하고 참신한 계획을 작성하고자 할 때 사용한다.

A회사가 B대학으로부터 주문을 확정할 때까지 계약의 확인을 도울 수 있는 과정을 보여주는 PDPC이다.

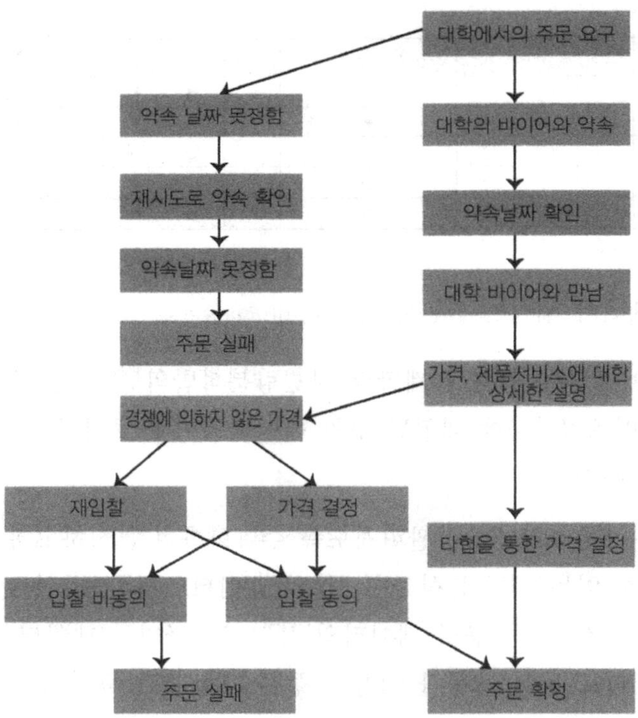

14) 애로우 다이어그램(arrow diagram)

애로우 다이어그램은 목표를 설정하여 달성할 때까지의 수단을 주로 시간의 흐름에 따라 진척 상황을 정리한 그림으로, 문제를 해결하는데 걸리는 시간과 어떤 것을 할 것인가를 동시에 보여 주는 게 목적이다. 적합한 일정계획을 수립하여 효율적으로 진척상황을 관리하고자 할 때, 매일 매일의 프로젝트 생산계획 그리고 어떤 일에 대해 가장 적당한 시간을 할당하기 위해 사용한다.

집의 건축 계획과 협력에 사용된 애로우 다이어그램을 보여 준다.

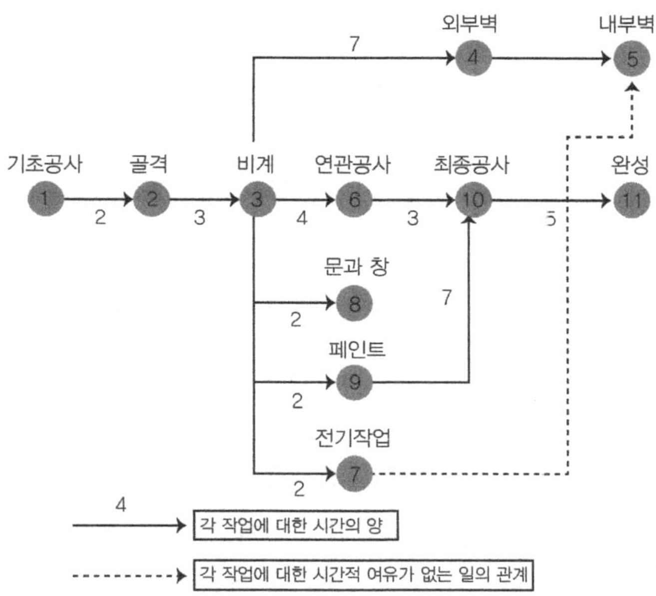

2. 관리도

1) 관리도의 개념

같은 작업자, 같은 설비를 이용하여, 같은 공정에서 표준화된 제조방법으로 생산된 제품이라 하더라도 완전히 같은 품질의 제품을 생산한다는 것은 실질적으로 거의 불가능하며, 제조된 제품의 품질에는 어느 정도 산포가 생기기 마련이다. 이러한 산포는 일반적으로 사람, 설비, 원자재, 공정방법, 측정방법, 환경 등 각 요소의 영향으로 인해 발생한 것이다. 이와 같은 품질의 변동원인은 다음의 두 가지로 구분된다.

(1) 우연 원인(chance cause)

우연 원인이란 생산 공정에서 발생하는 어쩔 수 없이 받아들여야만 하는 피할 수 없는 원인을 말한다. 제품 품질에 항상 작용하는 원인이며 제거하기가 어려운 원인으로 주로 사소한 원인이 동시에 작용하여 발생한다. 작업환경에서의 사소한 변화(예, 온도, 습도 등의 변화 등), 원재료의 성분과 품질 상의 사소한 차이, 설비의 사소한 진동, 도구의 정상적 마모, 작업자의 사소한 동작상 불일치 등을 우연 원인으로 들 수 있다. 일반적으로 이러한 사소한 원인은 기술적으로 측정하기 힘들고 또 제거하기도 어렵다. 우연 원인으로 인한 품질변동은 정상적인 변동으로 받아들일 수밖에 없고, 통제할 필요성은 없다.

일반적으로 이와 같은 우연 원인에 의한 품질변동은 정규분포를 따른다고 알려져 있으며, 공정평균값을 중심으로 표준편차의 3배 정도를 허용오차범위로 잡아주고 있다.

(2) 규명 가능원인(assignable cause)

규명 가능 원인(이상원인)은 우연 원인과 다르게 산발적으로 큰 변동을 일으키는 원인을 말하며, 주로 생산에 투입된 작업자, 원재료, 설비의 변동이 정상상태를 벗어나면 발생한다. 이와 같은 원인에 의한 변동은 상대적으로 큰 변동을 일으키기 때문에 원인의 추적이 가능하며 공정의 안정 상태를 위하여 제거되어야 한다. 따라서 이상 원인으로 인한 품질변동은 비정상적인 변동이며 엄격히 통제하여야 한다.

2) 관리 한계선의 결정과 3σ 법

관리도는 하나의 중심선(central line : CL)과 그 선의 상하에 두 개의 관리한계선인 관리 상한선(upper control limit : UCL) 및 관리 하한선(lower control limit : LCL)으로 구성되어 있으며, 각 표본으로부터 얻어진 품질특성치가 기재된다. 보통 중심선과 관리한계선의 거리는 앞에서 설명된 우연원인에 의한 변동의 허용오차 범위인 $\pm 3\sigma$(3σ법)로 설정된다. 따라서 그림의 (a)와 같이 표본으로부터 얻어진 모든 품질 특성치가 관리한계의 안쪽에 위치하고, 특성치 간에 어떠한 규칙성도 존재하지 않으면 제조공정은 관리 상태에 있음을 알 수 있다. 만일 품질 특성치가 관리한계선 밖으로 벗어나면 제조공정에 이상 원인이 존재하는 것으로 해석할 수 있다.

[그림 12-2] 관리도

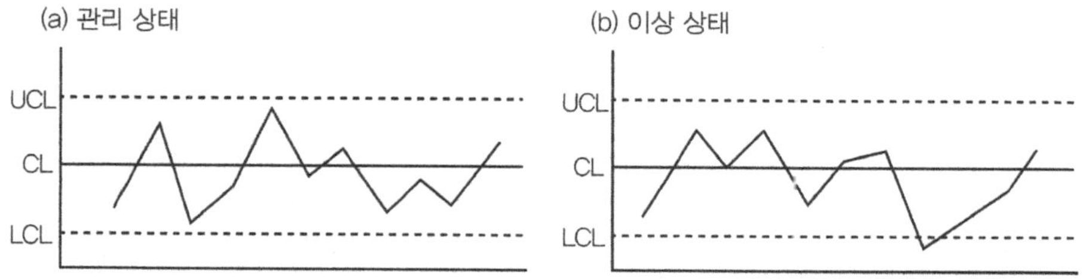

3σ법은 품질 변동원인을 우연 원인과 이상 원인으로 구분한다. 또 이상 원인으로 인한 품질변동은 이상 상태로 판정하고, 우연 원인으로 인해 발생한 품질변동은 정상상태로 판정한다. 그러나 이러한 원인으로 공정의 상태를 판정할 때, 판정 상에서 두 가지 착오를 범할 수 있다. 즉, 정상적 상태를 이상상태로 판정하거나, 이상 상태를 정상상태로 판정하는 것이다. 과거에는 우연원인과 이상 원인으로 인해 발생한 품질변동에 대해 일반적으로 직접 경험으로 판정하고 구분하였지만, 현재는 관리도를 이용하여 객관적이고 또 과학적으로 품질변동을 판정하고 관리할 수 있다. 여기에 이용되는 객관적인 기준은 바로 관리도의 관리한계선이다. 따라서 관리도의 핵심문제는 바로 합리적이고 또 경제적인 관리한계선을 찾는데 있다.

관리도의 한계선 폭에 대해 많은 국가와 학자들은 모두 3σ법을 이용하여 결정한다. 그 이유는 슈하트의 관리도가 바로 정규분포이론에 근거를 두었기 때문이다. 3σ법을 이용하면 가장 경제적인 조건하에서 공정관리를 실현하여 제품품질을 보증할 수 있다.

3. 다구찌 기법

품질에 대한 서양과 일본의 접근법은 전통적으로 매우 다른 모습을 보여 왔다. 서구의 제조업자들은 정해진 규격 한계 내에서 제품을 생산하는 것을 목표로 한다. 따라서 그들은 공정관리를 통하여 생산을 감시·조정한다. 즉 관리도 및 다른 통계적 공정관리 기법을 사용한 온라인 품질관리(On-line QC)를 통하여 현재 진행 중인 제조공정으로부터 자료를 수집하고, 분석하여 공정에 어떤 변화를 가하려고 한다.

그러나 1950년대 이후로 일본에서는 다구찌(taguchi)에 의해 개발된 품질 공학을 이용해 왔다. 이 방법은 품질을 디자인 단계부터 설계하는 것으로 설계생산이나 고객의 상황에서 제품성능에 관한 정보를 제공하기 위하여 특별히 고안된 실험을 수행한다. 즉 개발, 설계 단계의 기술인 오프라인 품질관리(off-line QC)인 이 방법을 통해 파라미터(parameter)[6]를 최적으로 결정하고자 한다. 이렇게 제품 및 공정을 설계단계에서 고려함으로써 제조공정에서 발생할 수 있는 나쁜 영향을 최소화시키고 비용을 줄임으로써 품질을 향상한다.

이 방법으로 인해 제품과 공정의 설계에서 제품품질의 획기적 향상을 이룰 수 있다. 서양식과 일본식 접근법의 차이점은 현저히 적은 검사비용, 소량의 불합격품, 클레임의 감소, 고객 만족에서 명확히 나타난다. 결국, 이 방법을 통해 시장에서 더 높은 시장점유율, 더 많은 이익, 그리고 제품의 세계적인 명성을 얻을 수 있다.

1) 품질과 손실의 개념

(1) 전통적 사고방식

전통적 사고방식에서 품질관리는 서구에서 오랫동안 적용되어 온 것으로 설계규격에의 일치, 즉 제품이 규격한계 내에 충족되는 것을 목표로 한다. 부품이 설계단계에서 결정한 제품의 규격을 준수하면 우수한 품질의 제품으로 판정되고 이러한 제품은 고객의 요구에 부응한다고 보며, 규격한계 밖에 있으면 불량품으로 판정한다. 이러한 전통적 사고방식을 비용의 골포스트 방식

6) 두 개 이상의 변수를 연관시켜 주는 변수로 즉 매개변수를 뜻한다. 기계의 경우 조작 가능한 부분을 말하는데, 컴퓨터에서 화면과 음량을 조절하는 키보드 버튼이나 마우스 클릭 버튼도 파라미터의 예가 될 수 있다.

(goal-post method)이라고 한다.

이 방식은 규격한계 내에만 속하면 우수한 품질로 간주하는 문제점이 있으며, 고객만족도도 떨어지게 된다. 즉, [그림 12-3]을 보면, A, B는 모두 우수한 품질로 판정을 받지만, 품질변동이 심하다고 할 수 있다. 또한, A와 C를 비교하여 보면 제품품질의 차이는 아주 미세하다. 하지만 A는 합격으로 C는 불합격으로 판정되어 진다.

[그림 12-3] 전통적 방식의 품질 관리

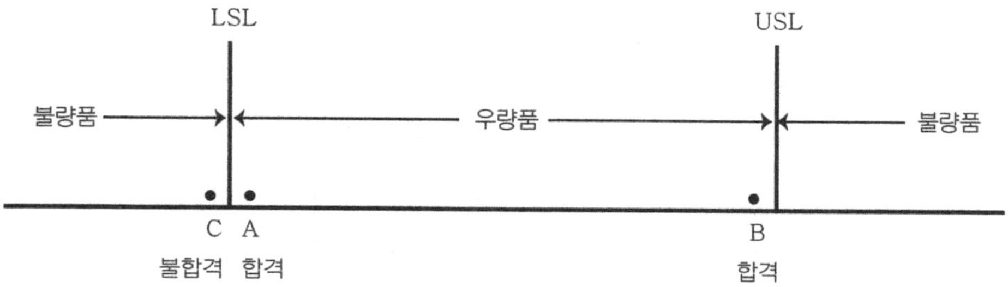

이러한 전통적인 골포스트 방식에서는 재작업과 제품 폐기 시에 드는 비용에는 적용될 수 있지만, 그렇지 않으면 적용할 수 없다. 목표치에 정확히 일치하는 부품과 규격한계 내에 겨우 들어오는 제품은 같은 성능을 발휘할 수 없으며, 또한, 부품의 품질특성이 규격한계를 겨우 벗어난다고 해서 비용이 급격히 증가하는 것도 아니다. 또한, 규격한계를 벗어나기만 하면 모두 같은 비용을 발생시킨다는 것도 정당화될 수 없다. 결국, 제품품질에 영향을 미치는 것은 규격한계 내에 제품이 포함되도록 하는 것이 아니라 목표치에 접근하는 노력이라고 본다. 이러한 노력을 통해 품질변동을 줄일 수 있고 고객 만족도도 높일 수 있다.

2) 다구찌의 품질이념

오늘날 다구치(genichi taguchi)는 그의 독특한 품질이념(quality philosophy)으로 유명하다. 그는 품질향상을 위해 제품이나 공정의 성능을 저하하는 영향요인을 '노이즈(noise)라고 함'을 감소시키는 강력한 도구를 창안하였다.

다구찌는 전통적인 서구식 품질 접근법과 전혀 다른 새로운 품질개념을 도입하였다. 다구찌는 품질을 '제품으로 인해 야기된 사회적 손실'(the societal loss caused by the product)로 정의하였다. 이 정의의 핵심은 제품이 고객에게 전달된 시점으로부터 그 제품에 의해 생성된 사회적 손실이 그의 바람직스러움(desirability)을 결정한다는 것이다. 즉, 손실이 적을수록 제품은 더욱 바람직스러운 것이 된다.

사회적 손실이란 고객의 손실, 기업의 손실, 그리고 일반 사회의 손실 등을 모두 포함한 개념이다. 고객의 손실로는 짧은 제품수명, 고객 요구에 합당하지 못함, 제품사용에 따른 해로운 부작용 등에 따른 손실을 들 수 있다. 기업의 손실로는 불량품 생산에 소비된 원자재, 에너지 및 인력의 낭비, 재가공 및 보증비용, 기업명예 손상, 시장점유율 하락 등이 있다. 사회적으로도 생산과정 중에 산출된 해로운 화학물질, 각종 공해요소 등이 문제이다. 한 제품의 열악한 성능 때문에 나타난 모든 사회적 손실은 그 제품의 품질에 귀속되어야만 한다.

품질의 사회적 관점은 매우 심오한 것이다. 이 개념에 따르면 품질관리의 목적은 사회적 손실을 줄이는 것이고, 품질관리의 기능은 사회에 순 절약을 낳는 혁신적 기법을 발견하고 실행하는 것이다. 사회적 손실의 개념은 품질개선 프로젝트 투자에 대한 새로운 사고방식을 제시해준다. 품질개선 프로젝트 투자는 결과적으로 나타난 사회적 절약이 개선비용보다 크다면 정당화된다. 만일 한 생산자가 제품을 운송하여 고객에게 1,000 원의 손실이 발생하고, 반면에 고객 손실을 예방하기 위한 생산자의 추가적인 비용은 200 원이라고 하자. 만일 생산자가 200 원의 예방비용을 지급하지 않으면, 전체 사회는 800 원(1000-200)을 잃게 된다. 그리고 그 생산자는 고객의 신뢰와 명예를 잃게 되는 비용을 낳으며, 이는 시장점유율의 상실을 가져올 것이다. 품질개선 프로젝트 투자는 장기적 관점에서 볼 때 매우 매력적인 것이다.

다구치의 품질이념은 다음과 같은 일곱 가지의 기본요소로 요약될 수 있다.

다구치(taguchi) 품질이념의 기본요소
1. 제품품질의 중요한 차원은 제품으로 인해 생성된 사회적 손실이다.
2. 지속적 품질개선과 원가절감은 기업이 경쟁사회에서 존속하기 위한 필수요건이다.
3. 지속적 품질개선 프로그램은 제품성능 특성의 목표치와의 편차를 끊임없이 감소시켜 나가는 것을 포함한다.
4. 제품성능 변동에 따른 고객의 손실은 성능 목표치와의 편차의 계곱에 비례한다.
5. 제품의 최종 품질원가는 대부분 그의 공학적 설계 및 제조과정에서 결정된다.
6. 제품(공정)의 성능 차이는 그 제품(공정) 파라미터가 성능특성에 미치는 비선형적 효과를 이용함으로써 감소시킬 수 있다.
7. 통계적 실험계획은 성능 차이를 줄이는 제품(공정) 파라미터의 설정을 파악하는 데 이용될 수 있다.

3) 품질손실함수

다구찌는 품질변동에 따르는 손실로 품질을 계량화하기 위하여 품질손실함수(quality loss function : QLF)를 사용한다. 품질손실함수는 "목표치에 벗어나는 품질변동이 클수록 손실은 더욱 커진다"는 개념을 도입하여 품질개선이나 관리방법을 정량화한 것이다. 품질손실함수를 사용함으로써 품질이 목표치를 벗어나는 경우의 손실뿐만 아니라 개선으로 얻어지는 이득을 금액으로 나타낼 수 있으므로 제품개발이나 공정에서 발생하는 품질손실을 경영자나 기술자들이 쉽게 평가할 수 있다.

[그림 12-4] 다구찌의 품질손실함수(quality lcss function)

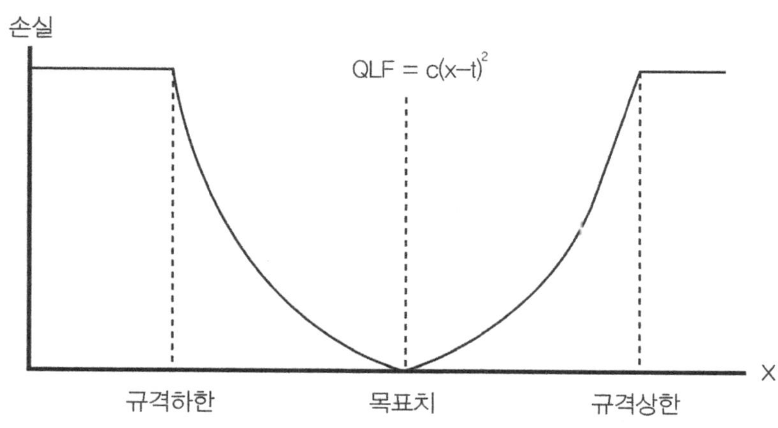

다구찌의 품질 손실함수(quality loss function):

$$L(x) = c\,(x-t)^2$$

여기서 $L(x)$ = 품질손실함수
c = 비용상수
x = 성능특성 파라미터의 실제 평균값
t = 성능특성 파라미터의 목표치(*target value*)

제4절 샘플링검사

1. 샘플링 검사의 의의

한국공업규격(KS)에 따르면 검사란 물품을 어떤 방법으로 측정한 결과를, 판정 기준과 비교하여, 개개의 물품에 양호, 불량 또는 로트 합격, 불합격 판정을 내리는 것으로 정의되어 있다. 이와 같은 검사는 개개의 제품을 대상으로 그 전수를 검사하는 전수검사와 로트별로 시료를 샘플링하고, 샘플링한 제품을 검사하여 전체 로트의 합격, 불합격을 결정하는 샘플링검사로 구분된다.

일반적으로 다음과 같은 경우에는 샘플링검사 방식이 전수검사보다 유리하게 적용되고 있다.

① 파괴검사의 경우

② 연속체나 대량품의 경우

③ 어느 정도의 불량품이 허용되는 경우

④ 검사항목이 많은 경우

⑤ 생산자에게 품질향상의 자극을 주고 싶을 경우

2. 품질특성의 기준 분류

1) 계수형 샘플링 검사

계수형 샘플링검사는 제품의 특성을 규정된 요구조건과 비교하여 단순히 불량품이나 양품으로 분류하고, 불량품의 수(또는 결점의 수)에 따라 전체 로트의 합격, 불합격을 판정하는 샘플링검사이다.

2) 계량형 샘플링검사

계량형 샘플링검사는 제품의 특성을 연속적인 수치척도로 평가하여 규정된 요구조건에 적합한지를 판정한 후, 전체 로트의 합격, 불합격을 판정하는 샘플링검사이다.

3. 검사형태에 따른 분류

1) 규준형 샘플링검사

규준형 샘플링검사는 샘플링검사방안에 따라 검사하려고 하는 한 로트에 대해서만 합격과 불합격을 판단하는 샘플링 검사방안이다. 규준형 샘플링검사는 구매하려는 로트 그 자체의 판정을 목적으로 구매자에 대한 보호와 공급자에 대한 보호의 정도를 규정하여 양쪽으로 요구를 모두 만족하도록 하는 샘플링검사로서 불합격 처리된 로트 전체가 생산자에게 반환된다.

규준형 샘플링검사방안은 제품의 품질에 대한 과거자료가 불충분한 때 많이 사용한다. 샘플의 크기 n과 합격판정개수 c가 적당하게 결정되면 즉, 적당한 샘플링검사방안이 결정된 것이다. 이 샘플링 검사방안은 생산자와 소비자의 이익을 모두 만족할 수 있어 샘플링검사로 인한 모험을 일정한 통제범위 내에서 관리할 수 있다.

2) 조정형 샘플링검사

조정형 샘플링검사는 수월한 검사, 정상적 검사, 까다로운 검사 등 미리 여러 샘플링검사방안을 작성한 후, 제품의 자료에 따라 3개 방안 중 조정을 한다. 조정형 샘플링검사를 진행할 때는 제품품질에 관한 과거의 자료가 필요하거나 검사하려고 하는 한 로트의 품질에 대해 예측을 하여야 한다. 즉, 품질이 좋은 로트에 대해서는 수월한 검사방안을 실시하고, 품질이 나쁜 로트에 대해서는 까다로운 검사방안을 실시한다. 즉, 제품 품질의 변화에 따라 검사는 수월, 정상, 까다로운 사이에서 전환된다. 그러나 이러한 방법을 취할 때는 반드시 미리 전환조건에 대해 명확한 규정을 하여야 한다.

제품을 계속 구매할 경우 공급자가 과거에 납품한 로트의 품질이력에 따라 샘플링방식을 까다롭게 하거나 수월하게 하는 샘플링검사로서 일반적으로 합격처리하고 싶은 최저한의 로트 품질(합격 품질수준 : AQL)을 정하고, 이 수준보다 좋은 품질의 로트는 거의 다 합격시킬 것을 보증한다.

연속적으로 구매하는 같은 종류의 제품 혹은 자유자재로 공급처를 선택할 수 있는 제품 혹은 장기적인 공급처에 대해서는 조정형 샘플링검사방법을 실시하는 것이 바람직하다고 할 수 있다.

3) 선별형 샘플링검사

선별형 샘플링검사는 샘플링검사 방안에 따라 한 로트에 대해 검사를 진행한 후 불합격으로 판정된 로트에 대해서만 다시 전수검사를 한다. 또 검사에서 불합격으로 판정된 제품의 수량을 합격품으로 보충하여 다시 검사를 하는 샘플링검사방법이다. 합격된 로트는 그대로 받아들이고 불합격된 로트는 전수 선별하여 받아들이는 샘플링검사방식으로 전수검사가 불가능한 파괴검사의 경우에는 적용할 수 없는 검사방식이다.

선별형 샘플링검사는 일반적으로 공급자의 구매검사를 선택할 수 없거나 기업 내 생산 공정에서의 완제품 및 가공품에 대한 검사, 그리고 제품의 입고 및 출고 검사에서 많이 사용된다. 샘플링검사를 통해 불합격으로 판정된 로트는 반품 혹은 가격 인하를 하여 접수한 제품에 대해서는 선별형 샘플링검사가 적절하지 못하다. 특히 검사에서 파손이 우려되는 제품에 대해서는 더욱 안 된다.

4) 연속생산형 샘플링검사

연속생산형 샘플링검사는 자동생산라인에서 전송되고 있는 제품을 중도에서 검사하는 방법이다. 연속생산형 샘플링검사는 미리 각 제품에 대해 연속검사를 하여 합격품 수량이 규정 수량에 누적되어 도달하였거나 불합격 수량이 규정 내 규정 수량 이하로 되어 있을 때 일정한 수량 간격으로 한 번 검사방식으로 전환한다. 그러나 불합격품이 발견되면 다시 전수검사로 되돌아간다.

연속생산공정에서 만들어져 나오는 제품을 검사하여 각 제품의 검사결과에 따라 일정한 비율로 샘플링검사를 실시하고, 불량품이 나오면, 다시 전수검사를 하는 검사방식이다.

연속생산형 샘플링검사는 제품이 로트로 구성되는 검사에 대해서는 적절하지 못하다.

4. 검사회수에 따른 분류

샘플링 검사방식은 검사하려고 하는 로트에서 무작위방식으로 몇 번 시료를 뽑아서 합격 혹은 불합격판정을 할 것인가에 따라 1회 샘플링검사, 2회 샘플링검사, 다회 샘플링검사 및 축차 샘플링검사로 분류할 수 있다.

1) 1회 샘플링검사

1회 샘플링검사는 시료를 1회 발췌, 시험하여 검사 로트의 합격, 불합격 판정을 하는 샘플링검사이다.

2) 2회 샘플링검사

2회 샘플링검사는 첫 번째 시료의 검사결과로부터 합격, 불합격 또는 재검사 여부를 판정하며 재검사로 판정된 로트에 대해서는 두 번째 시료를 추출하고, 두 번째 시료의 검사결과와 첫 번째 검사결과를 합하여 합격, 불합격 판정을 내리는 샘플링검사이다.

3) 다회 샘플링검사

다회샘플링검사는 2회 샘플링검사의 계속이다, 다만 샘플링회수가 증가할 뿐이다. 매회 정해진 크기의 시료를 실험하여 합격, 불합격 또는 검사 속행 여부를 결정하며 일정 횟수 이후에 합격, 불합격 판정을 내리도록 하는 샘플링검사.

일반적으로 다회샘플링검사는 검사로트에서 무작위방식으로 3~10개 표본을 추출한다.

〈표 12-7〉 샘플링검사의 분류

품질의 판정방법별	검사의 심시방식별	검사회수별
① 계수샘플링검사 : 불량개수, 결점수로써 판정하는 샘플링검사 ② 계량샘플링검사 : 계량치로 판정하는 샘플링검사	① 규준형 샘플링 검사 ② 선별형 샘플링 검사 ③ 조정형 샘플링 검사 ④ 연속생산형 샘플링검사	① 1회샘플링검사 ② 2회샘플링검사 ③ 다회샘플링검사 ④ 축차샘플링검사

제5절 품질경영 인증제도

1. ISO(국제표준화기구)

ISO의 설립 목적은 ISO정관(statute) 제2조에 명기된 바와 같이 상품 및 서비스의 국제적 교환을 촉진하고, 지적, 과학적, 기술적, 경제적 활동 분야에서의 협력 증진을 위하여 세계의 표준화 및 관련 활동의 발전을 촉진시키는데 있다. 이러한 목적 달성을 위하여, ISO는 다음과 같은 업무를 수행할 수 있다(국가기술표준원, kats.go.kr, 2016).

① 표준 및 관련 활동의 세계적인 조화를 촉진시키기 위한 조치를 취한다.

② 국제표준을 개발, 발간하며, 이 표준들이 세계적으로 사용되도록 조치를 취한다.

③ 회원기관 및 기술위원회의 작업에 관한 정보 교환을 주선한다.

④ 관련 문제에 관심을 갖는 다른 국제기구와 협력하고, 특히 이들이 요청하는 경우 표준화 사업에 관한 연구를 통하여 타 국제기구와 협력한다.

2. ISO 인증시스템

1) ISO 9001 품질경영시스템

ISO 9001은 ISO에서 제정한 품질경영시스템에 관한 국제표준으로서 전 세계, 전 업종, 전 제품에 적용되고 있다. 이 인증을 받으면 내적으로는 품질안정으로 고객 만족이 향상되고 기업 이미지가 제고되는 등의 효과가 있고 외적으로는 KS표시 신청 시 공장 심사면제, 법인세 감면 등 정책적인 혜택도 있다.

2) ISO 14001 환경경영시스템

ISO 14001 시리즈는 조직의 모든 활동이나 업무를 체계화시켜 최대한 효율적인 관리시스템을 구축할 수 있도록 전 세계가 공통의 기준으로 선택한 것으로 기업이 환경경영시스템(EMS)을 실행, 유지, 개선, 보증함으로써 기업 활동으로 파생될 수 있는 환경 악영향을 최소화하고 에너지와 자원의 소비와 재생이 효율적으로 이루어지고 있음을 객관적으로 증명해 주는 인증이다.

3) ISO 22000 식품안전경영 시스템

ISO 22000은 식품안전경영 시스템으로 생산에서 소비자 식탁까지 식품의 모든 취급단계에서 발생할 수 있는 식품 안전 위해요소를 관리하기 위한 국제표준으로서 전 세계, 전 업종, 전 제품에 적용되고 있다.

4) ISO 3166 국가코드지정

ISO 3166은 세계의 나라와 영토, 국가 주요 구성단위에 대해 부여한 코드 규정이다. 이 표준화 규정은 1974년 ISO에서 처음 발표가 되었으며 다음의 세 가지 종류로 구분된다.

ISO 3166-1 alpha-2 : 알파벳 두 글자로 구성된 국가 코드(대부분의 국가 도메인 사용)
ISO 3166-1 alpha-3 : 알파벳 세 글자로 구성된 국가 코드
ISO 3166-1 numeric : 알파벳 아라비아 숫자로 구성

5) ISO 26000 사회적 책임에 대한 지침

ISO 26000은 사회적 책임이 인류의 지속 가능한 발전에 필수적이라는 인식에서 출발하여 기업, 정부, NGO 등 사회를 구성하는 모든 조직이 지배구조, 인권, 노동, 환경, 소비자, 공정운영, 지역사회 참여와 발전 등 7개 핵심 주제에 대해 준수해야 할 사항을 정리해 놓은 지침서이다.

6) ISO 50001 에너지 경영시스템

ISO 50001 표준은 조직이 에너지 효율, 이용 및 사용량을 포함한 에너지 성과를 개선하기 위한 시스템과 프로세스를 수립할 수 있도록 한다. 이는 체계적인 에너지관리를 통하여 온실가스 배출량, 에너지 비용, 기타 관련된 환경영향을

줄일 수 있도록 의도되었으며 지역적, 문화적, 사회적 조건에 무관하게 모든 종류 및 규모의 조직에 적용된다. 이 표준은 계획-실시-점검-조치(PDCA)의 지속적인 개선 체제를 기초로 하여 에너지경영을 조직의 일상 활동에 포함시킨다.

7) ISO 3100 리스크 관리

ISO 3100에서 리스크(risk)는 목표에 대한 불확실성의 영향으로 여기서 영향은 예상했던 것을 벗어나는 것과 또는 리스크 사고의 발생 가능성과 그 결과의 결합의 측면에서 나타나기도 한다. ISO에서는 개인의 리스크 보다는 조직의 리스크 관리에 중점을 두고 있다.

리스크 평가는 리스크 식별, 리스크 분석 및 리스크 평가의 전반적인 프로세스이며, 리스크 식별은 리스크의 원인, 영향 범위, 사고와 그 원인과 잠재적 결과를 식별하는 것이다. 조직에서 리스크로 식별되지 않는 것은 향후 분석에 빠질 수 있으므로 가능한 한 광범위하게 식별하는 것이 중요하다.

8) ISO 27001 국제 정보보호 표준

ISO 27001은 정보 보호를 위한 경영시스템을 인증하는 제도로서 정보보호 경영시스템은 물리적인 시스템뿐만 아니라 체계, 관리 등을 포괄한 개념이다. ISO 27001은 이러한 ISMS(정보보호경영시스템)에 대한 국제적인 표준으로써 전 세계 선진기업이 합의한 좋은 사례를 활용하여 해당 조직이 정보보호경영을 실행하기 위한 프레임웍(framework)을 확인하고 이를 자사에 적용할 수 있게 하는 인증체계이다.

9) ISO 45001 안전보건경영시스템

OHSAS 18001 규격을 대치하는 규격으로 안전보건에 관한 규정으로 조직의 재해를 낮추기 위한 규정이다.

3. 기타 인증시스템

1) HACCP

HACCP은 식품의 원재료 생산에서부터 제조, 가공, 보존, 유통단계를 거쳐 최종 소비자가 섭취하기 전까지의 각 단계에서 발생할 우려가 있는 위해요소를 규명하고, 이를 중점적으로 관리하기 위한 중요 관리점을 결정하여 자주적이며 체계적이고 효율적인 관리로 식품의 안전성(safety), 건전성(wholesomeness) 및 품질(quality)을 확보하기 위한 과학적인 위생관리체계로써, 종전의 관리방식은 위해발생 시 원인 규명과 책임소재를 찾기가 어려운 실정이었으나, HACCP은 제조공정별로 위해 요인을 관리·기록하도록 함으로써 위해 발생 요인과 책임소재를 명확하게 파악할 수 있어 리콜(recall)제도와 연계하여 가장 효과적인 식품의 안전성 확보수단으로 주목받고 있는 제도이다.

2) TS 16949

ISO와 IATF(international automotive task force)가 작성한 IATF는 미국의 자동차 메이커(다임러 크라이슬러, GM, 포드)와 유럽 자동차 메이커(푸조, 르노, 폭스바겐, 피아트, BMW 등)들의 자동차 협회 등이 참여하여 결성된 규정으로 자동차 관련 품질 시스템 요구 사항으로 미국과 유럽을 통합하는 글로벌 규격이다.

3) TL 9000

QUEST(quality excellence for suppliers telecommunications form)에서 1998년 세계 통신업계의 공급망의 품질 요구 사항을 충족하기 위해 TL 9000 품질 경영 시스템을 개발했다. ISO 9001:2000 표준을 기반으로 TL 9000 요구 사항은 이동 통신의 특정 요구 사항을 추가하였다.

TL 9000은 공급 사슬의 모든 분야의 품질이 일관성 있게 제공되어야 하며, 구매자와 공급자 그리고 서비스 제공자가 함께 급속한 기술 변화에 적응하고 고객의 욕구를 충족시켜주는 시스템이다.

4) OSAS 18000

직장안전 및 보건 경영시스템은 종전의 안전관리자 중심의 안전활동에서 최고 경영자 및 모든 조직원과 이해관계자가 참여하는 활동으로 전환하여 사업장 활동에서 발생할 수 있는 위험을 사전예측, 예방하여 조직원의 안전 보건과 건강을 지켜 궁극적으로 기업의 이윤창출과 조직원의 안전을 체계적으로 관리하는 시스템이다. 산업체에서의 직장안전 보건 경영시스템을 체계적으로 도입하도록 제정된 OHSAS 18000(occupational health and safety assessment series)은 직장안전 보건 경영 시스템 심사 기준 및 안내지침으로 기업의 산업보건 및 안전 활동의 성과를 향상하는 체계적이고, 효과적인 시스템일 뿐만 아니라, ISO 9001, ISO 14001 등의 시스템과 통합적으로 운영될 수 있는 방향을 제시하고 있다.

기업의 재해율이 지속적으로 증가하고 있으며 국제노동기구(ILO)의 산업재해 통계를 기준으로 볼 때 노동 후진국에 속하고 있으며 정부는 일정한 산업안전 기준 미달기업 또는 재해다발 기업 등에 대한 입찰제한, 영업중지, 보험료 차등 부과, 경영자책임 등 규제가 한 층 강화되고, 재해로 인한 직접손실비용과 간접 손실비용의 절감 및 기업은 장기적 손실관리 측면에서 안전보건에 투자하여 노동력을 보호하고 재해손실을 줄임으로써 국가나 국제사회로부터 신뢰감을 확보하여 기업을 안정적으로 성장시키며 기업의 내재가치를 향상하기 위하여 제정된 규정이다.

학습목표 요약

1. 품질관리의 목표는 무엇인가?

목표 품질은 자사의 기술 수준과 공정 능력상 실현 가능하다고 인정하여 제품의 설계에 반영된 품질 특성을 실현하기 위하여 기획하고, 사양으로 정리하여 체계화한 품질기준이다. 설계품질, 제조품질, 시장품질, 서비스품질 등으로 구분할 수 있다.

2. TQM단계별 시행전략은 무엇인가?

1단계 : 품질이 무엇인가를 결정한다.

2단계 : 조직이 TQM을 받아들일 수 있도록 준비한다.

3단계 : 종업원을 교육하고 권한을 부여한다.

4단계 : 성과를 측정하여 피드백을 주고 필요한 조처를 한다.

5단계 : 지속적인 개선에 주력한다.

3. 계량형과 계수형 데이터 정리방법은 무엇인가?

계량형 데이터 정리 : 도수분포표(frequency distribution table), 히스토그램

계수형 데이터 정리 : 파레토그램(pareto), 특성요인도(cause & effect diagram)

4. 관리도란 무엇을 의미하는가?

같은 작업자, 같은 설비를 이용하여, 같은 공정에서 표준화된 제조방법으로부터 생산된 제품이라 하더라도 완전히 동일한 품질의 제품을 생산한다는 것은 실질적으로 거의 불가능하며, 제조된 제품의 품질에는 어느 정도의 산포가 생기기 마련

이다. 이러한 산포는 일반적으로 사람, 설비, 원자재, 공정방법, 측정방법, 환경 등 각 요소의 영향으로 인해 발생한 것이다.

관리도는 하나의 중심선(central line : CL)과 그 선의 상하에 두 개의 관리한계선인 관리 상한선(upper control limit : UCL) 및 관리 하한선(lower control limit : LCL)으로 구성되어 있으며, 각 표본으로부터 얻어진 품질특성치가 기재된다. 보통 중심선과 관리한계선의 거리는 우연 원인에 의한 변동의 허용오차 범위인 $\pm 3\sigma$(3σ법)로 설정된다.

5. 샘플링검사 방법에는 어떤 것들이 있는가?

① 품질특성의 기준 분류 : 계수형 샘플링 검사, 계량형 샘플링검사,

② 검사형태에 따른 분류 : 규준형 샘플링검사, 조정형 샘플링검사, 선별형 샘플링검사, 연속생산형 샘플링검사,

③ 검사회수에 따른 분류 : 1회 샘플링검사, 2회 샘플링검사, 다회 샘플링검사

Part Ⅳ 물류관리

제13장

자재관리

학습목표

1. 자재관리 대상은 무엇인가?
2. 재고관리 비용은 어떤 것들이 있는가?
3. ABC 분석관리 방법은 무엇을 의미하는가?
4. 칸반시스템이란 무엇인가?
5. 창고설비의 기본요소들은 무엇인가?

제1절 자재관리의 개요

1. 자재관리의 의의

자재관리(materials management)는 기업의 모든 물류를 관리하는 것으로서 기업의 이익을 증대시켜 고객 만족에 공헌하게 된다. 재고부족은 내·외부 고객 불평으로 이어지게 된다.

자재관리는 내부 및 외부공급자로부터 입고될 자재구매량을 판단하는 것으로 적정 자재 소요량 산출은 물론 효율적인 재고관리와 양질의 자재를 구매하여 고객만족을 증진하는 업무이다. 또한, 자재관리는 기업의 부가가치를 증대시키는 기초 기능을 수행하는 중요한 역할을 한다.

자재관리 업무는 자재의 기획에서부터 구매, 외주, 창고, 운반, 가치창조, 재고관리 등 다양한 범위에서 운영되고 있다. 따라서 자재관리의 기능은 기업에서 필요로 하는 제반 자재를 합리적으로 관리하고 계속 공급이 이루어져야 하며, 미래의 수요를 예측하고 조달 및 확보하는 기능이 있다.

2. 자재관리의 목적

기업을 경영하면서 우리는 회사의 자산 중에서 자재 부문이 차지하는 비용을 생각하여 볼 수 있다. 제조업의 경우 제품에 따라 다르나 일반적으로 생산원가의 60%~70% 이상이 자재가 차지하고 있다. 또한 기업을 운영하는 데 필요한 모든 자재 및 설비 등이 원가를 상승시키는 요인이 될 수 있다. 따라서 자재 및 설비를 효율적으로 활용하면 생산성 향상을 추구할 수 있다.

생산 활동을 위하여 자재 및 설비 등을 사하여야 하는데 이처럼 구매자금은 생산량의 증가에 따라 비례하여 투입된다. 이처럼 투입된 자재비용이 원가에 차지하는 비율이 매우 크기 때문에 효율적인 자재관리의 목적은 원가절감에 있다.

자재관리는 새로운 프로세스를 개발하는데 자재정보를 제공한다. 이와 같이 자재관리는 재고회전율[7])을 높이고 재고 제로화(zero)에 목적을 두고 있다. 그리고 원가절감을 통하여 자금회전율을 높이고 효율적으로 재고를 보관하는 데 목적이 있다.

3. 자재관리의 대상

재고(inventory)는 기업의 생산기능과 판매기능을 연결하는 물품의 흐름이 시스템 내의 어떤 지점에서 정체된 상태를 말한다. 구체적으로는 기업에서 미래의 생산이나 판매를 위해 보유하는 유휴자원, 즉 생산에 투입된 원자재나 부품, 생산공정 내의 재공품 또는 반제품, 아직 팔리지 않은 완제품, 그 밖의 소모품 등을 일컫는다. 재고는 보통 제조업에만 국한되는 것으로 생각하기 쉬우나 관광운수업체와 같은 서비스산업도 수요가 없을 때는 대기 중인 승무원이나 차량이 유휴자원인 재고가 된다(김계수 외, 2004).

재고는 시간적인 관점에서 파악하는 개념으로서 다음과 같은 관리적 의미가 있다. 즉 재고는 수요와 공급 간에 예상치 못했던 불규칙한 변동이 발생하여 생산계획에 차질이 빚어지는 경우 이를 조정하는 역할을 하며, 생산 활동과 판매활동이 순조롭게 진행되도록 해주고, 간혹 가격변동으로 인한 이익을 얻기 위해서 사용되기도 한다. 그러나 재고는 그것이 과다하게 되거나 부족하게 될 때에는 기업에 큰 손실을 가져다준다. 즉 과잉재고는 자본을 사용하지 않고 묵히는 것을 의미하게 되어 자본비용의 발생 요인이 되며, 부족재고는 시장수요를 충족시키지 못함으로써 판매이익을 감소시키는 결과를 초래하게 된다. 이처럼 재고는 생산과 판매의 완충 역할을 하는 것으로서 이것을 어떻게 효율적이고 합리적으로 관리하느냐 하는 것은 매우 중요하고도 어려운 문제라고 할 수 있다. 여기서 재고의 유형을 살펴보려는 것은 유형별로 관리의 초점을 달리함으로써 재고를 보다 효율적으로 통제할 수 있다는 점을 인식하기 위해서이다(김태웅, 1991).

1) 순환재고

순환재고(cycle stock)는 일시에 필요한 양보다 더 많이 주문하는 경우에 생기는 재고를 말한다. 이와 같은 유형의 재고는 주문비용이나 생산준비비용을 줄이거

7) 재고회전기간 : 월(년)말재고금액/월(년)출고금액(사용금액)×100

나 할인 혜택을 얻을 목적으로 한꺼번에 많은 양을 주문할 때 발생하게 된다.

2) 안전재고

안전재고(safety stock)는 시장수요와 조달 기간이 불확실한 때를 대비하여 보유하는 재고를 의미한다.

[그림 13-1] 안전재고

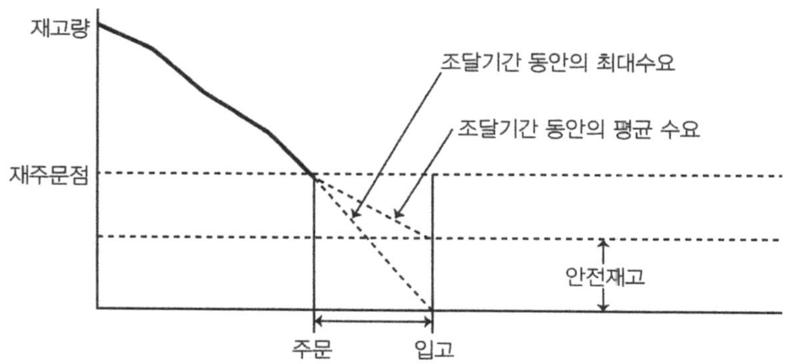

생산수준에 따른 안전재고 결정방법으로 조달 기간 동안 수요가 공급을 초과하지 않을 경우의 안전재고 산출방법은 다음과 같다.

생산수준을 95%로 결정하면 조달 기간 동안 수요가 공급을 초과하지 않을 가능성이 95%이다.

생산수준 = 100% - 재고부족위험(α)이다.

따라서 고객에 대한 생산수준이 주어진 경우의 모형은

$$ROP = 조달기간\ 동안의\ 평균\ 수요 + Z\alpha \cdot \sigma_{dl}$$

$Z\alpha$: 표준화정규변수
σ_{dl} : 조달기간수요의표준편차

[그림 13-2] 생산수준에서의 안전재고

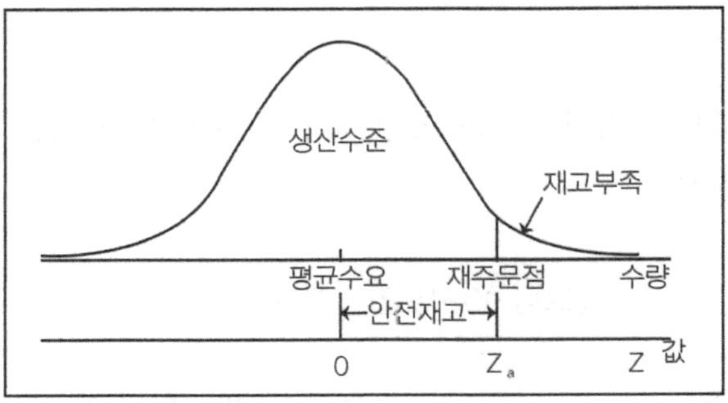

3) 예상재고

예상재고(anticipation stock)는 계절적인 수요변동, 가격급등, 파업 등을 예상하고 이에 대비하기 위하여 보유하는 재고이다. 예를 들면 에어컨이나 선풍기 등은 보통 성수기인 여름철에 큰 수요가 발생함으로 봄부터 생산에 들어가 재고로 확보하게 되면 큰 도움이 되는데, 이와 같은 재고를 예상재고라 한다.

4) 파이프라인 재고

파이프라인 재고(pipeline inventory)는 유통시스템에서 운반 중인 제품이나 생산 공정에서 가공하기 위해 이동 중인 재공품을 말한다. 예를 들면 물류센터에서 대리점으로 운송중인 제품, 공장 내의 한 작업장으로 이동 중인 아직 미완성 상태의 물품이 이에 해당한다.

5) 완충재고

완충재고(decoupling stock)는 재고에 관한 의사결정을 여러 곳으로 분산시키기 위해 보유하는 재고를 말한다. 예로서 공장에서 기계설비의 고장이나 사고에 대비하여 작업장별로 보유하고 있는 재고나, 또는 대리점에서의 판매에 대한 의사결정이 본사나 공장의 운영에 큰 영향을 주지 않도록 대리점에서 보유하는 재고가 바로 완충재고에 속한다.

재고관리는 판매를 위한 완제품, 제조공정 중의 재공품, 생산을 위한 원자재 및 소모품 등을 말하는 데, 기업 고유의 기능인 조달-생산-판매의 관점에서 보았을 때 가치의 흐름이 어떤 지점에서 정체된 상태를 시간적(temporal) 관점에서 파악하는 개념으로 일반적으로 기업은 다음과 같은 이유로 재고를 보유하게 된다(원중호 외, 2009).

① 생산능력의 수준을 평준화하고 생산 활동의 독립성을 유지하기 위해서이다.

② 생산일정에 신축성을 부여하기 위해서이다.

③ 원자재의 가격변동과 조달 기간(lead time)의 변동에 대응하기 위해서이다.

④ 제품 수요의 변화에 대응하기 위해서이다.

⑤ 수요와 공급의 시간적 차이를 극복해 가치를 창출하기 위해서이다.

그런데 재고를 너무 적게 보유하게 되면 재고부족으로 인한 조업단축이나 판매기회의 상실 등 여러 가지 손실이 발생하게 된다. 반면에 너무나 많은 과잉재고는 자본이 사장되어 자본비용이 발생하는 요인이 되고 있다.

단순히 재고량을 감소시키는 것만이 최적의 결과를 가져오지는 않으며, 반면에 곳곳에 있는 과잉재고는 관리의 부재 현상으로 말해주는 증거가 되고 있다.

4. 독립수요와 종속수요

재고품목에 대한 수요는 독립수요(independent demand)와 종속수요(dependent demand)로 구분할 수 있다.

독립수요는 어떤 품목에 대한 수요가 다른 품목의 수요와는 관계없이 발생하는 경우이고, 종속수요는 독립수요와는 반대로 다른 품목의 수요 발생에 의하여 종속적으로 발생하는 경우이다. 예컨대 독립수요는 완제품과 예비부품의 수요와 같은 경우이고, 종속수요는 원자재와 부품의 수요와 같은 경우이다. 따라서 독립수요 품목은 수요예측이나 생산계획에 의하여 그 필요량이 산정되지만, 종속수요 품목은 상위 모품목인 독립수요품목에 따라 필요량이 결정된다.

제2절 재고관리

1. 재고관련 비용

재고관리를 이해하기 위해서는 재고와 관련된 비용을 이해하여야 한다. 재고와 관련된 비용에는 주문비용 또는 생산준비비용, 재고유지비용, 재고부족비용이 있다(원중호 외, 2009).

1) 주문비용(또는 생산준비비용)

주문비용(ordering cost)은 자재를 협력업체로부터 살 때 소요되는 여러 가지 경비와 관리비를 말하며 주문량의 크기와 관계없이 고정비의 성격을 갖는다. 가격조사비, 주문처리비, 통신비, 서류작성비용, 검사비용, 입고비용 등 주문과 관련된 비용이다.

또한, 생산준비비용(set up cost)은 생산변경비용(production change cost)이라고도 하며 재고품목을 기업 내부에서 생산할 때 발생하는 여러 가지 비용을 말한다. 즉, 한 제품에서 다른 제품으로 생산을 변경할 때 발생하는 시간손실과 원재료의 교체, 공구와 작업자의 교체 등 여러 가지 부수적인 작업 진행에서 발생하는 비용을 말한다. 생산준비비용도 생산량의 크기와 관계없이 일정수준으로 발생하는 고정비의 성격을 갖는다.

2) 재고유지비용

재고유지비용은 재고를 보유함으로써 발생하는 비용이다. 즉, 재고에 묶인 자본의 기회비용, 창고시설 비용, 창고 사용료, 보험료, 세금, 도난, 변질, 진부화 등의 재고 감손 비용으로서 재고유지와 관련된 모든 비용이다.

재고유지비용의 파악은 재고품목 1단위를 일정기간 보관하는 데 드는 비용의 절대 금액으로 표시하거나, 재고품목 1단위 가격의 백분율(%)로 표시한다.

3) 재고부족비용

재고부족비용(inventory shortage cost)은 재고의 품절로 인하여 발생하는 비용으로, 추후납품비용(backlogging 또는 back-ordering cost)과 품절비용(stock-out cost)으로 다시 구분할 수 있다.

추후납품비용은 재고품절 시 수요를 대기시키고 추후 충족될 때 발생하는 비용이고, 품절비용은 수요가 취소됨으로써 발생하는 비용이다. 그리고 추후납품비용은 제품인도의 지연에 따른 벌과금, 생산독촉에 따른 추가비용, 신용상실 등이다. 품절비용은 수요를 충족시키지 못함으로써 이익의 기회상실과 고객 및 신용의 상실비용이다. 이러한 비용을 기회비용(opportunity cost)이라 한다.

재고가 없어 대기 중인 수요는 부(-)의 재고로 처리되나 수요가 취소되는 경우에는 부(-)의 재고는 발생하지 않는다. 재고부족비용은 객관적으로 금액환산이 곤란하기 때문에 주관적인 경험이나 추정으로 평가한다.

2. 자재소요량 산출

재고관리를 보다 합리적으로 그리고 능률적으로 해결하기 위해 개발된 재고관리시스템, 즉 재고관리모형의 목적은 재고 관련 총비용을 최소화하도록 재고품의 주문 시기와 주문량을 결정하는 데에 있다.

[그림 13-3] 재고관리 시스템

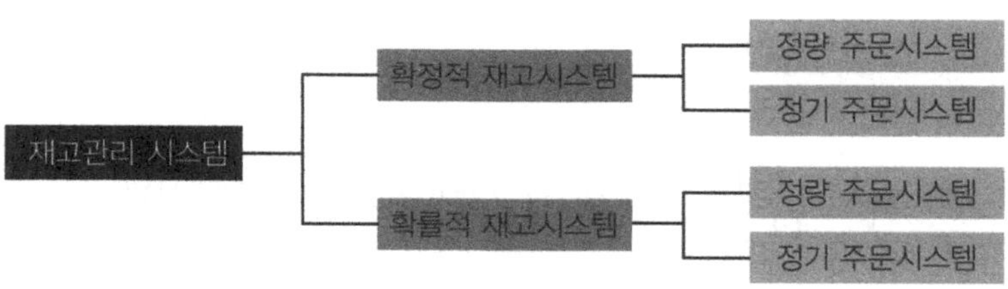

재고관리시스템은 기업의 내부통제입장에서 주문 시기와 주문량을 어떻게 결정하느냐에 따라 정량 주문시스템(fixed-order quantity system)과 정기 주문시스템(fixed -order period system)으로 크게 구분된다. 또한, 재고관리시스템은 고객의 수요나 조달기간과 같은 기업 외적 변수가 확정적이냐 또는 확률적이냐에 따라 확정적 재고시스

템(deterministic inventory system)과 확률적 재고시스템(probabilistic inventory system)으로도 구분된다. 따라서 기업의 내·외적 변수를 결합해 재고관리시스템을 구분하면 [그림 13-3]과 같이 4가지 형태가 된다(원중호 외, 2009). 최근 JIT 시스템 도입으로 발주는 연간 단가 계약 체결 이후 모 기업의 생산계획에 따라 협력업체는 2시간 혹은 4시간 간격으로 작업자 바로 뒤 적치대에 납품한다.

1) 정량 주문시스템

정량 주문시스템은 재고수준이 미리 정해진 재주문점(reorder point)에 도달하면 일정한 양 Q만큼 주문하는 시스템이다. 재고량이 주문점에 도달했을 때 정해진 주문 수량 Q만큼 주문하며, 주문량 Q는 조달기간 L이 지나간 후 들어온다.

조달기간 L은 재고품의 주문시점부터 창고에 도착할 때까지의 시간으로 일정한 예도 있고 그렇지 않은 경우도 있다. 정량주문 방식은 과거의 실적을 근거로 차기년도를 예측한다. 경제적 주문량 모형은 다음과 같다.

$$Q=\sqrt{\frac{2DS}{CI}},\ Q=\sqrt{\frac{2S}{I}\sqrt{\frac{D}{C}}},\ K=\sqrt{\frac{2S}{I}} \text{ 로서}$$

$$Q=K\sqrt{\frac{D}{C}} \text{ 이다.}$$

예로, 발주비용이 건당 15,000원이고, 재고유지비용은 재고금액의 30%, 주문량 24,000개, 단가 75원일 때 정량주문량을 산출하며 다음과 같다.

$$K=\sqrt{\frac{2\times 15,000}{0.30}}=\sqrt{100,000}\fallingdotseq 316.2$$

$$Q=361.2\sqrt{\frac{24,000}{75}}=361.2\times 17.9=6,465.5\fallingdotseq 6,500 \text{이다.}$$

[그림 13-4] 정량 주문시스템

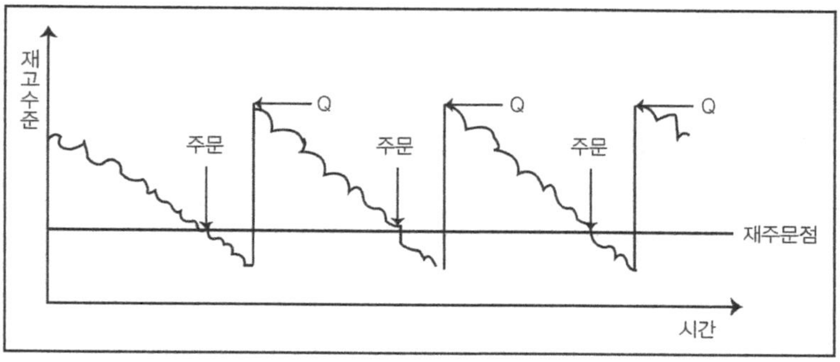

2) 정기 주문시스템

정기주문 시스템은 경제적 주문량은 산출하여 경제적 주문량을 기준으로 일년에 몇 회 주문할 것인가를 결정하는 롯트를 간격을 결정하는 시스템이다.

정기 주문시스템은 일정 기간을 정하여 지정된 기간에 정기적으로 적정량을 주문하는 시스템이다. 즉, 재고량이 일정한 주문 간격 T 동안 소비된 후, 재고수준을 조사하여 목표 재고량 M과의 차이 Q_1, Q_2, Q_3만큼을 주문한다.

[그림 13-5] 정기 주문시스템

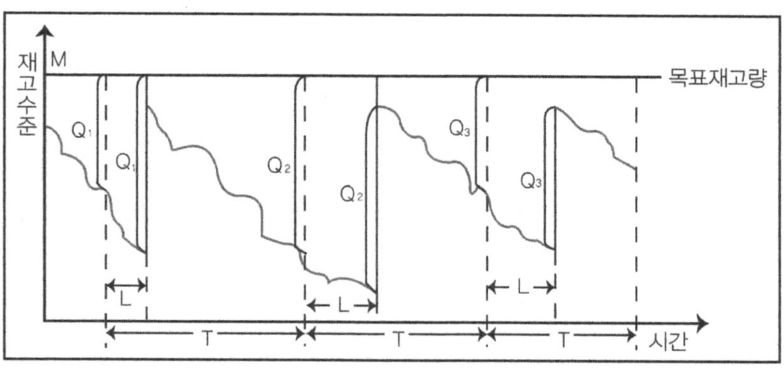

3) 정량 주문시스템과 정기 주문시스템의 비교

정량 주문시스템의 예는 대형 슈퍼나 백화점의 POS(point of sale) 시스템을 들 수 있다. POS 시스템은 판매되는 품목의 코드 번호가 입력되면 컴퓨터는 자동으로 재고수준을 계산하여 주고, 관리자도 그 제품의 재고수준이 재 주문점에

도달하였는지를 판단한 후 주문한다. 따라서 정량 주문시스템은 조달 기간 동안의 수요변동에 대비한 약간의 안전재고가 필요하지만 정기 주문시스템은 주문시기가 고정되어 있어 전 기간을 대비할 수 있는 많은 안전재고가 필요하다.

그리고 정량 주문시스템은 고가품목을 통제하는데 이용되며, 또한 정확한 재고기록이 필요한 품목에 적합하다. 반면 정기 주문시스템은 저가품목, 재고기록이 필요하지 않은 품목, 주기적으로 주문하고 배달하는 품목 등에 유용하다.

두 시스템 중에서 어느 것을 선택할 것인지는 재고품의 가격, 재고품의 보충시기, 조달 기간 등에 따라 결정되나, 간혹 두 시스템을 혼합하여 사용하는 때도 있다. 두 시스템의 차이점을 요약하면 <표 13-1>과 같다(원중호 외, 2009).

〈표 13-1〉 정량 주문시스템과 정기 주문시스템의 차이

항 목	정량 주문시스템	정기 주문시스템
주문량	일정	변함
주문시기	재주문점에 도달	주문주기의 끝
재고수준 조사	계속 조사	주문주기의 끝에 조사
안전재고	비교적 적다	비교적 짧다
재고품가격	고가 품목	저가품목
조달기간	긴 품목에 유리	짧은 품목에 유리

3. 경제적 주문량 모형

확정적 재고관리시스템에서는 수요와 조달 기간이 확정적으로 알려져 있다고 가정한다. 먼저 확정적 재고관리시스템에서 정량 주문시스템의 대표적 모형인 경제적 주문량모형을 설명한다.

1) 경제적 주문량 모형의 형성

경제적 주문량 모형(economic order quantity model)은 영어로 간단히 EOQ모델이라고 한다. 재고관리시스템 중 가장 기본적이고도 고전적인 모형으로 총비용을 최소화하는 주문량을 결정하는 모형이다. 이 모형의 기본적인 가정은 다음과 같다(원중호 외, 2009).

① 수요는 알려져 있고 일정하며 균일하다.

② 주문비용(또는 생산준비비용)은 고정비로서 일정하다.

③ 재고유지비용은 단위당 일정하며, 주문량에 비례한다.

④ 조달 기간은 알려져 있고 일정하다.

⑤ 단일품목이며 주문량은 조달기간이 지난 후 일시에 전량 입고된다.

⑥ 모든 수요는 재고부족 없이 충족된다.

이와 같은 가정에 따라 EOQ모형은 [그림 13-6]과 같이 재고수준이 재주문점 R에 도달하면 일정한양 Q를 주문하는데, 이때 주문량 Q를 계산한다.

주문량 Q는 재고 관련 총비용을 최소화하는 주문량으로 일정한 조달 기간 L이 경과한 후 재고가 0이 되는 시점에서 전량 들어오게 된다. 그리고 재주문점 R은 조달 기간의 수요량에 해당하는 재고수준으로, 주문량 Q가 들어오는 시점에서 재고가 0이 되게 한다. 이렇게 함으로써 재고유지비용 측면에서 가장 유리하게 된다.

[그림 13-6] 경제적 주문량 재고관리 모형

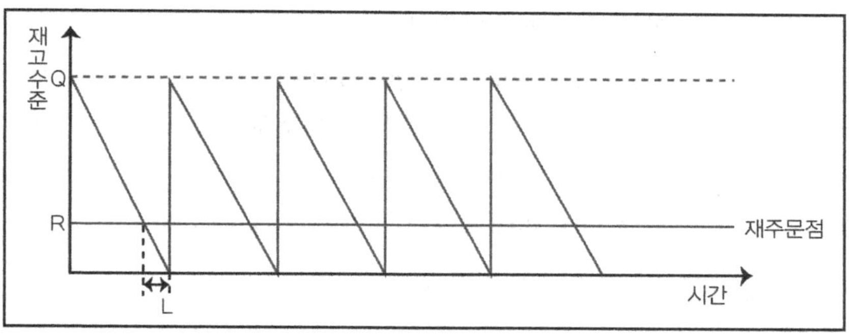

경제적 주문량 모형을 수리적으로 나타내기 위해 재고 관련 총비용 계산식을 다음과 같이 표현할 수 있다.

연간총비용 = 연간구입비용 + 연간주문비용 + 연간재고유지비용

$$TC = DC + \frac{D}{Q}S + \frac{Q}{2}H \quad \text{------------} \quad (1)$$

단, TC: 연간총비용
D : 연간수요
C : 단위당구입단가
Q : 1회주문량
H : 연간단위당재고유지비용
S : 1회주문비용(또는 생산준비비용)

식 (1)에서 연간 수요 D는 반드시 재고부족 없이 충족시켜야 하므로 연간 총 주문량도 D가 된다. 따라서 연간 재고의 총 구매원가는 DC가 되고, 이 DC는 주문량 Q의 크기와 관계없이 일정하므로 경제적 주문량 Q^*를 구하는데 영향을 미치지 않는다. 결국 경제적 주문량과 관련되는 연간 총비용 TC는 '연간 주문비용'과 '연간 재고유지비용'으로 구성된다.

식 (1)에서 연간 주문비용은 한 번에 Q씩 주문하여 연간 수요 D를 충족시켜야 하므로 주문횟수는 D/Q가 되고, 또한, 1회 주문비용이 S이므로 결국, 연간 주문비용은 (D/Q)·S가 된다.

그리고 연간 재고유지비용은 연간 재고량에 연간 단위당 재고유지비용을 곱한 값이 된다. 연간 재고량은 그림에서 연간 발생하는 삼각형의 총면적이 되는데, 우선 삼각형 1개의 면적을 구하기 위해 높이와 밑변을 구해야 한다. 여기서 삼각형의 높이는 Q가 되고 밑변은 Q만큼의 재고가 일정한 수요 D로 소진되므로 Q/D가 된다. 따라서 삼각형의 면적은 (Q/D)·Q·(1/2) = Q^2/2D가 된다. 이러한 삼각형은 매번 주문할 때마다 발생하므로 연간 주문횟수 D/Q를 곱하여 연간 재고량을 구할 수 있다. 즉, (Q^2/2D)·(D/Q) = Q/2가 된다. 그러므로 재고유지비용은 (Q/2)·H가 되고 주문량 Q에 비례하여 증가하는 비용임을 알 수 있다.

따라서 (1)식은 다음과 같이 정리된다.

연간총비용 = 연간주문비용 + 연간재고유지비용

$$TC = \frac{D}{Q} \cdot S + \frac{Q}{2} \cdot H \quad \text{--------} \quad (2)$$

식 (2)의 TC를 그림으로 나타내면 [그림 13-7]과 같다.

그림에서 연간 총비용 곡선은 아래로 볼록하고, 연간 주문비용과 연간 재고유지비용이 같아지는 주문량에서 총비용이 최소가 된다.

이제 연간 총비용 곡선 TC를 최소화하는 경제적 주문량 Q^*를 계산하여 보

자. 그림에서 TC 곡선이 아래로 볼록하고 최소 점을 가지므로

[그림 13-7] EOQ 모형에서 주문량의 함수로서 표시된 총비용

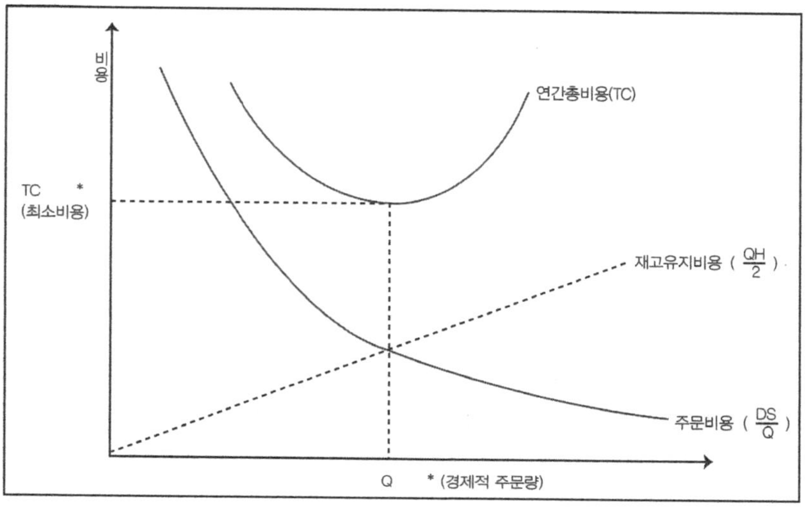

식 (2)를 Q에 대해 미분한 뒤 0으로 놓으면, 이 미분방정식은 TC가 최소화되는 필요조건이 된다. 즉,

$$\frac{dTC}{dQ} = -\frac{DS}{Q^2} + \frac{H}{2} = 0$$

$$\frac{DS}{Q_2} = \frac{H}{2}$$

$$Q^2 = \frac{2DS}{H}$$

위와 같은 식이 되어 경제적 주문량 Q^*는 다음 식으로 계산된다.

$$Q^* = \sqrt{2DS/H} \quad \text{--} \quad (3)$$

그리고 연간 총비용의 최소값 TC는 식 (3)을 식(2)에 대입함으로써 구할 수 있다.

$$TC^* = \frac{D}{Q^*} \cdot S + \frac{Q^*}{2} \cdot H \text{ -------------------- } (4)$$

또한 재주문점 R은 조달기간 동안의 수요량에 해당하므로 다음 식으로 계산된다.

$$R = d \cdot L \text{ -------------------- } (5)$$

단, d : 일간수요
L : 조달기간(일)

사례 어느 컴퓨터 생산업체는 매년 3,000,000대의 개인용 컴퓨터를 생산하는데, 하드디스크 드라이브를 도급업체로부터 납품받는다. 관련 자료가 다음과 같을 때 하드디스크 드라이브의 경제적 주문량과 연간 최소 재고비용, 재주문량을 구하라.

하드디스크 드라이브의 연간수요(D) = 3,000,000(개/년)
하드디스크 드라이브의 일간수요(d) = 3,000,000/365(개/일)
하드디스크 드라이브의 주문비용(S) = 200,000(원/회)
연간단위당 재고유지비용(H) = 120(원/개 · 년)
조달기간(L) = 10(일)

[풀이]

(1) 경제적 주문량

$$Q^* = \sqrt{\frac{2DS}{H}} = \sqrt{\frac{2(3{,}000{,}000)(200{,}000)}{120}} = 100{,}000(\text{개})$$

(2) 연간 최소재고비용

$$TC^* = \frac{DS}{Q^*} + \frac{Q^*H}{2} = \frac{3{,}000{,}000(200{,}000)}{100{,}000} + \frac{100{,}000(120)}{2}$$

$$= 6{,}000{,}000 + 6{,}000{,}000 = 12{,}000{,}000(\text{원})$$

(3) 재주문점

$$R = d \cdot L = \frac{3,000,000}{365} \cdot 10 = 82,192(\text{개})$$

4. ABC 분석

18세기 경제학자 파레토(Vilfredo Pareto)는 소득분포의 연구에서 전체 인구의 20%가 전체 부의 80%를 차지하고 있음을 발견하였다. 즉, 소수가 전체의 대부분을 차지하고 다수가 전체의 미미한 부분밖에 차지하지 못하는 현상으로 이를 파레토 법칙이라 한다. 이 파레토 법칙을 이용하여 재고관리를 하는 것이 ABC 분석기법이다. ABC 분석기법은 관리하여야 할 품목 수가 많은 경우에 유용하게 사용할 수 있는 기법으로, 1951년 G.E.사의 H.F. Deckie에 의하여 제창되었다.

일반적으로 어느 기업에서나 많은 양의 자재와 소모품을 재고로 관리하는데, 이들 품목 중 몇 개의 중요한 품목이 재고금액 대부분을 차지하고 나머지 다수의 품목은 금액 측면에서 아주 미미하다. 따라서 모든 품목의 재고를 전부 엄격하게 통제한다는 것은 바람직하지 않고 현실적으로도 거의 불가능하다.

이러한 문제를 해결하기 위해 ABC 분석(ABC analysis)은 재고품목을 재고유지 비용 측면에서 A등급, B등급, C등급으로 나누어 재고통제를 차별적으로 하는 것이다. 즉, A등급은 아주 엄격한 통제와 소량의 안전재고를, B등급은 정상적인 통제와 안전재고를, C등급은 간단한 통제와 다량의 안전재고를 보유하는 방식으로 차별적으로 관리된다.

총재고품목 수에 대한 A, B, C의 등급별 품목 수의 비율은 기업에 따라 다르나 일반적인 구분점은 <표 13-2>와 같다(원중호 외, 2009).

〈표 13-2〉 ABC 품목의 일반적 분포

분류	전품목에 대한 비율(%)	총금액에 대한 비율(%)
A	10 ~ 15	70 ~ 80
B	20 ~ 30	20 ~ 30
C	50 ~ 70	5 ~ 10

예를 들어 어느 기업에서 10개 품목에 연간 수요량과 단가가 다음과 같다고 하자. 그러면 각 품목의 연간 사용금액과 이의 백분율 분포는 <표 13-3>과 같다.

〈표 13-3〉 10개 품목의 수요량과 단가

품목번호	연수요량	단가(천원)	연간사용금액(천원)	총사용금액에 대한백분율
1	2,500	3	7,500	0.49
2	1,600	50	80,000	5.18
3	2,000	4	8,000	0.52
4	6,000	5	30,000	1.94
5	9,000	100	900,000	58.33
6	800	150	120,000	7.78
7	1,000	45	45,000	2.92
8	1,500	60	90,000	5.83
9	7,000	30	210,000	13.61
10	3,500	15	52,500	3.40
합계			1,543,000	100.00%

1번 품목은 한 단위 가격이 3천원이고 년 2,500단위를 필요로 하므로 총금액은 7,500천 원을 사용한다. 10개 품목 총 재고비용은 1,543,000천 원인데 1번 품목의 비중은 금액에서 0.49%를 차지한다.

총 사용금액에 대한 백분율을 크기 순서로 분류하여 이를 정리해 보자. 즉, ABC 분석기법을 적용하면 <표 13-4>와 같이 분류된다.

〈표 13-4〉 예제의 재고품목의 ABC 분류

등급	품목번호	연간사용금액(천원)	총 사용금액에 대한백분율	사용금액 누적	전체 품목 수에 대한 백분율	품목 수 누적
A	5, 9	1,110,000	71.94%	71.94%	20%	20%
B	6, 8, 2	290,000	18.79	90.73	30	50
C	1, 3, 4, 7, 10	143,000	9.27	100.00	50	100
합계		1,543,000	100.00%		100%	

이 예에서 볼 수 있듯이 A등급은 전체 품목 수 10개 중 20%인 2개밖에 안 되지만 연간 사용금액으로는 71.94%를 차지하고 있다. 또한, B등급은 품목 수로는 30%, 연간 사용 금액으로는 18.79%를, 그리고 C등급은 품목 수로는 50%이나 연간 사용금액으로는 겨우 9.27%밖에 안 된다. 이 결과를 ABC 분석도로 나타내면 [그림 13-8]과 같다.

[그림 13-8] 예제의 재고품목의 ABC 분석도

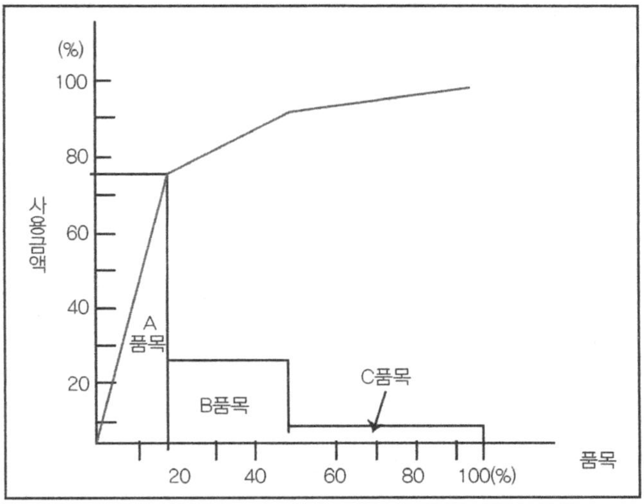

이처럼 각 품목의 등급분류가 끝나면 재고통제방법을 달리하여 관리하는데, 일반적으로 A등급은 정량 주문시스템과 같은 엄격한 재고통제를 하는 반면, C등급은 여러 품목을 함께 묶어 정기적으로 주문하는 정기 주문시스템이 사용될 수 있다. 또한, B등급은 예를 들어 (s, S)시스템과 같은 중간 정도의 엄격 도를 가진 재고관리시스템을 사용한다.

(s, S)시스템은 s는 재 주문점이며, S는 재고의 최고수준이다. s와 S를 사전에 정해 놓고 각 검토일 마다 현재의 재고수준 I를 비교하여 s<I<S이면 주문을 하지 않고, s>I이면 (S-I)만큼 주문하여 S까지 높이는 시스템이다.

5. 자재출고 및 평가방법

자재 단가는 일률적으로 결정되지 않는다. 따라서 자재의 출고방법과 재고자산의 평가방법에 따라 재고자산이 다르게 평가된다. 이와 같은 자재출고와 평가방법은 다음과 같다.

1) 개별법

개별법은 재고자산의 취득원가가 다른 경우 입고순서를 명확하게 구분하여 보관하여 출고할 때 구매단가를 그대로 적용하고 재고 자산도 구매로트(Lot)별로 산출하는 방법이다. 이와 같은 산출방법을 적용하는 것으로는 보석, 고급가구, 모피 등 고가품이다.

2) 선입선출법

선입선출법은 먼저 입고된 자재가 먼저 출고된다는 개념이다. 이 방법은 기말재고는 최근 입고된 구매단가를 적용한다.

3) 후입선출법

후입선출법은 선입선출법과의 반대의 개념으로 가장 최근에 입고된 자재를 먼저 출고하는 개념이다. 재고자산의 평가는 가장 오래전에 입고된 구매단가를 적용한다.

4) 총 평균법

총 평균법은 자재를 입고할 때마다 일정 기간의 단가를 평균하여 평균단가를 적용한다.

5) 단순 평가법

단순 평가법은 일정 기간의 자재구매단가를 단순산술평균에 의하여 평가하는 방법이다. 구매 시 단가를 합하고 이것을 구매 횟수로 나눈 단가를 계산한다.

6) 이동평균법

이동평균법은 자재가 입고될 때마다 그 수량과 금액을 각각 직전의 재고금액에 합산하여 새로운 평균단가를 산출하는 방법이다.

7) 최종구입 단가법

최종구입 단가법은 최종 구매된 자재의 단가를 재고자산에 모두 평가하는 방법이다.

제3절 창고관리

1. 창고관리의 의의

창고는 자재를 보관하고 일정 기간 보존 및 유지하고 도난을 방지하는 기능으로 정리정돈과 파손, 진부화 방지 및 기록관리 등의 업무를 수행한다. 또한, 창고는 장부상의 재고수량과 현품과의 차이 발생 및 사용된 자재의 품질을 고객에게 끝까지 책임진다는 사명으로 추적관리를 한다.

창고의 크기는 낭비를 낳는 원인으로 보는 시야도 있다. 창고의 크기가 크면 클수록 불용품 재고가 증가하고 로트(lot)크기가 커지며, 이로 인하여 관리비 및 인건비 등 제반 경비가 증가하게 된다.

일반적으로 창고는 기능에 따라 재료창고, 부품창고, 제품창고, 부재료창고 등으로 구분한다. 또한, 보관방법에 따라 독립창고, 야적창고, 현장창고 등으로 구분된다.

2. 창고담당업무

1) 기본업무

자재의 수입 및 보관 업무를 하며, 운반 및 현품관리를 한다. 또한 자재의 입·출고에 따른 전산처리 등 사무처리 업무를 한다.

2) 부대 업무

자재를 필요로 하는 장소에 내주는 업무로서 포장을 분류하거나 필요한 수량만큼 나누어 분배하는 업무와 잔재를 처리하고 폐기된 자재를 매각하거나 처리하는 부수적 업무도 동반된다.

3. 칸반 시스템(kanban system)

칸반은 JIT(just in tume)에서 부품의 생산과 운반을 통제하는 수단으로 칸반 카드의 역할은 생산 및 운반지시서의 역할과 부품의 생산과 운반을 지시하고 용기 안의 부품을 식별하는 데 사용된다. 또한 생산 시스템의 모든 작업장과 공급업자를 연결하며 후속 공정에 필요한 부품을 선행공정에 알려 부품이 적시에 공급되도록 한다. 부품공급요청은 최종조립라인으로부터 시작되어 선행공정에 파급되어 진다.

1) 칸반의 개념

칸반은 TPS(도요타 생산 시스템)의 기본 이념인 JIT를 실현하기 위하여 관리, 개선의 도구로서 생겨난 것이다. 종래 생산지시가 일정계획을 만들어 각 공정에 제공해 왔으나 현장의 여러 가지 문제 발생에 따라 공정 간의 균형을 취하는 것은 불가능에 가까웠다. 그래서 후공정이 '사용한 분량만 전 공정으로부터 운반해 가고, 전 공정은 후공정이 운반해 간 것만 생산한다.'고 하는 역발상이 고안되어 그 정보로서 칸반이 사용되었던 것이다. 칸반 운용 시 필요한 용기 수는 다음의 계산식에 의해 결정된다.

$$N = DT/C$$

N= 용기수
D= 사용 작업장에서의 부품 수요율
C= 용기의 수량
T= 한번의 순회시간(작업장의 리드타임)

[그림 13-9] 칸반의 종류

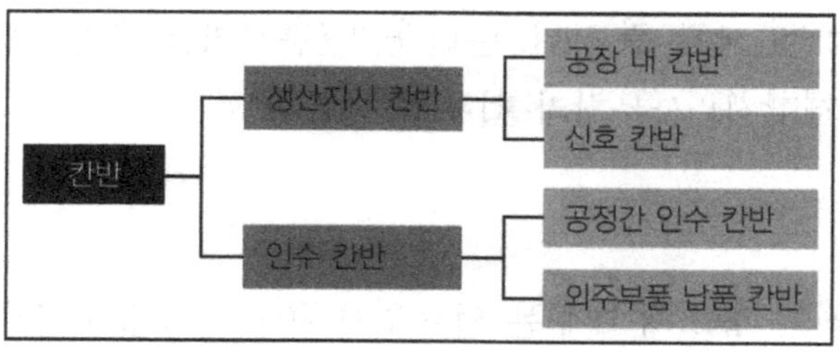

2) 칸반의 기재 사항

품목번호, 품목 명칭, 주 번지(적치 장소), 수용 수, 라인 명, 전후 공정, 발행매수와 정리 번호, 납품시간(외주 칸반 만)

[그림 13-10] 칸반카드

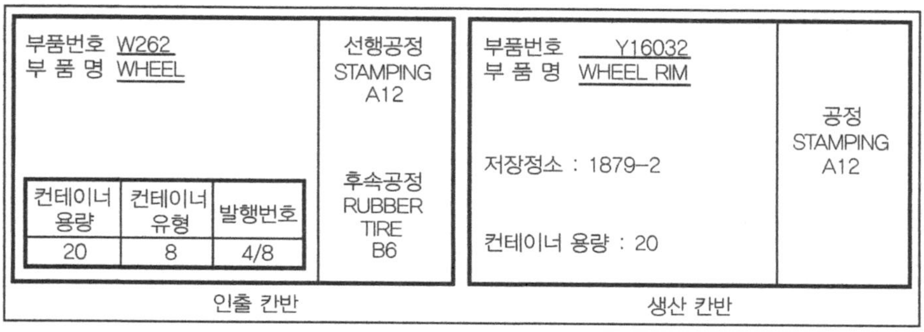

3) 칸반 운영 방법

최종 생산 공정만 생산계획부서로부터 일정계획을 전달받으며, 모든 다른 작업장과 협력업체는 후속 공정으로부터 칸반 카드에 의해 생산지시를 받는다. 만약 후속 공정에서 생산이 일시적으로 중단되면 선행공정은 칸반 카드를 받지 못하므로 역시 생산을 곧 중단한다. 칸반 시스템은 공장 내의 모든 작업장과 협력업체를 연결시키며, 그 결과 모든 자재는 최종조립계획에 의해 연속적으로 끌려오게 된다.

[그림 13-11] 칸반운영

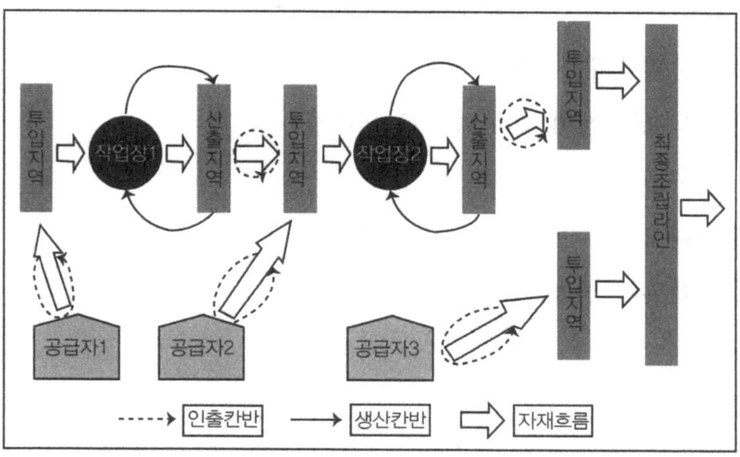

4) 도입 방법

① 조립 생산 평준화, 인수 lot을 결정하여 칸반을 만든다.

② 여기에 대응할 수 없는 기계 가공라인은 store를 만든다.

③ store는 ABC 분석을 하고, 적치방법은 tool 교체 시간, lead time으로부터 도출한다.

④ 재공 신호 칸반을 만든다.

5) 칸반의 역할

① 과잉 생산의 낭비를 억제한다.

② 인수 정보, 생산지시정보를 표시한다.

③ 눈으로 보는 관리 도구이다.

④ 개선 도구이다.

6) 칸반 방식의 규칙

① 불량품은 절대로 후 공정으로 옮겨져서는 안 된다.

② 후 공정이 전 공정으로 가지러 간다.

③ 생산량은 인수량과 같아야만 한다.

④ 미세 조정 기능을 가져야만 한다.

⑤ 제품의 모델과 양은 평준화되어야만 한다.

⑥ 계획의 평준화가 이뤄져야 한다.

⑦ 칸반은 표준 상자에만 부착되어야 한다.

⑧ 칸반의 매수는 적을수록 좋다.

⑨ 표준 재고품은 정 위치에 있어야 한다.

⑩ 제조 활동에 안정성을 유지해야만 한다.

4. 창고설비

창고설비는 최소의 공간으로 최대의 적재 효과를 가져 올 수 있도록 공간 계획을 수립한다. 창고설비에 필요한 설비조건으로 방화, 침수방지 및 냉동, 냉장장치(필요하면)와 출입문 설치, 환기 및 채광설비 및 인화성 물질의 경우 특수시설을 한다.

창고설비에는 자재의 운반을 쉽게 하기 위한 운반설비, 보관설비(상자, 팔레트, 탱크 등)와 계량시설 그리고 조명시설 등이 기본요소이다.

1) 창고 공간요소

① 입지와 부지의 크기
② 건물배치와 진입로
③ 입고 및 출고 지역 및 도크의 위치
④ 폭, 단의 수 및 크기
⑤ 통로 및 운반장비
⑥ 기타, 조명, 배관, 냉방 및 난방 시설

2) 랙 설치

랙(rack)은 자재 저장을 쉽게 하기 위해 철골 등의 골재를 용접 또는 조립하여 여러 단으로 만든 구조물이다.

사례 랙(rack) 종류

[팔레트 랙(pallet rack)]

[드라이브 인 랙(drive in rack)]

[유동 랙]

[이동 랙]

[캔틸레버 랙(cantilever rack)]

[슬라이드 랙(slide rack)]

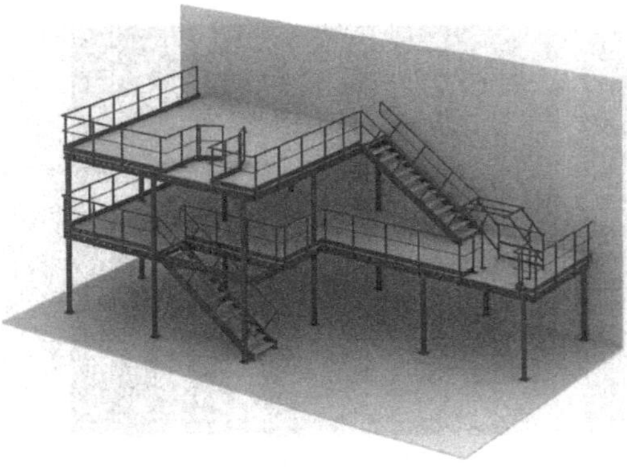

[메자닌(mezzanine)]

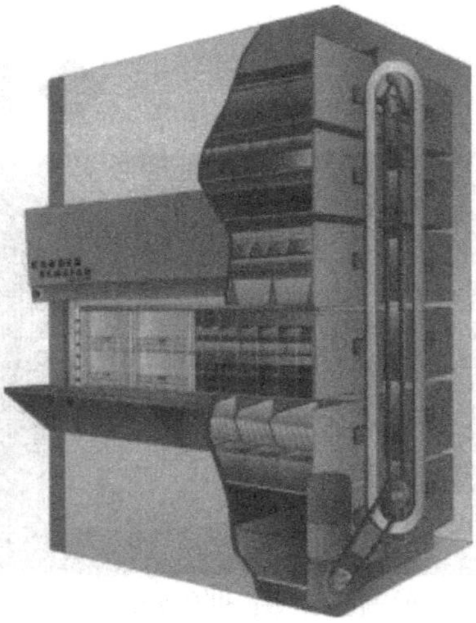

[캐로젤 랙(carousel rack)]

2) 위치표시

회사에서 취급하는 자재에 대해 위치(location)를 지정함으로써 자재 보관과 품질유지를 쉽게 하고 자재의 입·출고 작업 및 관리의 효율성 증대와 공간 활용의 극대화를 이루는 데 그 목적이 있다.

위치표시는 자재의 소재를 알 수 있도록 표시를 하는 것을 말한다. 위치표시는 빨리 자재를 찾고 창고 공간을 최대한 활용할 수 있도록 하는 데 목적이 있다.

위치표시 방법으로는 건물 및 층 번호, 열 번호, 추적관리번호 등을 부여한다. 위치표시 자릿수가 길면 관리가 복잡하여지고 너무 짧으면 자릿수 부족에 따른 관리의 어려움이 발생할 수 있다.

위치번호(location code)는 아라비아 숫자 또는 영문자를 사용하여 대분류, 중분류, 소분류로 구분하여 여섯 자리로 표기한다.

① 대분류 : 공장 내의 자재 저장위치에 따른 장소별로 분류하는 것을 원칙으로 하며 실내창고와 야적장(yard)에 쌓아두느냐에 따라 분류한다.

② 중분류 : 중분류는 대분류 지역 내에서 저장장소의 구조 및 배치위치에 따라 분류한다.

③ 소분류 : 소분류는 배치위치에 따라 횡과 열 그리고 구조물이면 "층"을 구분하여 표기한다.

[그림 13-12] 창고위치 번호부여

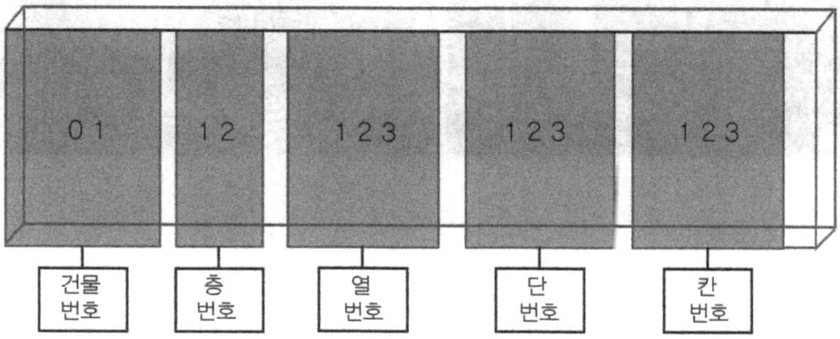

3) 자동화 창고

자동화 창고는 WMS(warehouse management system)의 구성 체제로 창고 및 재고관리 시스템으로 발주, 입고, 오더 관리, 피킹(picking), 출고, 재고관리 등 보관, 하역 전체를 통합 관리하여 기업의 물류관리 및 운영능력을 증가시킴으로써 경영 자원의 유용한 활용과 고객서비스 향상을 지원하는 물류해법(solution)이다.

사례 자동화 창고

학습목표 요약

1. 자재관리 대상은 무엇인가?

재고(inventory)는 기업의 생산기능과 판매기능을 연결하는 물품의 흐름이 시스템 내의 어떤 지점에서 정체된 상태를 말한다. 구체적으로는 기업에서 미래의 생산이나 판매를 위해 보유하는 유휴자원, 즉 생산에 투입된 원자재나 부품, 생산공정 내의 재공품 또는 반제품, 아직 팔리지 않은 완제품, 그 밖의 소모품 등을 일컫는다.

2. 재고관리 비용은 어떤 것들이 있는가?

주문비용(ordering cost)은 자재를 협력업체로부터 구입할 때 소요되는 여러 가지 경비와 관리비를 말하며 주문량의 크기와 관계없이 고정비의 성격을 갖는다.

재고유지비용은 재고를 보유함으로써 발생되는 비용이다.

재고부족비용(inventory shortage cost)은 재고의 품절로 인하여 발생하는 비용으로, 추후납품비용(backlogging 또는 back-ordering cost)과 품절비용(stock-out cost)으로 다시 구분할 수 있다.

3. ABC 분석관리 방법은 무엇을 의미하는가?

ABC 분석(ABC analysis)은 재고품목을 재고유지 비용 측면에서 A등급, B등급, C등급으로 나누어 재고통제를 차별적으로 하는 것이다. 즉, A등급은 아주 엄격한 통제와 소량의 안전재고를, B등급은 정상적인 통제와 안전재고를, C등급은 간단한 통제와 다량의 안전재고를 보유하는 방식으로 차별적으로 관리된다.

4. 칸반시스템이란 무엇인가?

후공정이 '사용한 분량만 전 공정으로부터 운반해 가고, 전 공정은 후 공정이 운반해 간 것만 생산한다.'고 하는 역발상이 고안되어 그 정보로서 칸반이 사용되었다.

칸반의 기재 사항으로는 품목번호, 품목 명칭, 주, 번지(적치 장소), 수용 수, 라인 명칭, 전 후 공정, 발행매수와 정리 번호, 납품시간(외주칸반만) 등이 있다.

최종 생산라인만이 생산계획부서로부터 일정계획을 전달받으며, 모든 다른 작업장과 납품업자는 후속공정으로부터 칸반카드에 의해 생산지시를 받는다. 만약 후속 공정에서 생산이 일시적으로 중단되면 선행공정은 칸반카드를 받지 못하므로 역시 생산을 곧 중단한다. 칸반시스템은 공장 내의 모든 작업장과 납품업자를 연결하며, 그 결과 모든 자재는 최종조립계획에 의해 연속적으로 끌려오게 된다.

5. 창고설비의 기본요소들은 무엇인가?

창고설비는 최소의 공간으로 최대의 적재 효과를 가져올 수 있도록 공간 계획을 수립한다. 창고설비에 필요한 설비조건으로 방화, 침수방지 및 냉동 냉장장치(필요하면)와 출입문 설치, 환기 및 채광설비 및 인화성 물질의 경우 특수시설을 한다.

창고설비에는 자재의 운반을 쉽게 하기 위한 운반설비, 보관설비(상자, 팔레트, 탱크 등)와 계량시설 그리고 조명시설 등이 기본요소이다.

제14장

구매 및 아웃소싱과 공급사슬

학습목표

1. 구매관리 절차에는 무엇이 있는가?
2. 아웃소싱의 도입목적은 무엇인가?
3. 아웃소싱은 어떤 추진절차를 따르는가?
4. 아웃소싱의 형태는 어떤 것이 있는가?
5. 공급사슬관리의 특성에는 어떤 것이 있는가?

제1절 구매관리

1. 구매의 개념

구매란 요구한 사양을 만족하게 하면서 필요한 시기에 필요한 양 만큼 최소의 비용으로 사는 것이다. 구매방법으로는 단가계약에 의한 정기구매, 견적에 의한 구매, 경쟁 입찰방식, 수의계약 등이 있다.

발주계약은 계약 체결 이전에 협력업체의 사전 조사 및 품질능력, 경쟁조건, 경영자의 경영방침, 신용조사 등을 조사하여 거래처를 결정하는 방식이다.

기업이 필요로 하는 고품질, 저비용으로 자재를 조달하려면 품질, 원가, 납기의 효율성을 기반으로 자재구매계획과 구매 관리 원칙을 준수하여야 한다.

구매 관리에서 해야 할 업무는 구매할 자재를 결정하고 적정 구매가격을 산출하여야 하며, 자재구매 시 경제적 구매가 이루어질 수 있도록 포장단위, 생산단위 등을 검토하여 가장 효율적인 단위로 구매한다. 그리고 구매로트(lot)를 결정하여 포장, 운반 등을 협력업체에서 생산에 효율성을 이바지한다. 또한, 재고의 결품(shortage)이 일어나지 않도록 구매 시기를 결정하고 협력업체와 쌍방이 상호 존중하는 구매계약을 체결한다. 또한, 발주관리는 물론 납기관리를 철저히 하여 재고부족에 따른 고객 이탈 및 업무 마비를 예방하여야 하며 품질향상에 적극적으로 지원하여 고품질의 자재가 입고되도록 협력업체를 지원한다.

2. 구매방침

구매방침은 기업에 따라 달리 정하여진다. 이와 같은 구매방침은 최고경영자의 방침 및 기업문화에 따라 구매방침은 결정된다. 구매방침을 결정하기 위하여 구매품목, 수량, 시기, 가격, 구매 선을 고려하여 결정한다.

품질과 품목을 결정하는 방법은 기업이 요구하는 설명 사항을 구매담당자의 전문지식을 발휘하여 합리적인 제품과 높은 품질의 자재가 구매되도록 결정한다.

구매 수량과 시기 결정은 장기적으로 계속 구매되는 자재는 단가를 적정하게 결정하고 수량은 계절, 시기, 경기 변동에 따라 미래의 수요를 예측하여 결정한다.

단가 및 대금결재방법으로 단가는 견적방법과 명세서 분석방법, 계약방법 등을 적용하여 품질은 높이고 가격을 낮추는 방침을 설정한다. 대금 지급조건은 자금 조달 조건에 맞게 기업의 정책과 함께 결정한다.

구매 선 결정방법은 특수한 자재의 경우를 제외하고는 신뢰하고 협력할 수 있는 협력업체를 평가하여 결정한다.

3. 구매관리 절차

1) 명세서 및 도면 개발

자재구매를 위한 명세서 및 도면 등을 검토한다. 명세서 및 도면을 검토할 때는 오차범위, 치수, 조립방법, 규격, 재료구성, 검사방법 등을 상세히 검토한다.

2) 가격 결정

자재를 국내에서 구매할 경우는 협력업체와 가격조정을 통하여 결정할 수 있으나 수입자재의 경우는 수입조건에 따라 가격은 달라진다. 수입L/C 개설의 경우 관세환급 및 도착지, 선적지 등에 따라 유리한 조건으로 결정한다.

3) 발주방법

생산 활동을 원활하게 하려면 발주목표는 적시, 적량 및 최소의 비용으로 발주되어야 한다. 이와 같은 합리적인 방법으로는 ERP 운영을 통하여 경제적 주문을 하거나 VAN 또는 인터넷을 이용하여 신속하게 발주되어야 한다.

4) 입고 검사

입고된 자재 품질을 검사하는 기능으로 협력업체의 품질검사를 신뢰한다면 협력업체의 품질 평가서를 기준으로 무 검사 입고를 하며, 검사를 요구하는 품목은 신속한 검사를 하여 입고시킨다.

5) 대금결제

입고된 자재에 대한 결제는 회사의 결제정책에 따라 결제되나 협력업체와의 관계유지를 위하여 빠른 결제와 현금결제를 하는 것이 유리하다. 많은 기업에서는 품질, 납기, 신뢰성 등 협력업체를 평가하여 우수협력 업체에는 현금결제를 한다.

6) 협력업체 유지관리

협력업체는 동반성장 기업으로서 기술지도 및 자금지원 그리고 품질향상 기법과 신경영기법 도입지원을 통하여 협력업체와 동반 성장하도록 적극적으로 지원한다.

제2절 아웃소싱

1. 아웃소싱의 정의

1) 아웃소싱

경영환경이 국제화 되고 기업 간의 경쟁이 심화하면서 기업은 가치 창조를 위한 활동이 더욱더 전략적이고 적극적이다. 아웃소싱(outsourcing)은 외부(out)의 자원(source)을 활용한다는 것이며, 다른 기업으로부터 제품이나 서비스를 구입하여 사용하는 것이다.

아웃소싱의 전략적 목표를 가지고 경영관리 활동의 일부 또는 전부를 외부 전문 공급 기업에 위탁하여 관리하게 하는 장·단기 계약을 아웃소싱이라고 말한다. 그 과정에서 하드웨어, 소프트웨어, 네트워크, 인력 등의 일부 또는 전부를 외부 기업에 일임하여 관리하게 하는 계약이다.

2) 아웃소싱과 유사한 개념

아웃소싱과 비슷한 개념으로 다음과 같은 개념이 있다.

(1) 외주

외주는 넓은 의미에서 발주 수주의 개념이며 외부자원의 활용이나 하도급, 도급, 업무대행 또는 원재료의 조달 등도 포함된다. 아웃소싱도 외주의 하나라고 할 수 있다.

(2) 하도급

하도급은 업무 일부를 외부에 위임하는 것이다. 특히 제조업에서는 부품이나 제품의 일부 제조를 외주기업에 발주하는 형태가 전통적으로 이루어져 왔다. 현재에도 대기업과 하도급 중소기업이라는 수직적인 계열을 형성하고 있다. 아웃소싱의 일종이지만 기획 설계라는 업무의 기능적인 부분은 발주 측이

장악하는 경우가 많다.

(3) 도급

도급은 업무의 일부 또는 전부를 일괄하여 외부에 위임하는 것이며 도급을 받는 측은 발주 측과 계약하여 자기 책임 하에 업무를 수행한다. 건축 토목공사 등에서 많이 볼 수 있다.

(4) 임가공

임가공은 구매자인 모기업이 설계와 원부자재를 공급업체에 주고, 부품을 만들어 납품하게 하는 방법이다. 미국 업체가 멕시코 국경 지대에 있는 멕시코 공급업자와 맺고 있는 계열 관계를 '마길라 도라'라고 하는데, 이와 거의 같은 개념이다.

(5) 분사화

분사화는 모기업의 경영자원을 활용하여 어느 특정 부문(기능)을 분리하여 다른 조직의 회사로 만드는 것이다. 분사 기업이 외부에서 서비스를 제공하는 단계가 되면 아웃소싱의 공급 기업이라고 할 수 있다. 분사화는 '사업분할', 아웃소싱은 '기능분할'이라고 할 수 있다.

〈표 14-1〉 아웃소싱과 하청(도급)의 차이

구 분	아웃소싱 공급 업체	하청(도급) 기업
가격결정권	합의를 통한 대등 관계	제안, 결정권이 없음
업무내용	업무 프로세스의 일부에서 전체를 위임받아 효율적으로 진행	업무의 일부만을 수급 받는 대량 , 단순 업무가 대부분
발 전 성	전문화와 공격경영으로 성장의 가능성이 높음	발주기업의 상황에 따라 좌우
유 연 성	유연한 업무전개 가능	변화에 약하고 대응이 어려움

2. 아웃소싱 개념의 발전

세계 최대의 운동화 판매 업체인 미국의 나이키사는 핵심 부품 공장 외에 단 하나도 생산 공장을 가지고 있지 않은 것으로 유명하다. 디자인과 판매만 직접 할 뿐 생산은 100% 아웃소싱하고 있다. 이를 통해 나이키사는 노사문제 등 여러 문제를 피할 수 있고 핵심 경영자원을 연구개발, 디자인 등 핵심역량 강화에 지속해서 쏟아 부을 수 있는 것이다.

세계 최대 컴퓨터 회사인 델컴퓨터 역시 모든 부품을 아웃소싱하고 자신은 조립, 판매만 한다. 이 회사는 물류 또한 세계적 택배 회사인 페덱스[8]로부터 아웃소싱하고 있다. 이 방식으로 델컴퓨터는 시간과 가격 면에서 경쟁우위 확보뿐만 아니라 타사보다 현저히 낮은 재고율을 유지 할 수 있고 변화에 민첩하게 대응할 수 있게 되었다. 그리고 여기서 생긴 여력을 핵심역량에 집중적으로 투입함으로써 엄청난 경쟁력을 유지할 수 있다. 이러한 아웃소싱 방식으로 델컴퓨터는 현재 IBM을 제치고 세계최대의 컴퓨터 판매회사로 성장했다. 아웃소싱은 비단 생산 및 물류에서뿐만 아니라 인적자원, 재무 및 회계, 정보시스템 등 다양한 분야에서 폭넓게 이루어지고 있다.

세계 초일류 기업들은 아웃소싱을 핵심역량 강화를 위한 주요 경영전략으로 채택하고 있다. 미국에서는 심지어 소방서나 감옥까지도 민간업체에 위탁하고 있다. 전문가들은 미국 경제가 1980년대의 침체에서 벗어나 1990년대에 활기를 찾은 주요 이유를 아웃소싱의 활성화로 설명하고 있다.

3. 아웃소싱의 도입목적

기업환경으로서 세계적(global) 경쟁의 격화, 경제의 저성장, 고객 욕구의 다양한 변화 등으로 말미암아 기업은 적극적으로 변신하지 않을 수 없게 되었다. 이러한 상황에서 아웃소싱은 유용한 생존수단으로 등장하고 있다. 아웃소싱을 추진하는 다음과 같은 목적을 검토해야 한다.

첫째, 주력업무에 경영자원을 집중하고 핵심역량을 강화한다.

아웃소싱은 인력 및 자금이라는 경영자원이 재분배되어 결과적으로는 더욱 적절한 자원배분이 가능해진다. 즉, 비효율 및 고비용 부문과 주변 업무를 외부

---

8) 페더럴 익스프레스(federal express)의 약자이며, 정식 명칭은 페덱스 주식회사(FedEx Corporation)이다. 1971년 미국 테네시주 멤피스에서 프레더릭 W. 스미스에 의해 창립했고, 1973년 4월 17일부터 서비스를 개시하였다.

전문기관에 아웃소싱을 하고 핵심역량에 내부의 경영자원을 집중함으로써 경쟁사와의 차별성을 더욱 부각해 주력업무의 전문성과 품질향상, 경영체질의 강화를 도모할 수 있게 된다.

둘째, 위험(risk)을 분산시킬 수 있다.

아웃소싱을 활용하여 유연한 조직을 구축함으로써 시장, 경쟁 환경, 기술 등의 변화가 기업경영에 미치는 영향을 최소화할 수 있다. 예를 들어 자기 회사는 제품개발능력만 보유하고 생산이나 영업을 아웃소싱을 한다면 고정비가 변동비화되기 때문에 위험이 감소하고 기업의 유연성이 강화 될 것이다.

셋째, 조직의 슬림화와 유연화를 꾀할 수 있다.

아웃소싱의 활용에 때문에 단순하고 반복적인 업무 등을 외부에 위탁함에 따라 기업 조직을 슬림화(slim)할 수 있다.

넷째, 시너지(synergy) 효과에 의한 새로운 부가가치를 창출한다.

단순한 외부자원 활용에 그치지 않고, 공급자 측과 활용 측의 동반관계를 가져오는 시너지 효과에 의해 새로운 부가가치 창출과 이익 사업화가 가능해진다. 복수의 주체가 상호자원을 활용하는 개방적인 기업 간 제휴로 인해 조직의 유연성 창출과 협력을 할 수 있어진다.

다섯째, 비용 절감을 기대한다.

전문분야 기업에 아웃소싱을 함으로써 적은 비용으로 업무를 추진할 수 있어 비용절감이 가능해진다.

여섯째, 경기변동에 쉽게 대응한다.

사내에서 부담하고 있는 생산, 판매, 관리 등을 외부에 위탁함으로써 고정적 성격의 인건비가 변동화되고 이에 따라 위험(risk)분산이 가능해 진다. 따라서 경기변동에 강한 기업체질이 구축된다.

일곱째, 혁신을 가속한다.

아웃소싱은 비효율적인 부문의 재구축 등 구조조정과 기존의 비즈니스 프로세스를 수정하는 리엔지어링(reengineering)의 수단이기 되기 때문에 이를 통해 기업혁신, 변신을 가속시킬 수 있다.

여덟째, 업무의 전문성을 확보한다.

총무, 인사, 경리 등 관리부문 업무를 전문기업에 아웃소싱을 함으로써 업무의 신속성과 전문성의 향상으로 이어진다. 특히 정보시스템, 법무, 디자인 등 고도의 전문성을 요구하는 업무는 독자적 수행이 어려우므로 아웃소싱이 더욱 활성화되어가고 있다.

4. 아웃소싱 추진절차

1) 업무분석 및 평가

아웃소싱은 업무분석 및 평가, 업체선정 및 계약체결, 실행 및 통제 단계로 추진한다. 업무 분석 및 평가의 첫 단계에서는 먼저 사업비전과 조직 목표를 명확히 수립하고, 꼭 있어야 할 조직과 중요치 않은 조직을 분석한다. 다음 조직구조의 중장기적 설계를 그린다. 아웃소싱의 분야를 선택하고 장기 전략을 수립한다. 아웃소싱은 조직변경이나 인원의 재배치를 수반하므로 최고경영자의 판단과 방침이 중요하다.

2) 업체선정과 계약체결

구체적인 아웃소싱의 목표 및 제안서를 작성한다. 아웃소싱의 요구 수준과 범위에 비추어 공급기업의 서비스 수준을 평가한다. 공급기업의 제안서를 검토하고 업체를 선정하며 계약을 체결한다. 계약 시 마찰을 방지하기 위해 비밀유지, 비용, 문제 발생 시 대처방법 등을 면밀하게 검토한다. 아웃소싱 계약 절차는 다음 <표 14-2>와 같다.

〈표 14-2〉 아웃소싱 계약 절차

구 분	활용 업체	공급업체
아웃소싱 의뢰	고객의뢰	
컨설팅	문제점 및 요구 사항 파악	
서비스계약		보고서 및 계약서 작성
업무 협의서 제시		업무 협의안 제시
검토 및 승인	검토 및 승인	수정안 제시
업무진행		업무진행
수수료 지불	수수료 지불	

3) 계약서 작성

아웃소싱 계약서는 분쟁을 해결하는 지침이 된다. 그러므로 충분하게 그 의견을 반영하여 자세하게 기록하고 활용사와 공급사가 서명한다. 특히 책임소재의 명확화, 기업비밀 유지, 예외적 상황이 발생했을 때의 처리, 아웃소싱의 범위, 품질 및 평가 기준 등을 자세히 기록해야 한다.

4) 실행과 평가

아웃소싱업체와 협력적 관계를 설정하고 평가시스템을 갖추어야 한다. 그 효과를 극대화하기 위해서는 쌍방의 의사소통이 필수적이다. 계약상의 내용이 지켜지지 않으면 협상을 통하여 해결해야 하고, 부작용이 우려될 경우 새로운 공급 기업을 선정할 수도 있다.

활용기업으로서 그 효과를 측정하여 원래의 목표와 비교함으로써 통제 기능을 강화해 나가야 한다.

5. 아웃소싱의 통제 사항

아웃소싱의 도입 시 다음과 같은 사항을 통제 요인으로 고려해야 한다.

첫째, 아웃소싱에 따른 구성원들의 고용에 대한 불안감이다.

특정 분야를 아웃소싱하면 조직축소와 인력감축이 뒤따른다. 감원이 아니더라도 재배치나 전환조치가 불가피해지면서 고용불안이 심화 될 수밖에 없다. 이 문제는 곧바로 노사갈등으로 이어지고 노사 간의 첨예한 대립을 일으켜 경쟁력 약화라는 역효과를 가져올 수 있디.

둘째, 특정 기능이나 프로세스 또는 제품 등을 지속해서 아웃소싱 했을 때 기업은 해당 기능이나 제품을 다시 사내에서 공급할 능력이 없어지게 된다.

이때 중요한 기능이나 프로세스를 공급하는 업체가 적극적으로 협력하지 않으면 전략상 유연성을 잃어버릴 위험도 있을 수 있다. 아웃소싱으로 인한 품질 부적합과 납기지연의 문제가 발생할 수도 있다.

셋째, 아웃소싱에 의존함으로써 핵심기술을 상실할 수도 있다는 점을 고려하여야 한다.

부문 간, 기능 간의 조정 및 통합능력을 상실할 수도 있다. 예를 들면 신제품을 출시하기 위해서는 적절한 디자인 개발과 적합한 제조공정, 광고 활용, 판매원 교육 등 여러 기능 간의 협력이 필요하다. 그런데 일부 기능을 아웃소싱을 함으로써 협력관계가 상실될 수 있다.

넷째, 아웃소싱이 기업문화 및 직업문화를 와해시켜 업무에 대한 의욕이나 열정을 식게 만들 수 있다.

사내에 파견된 아웃소싱 공급업체 직원들과 사내직원과 갈등 또는 소외감 등으로 인해 오히려 경쟁력 강화에 역작용할 수 있기 때문이다.

다섯째, 아웃소싱에 너무 의존함으로써 공급업체에 대한 통제를 상실할 수 있다.

기업이 공급업체에 대한 통제권이 없으면 공급업체에 대한 교섭능력이 떨어질 뿐 아니라 오히려 의존적인 관계로 전락할 수 있다.

여섯째, 사내 기밀 및 노하우가 공급업체에 누설될 염려가 있다.

아웃소싱의 효과가 기대에 못 미치는 예도 있다. 통상 공급업체는 30~40%의 비용절감을 약속하지만, 조사결과에 따르면 10% 정도에 그치는 것으로 나타나고 있다.

그러나 이러한 문제점에도 불구하고 고정비 및 원가절감과 속도향상, 핵심역량 강화라는 아웃소싱의 장점은 무한경쟁시대를 맞은 기업들에게는 외면할 수 없는 생존 대안임은 틀림없다.

6. 아웃소싱의 형태

기업에서 추구하게 되는 아웃소싱에는 다양한 형태가 존재하며 일반적으로 비용절감형, 분사형, 네트워크형, 핵심역량 자체의 아웃소싱 등 네 가지 형태로 분류할 수 있다.

1) 비용절감형 아웃소싱

비용절감만을 위해 중요치 않은 기능을 아웃소싱 하는 형태로 현재 우리나라 기업이 주로 이용하는 아웃소싱 방식이다. 원자재를 조달해 주는 임가공 방식에서 고객관리, 해외출장, 자료정리, 행사대행 등 단순 관리 분야, 교육이나 전산 등 전문 관리 분야까지 아웃소싱이 확산되고 있다.

2) 분사형 아웃소싱

분사형 아웃소싱은 기업 내의 기능을 분사화 시키는 것으로 이익추구(profit-center)형과 스핀오프(spin-off) 형이 있다.

(1) 이익 추구형(profit-center)

이익 추구형 아웃소싱은 사내에서는 크게 주요치 않으나 나름대로 전문성을 확보하고 있는 기능을 분사화 시킴으로써 외부경쟁에 노출시켜 스스로 수익을 창출할 수 있게 하는 방법으로서 분사화된 기업이 모 기업에 서비스도 공급하면서 외부 기업과도 거래하도록 한다. 이 같은 분사를 통한 아웃소싱은 업무의 전문화와 함께 인력구조조정의 한 수단으로 활용될 수 있다.

(2) 스핀오프(spin-off)형

스핀오프(spin-off)형 아웃소싱은 자사가 보유한 일정기술, 공정제품, 역량 등을 분사하여 사업화함으로써 조직을 축소하는 방법으로 정보통신업계의 경우 사업부 조직 자체를 분리해 별도법인으로 독립시키거나 협력기업에 이관하는 등 스핀오프형 아웃소싱이 늘고 있다.

3) 네트워크형(가상기업형 아웃소싱)

네트워크형 아웃소싱이란 핵심역량이나 핵심제품 이외의 모든 기능을 아웃소싱하고 이들 공급업체와 수평적 네트워크를 형성하여 동반상승 효과를 높이는 형태로서 복수의 주체가 각각의 서로의 경영자원을 공유하고 상호보완적으로 활용하는 아웃소싱이다.

아웃소싱을 단순하게 말하면 활용 측이 전문적인 서비스를 전략적으로 외부에서 얻는 것이다. 그러나 복수의 공급주체가 경영자원을 서로 활용하고 아웃소싱 기능이 상호보완적으로 연결되도록 하면 아웃소싱을 활용하는 측만이 아니라 공급하는 측에서도 더욱더 부가가치가 높은 서비스를 창출할 수 있는 것이다. 이러한 아웃소싱의 발전적 형태로서 복수의 주체가 각각 서로의 경영자원을 공유하고 상호보완적으로 활용하는 형태를 '코소싱(co-sourcing)'이라 한다. 이 같은 형태로 복수의 주체가 핵심적 분야에 대해 상호제휴 및 연대를 하면 새로운 부가가치를 창출할 수 있다.

이러한 코소싱은 활용자와 공급자가 공유하기 때문에 아웃소싱 함으로써 발생할 가능성이 높은 의사소통 장애와 견해차를 해소할 수 있어 코소싱은 아웃소싱의 보다 발전된 형태라 할 수 있다. 따라서 우리가 흔히 말하는 네트워크 기업 혹은 가상기업(virtual corporation)은 코소싱에 의한 새로운 조직으로 자리 잡을 것으로 예상된다. 가상기업은 종속적이나 조직개념이 아닌 참가사업체가 보유한 연구개발, 제조, 물류, 판매, 자금조달, 총무 등 각각의 전문기능을 수평적이고 상호보완적으로 연결함으로써 보다 더 부가가치가 높은 서비스를 만들어 내는 네트워크형 기업으로 정의할 수 있다.

네트워크 기업(가상기업)은 참가업체가 가장 자신 있는 전문기능을 상호 활용하는 가상사업체라는 점에서 시장과 기술의 변화에 신속히 대응할 수 있어 사업효율을 향상한다. 또한, 경영자원이 한정된 벤처기업에서도 네트워크조직은 좋은 조직모델이 될 수 있다(donga.ac.kr/syhyun/Old. 2016).

7. 부문별 아웃소싱

1) 물류 아웃소싱

물류아웃소싱이란 기업이 고객서비스 향상, 물류비 절감 등 물류활동을 효율화할 수 있도록 물류기능 전체 혹은 일부를 외부 전문 업체에 위탁, 대행하는 업무를 말한다. 즉, 외부 사업자와 효율적인 관계를 구축하여 물류활동의 생산성을 향상하는 기법이다.

제조업체가 물류 아웃소싱을 추구할 때 그 업체는 전문화의 이점을 살려 고객 욕구의 변화에 대응하여 주력사업에 집중할 수 있게 된다. 또 조직 간소화로 조직의 유연성을 확보할 수 있고 물류비도 절감할 수 있게 된다. 더 나아가 물류공동화와 물류표준화도 가능하게 된다. 이 밖에 물류시설 및 장비를 이중으로 투자하는 데 따르는 투자 위험도 피할 수 있다. 결과적으로 기업은 경쟁 우위 확보는 물론 사회적 비용절감 및 국가경쟁력 강화에도 기여할 수 있는 효과를 얻을 수 있다.

물류분야의 아웃소싱은 서비스제공 형태에 따라 보통 세 단계로 구분된다.

첫 번째 단계는 운송, 보관, 하역, 포장, 정보처리, 유통가공 등 일련의 물류 각 기능을 부문별로 외부의 물류업체에게 아웃소싱 하는 경우이다.

두 번째 단계는 운송, 보관, 하역 등 여러 물류기능을 일괄적으로 아웃소싱 하는 경우를 말한다.

세 번째 단계는 서비스 범위라는 면에서는 두 번째 단계와 거의 비슷하지만, 운영·관리 측면뿐만 아니라 물류전략·계획 수립 부문까지 포괄적으로 수행하는 경우이다.

최근 들어서는 물류아웃소싱은 활용 업체와 공급업체 간의 관계가 거래기반관계에서 전략적 제휴관계로 전환되고, 이에 따라 서비스 내용에 있어서도 운송, 보관 등 부분적 물류기능을 대행·제공하는 정도를 넘어서 효율적인 물류전략·계획의 제안, 통합물류서비스의 제공 등 보다 긴밀한 관계로 발전해나가고 있다.

2) 생산 아웃소싱

급변하는 기업경영 환경에서 혁신을 달성하기 위한 기업의 움직임이 분주하다. 이러한 움직임은 전문적인 지식을 상호교환하고 공유하는 광범위한 네트워크의 구축으로 이어지고 있다.

생산부문의 아웃소싱도 기업의 자급자족 경영방식의 탈피로부터 시작해 경쟁력 구축이라는 새로운 '혁신'으로 빠르게 전개되고 있다. 지금과 같은 치열한 경쟁 환경에서 한정된 자원을 가진 기업이 모든 기능분야에서 최고의 위치를 유지하기란 결코 쉬운 일이 아니다.

따라서 기업은 전략적으로 중요하면서도 가장 잘할 수 있는 기능이나 프로세스에 집중하고 나머지 활동을 해당 분야에서 가장 뛰어난 전문기업에게 아웃소싱 하여 이들과의 전략적 통합을 통해 경쟁력을 강화하는 데 주력하고 있다. 이러한 다양한 분야의 아웃소싱 중 최근 생산부문에 대한 아웃소싱이 주목받고 있다.

이는 기업이 자급자족 경영을 위해 그동안 생산시설과 설비, 그에 따른 인력의 보강 등에 집중해온바 IMF라는 거대한 벽에 부딪치게 됨에 따라 이에 대한 비용절감과 생산성 향상이라는 명목 아래 생산부문에 대한 아웃소싱에 눈을 돌리게 된 것으로 풀이할 수 있다.

다양한 형태의 생산부문의 아웃소싱은 몇 가지 다양한 형태로 진행되고 있다.

첫째 공장과 설비를 갖추고 아웃소싱 공급업체가 자체적으로 원자재를 확보해 고객사인 기업에 제품이나 부품을 납품하는 완전 위탁방법이다.

둘째 공장과 설비는 갖추고 있지만, 원자재를 고객사에서 공급받아 가공하는 임가공 형태이다.

셋째 공장과 설비를 갖추지 않고 고객사의 생산라인에 공급사의 생산인력을 투입하는 공장(factory)형 아웃소싱으로 나눌 수 있다.

완전위탁의 경우 사용 회사에서 기획과 설계를 담당하고 기술 지도까지 담당하는 경우가 있으며, 최근에는 설계와 기술지도부문까지 공급업체와 고객사가 함께 참여하는 경우도 생기고 있다. 특히 중소기업과 벤처기업을 중심으로 한 100% 생산아웃소싱이라 할 수 있는 웹 계열화 방식의 생산방법에 있어서는 보다 기술적이고 세밀한 부문까지 아웃소싱 공급업체가 참여하는 사례도 있다.

3) 기술 아웃소싱

기술 아웃소싱이란 기업이 필요한 기술을 외부 기관으로부터 획득하는 것을 말한다. 즉, 기업과 기관 간에 R&D 활동을 공유함으로써 기업 내부의 울타리를 뛰어넘어 시너지 효과를 창출한다는 것이다. 이 같은 의미에서 기술 아웃소싱은 제4세대 R&D로 불리기도 한다. 과거에는 일반적으로 새로운 제품이나 서비스, 프로세스를 지원하는 데 필요한 기술 개발은 모두 R&D 부서의 임무였다. 신기술 개발은 기업의 핵심 역량으로서 아웃소싱의 대상이 아니라 모두 기업 내부에서 수행해야 하는 인식이 지배적이었기 때문이다. 하지만 점차 기술 개발 속도가 빨라지고 외국의 선진 업체와 경쟁이 심해지면서 기술 아웃소싱에 대한 필요성이 주목받고 있다.

기술 아웃소싱이 필요한 이유는 크게 세 가지로 요약할 수 있다.

첫째, 신기술의 확보이다.

전자·정보통신과 같은 첨단 산업의 경우 신기술의 확보가 기업의 경쟁력을 좌우하는 중요한 요소로 작용한다. 그러나 아직 대부분의 많은 기업이 이러한 첨단 기술을 모두 자체 개발할 역량을 지니고 있지 못한 실정이다.

둘째, 제품의 시장 출시시기(time-to-market)의 단축이다.

디지털 경영 시대가 도래하면서 기술의 수면주기가 점점 짧아지고 이에 따라 신기술의 시장 출시 속도가 매우 빨라지고 있다. 모든 기술을 자체 개발한다면 자원과 역량의 한계로 인하여 기술의 시장 출시 속도는 늦어지며, 이러한 기업은 급변하는 환경에 대처하지 못하고 시장에서 도태될 수밖에 없다.

셋째, 기술 개발 위험의 축소이다.

새로운 기술을 개발하기 위해서는 오랜 시간이 소요되기 때문에 기술의 개발 착수 후 개발 도중에 그 기술이 시장에서 사장되어 기술 개발이 중단되는 경우도 많이 존재한다. 기업은 기술 아웃소싱을 활용하여 이러한 개발의 위험을 줄이고 시간과 비용을 다른 부문에 투자할 수 있게 된다.

기술 아웃소싱에서 제일 중요한 사항은 아웃소싱의 대상 기술을 어떻게 선정하느냐의 문제이다. 실제로 많은 기업이 아웃소싱 대상 기술에 대한 전략적인 판단과 검토 없이, 주어진 프로젝트 단위로 시간과 역량 등을 감으로 판단하여 대상 기술을 결정하는 경우가 많다.

기본적으로 핵심 기술은 자체 개발하고 비 핵심 기술은 아웃소싱 해야 한다. 따라서 성공적인 기술 아웃소싱을 위해서는 명확한 기준을 바탕으로 핵심 기술과 종속 기술을 판별할 수 있어야 한다. 여기서 핵심 기술은 ① 고객에게 가치를 제공하고 ② 광범위한 시장에 응용될 수 있으며 ③ 차별화에 의한 경쟁력 제고가 가능하고 모방하기 어려운 기술을 말한다.

따라서 아웃소싱 대상 기술을 제대로 선정하기 위해서는 해당 기술이 이러한 세 조건을 만족하게 하는 핵심 기술로 분류될 수 있는 것인지를 정확히 파악해야 한다. 이를 위해서는 외부 신기술 동향이나 경쟁사의 기술 능력을 지속적으로 감시하여 파악하고 있어야 한다.

4) 정보시스템 아웃소싱

정보시스템 사용자나 기업경영층은 경영환경변화에 더 쉽고 적응할 수 있게 하는 시스템을 더 빨리 구축해 달라고 요구하고 있다. 이에 따라 정보시스템 기능을 확장하여 내부화하느냐 또는 전문적인 외부기관에 정보시스템 기능을 위탁하여 외부화하느냐 하는 의사결정을 고려할 필요성이 생기고 있다.

근래의 아웃소싱은 아웃소싱 초기부터 행해져 왔던 단순한 시스템 개발 또는 설비관리의 범위를 넘어서서 정보시스템의 계획부터 개발 운용 및 유지보수에 이르기까지 일괄적으로 위탁하는 시스템관리로 그 범위가 확대하고 있다. 이러한 포괄적 아웃소싱이 성공적으로 수행되고 있는지, 성공적인 아웃소싱을 위해서 필요시 되는 것은 무엇인지는 정보시스템 분야에서 해결해야 할 새로운 과제로 떠오르고 있다.

정보시스템 분야에서 일반적으로 아웃소싱이란 조직이 내부의 정보시스템 욕구를 만족시키기 위해 외부의 전문적인 공급자를 고용하는 개념으로 사용되는데, 여기서 내부의 욕구는 인력, 설비, 서비스에 대한 요구를 모두 포함한다.

이를 좀 더 구체화시켜 아웃소싱을 보다 명확하게 정의하면 외부공급업자가 한 조직의 정보기술 기반구조를 형성하는 물리적 또는 인적 자원의 전부 또는 특정 부분에 있어서 기여하는 것을 의미한다. 여기서 정보기술 기반구조란 조직 내에서 각종 전산화된 서비스를 제공하기 위해 필요한 인력, 장비, 소프트웨어 등 유형적 요소와 조직, 절차, 정책 등의 무형적 요소를 조직화한 것을 말한다.

아웃소싱의 대상영역을 공급자의 입장에서는 크게 SI(system integration), FM (facility management) 및 SC(system management)의 세 가지로 구분하는 것이 보통이다. SI는 고객의 요구 사항에 따라 하드웨어, 소프트웨어, 네트워크 등 다양한 구성요소의 계획, 설계, 이행 및 관리과정 전반에 걸친 서비스를 제공하는 것으로 보통 개별적인 프로젝트 단위로 계약이 이루어진다. FM은 중앙의 데이터센터나 네트워크 등 설비의 운영관리를 대행하는 것이고, SM은 FM을 포함하여 기획, 개발, 운영 및 유지보수 등 조직의 MIS 기능 전반을 포괄적으로 위탁 관리하는 것을 의미한다.

아웃소싱이란 MIS 자원의 외부원천을 통한 확보라는 점에서 전혀 새로운 개념이 아니다. 아웃소싱은 오래전부터 MIS 확보를 위한 기업전략의 하나로 인식

됐는데, 오늘날에는 이것이 과거와는 비교할 수 없을 정도의 큰 비중으로 논의되고 있다는 점에서 주목할 필요가 있다. 이것은 성공적인 아웃소싱으로 인한 경비절감 효과가 있다.

그런데 이처럼 조직이 아웃소싱에 관심을 끌게 하는 동기를 분석해 보면 전통적으로 소프트웨어의 외주개발 또는 구입을 유도하는 것으로 알려진 요인과 근본적인 면에서의 차이는 없다. 단지 그 대상이 단순한 소프트웨어에 그치는 것이 아니라, 하드웨어와 인력, 조직까지도 고려대상이 되고 있다는 점에서 약간의 차이는 있다. 결국, 아웃소싱을 추구하게 되는 근본적인 요인은 조직 내에서 정보시스템에 대한 수요에 비해 공급이 부족하고, 또한 이처럼 부족한 공급능력을 다양한 유형의 외부공급자로부터 보충할 수 있다는 데서 찾아야 할 것이다.

기업이 스스로 경쟁력을 높이기 위해 기업의 MIS 자원 및 기능의 일부 또는 전부를 아웃소싱 하는 것이 바람직하다는 결론에 이르는 기업이 점차 늘어나고 있는 것은 당연한 일이다.

5) 인적자원 아웃소싱

기업 경영에 있어서 경영자는 원하는 기업의 형태나 구조, 즉 기업의 비전과 전략을 명확히 하는 것이 성공적인 기업 경영을 위해 필요하다. 그러나 비전이나 전략만 가지고 기업 성공이 보장되는 것은 아니다. 기업의 비전과 전략을 실행에 옮길 적합한 사람을 확보하고, 이들이 제 임무를 수행할 수 있도록 지속해서 관리하는 것이 필요하다. 특히 기업 고유의 사업 전략과 그 전략을 실행할 인적자원 관리를 일관성 있게 연계하는 것은 기업 성공의 핵심 요인이다.

사업 전략을 실제 행동으로 옮기고, 그 성과를 창출하는 근본 동인은 기업 내부의 사람이다. 사업 전략을 성공적으로 수행할 수 있도록 인적자원을 관리하기 위해서는 다음과 같은 프로세스를 이해하는 것이 필요하다.

① 기업은 고객에게 구체적으로 어떤 가치를 제공하려고 하는지, 그렇게 하려고 어떤 사업 전략을 선택할지를 명확히 하고 이디 수립된 고객 가치와 사업 전략을 성공적으로 수행하기 위해 요구되는 구성원들의 필요 역량을

구체적으로 밝혀야 한다.

② 필요한 역량을 갖춘 사람을 채용하고, 이들이 제 역량을 충분히 발휘할 수 있는 조직 여건을 마련해 주기 위해, 적합한 인적자원 관리 전략을 수립해야 한다.

사업 전략이 기업의 비전을 달성하기 위한 전사적인 방향성을 의미한다면, 인적자원 관리 전략은 사업 전략을 현장에서 실행하는 조직의 문화를 어떻게 형성할 지에 대한 방향이라 할 수 있다. 궁극적으로 인적자원 관리 전략은 구성원들이 더 높은 품질의 고객 가치를 제공할 때 어떻게 대우받게 될지를 보여주는 잣대가 된다.

③ 사업 전략과 연계된 인적자원 관리 전략을 현장에 적용할 수 있는 시스템을 구축한다. 이러한 시스템에는 적합성 있는 채용, 평가, 보상, 육성 시스템 등 다양한 인적자원 관리 시스템이 있으며, 이러한 시스템의 구축에 있어 반드시 고려되어야 할 기준은 사업 전략과 인적자원 관리 전략, 인적자원 관리 시스템이 유기적으로 연계될 수 있는 일관성이다. 또한, 인적자원 관리 시스템이 단순한 시스템만으로 그치지 않고 조직 활성화의 촉매제로 활용되기 위해서는 강한 실행력이 필요하다. 이는 최고 경영자 및 상위 관리자의 적극적인 의지에 달려 있다고 할 수 있다(donga.ac.kr/syhyun/Old. 2016).

제3절 공급사슬 관리

1. 공급사슬관리 개념의 등장

1) 물적 유통과 자재관리

지난 수십 년 동안 물류관리 분야에 급격한 변화가 있었기 때문에 그 용어도 여러 가지로 변화하였다. 비용을 절감시키거나 서비스를 향상하기 위해 물자관리를 연구하던 초기에는 물적 유통(physical distribution)이란 용어를 사용하였다. 이 용어는 1920년대부터 제2차 세계대전까지 지배적이었다. 1948년 AMA[9]에서는 '물적 유통이란 재화의 생산 시점에서부터 소비에 이르기까지의 이동과 취급'이라고 정의하였다. 이 정의에 의하면 물적 유통이란 생산을 기점으로 하여 볼 때 완성된 제품이 전방 즉, 소비자에 이르는 쪽을 대상으로 하고 있다.

이에 대하여 자재관리(materials management)란 용어는 제품을 생산하는 데 필요로 모든 자재의 취득과 이용 등 여러 관리활동을 뜻하고 있다. 생산을 기점으로 하여 볼 때 후방 즉, 원료의 취득에서부터 수송, 검사, 입고와 재고관리 그리고 생산 활동을 대상으로 하고 있다. 즉, 기업이 자재를 입고시킬 때까지의 인적, 물적으로 걸쳐 계획, 조직, 조정, 통제활동의 기능을 뜻한다.

2) 물류관리

새로 등장한 물류관리(business logistics)란 용어는 더욱 확장된 개념으로 사용되고 있는데 물적 유통과 자재관리를 모두 포함하고 있다. 즉, 자재의 물리적 취득과 운반, 이동, 저장, 재공(in-process) 그리고 완제품의 물적 흐름 모두를 뜻하기 때문에 원료에서부터 소비까지의 모든 관리를 포함하는 개념으로 사용하고 있다.

현재에는 학자들 사이에 물적 유통이라는 용어와 물류관리라는 용어를 구분없이 사용하는 경향에 있다. 생산을 기점으로 하여 물자의 흐름(stream)을 볼 때

9) American Management[Marketing, Medical] Association

후방의 기능은 구매이고 전방은 판매이다.

3) 공급사슬관리

후방의 구매와 전방의 판매 기능이 진화되는 과정을 나누어 보면 다음 <표 14-3>과 같이 요약할 수 있다. 물류관리의 개념을 기업 간의 네트워크 관계로 접근하여 그 기능을 통합하면 공급사슬관리(SCM: supply chain management)라는 용어를 사용하게 된다. 즉, 회사 밖의 공급 기업이나 구매기업, 유통기업이나 운송기업 등과 네트워크를 형성하여 물류관리를 제도적 실천적 시스템으로 구축한 것이 곧 통합 공급사슬이다.

〈표 14-3〉 생산을 기점으로 한 공급사슬관리 개념의 등장 배경

흐름 / 진화의 내용	후방(upstream)의 진화	전방(downstream)의 진화
주요기능의 확대 관리용어의 변화 관리기법의 발달	구매관리 → 조달관리 원료 재고관리 → 자재관리 주문량 EOQ.모델 → MRP기법	판매관리 → 마케팅 제품 분배관리 → 물적 유통 생산량 EOQ모델 → DRP기법
통합 기능 통합 관리	원료 쪽 : backward ← 물류관리 공급기업 관리 ← 공급사슬	(logistics) → 고객 쪽 : downward (supply chain) → 구매기업 관리

2. 공급사슬관리의 중요성

1) 글로벌 경쟁과 공급사슬

공급사슬(supply chain)은 후방과 전방을 연결하는 네트워크이다. 원료에서부터 완제품이 소비자에게 이르기까지 여러 가지 기능과 활동을 조직적으로 연결한 네트워크이다.

공급사슬에 참여하는 각각의 기업은 공급사슬에 상호 영향을 주고받기 때문에 전체적인 공급사슬의 경쟁력을 좌우하고 있다. 공급사슬 관리는 단순히 물자의 물적 유통뿐만 아니라 최종 소비자에 이르기까지 유통채널의 총 흐름을 관리하는 통합적인 철학이다. 전체 채널을 가로지르는 파이프라인의 종합적인 관리라는 측면에서 중요한 의미를 지닌다.

자재관리가 공급사슬로 통합되어 발전하는 과정으로 다음과 같다.

제1단계 : 각 부서가 회사 전체 목표와는 달리 단절된 기능만을 독립적으로 강조하는 단계이다.

제2단계 : 인접된 부서 간에 통합된 기능의 필요성을 인식하는 단계이다.

제3단계 : 회사 내의 내부적 통합을 요구한다.

제4단계 : 공급기업과 판매 기업을 통합하는 공급사슬을 구축하는 단계이다. 공급사슬 내에 있는 기업 전체의 이익을 최대화하고, 고객의 요구에 신속하게 대응하여 가치를 제공할 수 있는 단계이다.

2) 공급사슬관리의 특성

공급사슬관리는 기존의 구매 관리나 공급기업의 통제와는 달리 다음과 같은 특성을 갖는다.

첫째, 공급사슬관리는 공급사슬을 단일 실체로 보아야 한다.

구매관리 개념에서 전제로 하였던 것처럼 각 기능을 구매, 제조, 유통 등의 직능 영역에 각각 위임하지 않고 전체로서 관리한다는 점에 특징이 있다.

둘째, 공급사슬은 전략적 의사결정에 기반을 두고 있다.

고객에 대한 가치창조에 목표를 두고 경로 상에 있는 각 기업은 고객 만족이라는 통합된 전략목표를 갖고 전반적 물류비용의 절감과 품질향상에 초점을 두어야 한다.

그러므로 공급사슬의 형성과 응용이 상대적으로 더 유리한 경우를 보면 다음과 같다.

첫째, 거래가 반복적으로 일어날 때 유용하다.

거래가 일회적이 아니므로 쌍방이 상호 협조함으로써 다 같이 혜택을 누릴 수 있는 경우이다.

둘째, 고도로 전문화된 생산 시설을 보유한 때에도 적합하다.

물론 이때에는 수직적 통합도 하나의 대안이 될 수 있지만, 공급사슬의 경우에는 외부기관이 특정 물류활동을 수행케 함으로써 이 기관이 가지는 전문성과 시장 및 자원의 접근 용이성을 이용할 수 있다.

셋째, 불확실성이 높을 때도 유리하다.

수직적 통합에 의한 자산투자는 위험이 따르지만, 공급사슬은 모든 당사자가 위험과 불확실성을 공유하기 때문에 유용하다. 즉, 공급사슬을 통한 정보의 공유와 상호협조 때문에 성과개선 및 위험감소가 동시에 가능한 것이다.

3. 공급사슬의 개발과 관리

1) 파트너의 조건

공급사슬의 형성은 사슬 내에 있는 기업이 공동의 목표를 달성하기 위하여 장기적으로 관계를 맺는 것이기 때문에 공급자 선정이 매우 중요하다. 상호 간의 신뢰에 바탕을 두고, 목표달성에 공동의 노력을 해야 하며, 상대방을 신뢰하고, 서로 간의 이득을 크게 하는 데 공통의 목표를 공유해야 한다. 파트너로 관계를 유지하기 위해서는 세 가지 조건이 충족되어야 한다.

첫째, 장기간의 계약관계가 유지되어야 한다.

파트너로 형성되었다고 해서 이내 이득을 보는 것은 아니다. 그 사이에 문제점이 해결되어야 하고, 절차가 안정적으로 정착되어야 한다. 협력이 상호 간의 이득이 된다는 것을 이해하는 데 시간이 소요된다. 네트워크에 참여한 기업이 고유의 강점을 보여 이바지하는 데 까지는 시간이 필요하다. 즉, 아직 새로운 시스템에 적응하려면 투자의 시간이 소요되기 때문이다.

둘째, 신뢰가 요구된다.

구성 기업이 서로의 지식과 정보를 응용하여 시너지 효과를 발휘하려면 상호 신뢰가 전제되어야 한다. 이를 기반으로 작업에서 강한 협조가 발생한다. 편리한 의사소통은 잘못되는 것을 예방하고 관계를 강화한다. 상대방 기업의 경영계획이나 생산일정을 잘 알고 있어야 자원을 준비하고 임할 수 있기 때문이다.

셋째, 공동의 비전을 지니고 있어야 한다.

특히 고객이 원하는 것이 무엇인지를 알고, 고객에게 서비스할 수 있는 가장 중요한 내용이 무엇인지를 알아야 한다. 그러면 공통의 가치를 공유하여 같은 방향으로 힘을 집중할 수 있기 때문이다.

2) 공급자 선정의 기준

이러한 바탕 위에 공급자 선정은 다음과 같은 여러 기준으로 평가해 보아야 한다.

① 공급 기업은 모기업의 경영철학을 알아야 한다.

② 공급 기업의 경영은 다른 기업이 보아도 안정적이고 우수해야 한다.

③ 공급 기업은 기술 수준이 높고 새로운 기술변화에 적응력이 있어야 한다.

④ 공급 기업은 필요 자재를 정확한 시기에 공급할 수 있어야 한다.

⑤ 공급 기업은 충분한 양을 공급할 수 있을 만큼 생산시설이 유연해야 한다.

⑥ 공급 기업은 비밀을 지킬 수 있는 신뢰성이 있어야 한다.

⑦ 공급 기업은 수송조건이나 의사소통 조건에서 유리해야 한다.

⑧ 공급 기업은 품질관리 시스템이 좋아야 하고 프로그램을 잘 운영해야 한다.

이 기준에 따라 평점표를 만들고, 방문 조사를 통하여 평가하며 그 결과를 종합하여 선정할 수 있다.

4. 협력적 사슬을 구축하기 위한 노력

1) 공급자 관리와 공동의 노력

공급자가 선정되면 모기업과 공급 기업은 품질향상을 위하여 공동의 노력을 해야 하고 불필요한 조건을 제거해야 한다. 이와 같은 공동의 노력은 다음과 같다.

첫째, 품질시스템을 상호 이해하고 협조하며 품질통제에 책임을 져야 한다.

둘째, 상호 신뢰 속에서 상대방의 독립적 인격을 존중해야 한다.

셋째, 모기업은 공급 기업에게 분명하고도 정확하게 요구하여야 한다. 왜냐하면, 공급 기업은 무엇을 언제 얼마나 생산하여 공급할 것인지를 미리 정확하게 알아야 하기 때문이다.

넷째, 모기업과 공급 기업은 품질, 수량, 가격, 납기, 대금 지급 방법 등에 대하여 조건이 일치하고 합의에 도달해야 한다.

다섯째, 공급 기업이 생산하여 공급하는 제품의 품질 정보를 모기업에 정리된 자료를 제공할 수 있어야 한다.

여섯째, 공급하는 제품의 품질을 어떻게 평가할 것인지 그 방법에 대하여 서로 일치해야 한다.

일곱째, 발생할지도 모를 문제에 대하여 어떻게 해결할 것이지 미리 그 해결 방법을 정해놓는 것이 바람직하다.

여덟째, 품질을 향상할 방법에 대하여 항상 의견을 교환해야 한다.

아홉째, 각 기업이 수행하고 있는 경영활동들 예를 들면 생산계획과 재고관리 방침, 업무 처리의 방법, 조달방법 등을 서로 교환하여 우호적인 관계를 해야 한다.

열째, 사업상의 거래에서 항상 전제로 되어야 할 기본 방침은 최종 고객의 이익과 관심 그리고 서비스에 중점을 두어야 한다.

그렇지만 이러한 노력 외에 모기업은 공급기업에 대한 평가시스템을 지니고 있어야 한다. 평가시스템을 가져야 하는 이유는 공급기업의 성과를 전반적으로 평가하되 품질, 서비스, 납기, 그리고 고객의 관점에서 정확히 의사소통하기 위함이다. 또 개별 공급기업에게 그들이 개선해야 할 내용을 알려주고 제안하기 위해서이다.

평가시스템은 모기업의 실정에 맞게 개발해야 한다. 그러나 품질, 납기, 서비스, 원가 등이 중심을 이루는 데 그 가중치가 다를 수 있다. 각각의 세부 항목에 점수를 부여하고, 왜 그러한 그 결과를 가져왔는지 개별적으로 통지하여 설명해 줄 필요가 있다. 때로는 평가 결과를 시계열 자료처리 방법으로 정리하여 보여 줄 필요가 있다.

모기업과 공급기업은 궁극적으로 팀을 이루어야 한다. 팀이 처음 구성될 때에 처음부터 공급기업을 참여시키는 것이 바람직하다. 회의는 공장을 상호 방문하여 개최할 수 있고, 이는 의견 교환과 상호 간에 처지를 이해하는 데 도움이 된다.

모기업은 품질에서 높은 평가를 받은 공급기업에 대하여 적절한 보상을 할 필요가 있다. 보상의 내용을 뉴스지에 보도하여 성과를 인정하는 것과 상패를 수여하는 것, 대금결제 조건을 개선해 주는 것 등 여러 가지가 있다.

2) 공동체 형성의 노력

공급사슬에서 협력적 동반자적 관계를 구축하기 위해서는 쌍방이 다음과 같은 8가지 조건(8 I's that create we's)을 충족시키도록 노력해야 한다(김기영 외, 1998).

첫째, 공헌의 우월성(individual excellence)을 가지고 있어야 한다.

공급사슬 상에서 구성 기업으로서 가치 있는 강점을 갖고 또 공헌할 수 있는 능력이 있어야 한다.

둘째, 공급사슬이 기업의 전략목표와 적합(importance)해야 한다.

구성 기업은 장기 목적이 있어야 하고 이 목적을 통하여 공급사슬과의 관계가 유지되어야 한다.

셋째, 상호의존적(interdependence)이어야 한다.

공동으로 성취할 수 있는 보완적 자산과 기능이 있어야 한다.

넷째, 상호투자(investment)가 있어야 한다.

상호 지분 소유나 이사회 구성에서 참여가 있으면 장기적 관계가 지속할 수 있다.

다섯째, 정보(Information)를 공유하고 교류하여야 한다.

기술적 자료나 갈등의 소지, 새로운 도전과제 등에 대하여 정보를 나눌 수 있어야 한다.

여섯째, 집중(integration)기능이 있어야 한다.

협력하여 일할 수 있는 공유영역이 있어야 한다. 예를 들면 교육 참여를 들 수 있다.

일곱째, 제도화(institutionalization)되어야 한다.

공급사슬의 관계가 제도화되고 책임관계가 분명히 명시되어야 한다.

여덟째, 통합력(integrity)이 있어야 한다.

쌍방 간에 존경과 신뢰로서 믿음이 전제되어야 한다. 정보를 남용하거나 상대방을 무시해서는 안 된다.

학습목표 요약

1. 구매관리 절차에는 무엇이 있는가?

명세서 및 도면 개발 - 가격 결정 - 발주방법 - 입고 검사 - 대금결제 - 협력업체 유지관리

2. 아웃소싱의 도입목적은 무엇인가?

첫째, 주력업무에 경영자원을 집중하고 핵심역량을 강화한다.

둘째, 위험(risk)을 분산시킬 수 있다.

셋째, 조직의 슬림화와 유연화를 꾀할 수 있다.

넷째, 시너지(synergy) 효과에 의한 새로운 부가가치를 창출한다.

다섯째, 비용 절감을 기대한다.

여섯째, 경기변동에 쉽게 대응한다.

일곱째, 혁신을 가속한다.

여덟째, 업무의 전문성을 확보한다.

3. 아웃소싱은 어떤 추진절차를 따르는가?

업무분석 및 평가 - 업체선정과 계약체결 - 계약서 작성 - 실행과 평가

4. 아웃소싱의 형태는 어떤 것이 있는가?

일반적으로 비용절감형, 분사형, 네트워크형, 핵심역량 자체의 아웃소싱 등 네 가지 형태로 분류할 수 있다.

5. 공급사슬관리의 특성에는 어떤 것이 있는가?

첫째, 공급사슬관리는 공급사슬을 단일 실체로 보아야 한다.

둘째, 공급사슬은 전략적 의사결정에 기반을 두고 있다.

참고문헌

- 김계수 · 박영배(2002), 「기업과 경영」, 박영사.
- 김용철(2011), 「품질경영」, 우용출판사.
- 김용철 · 나상균 · 박현민 · 정철호 · 조용한(2014), 「생산운영관리」, 대경.
- 김용철 · 오세진 · 원중호 · 이규상(2006), 「경영과학」, 대경.
- 김용철 · 이한규(2014), 「경영혁신」, 우용출판사.
- 미국국립안전협회(2016), 「인간공학 실행지침」, 안전보건공단 역.
- 복득규 · 장성원 · 배영일 · 박성배 · 이치호 · 조원영 · 조성제(2013), 「한국 주요산업 현안 진단」, 삼성경제연구소, 제882호.
- 신태양(2008), 「공간의 이해와 인간공학」, 도서출판 국제.
- 이재식 · 김정룡(2009), 「인간공학」, 시그마프레스.
- 임현 · 한종민 · 정민진(2009), 「미래예측을 위한 시나리오 분석 및 시스템 구축방안」, 한국과학기술기획평가원. 2009-09.
- 정석윤 · 남세일 · 홍석 · 한창희(2003), 「기업의 미래 기술예측을 위한 방법 및 사례연구」, 한국전자거래학회지, 제11권 11호.
- 제휴보고서 PCT(2016), 「경쟁 제조 환경 변화 변화하는 글로벌 시장에서의 경쟁우위 확보우위 확보」, oxfordeconomics.com.
- 칸다 노리아키(2005), 「세븐툴」, 교보문고, 한국능률협회컨설팅 역.
- 통계표준용어, 통계청, 2016.
- 한국산업안전보건공단(2009), 「작업환경관리 개론」, 한국산업안전보건공단.
- 한국산업안전보건공단(2013), 「산업재해예방 안전관리 수칙 가이드 북」, 교육미디어.
- blog.naver.com/2035icck, 2016.
- http://basementjaxx.tistory.com/m/post/151#, 2015.
- http://donga.ac.kr/syhyun/Old, 2016.
- http://m.blog.daum.net/p5rk96/206#, 2015.
- Michael E. Porter(1980), 「Competitive Strategy」, Free Press.

- Patricia M.Laing(2016), 「인간공학 실행지침」, 안전보건공단 역.
- Schroeder(1989), 「Production Management」, p. 647.
- sookmyung.ac.kr/wp-content, 2016.

색인

영문색인

한글색인

저자소개

김용철

건국대학교, 인하대학교, 세명대학교(학사, 석사, 박사)
전) 한라중공업, 한라EURO(영국), 한국표준협회 컨설팅 근무
현) 킴스기술경영 대표
세명대학교 경영학부 겸임교수

[저서]
- 기술경영(2016), 공저
- 생산운영관리(2014), 공저
- 품질경영(2011), 단독
- 경영정보시스템(2011), 공저
- ERP 실무(2009), 공저
- 경영혁신(2008), 단독
- 원가절감기법(2008), 단독
- 서비스 기업경영(2009), 단독

[특허 및 실용신안]
- 과일꼭지건조방지 커버(0432723), 실용신안
- 상하진동볼이 부착된 벨트(0406264), 실용신안
- 높낮이를 조절할 수 있는 골프 티(0401845), 실용신안
- 사과를 이용한 주류제조방법(0514379), 특허
- 폐합성수지와 폐타이어를 이용한 보일러(0293322), 실용신안